Tobias Grambow
Organe von Vereinen und Stiftungen

# Organe von Vereinen und Stiftungen

Organstellung und Anstellungsverhältnis

Von

Tobias Grambow

Rechtsanwalt
Fachanwalt für Arbeitsrecht, Berlin

Verlag C. H. Beck München 2011

Verlag C. H. Beck im Internet:
**beck.de**

ISBN 978 3 406 60838 4

© 2011 Verlag C. H. Beck oHG
Wilhelmstraße 9, 80801 München

Druck: Nomos Verlagsgesellschaft,
In den Lissen 12, 76547 Sinzheim

Satz: Textservice Zink, 74869 Schwarzach

Gedruckt auf säurefreiem, alterungsbeständigem Papier
(hergestellt aus chlorfrei gebleichtem Zellstoff)

# Vorwort

Jeder Verein, gleich ob rechtsfähig oder nicht rechtsfähig, und jede Stiftung verfügen über einen Vorstand. Ob der Vorstand dabei auch als solcher bezeichnet wird, oder als „Präsidium", „Präsidialausschuss" oder dergleichen, ist dabei irrelevant. Viele Vorstände werden für ihren Verein oder ihre Stiftung entsprechend dem gesetzlichen Grundverständnis ehrenamtlich tätig. Aber es gibt Ausnahmen. Je größer der Verein oder die Stiftung und je umfangreicher das Betätigungsfeld ist, umso weitreichender sind auch die Aufgaben des Vorstands. Man denke an den Wirtschaftsverband oder die unternehmensverbundene Stiftung. Aber nicht nur die Menge an Aufgaben wächst mit der Größe des Vereins bzw. der Stiftung, sondern auch die zu beachtenden gesetzlichen und satzungsmäßigen Pflichten. Auch in Verein und Stiftung gewinnt das Thema Compliance immer mehr an Bedeutung. Mit einem ehrenamtlichen Vorstand kommt der Verein bzw. die Stiftung dann regelmäßig nicht mehr aus. Die Mitglieder des Vorstandes werden dem Verein bzw. der Stiftung vielmehr ihre ganze Arbeitskraft zu widmen haben. Das kann nur gegen eine Vergütung verlangt werden. Grundlage für die Vergütungszahlung ist – neben einer entsprechenden Voraussetzung in der Satzung – der Anstellungsvertrag.

Während es zum Thema Anstellungsverhältnis des Geschäftsführers einer GmbH oder dem Vorstand einer Aktiengesellschaft zahlreiche höchstrichterliche Entscheidungen und umfangreiche Literatur gibt, ist dies für die Organe von Vereinen und Stiftungen nicht in diesem Maße der Fall. Auslöser für die Idee, dieses Buch zu schreiben, war ein konkreter Fall aus meiner anwaltlichen Beratungspraxis: Ein als eingetragener Verein organisierter Verband bat um die Erstellung eines Anstellungsvertragsmusters für seinen Vorstand. Darin sollte auch ein nachvertragliches Wettbewerbsverbot geregelt sein. Bei der GmbH und der AG sind nachvertragliche Wettbewerbsverbote nichts Ungewöhnliches und bei Beachtung der einschlägigen Rechtsprechung auch grundsätzlich ohne Weiteres zulässig. Aber gilt dies auch beim eingetragenen Verein, der sich doch ideellen Zwecken widmen und nicht (in erster Linie) wirtschaftlich am Markt agieren soll? Bei der Recherche zu dieser Frage fiel mir sehr schnell auf, dass nicht nur zu dieser speziellen Thematik wenig konkrete Literatur und Rechtsprechung zu finden ist, sondern auch in anderen Bereichen des Anstellungsverhältnisses viele Fragen bislang nicht ausdrücklich beantwortet werden. Die für Anstellungsverträge mit GmbH-Geschäftsführern und AG-Vorständen entwickelten Grundsätze sind nicht ohne Weiteres auf Vorstände von Vereinen und Stiftungen übertragbar, wenngleich natürlich auch einiges vergleichbar ist. Der Teufel steckt aber auch hier im Detail, wie das Beispiel des nachvertraglichen Wettbewerbsverbotes zeigt. Ziel dieses Buches ist

*Vorwort*

es daher, ein wenig Hilfestellung bei Fragen zum Anstellungsverhältnis zu leisten.

Aber auch die Bestellung und Abberufung von Organmitgliedern wirft in der Praxis das ein oder andere Problem auf, dessen sich mancher Verein bzw. manche Stiftung gar nicht bewusst ist. Das betrifft in erster Linie die Anforderungen an eine ordnungsgemäße Beschlussfassung. Aber auch praktische Fragen wie:

– Wie muss die Abberufung dem Abzuberufenden zugehen?
– Wie sieht sie genau aus?
– Gilt § 174 BGB? usw.

bereiten immer wieder Kopfzerbrechen. Auch diese Bereiche sollen daher näher beleuchtet werden.

Ferner wird auch der besondere Vertreter („Geschäftsführer") gemäß § 30 BGB behandelt. Anders als die Vorstandsmitglieder von Vereinen oder Stiftungen, die regelmäßig nicht Arbeitnehmer im Sinne des Arbeitsrechts sind, kann der besondere Vertreter sowohl Dienst- als auch Arbeitnehmer sein – je nach Konstellation des Einzelfalls. So wird daher auch beleuchtet, wie ein Arbeitsverhältnis mit einem besonderen Vertreter ausgestaltet werden kann.

Abgerundet wird das Buch durch zahlreiche Formulierungsanregungen, einen Musteranstellungsvertrag und einen Musteraufhebungsvertrag. Die Darstellung soll in erster Linie den Verantwortlichen in Vereinen und Stiftungen als Ratgeber dienen. Sie kann aber auch gerne in der anwaltlichen Beratung herangezogen werden.

Dank für die Unterstützung und manch anregenden Dialog gilt meinen Kollegen der Kanzlei Buse Heberer Fromm, insbesondere *Sabine Feindura, Prof. Dr. Peter Fissenewert, Ramona Stadler, Alexander Herbert* und natürlich *Hartmut Fromm*. Besonderer Dank gilt Frau *Rechtsanwältin Ulrike Hahn*. Besonders danken möchte ich auch Frau stud. iur. *Miriam Rabach* für die Durchsicht des Manuskripts und Frau *Monika Sauer* vom Verlag C.H. Beck für die hervorragende Unterstützung und Realisierung des Projekts.

Für Anregungen, was in einer Neuauflage besser gemacht werden könnte, was fehlt oder zu kurz gekommen ist, aber auch und insbesondere für juristische Denkanstöße bin ich stets dankbar. Gerne können Sie mich unter grambow@buse.de kontaktieren.

Potsdam/Berlin, im Februar 2011 *Tobias Grambow*

# Inhaltsverzeichnis

Vorwort .................................................... V
Literaturverzeichnis ........................................ XV
Abkürzungsverzeichnis ....................................... XIX

## 1. Teil Rechtsfähige Vereine

A. Grundlagen ............................................... 1

B. Idealverein und wirtschaftlicher Verein .................. 3
   I. Unterhaltung eines wirtschaftlichen Geschäftsbetriebes .... 3
      1. Unternehmerische Teilnahme am äußeren Markt ........... 4
      2. Unternehmerische Tätigkeit an einem inneren Markt ..... 4
      3. Genossenschaftsähnliche Kooperationen ................. 5
   II. Nebenzweckprivileg ..................................... 7
   III. Unterhaltung eines externen wirtschaftlichen Geschäftsbetriebes .. 8
      1. Beteiligung des Vereins an einer Kapitalgesellschaft ... 8
      2. Beteiligung des Vereins an einer Personengesellschaft .. 10

C. Gemeinnützigkeit ......................................... 11
   I. Grundlagen ............................................ 11
   II. Kriterien der Gemeinnützigkeit ......................... 11
      1. Mildtätige Zwecke ..................................... 12
      2. Selbstlosigkeit ....................................... 12
      3. Grundsatz der Ausschließlichkeit und Unmittelbarkeit ... 12

D. Organe von Vereinen ...................................... 13

E. Vorstand ................................................. 14
   I. Einführung ............................................ 14
   II. Gerichtliche und außergerichtliche Vertretung .......... 15
   III. Pflicht zur ordnungsgemäßen Geschäftsführung – Compliance ... 19
      1. Einleitung ............................................ 19
      2. Inhalt der Geschäftsführung ........................... 20
      3. Anforderungen an die ordnungsgemäße Geschäftsführung ... 21
      4. Einhaltung des Datenschutzes .......................... 23
         a) Grundlagen des Datenschutzes ...................... 23
         b) Grundlagen des Arbeitnehmerdatenschutzes .......... 24
         c) Überwachung des Emailverkehrs ..................... 26
         d) Überwachung von Telefonaten ....................... 27
         e) Videoüberwachung .................................. 28
         f) Einsatz von Privatdetektiven ....................... 29
      5. Ressortaufteilung ..................................... 29
   IV. Haftung des Vorstands .................................. 32
      1. Haftung des Vorstands gegenüber dem Verein ........... 32
         a) Pflichtverletzung des Vorstandsmitgliedes ......... 32
         b) Verschulden des Vorstandsmitgliedes ............... 33
         c) Haftungserleichterung durch Ressortaufteilung ..... 34
         d) Entlastung ......................................... 35

## Inhaltsverzeichnis

|  |  |
|---|---|
| e) Verzicht | 36 |
| f) Verjährung | 36 |
| 2. Haftung des Vorstands gegenüber Dritten | 36 |
| a) Deliktische Haftung | 36 |
| b) Rechtsgeschäftliche Haftung | 37 |
| c) Pflichten im Falle der Insolvenz | 37 |
| d) Steuerrechtliche Pflichten | 39 |
| e) Sozialversicherungsrechtliche Pflichten | 40 |
| f) Rechtsfolgen bei Verletzung des Datenschutzes | 41 |
| 3. D&O Versicherung | 41 |
| a) Grundlagen | 41 |
| b) Besonderheiten im gemeinnützigen Verein | 42 |
| 4. Haftungsprivilegierung für ehrenamtlich tätige Vorstandsmitglieder | 43 |
| V. Haftung des Vereins für schadensstiftende Handlungen des Vorstands | 44 |
| VI. Bestellung als Organ | 46 |
| 1. Zuständigkeit | 46 |
| 2. Höchst- bzw. Mindestaltersgrenzen für Vorstandsmitglieder | 47 |
| 3. Ordnungsgemäße Wahl des Vorstandsmitgliedes durch die Mitgliederversammlung | 48 |
| a) Anforderungen an eine ordnungsgemäße Wahl | 48 |
| b) Gesetzliche Vorgaben zur Wahl des Vorstandes | 51 |
| c) Satzungsmäßige Vorgaben zur Wahl | 51 |
| d) Folgen einer fehlerhaften Wahl zum Mitglied des Vorstands | 54 |
| (1) Nichtigkeit einer Wahl | 54 |
| (2) Wegen Verfahrensfehlern absolut nichtige Beschlüsse | 56 |
| (3) Fehlerhafte, aber nicht absolut nichtige Beschlüsse | 57 |
| (4) Rechtsbehelfe bei nichtiger Bestellung | 58 |
| 4. Amtsperiode | 59 |
| 5. Annahme der Wahl | 60 |
| 6. Eintragung ins Vereinsregister | 60 |
| VII. Beendigung der Organstellung | 60 |
| 1. Grundlagen | 60 |
| 2. Widerruf der Bestellung | 61 |
| a) Widerrufsmöglichkeit | 61 |
| b) Zuständigkeit | 63 |
| c) Form und Frist | 63 |
| d) Zugang der Abberufungserklärung | 65 |
| e) Rechtsschutzmöglichkeiten des Vorstandsmitgliedes | 67 |
| 3. Amtsniederlegung durch das Vorstandsmitglied | 68 |
| VIII. Arbeitsrechtlicher Status des Vorstandes | 70 |
| 1. Ehrenamtliche Vorstände | 70 |
| 2. Vorstandstätigkeit als Vereinsbeitrag | 71 |
| 3. In einem Dienstverhältnis beschäftigte Vorstandsmitglieder | 71 |
| 4. Vorliegen eines Arbeitsverhältnisses | 73 |
| 5. Stellung von Vorständen im Betriebsverfassungsrecht | 74 |
| 6. Stellung im steuerrechtlichen Sinn | 75 |
| IX. Sozialversicherungsrechtlicher Status von Vereinsvorständen | 75 |
| 1. Grundlagen | 75 |
| 2. Versicherungspflicht in der gesetzlichen Krankenversicherung | 77 |
| a) Grundlagen | 77 |
| b) Familienversicherung | 78 |

## Inhaltsverzeichnis

    3. Tragung der Beiträge zur Sozialversicherung .............. 79
    4. Rentenversicherungspflicht auch bei selbständiger Tätigkeit ... 80
    5. Freiwillige Versicherung für selbständig tätige Vorstandsmitglieder ......................................... 81
X. Zuständigkeit für Abschluss, Änderung und Beendigung
    des Anstellungsvertrages ............................... 81
    1. Gesetzliche Zuständigkeit ........................... 81
    2. Satzungsmäßige Zuständigkeit ........................ 81
    3. Sonderfall erweiterter Vorstand ....................... 83
    4. Zustandekommen eines Anstellungsvertrages .............. 83
    5. Mängel der Anstellung .............................. 84
    6. Vertragsänderungen ................................ 85
XI. AGB-Kontrolle des Anstellungsvertrages .................... 85
    1. Anstellungsverträge als allgemeine Geschäftsbedingungen .... 85
    2. Möglichkeit der Einflussnahme auf den Vertragsinhalt ....... 86
    3. Allgemeine Anforderungen an AGB .................... 87
    4. Bereichsausnahme für das Arbeits- und Dienstvertragsrecht ... 88
XII. Inhalt und Gestaltung der Anstellungsverträge ................ 88
    1. Tätigkeit und Vertragsbeginn ......................... 88
    2. Arbeitszeit ....................................... 90
        a) Allgemeines .................................... 90
        b) Pauschale Abgeltung von Überstunden ................ 91
    3. Vergütung ....................................... 92
        a) Allgemeines .................................... 92
        b) Angemessenheit der Vergütung ..................... 93
        c) Problem der verdeckten Gewinnausschüttung ........... 94
        d) Sonderfall: Gemeinnützigkeit ....................... 95
        e) Tantieme ...................................... 97
        f) Zielvereinbarungen ............................... 97
        g) Jahressonderzuwendungen ......................... 98
        h) Dienstwagen ................................... 99
            (1) Überlassung eines Dienstwagens .................. 99
            (2) Nutzungsdauer ............................... 99
            (3) Versteuerung des privaten Nutzungsvorteils .......... 100
            (4) Nutzungsausfallentschädigung .................... 101
            (5) Rückgabe des Dienstwagens ..................... 102
        i) Sonstige Sachbezüge ............................. 104
        j) Vermögenswirksame Leistungen .................... 104
        k) Pensionsansprüche ............................... 104
            (1) Grundlagen .................................. 104
            (2) Umfang einer Versorgungszusage durch den Verein .... 106
            (3) Durchführungswege ........................... 108
            (4) Entgeltumwandlung ........................... 108
            (5) Unverfallbarkeit .............................. 108
            (6) Wartezeit ................................... 109
            (7) Anpassungsgebot ............................. 109
            (8) Insolvenzsicherung ............................ 110
        l) Sonderfall: Ausgelagerter Geschäftsbetrieb ............. 110
    4. Urlaub und Freistellungen ........................... 111
        a) Anspruch auf Erholungsurlaub ...................... 111
        b) Unbezahlter Sonderurlaub ......................... 113
        c) Freistellungen nach einem Widerruf der Bestellung ....... 114
            (1) Grundlagen .................................. 114

IX

## Inhaltsverzeichnis

| | |
|---|---|
| (2) Gewährung von Urlaub nach einem Widerruf der Bestellung | 115 |
| (3) Freistellung unter Anrechnung auf Urlaubsansprüche | 116 |
| (4) Anrechnung von anderweitigem Erwerb | 117 |
| (5) Sozialversicherungsrechtliche Folgen einer Freistellung | 119 |
| 5. Elternzeit und Elterngeld | 119 |
| a) Elternzeit | 119 |
| b) Elterngeld | 120 |
| c) Sozialversicherungsrechtliche Folgen | 120 |
| 6. Entgeltfortzahlung im Krankheitsfall | 121 |
| 7. Ansprüche bei Unfällen | 122 |
| 8. Nebentätigkeiten | 123 |
| 9. Konkurrenzverbot | 123 |
| a) Einleitung | 123 |
| b) Konkurrenzverbote für Vereinsvorstände | 124 |
| c) Dauer des Konkurrenzverbotes | 125 |
| 10. Nachvertragliche Wettbewerbsverbote | 126 |
| a) Grundlagen | 126 |
| b) Zulässigkeit nachvertraglicher Wettbewerbsverbote mit Vorständen des Vereins | 126 |
| c) Kunden-/Mitgliederschutzklauseln | 129 |
| d) Nachvertraglicher Schutz von Betriebs- und Geschäftsgeheimnissen | 131 |
| e) Wettbewerbsvereinbarungen mit Vorstandsmitgliedern gemeinnütziger Vereine | 132 |
| 11. Vertragsstrafen | 132 |
| a) Grundlagen | 132 |
| b) Vertragsstrafen bei Nichtleistung der geschuldeten Dienste | 134 |
| (1) Vertragsstrafenabrede bei pflichtwidriger Beendigung des Anstellungsvertrags | 134 |
| (2) Vertragsstrafenabrede bei Niederlegung der Organstellung | 135 |
| (3) Höhe der Vertragsstrafe bei Nichtleistung der geschuldeten Dienste | 136 |
| c) Vertragsstrafe bei außerordentlicher Kündigung durch den Verein | 137 |
| d) Verletzung des Konkurrenzverbots im laufenden Anstellungsverhältnis | 137 |
| e) Verletzung von Verschwiegenheitspflichten | 138 |
| f) Verletzung sonstiger Vertragspflichten | 138 |
| g) Vereinbarung mehrerer Vertragsstrafen | 138 |
| 12. Befristung des Anstellungsvertrages | 139 |
| 13. Kopplungsklauseln | 140 |
| 14. Gerichtsstandsvereinbarungen | 141 |
| a) Gesetzliche Zuständigkeit | 141 |
| (1) Zuständigkeit der Gerichte für Arbeitssachen | 141 |
| (2) Zuständigkeit der ordentlichen Gerichte für Zivilsachen | 142 |
| b) Vereinbarung eines abweichenden Gerichtsstandes | 143 |
| c) Vereinbarung zur Zuständigkeit eines Schiedsgerichts | 143 |
| 15. Ausschlussfristen | 144 |
| XIII. Beendigung des Anstellungsvertrages | 145 |
| 1. Kündigung | 145 |
| a) Ordentliche Kündigung. | 145 |

## Inhaltsverzeichnis

| | |
|---|---|
| b) Außerordentliche Kündigung. | 145 |
| (1) Grundlagen | 145 |
| (2) Wichtiger Grund | 146 |
| (3) Zwei-Wochen-Kündigungserklärungsfrist | 148 |
| (4) Verdachtskündigung | 149 |
| c) Zuständigkeit | 151 |
| d) Form der Kündigung | 151 |
| (1) Grundlagen | 151 |
| (2) Beschlussfassung bei Kündigung durch den Verein | 151 |
| (3) Kündigung durch das Vorstandsmitglied | 155 |
| e) Freistellung | 155 |
| f) Zugang der Kündigung | 156 |
| g) Kündigungsfristen | 156 |
| h) Hinweis auf rechtzeitige Arbeitsuchendmeldung | 157 |
| 2. Aufhebungsvertrag | 157 |
| a) Zuständigkeit | 158 |
| b) Formelle Anforderungen | 158 |
| c) Inhalt des Aufhebungsvertrages | 158 |
| (1) Beendigung des Anstellungsvertrages | 158 |
| (2) Vorzeitige Beendigung | 159 |
| (3) Beendigung der Organstellung | 159 |
| (4) Weiterbeschäftigung bis zur Beendigung des Anstellungsverhältnisses | 160 |
| (5) Freistellung und Resturlaub | 160 |
| (6) Abfindung | 162 |
| (7) Abrechnung und Auszahlung von Vergütung/Spesen | 165 |
| (8) Rückgabe oder Übernahme des Dienstwagens | 165 |
| (9) Rückgabe von sonstigen Betriebsmitteln, Schlüsseln etc. | 167 |
| (10) Nachvertragliches Wettbewerbsverbot | 168 |
| (11) Verschwiegenheit | 168 |
| (12) Zeugnis | 169 |
| (13) Betriebliche Altersversorgung | 170 |
| (14) Hinweis auf rechtzeitige Arbeitsuchendmeldung | 171 |
| (15) Ausgleichsklausel | 171 |
| (16) Gerichtsstandsvereinbarung | 172 |
| (17) Salvatorische Klausel | 173 |
| 3. Abwicklungsvertrag | 173 |
| 4. Sozialversicherungsrechtliche Folgen bei Beendigung des Anstellungsvertrages | 173 |
| a) Fortbestand des sozialversicherungsrechtlichen Beschäftigungsverhältnisses | 173 |
| b) Sperrzeit beim Bezug von Arbeitslosengeld | 174 |
| (1) Grundlagen | 174 |
| (2) Ruhen des Anspruchs auf Arbeitslosengeld | 176 |
| (3) Reduzierung des Anspruchs auf Arbeitslosengeld | 176 |
| (4) Beginn der Sperrzeit | 176 |
| (5) Auswirkung einer Sperrzeit auf den Krankenversicherungsschutz | 176 |
| (6) Auswirkung einer Sperrzeit auf die Rentenversicherungspflicht | 177 |
| c) Ruhen des Anspruchs auf Arbeitslosengeld wegen Entlassungsentschädigung | 177 |

## Inhaltsverzeichnis

|  |  |
|---|---|
| (1) Grundlagen | 177 |
| (2) Beginn und Dauer des Ruhens | 178 |
| XIV. Herausgabepflichten | 179 |
| 1. Geschäftliche Unterlagen | 179 |
| a) Herausgabepflichten des Vorstandsmitgliedes nach Beendigung seiner Amtszeit | 179 |
| b) Herausgabepflichten des Vorstandsmitgliedes während seiner Amtszeit | 181 |
| c) Zurückbehaltungsrechte | 181 |
| 2. Herausgabe sonstiger Betriebsmittel | 182 |
| F. Besonderer Vertreter („Geschäftsführer") | 182 |
| I. Einführung | 182 |
| II. Aufgaben des besonderen Vertreters | 183 |
| III. Stellung des besonderen Vertreters im Zivilprozess | 184 |
| IV. Bestellung als Organ | 184 |
| V. Beendigung der Organstellung | 185 |
| VI. Anstellungsverhältnis mit besonderen Vertretern | 185 |
| 1. Arbeitnehmereigenschaft | 185 |
| 2. Freies Dienstverhältnis | 187 |
| 3. Sozialversicherungsrechtliche Stellung von besonderen Vertretern | 187 |
| a) Grundsätzliche Versicherungspflicht | 187 |
| b) Versicherungspflicht in der gesetzlichen Krankenversicherung | 187 |
| c) Tragung der Beiträge zur Sozialversicherung | 188 |
| 4. Stellung des besonderen Vertreters im steuerrechtlichen Sinn | 188 |
| VII. Haftung des besonderen Vertreters | 189 |
| 1. Haftung des besonderen Vertreters, der nicht Arbeitnehmer ist | 189 |
| 2. Haftung des besonderen Vertreters, der Arbeitnehmer ist | 189 |
| 3. Haftung des Vereins für schadensstiftende Handlungen des besonderen Vertreters | 190 |
| VIII. Abschluss und Änderung des Anstellungsvertrages | 190 |
| 1. Zuständigkeit | 190 |
| 2. Wirksamkeit | 191 |
| a) Wirksamkeit bei Zuständigkeit der Mitgliederversammlung | 191 |
| b) Wirksamkeit bei Zuständigkeit des Vorstandes | 191 |
| c) Formvorschriften | 192 |
| IX. AGB-Kontrolle | 193 |
| X. Inhalt und Gestaltung des Anstellungsvertrages | 193 |
| 1. Besondere Vertreter in einem Dienstverhältnis | 193 |
| 2. Besondere Vertreter in einem Arbeitsverhältnis | 193 |
| a) Befristung des Arbeitsverhältnisses | 193 |
| b) Arbeitszeit | 194 |
| c) Vergütung | 195 |
| d) Urlaub | 195 |
| (1) Erholungsurlaub | 195 |
| (2) Freistellung | 198 |
| e) Elternzeit | 198 |
| f) Entgeltfortzahlung im Krankheitsfall und an Feiertagen | 200 |
| g) Betriebliche Altersversorgung | 201 |
| h) Vertragsstrafen | 201 |
| i) Konkurrenz- und Wettbewerbsverbote | 201 |
| j) Ausschlussfristen | 202 |

## Inhaltsverzeichnis

| | |
|---|---|
| XI. Beendigung des Anstellungsvertrages | 202 |
| 1. Kündigung eines Dienstverhältnisses | 203 |
| 2. Kündigung eines Arbeitsverhältnisses | 203 |
| a) Form | 203 |
| b) Allgemeiner Kündigungsschutz | 204 |
| c) Besonderer Kündigungsschutz | 204 |
| d) Anhörung des Betriebsrates | 205 |
| XII. Rechtsweg bei Streitigkeiten | 207 |

### 2. Teil Private Stiftungen

| | |
|---|---|
| A. Grundlagen des Stiftungsrechts | 209 |
| B. Gemeinnützige Stiftungen | 212 |
| C. Organe von Stiftungen | 212 |
| D. Stiftungsvorstand | 213 |
| I. Grundlagen | 213 |
| II. Geschäftsführungsbefugnis des Vorstands | 213 |
| III. Vertretungsbefugnis des Vorstands | 215 |
| 1. Grundsatz | 215 |
| 2. Beschränkung der Vertretungsmacht | 216 |
| IV. Haftung des Stiftungsvorstands – Compliance | 217 |
| 1. Einleitung | 217 |
| 2. Haftung des Stiftungsvorstands | 217 |
| 3. Haftungsprivilegierung für ehrenamtlich tätige Vorstandsmitglieder | 219 |
| 4. Verzicht | 220 |
| 5. Entlastung | 221 |
| 6. Verjährung | 222 |
| 7. D&O Versicherung | 222 |
| V. Haftung des Vereins für schadensstiftende Handlungen des Vorstands | 222 |
| VI. Bestellung als Organ | 222 |
| VII. Beendigung der Organstellung | 224 |
| 1. Ablauf der Bestellungsdauer, Tod des Organmitgliedes | 224 |
| 2. Niederlegung der Organstellung | 225 |
| 3. Abberufung des Vorstandsmitgliedes | 225 |
| VIII. Anstellungsverhältnis des Vorstands | 227 |
| 1. Grundlagen | 227 |
| 2. Arbeitsrechtliche Einordnung | 227 |
| 3. Sozialversicherungsrechtliche Einordnung | 227 |
| 4. Zuständigkeit für Abschluss, Änderung und Beendigung eines Anstellungsvertrages | 228 |
| 5. Inhalt des Anstellungsvertrages | 228 |
| a) Grundlagen | 228 |
| b) Vergütung | 228 |
| c) Nachvertragliche Wettbewerbsverbote | 230 |
| (1) Grundsätzliche Zulässigkeit nachvertraglicher Wettbewerbsverbote | 230 |
| (2) Rechtliche Grundlagen | 231 |
| (3) Reichweite des nachvertraglichen Wettbewerbsverbots | 231 |

## Inhaltsverzeichnis

(4) Gewährung einer Karenzentschädigung ............. 232
(5) Verzicht auf das nachvertragliche Wettbewerbsverbot .. 233
(6) Rechtsfolgen einer unwirksamen Vereinbarung ....... 235
(7) Wettbewerbsvereinbarungen mit Vorstandsmitgliedern
    gemeinnütziger Vereine ........................ 236
6. Beendigung des Anstellungsvertrages ................... 236
   (1) Kündigung ................................... 236
   (2) Aufhebungsvertrag ............................ 237
   (3) Zuständigkeit ................................ 237
E. Besonderer Vertreter ....................................... 237

### 3. Teil Muster

A. Anstellungsvertrag ......................................... 239

B. Aufhebungsvertrag ......................................... 248

Sachverzeichnis ................................................ 253

# Literaturverzeichnis

| | |
|---|---|
| APS/*Bearbeiter* ........... | Ascheid/Preis/Schmidt (Hrsg.), Kündigungsrecht, Großkommentar, 3. Aufl. 2007 |
| BeckOK/Bamberger/Roth (Hrsg.)/*Bearbeiter* ...... | Beck'scher Online-Kommentar BGB, Edition: 16, Stand 1.2. 2010 |
| Bauer ................ | Arbeitsrechtliche Aufhebungsverträge, 8. Aufl. 2007 |
| Bauer/Diller ............ | Wettbewerbsverbote, 5. Aufl. 2009 |
| Baumbach/Hopt/*Bearbeiter* . | Handelsgesetzbuch, 34. Aufl. 2010 |
| Baumbach/Hueck/*Bearbeiter* | GmbH-Gesetz, 19. Auflage 2010 |
| Baumbach/Lauterbach/Albers/ Hartmann | Zivilprozessordnung, 69. Aufl. 2011 |
| Blomeyer/Rolfs/Otto/ *Bearbeiter* ........... | Gesetz zur Verbesserung der betrieblichen Altersversorgung, 5. Aufl. 2010 |
| Blümich/*Bearbeiter* ....... | EStG, KStG, GewStG, 107. EL 2010 |
| Buchner/Becker .......... | Mutterschutzgesetz und Bundeselterngeld- und Elternzeitgesetz, 8. Aufl. 2008 |
| Burgard ............... | Gestaltungsfreiheit im Stiftungsrecht, 2006 |
| Buschmann/Ulber ........ | Arbeitszeitgesetz, 5. Aufl. 2007 |
| Behringer (Hrsg.)/*Bearbeiter* | Compliance kompakt, 1. Aufl. 2010 |
| Doralt/Nowotny/Kalss (Hrsg.)/ *Bearbeiter* ........... | Privatstiftungsgesetz (Österreich), 1. Aufl. 1995 |
| Ek .................... | Praxisleitfaden für die Hauptversammlung, 2. Aufl. 2010 |
| ErfK/*Bearbeiter* ......... | Erfurter Kommentar zum Arbeitsrecht, 11. Aufl. 2011 |
| Eschenbacher ........... | Datenerhebung im arbeitsrechtlichen Vertragsanbahnungsverhältnis, 2008 |
| Fleischer (Hrsg.)/*Bearbeiter* . | Handbuch des Vorstandsrechts, 1. Aufl. 2005 |
| Flume I ................ | Allgemeiner Teil des Bürgerlichen Rechts, Erster Band, Zweiter Teil, 4. Aufl. 1983. |
| Flume II ............... | Allgemeiner Teil des Bürgerlichen Rechts, Zweiter Band, 4. Aufl. 1983 |
| Frege/Keller/Riedel ....... | Das Insolvenzeröffnungsverfahren, 7. Auflage 2008 |
| Gagel/*Bearbeiter* ........ | SGB III, Loseblatt, Stand 39. EL 2010 |
| Germelmann/*Bearbeiter* ... | Arbeitsgerichtsgesetz, 7. Aufl. 2009 |
| GK-BetrVG/*Bearbeiter* ... | Gemeinschaftskommentar zum Betriebsverfassungsgesetz, 9. Aufl. 2010 |
| Gola/Schomerus ......... | Bundesdatenschutzgesetz, 10. Aufl. 2010 |
| Hachenburg/*Bearbeiter* .... | GmbHG Großkommentar, 8. Aufl. 1997 |
| Henn/Frodermann/Jannott/ *Bearbeiter* ........... | Handbuch des Aktienrechts, 8. Aufl. 2009 |
| HWK/*Bearbeiter* ........ | Henssler/Willemsen/Kalb, Arbeitsrecht Kommentar, 4. Aufl. 2010 |
| Hoffmann/Liebs .......... | Der GmbH-Geschäftsführer, 3. Aufl. 2009 |
| Hopt/Wiedermann (Hrsg.)/ *Bearbeiter* ........... | Aktiengesetz Großkommentar, 4. Aufl. 2008 |
| v. Hoyningen-Huene ...... | Betriebsverfassungsrecht, 6. Aufl. 2007 |

## Literaturverzeichnis

| | |
|---|---|
| Hüffer | Aktiengesetz, 9. Aufl. 2010 |
| Kasseler Kommentar (hrsg. von …)/*Bearbeiter* | Sozialversicherungsrecht, 67. Aufl. 2010 |
| KölnKommAktG/*Bearbeiter* | Kölner Kommentar zum Aktiengesetz, Band 2, 2. Aufl. 1988 |
| Korinth | Einstweiliger Rechtsschutz im Arbeitsgerichtsverfahren, 2. Aufl. 2007 |
| Krauskopf/*Bearbeiter* | Soziale Krankenversicherung, Pflegeversicherung 71. EL 2010 |
| Krieger/Schneider (Hrsg.)/*Bearbeiter* | Handbuch Managerhaftung, 2. Aufl. 2010 |
| Krieger/Schneider (Hrsg.)/*Bearbeiter* | Handbuch Managerhaftung, 1. Aufl. 2007 |
| Küttner | Personalbuch, 16. Auflage 2009 |
| Larenz/Wolf | Allgemeiner Teil des Bürgerlichen Rechts, 9. Aufl. 2004 |
| Lelley | Compliance im Arbeitsrecht, 1. Aufl. 2010 |
| Lutter/Hommelhoff/*Bearbeiter* | GmbH-Gesetz, 17. Aufl. 2009 |
| Mengel | Compliance und Arbeitsrecht, 1. Aufl. 2009 |
| Moll/*Bearbeiter* | Münchener Anwaltshandbuch Arbeitsrecht, 2. Aufl. 2009 |
| Münch. Hdb. GesR IV/*Bearbeiter* | Hoffmann-Becking (Hrsg.), Münchener Handbuch des Gesellschaftsrechts, Band 4, Aktiengesellschaft, 4. Aufl. 2007 |
| Münch. Hdb. GesR V/*Bearbeiter* | Beuthien/Gummert (Hrsg.), Münchener Handbuch des Gesellschaftsrechts, Band 5, Verein, Stiftung bürgerlichen Rechts, 3. Aufl. 2009 |
| Münch. Hdb. ArbR/*Bearbeiter* | Münchener Handbuch zum Arbeitsrecht, 3. Aufl. 2009 |
| MünchKommAktG/*Bearbeiter* | Münchener Kommentar zum Aktiengesetz, 3. Aufl. 2008 |
| MünchKommBGB/*Bearbeiter* | Münchener Kommentar zum Bürgerlichen Gesetzbuch, 5. Auflage 2006 |
| MünchKommHGB/*Bearbeiter* | Münchener Kommentar zum Handelsgesetzbuch, 2. Aufl. 2005 |
| MünchKommZPO/*Bearbeiter* | Münchener Kommentar zur Zivilprozessordnung, 3. Aufl. 2007 |
| Pahlke/Koenig/*Bearbeiter* | Abgabenordnung, 2. Auflage 2009 |
| Palandt/*Bearbeiter* | Bürgerliches Gesetzbuch, 70. Aufl. 2011 |
| Patzina/Bank/Schimmer/Simon-Widmann/*Bearbeiter* | Haftung von Unternehmensorganen, 1. Aufl. 2010 |
| Reichert | Vereins- und Verbandsrecht, 12. Aufl. 2010 |
| RGRK/*Bearbeiter* | BGB – RGRK, Das Bürgerliche Gesetzbuch mit besonderer Berücksichtigung der Rechtsprechung des Reichsgerichts und des Bundesgerichtshofes, 12. Aufl. |
| Richardi/*Bearbeiter* | Betriebsverfassungsgesetz, 12. Aufl. 2010 |
| Richter/Wachtner (Hrsg.)/*Bearbeiter* | Handbuch des internationalen Stiftungsrechts, 1. Aufl. 2007 |

## Literaturverzeichnis

| | |
|---|---|
| Ringleb/Kremer/Lutter/ v. Werder/*Bearbeiter* | Deutscher Corporate Governance Kodex, 3. Aufl. 2008 |
| Roth/Altmeppen | GmbHG, 6. Aufl. 2009 |
| Sauter/Schweyer/Waldner/ *Bearbeiter* | Der eingetragene Verein, 19. Aufl. 2010 |
| Schaub/*Bearbeiter* | Arbeitsrechtshandbuch, 13. Auflage 2009 |
| *Schauhoff* | Handbuch der Gemeinnützigkeit, 2. Aufl. 2005 |
| Schmidt, Karsten | Gesellschaftsrecht, 4. Aufl. 2002. |
| Schmidt/Lutter/*Bearbeiter* | AktG, 1. Aufl. 2008 |
| Scholz/*Bearbeiter* | GmbH-Gesetz, 10. Aufl. 2007 |
| Schulze/Dörner/Ebert/ *Bearbeiter* | Bürgerliches Gesetzbuch, 5. Aufl. 2007 |
| Seifart/von Campenhausen/ *Bearbeiter* | Stiftungsrechts-Handbuch, 3. Aufl. 2009 |
| Soergel/*Bearbeiter* | Bürgerliches Gesetzbuch mit Einführungsgesetz und Nebengesetzen, 13. Aufl. 2000 |
| SPV/*Bearbeiter* | Stahlhacke, Preis, Vossen, Kündigungen und Kündigungsschutz im Arbeitsverhältnis, 10. Aufl. 2010 |
| Staudinger/*Bearbeiter* | Kommentar zum Bürgerlichen Gesetzbuch mit Einführungsgesetz und Nebengesetzen, 1995, 2005 |
| *Stöber* | Handbuch zum Vereinsrecht, 9. Aufl. 2004 |
| *Strickroth* | Stiftungsrecht, 2. Aufl. 1977 |
| *Thüsing* | Arbeitnehmerdatenschutz und Compliance, 1. Aufl. 2010 |
| Tillmann/Mohr | GmbH-Geschäftsführer, 9. Aufl. 2009 |
| Werner/Saenger (Hrsg.)/ *Bearbeiter* | Die Stiftung, 1. Aufl. 2008 |
| UHH/*Bearbeiter* | Ulmer/Habersack/Henssler, Mitbestimmungsrecht, 2. Aufl. 2006 |
| Zöller/*Bearbeiter* | Zivilprozessordnung, Kommentar, 28. Aufl. 2010 |

# Abkürzungsverzeichnis

| | |
|---|---|
| a.A. | andere Ansicht |
| Abs. | Absatz |
| a.F. | alte Fassung |
| AG | Amtsgericht oder Aktiengesellschaft oder Die Aktiengesellschaft (Zeitschrift), Die Aktiengesellschaft (Zeitschrift) |
| AGB | allgemeine Geschäftsbedingungen |
| AGG | Allgemeines Gleichbehandlungsgesetz |
| AktG | Aktiengesetz |
| AktG | Aktiengesetz |
| ALG | Arbeitslosengeld |
| AP | Arbeitsrechtliche Praxis |
| ArbG | Arbeitsgericht |
| ArbZG | Arbeitszeitgesetz |
| Art. | Artikel |
| | |
| BA | Bundesagentur für Arbeit |
| BAG | Bundesarbeitsgericht |
| BayObLG | Bayerisches Oberstes Landesgericht |
| BayStiftG | Stiftungsgesetz Bayern |
| BB | Betriebsberater |
| BbgStiftG | Stiftungsgesetz Brandenburg |
| BDSG | Bundesdatenschutzgesetz |
| BDSG | Bundesdatenschutzgesetz |
| BEEG | Bundeselterngeld- und Elternzeitgesetz |
| Beschl. | Beschluss |
| BetrAVG | Gesetz zur Verbesserung der betrieblichen Altersversorgung |
| BetrVG | Betriebsverfassungsgesetz |
| BGB | Bürgerliches Gesetzbuch |
| BGB | Bürgerliches Gesetzbuch |
| BGH | Bundesgerichtshof |
| BlnStiftG | Stiftungsgesetz Berlin |
| BSG | Bundessozialgericht |
| Bsp. | Beispiel |
| bspw. | beispielsweise |
| BUrlG | Bundesurlaubsgesetz |
| BWStiftG | Stiftungsgesetz Baden-Württemberg |
| | |
| DA | Durchführungsanweisung |
| DB | Der Betrieb |
| dgl. | dergleichen |
| DrittelbG | Drittelbeteiligungsgesetz |
| DStR | Deutsches Steuerrecht |
| | |
| Ents. | Entscheidung |
| etc. | et cetera |
| EWiR | Entscheidungen zum Wirtschaftsrecht |

*Abkürzungsverzeichnis*

| | |
|---|---|
| Fn. | Fußnote |
| G | Gesetz |
| GbR | Gesellschaft bürgerlichen Rechts |
| GdB | Grad der Behinderung |
| GenG | Genossenschaftsgesetz |
| GenG | Genossenschaftsgesetz |
| GmbH | Gesellschaft mit beschränkter Haftung |
| GmbHG | Gesetz betreffend die Gesellschaften mit beschränkter Haftung |
| GmbHR | GmbH Rundschau |
| GmbHR | GmbH Rundschau (Zeitschrift) |
| GVG | Gerichtsverfassungsgesetz |
| HeStiftG | Stiftungsgesetz Hessen |
| h.L. | herrschende Lehre |
| h.M. | herrschende Meinung |
| Hrsg. | Herausgeber |
| insb. | insbesondere |
| i.S. | im Sinne |
| i.S.d. | im Sinne des |
| i.d.R. | in der Regel |
| i.S.v. | im Sinne von |
| i.V.m. | in Verbindung mit |
| InsO | Insolvenzordnung |
| jew. | jeweils |
| KG | Kammergericht (Berlin) |
| KSchG | Kündigungsschutzgesetz |
| KUG | Kunsturhebergesetz |
| LAG | Landesarbeitsgericht |
| LG | Landgericht |
| Ls. | Leitsatz |
| LSG | Landessozialgericht |
| m.M. | Mindermeinung |
| MAE | Mehraufwandsentschädigung = Ein-Euro-Job |
| MDR | Monatsschrift des Deutschen Rechts |
| MitbestG | Mitbestimmungsgesetz |
| MuSchG | Mutterschutzgesetz |
| mwN | mit weiteren Nachweisen |
| n.F. | neue Fassung |
| n.v. | nicht veröffentlicht |
| NJOZ | Neue Juristische Onlinezeitschrift |
| NJW | Neue Juristische Wochenschrift |
| NJW-RR | Neue Juristische Wochenschrift – Rechtsprechungsreport |
| Nr. | Nummer |
| NZA | Neue Zeitschrift für Arbeitsrecht |

*Abkürzungsverzeichnis*

| | |
|---|---|
| NZA-RR | Neue Zeitschrift für Arbeitsrecht – Rechtsprechungsreport |
| NZG | Neue Zeitschrift für Gesellschaftsrecht |
| | |
| o. | oben |
| oHG | offene Handelsgesellschaft |
| OLG | Oberlandesgericht |
| | |
| PflegeZG | Pflegezeitgesetz |
| PSG | Privatstiftungsgesetz (Österreich) |
| PSV | Pensionssicherungsverein |
| | |
| Rn. | Randnummer |
| | |
| S. | Satz oder Seite |
| s. | siehe |
| SAStiftG | Stiftungsgesetz Sachsen-Anhalt |
| SG | Sozialgericht |
| SGB | Sozialgesetzbuch |
| | |
| TzBfG | Teilzeit- und Befristungsgesetz |
| | |
| u. | unten |
| Urt. | Urteil |
| u.v.m. | und vieles mehr |
| | |
| v. | vom |
| vgl. | vergleiche |
| WO | Erste Verordnung zur Durchführung des Betriebsverfassungsgesetzes (Wahlordnung – WO), vom 11.12.2001 |
| | |
| z.B. | zum Beispiel |
| Zf. | Ziffer |
| ZIP | Zeitschrift für Wirtschaftsrecht |
| ZPO | Zivilprozessordnung |

# 1. Teil Rechtsfähige Vereine

## A. Grundlagen

Das Recht des Vereins des bürgerlichen Rechts ist im Wesentlichen im Bürgerlichen Gesetzbuch (BGB) geregelt. Eine Definition des Vereinsbegriffs hält das BGB nicht bereit. Der Begriff des Vereins wurde daher von Rechtsprechung und Literatur bestimmt. Danach ist ein Verein eine auf Dauer angelegte, körperschaftlich organisierte Verbindung einer größeren Anzahl von natürlichen oder juristischen Personen zur Erreichung eines gemeinsamen Zwecks, die einen Gesamtnamen führt und auf einen wechselnden Mitgliederstamm eingestellt ist.[1] Zusätzlich zu den Vorschriften des BGB zum Verein gilt das **VereinsG**, das Verwaltungsfragen, wie das Verbot eines Vereins oder die Vermögenseinziehung regelt. Es ist dazu geschaffen worden, potenziell gefährliche Personenvereinigungen der staatlichen Kontrolle zu unterwerfen.[2] Es enthält in § 2 eine eigene, weitergehende Definition des Vereinsbegriffs, um den vorgenannten Gesetzeszweck gewährleisten zu können. Anders als die Definition des Vereins im bürgerlichen Recht, klammert § 2 Abs. 2 VereinsG bspw. Parteien aus.

1

Das BGB unterscheidet zwischen **rechtsfähigen** und **nicht rechtsfähigen Vereinen**. Es differenziert ferner zwischen **Idealvereinen** und **wirtschaftlichen Vereinen**. Der privatrechtliche Verein kann somit in vier Gestaltungsformen auftreten:

2

– rechtsfähiger Idealverein, §§ 21 ff. BGB,
– nicht rechtsfähiger Idealverein, § 54 BGB,
– rechtsfähiger wirtschaftlicher Verein, § 22 BGB und
– nicht rechtsfähiger wirtschaftlicher Verein, §§ 22, 54 BGB.[3]

Das BGB enthält in den §§ 21 ff. diverse Regelungen für den **rechtsfähigen Verein**. So finden sich dort Vorschriften zur Mitgliederversammlung, zur Mitgliedschaft im Verein, zur Insolvenz und auch zum Vorstand und zu besonderen Vertretern, um die es in diesem Buch geht. Zum **nicht rechtsfähigen Verein** enthält das Gesetz **keine eigenen Vorschriften**. In § 54 BGB verweist es auf die **Regelungen zur Gesellschaft**. Dieser Verweis ist nicht lediglich auf die BGB-Gesellschaft, also die GbR, beschränkt, sondern schließt bspw. auch die oHG ein.[4] Ferner gelten nach der h.M. über den Wortlaut des § 54 BGB hinaus auch andere Regelungen des Rechts des rechtsfähigen Vereins analog für den nicht rechtsfähigen Ver-

3

---

[1] Münch. Hdb. GesR V/*Beuthien*, § 1 Rn. 21 mwN.
[2] Münch. Hdb. GesR V/*Schwarz van Berk*, § 2 Rn. 3.
[3] Münch. Hdb. GesR V/*Schwarz van Berk*, § 2 Rn. 4.
[4] BeckOK/Bamberger/Roth/*Schwarz/Schöpflin*, § 54 BGB Rn. 8 ff.

ein, soweit sie nicht die Rechtsfähigkeit oder die Eintragung voraussetzen.[5] Für die Regelung der Organschaft des nicht rechtsfähigen Vereins können die Regelungen zum Vorstand des rechtsfähigen Vereins herangezogen werden.[6] Nachfolgend wird jedoch aufgrund der größeren praktischen Bedeutung nur auf den rechtsfähigen Verein abgestellt. Die meisten Ausführungen können aber auch auf den nicht rechtsfähigen Verein übertragen werden.

4 Der **Idealverein erlangt seine Rechtsfähigkeit durch seine Eintragung ins Vereinsregister.** Der Verein wird mit seiner Eintragung ins Vereinsregister juristische Person. Er führt die Bezeichnung „eingetragener Verein" oder kurz „e.V." Hierin liegt der wesentliche Unterschied zum nicht rechtsfähigen Verein, der nicht in Vereinsregister eingetragen wird. Der nicht rechtsfähige Verein ist nicht juristische Person sondern Gesamthandsgemeinschaft.[7]

5 Der **wirtschaftliche Verein**, dessen Zweck auf einen wirtschaftlichen Geschäftsbetrieb gerichtet ist, kann nur **durch staatliche Verleihung Rechtsfähigkeit** erlangen. Eine Verleihung der Rechtsfähigkeit soll allerdings nur dann erfolgen, wenn es dem wirtschaftlichen Verein nicht möglich oder nicht zumutbar ist, eine handelsrechtliche Gesellschaftsform (AG, GmbH, Genossenschaft etc.) zu wählen[8] bzw. auf die Erlangung der Rechtsfähigkeit gänzlich zu verzichten.[9] Stellt das Registergericht fest, dass kein Idealverein vorliegt, sondern ein wirtschaftlicher Verein, lehnt es die Eintragung ab. Die Verleihung – bzw. deren Versagung – ist ein öffentlich-rechtlicher Verwaltungsakt.[10] Gegen diese Entscheidung kann Widerspruch und anschließend Verpflichtungsklage vor den Verwaltungsgerichten erhoben werden.[11]

6 Der Begriff des **Verbandes** wird zur Bezeichnung von Vereinen verwendet, die eine große Mitgliederzahl aufweisen und/oder deren Mitglieder ihrerseits Vereine oder andere Körperschaften sind.[12] Auch der Verband ist damit Verein im Sinne der §§ 21 ff. BGB.

---

[5] BGH, Urt. v. 11.7. 1968 – VII ZR 63/66, NJW 1968, 1830; Bamberger/Roth/*Schwarz/Schöpflin*, § 54 BGB Rn. 15; Palandt/*Ellenberger*, § 54 BGB Rn. 1; Münch. Hdb. GesR V/*Schwarz van Berk*, § 3 Rn. 28.
[6] MünchKommBGB/*Reuter*, § 54 Rn. 42.
[7] *K. Schmidt*, § 23 II 1.; Münch. Hdb. GesR V/*Beuthien*, § 1 Rn. 34 ff.
[8] BGH, Urt. v. 29.9. 1982 – I ZR 88/08, NJW 1983, 569, 570; *Reichert*, Rn. 129; Sauter/Schweyer/Waldner/*Waldner/Wörle-Himmel*, Rn. 42a; *K. Schmidt*, NJW 1983, 543, 544; *Steding*, NZG 2001, 721, 725.
[9] *Steding*, NZG 2001, 721, 725.
[10] Münch. Hdb. GesR V/*Schwarz van Berk*, § 3 Rn. 72.
[11] BVerwG, Urt. v. 24.4. 1979 – 1 C 8/74, NJW 1979, 2261.
[12] Bspw. BGH, Urt. v. 10.11. 1972 – J ZR 60/71, GRUR 1973, 371; Münch. Hdb. GesR V/*Steinbeck*, § 5 Rn. 3; *Stöber*, Rn. 9.

## B. Idealverein und wirtschaftlicher Verein

### I. Unterhaltung eines wirtschaftlichen Geschäftsbetriebes[13]

Das Vereinsrecht unterscheidet bei Vereinen ferner zwischen **Idealvereinen** (§ 21 BGB) und **wirtschaftlichen Vereinen** (§ 22 BGB). Der Zweck eines Idealvereins ist nicht auf einen wirtschaftlichen Geschäftsbetrieb gerichtet. Er wird auch als nichtwirtschaftlicher Verein bezeichnet. Entscheidendes gesetzliches Unterscheidungsmerkmal zwischen eintragungsfähigem Idealverein und nicht eintragungsfähigem wirtschaftlichem Verein ist damit die **Unterhaltung eines wirtschaftlichen Geschäftsbetriebes**. Nach der von *Karsten Schmidt* begründeten herrschenden Meinung kommen

7

8

– Vereine mit planmäßigem Angebot wirtschaftlicher Leistungen an einem äußeren Markt gegen Entgelt,
– Vereine mit unternehmerischer Tätigkeit an einem inneren (aus den Mitgliedern bestehenden) Markt sowie
– Vereine, die genossenschaftliche Kooperation betreiben, also von ihren Mitgliedern mit ausgegliederten unternehmerischen Teilaufgaben betraut werden,

grundsätzlich für eine Eintragung als Idealvereine nicht in Betracht.[14] Beurteilungsmaßstab ist dabei nicht allein der Wortlaut des in der Satzung niedergelegten Vereinszwecks, sondern die tatsächlich ausgeübte bzw. beabsichtigte Tätigkeit.[15] Selbst wenn die Formulierung des Satzungszweckes die Annahme nahelegt, der Zweck des Vereins sei auf einen wirtschaftlichen Geschäftsbetrieb gerichtet, muss dies die Anerkennung eines idealen Zwecks nicht ausschließen, wenn die Vereinstätigkeit tatsächlich nicht auf die Unterhaltung eines wirtschaftlichen Geschäftsbetriebes gerichtet ist.[16] Dabei kommt es nicht darauf an, ob der steuerrechtliche Begriff der Gewerblichkeit erfüllt ist.[17]

---

[13] Zum Begriff des wirtschaftlichen Geschäftsbetriebes in § 14 AO im Zusammenhang mit der Gemeinnützigkeit des Vereins vgl. § 14 AO.
[14] OLG Schleswig, Beschl. v. 4.1. 2001 – 2 W 130/00, NJW-RR 2001, 1478; KG, Beschl. v. 26.10. 2004 – 1 W 269/04, NZG 2005, 361, 362; OLG Frankfurt a.M., Beschl. v. 22.5. 2006 – 20 W 542/05, NZM 2006, 825; *K. Schmidt*, RPfleger 1972, 343 ff.; *ders.*, § 23 III 2.; *ders.*, AcP 182, 1, 16 ff.; *Reichert*, Rn. 132; Münch. Hdb. GesR V/ *Schwarz van Berk*, § 3 Rn. 19; *Eyles*, NJW 1996, 1994, 1995 mwN.
[15] KG, Beschl. v. 26.10. 2004 – 1 W 269/04, NZG 2005, 361, 362 mwN.
[16] KG, Beschl. v. 26.10. 2004 – 1 W 295/04, NZG 2005, 360, 361.
[17] *Eyles*, NJW 1996, 1994, 1997.

## 1. Unternehmerische Teilnahme am äußeren Markt[18]

**9** Der Volltypus des wirtschaftlichen Vereins ist durch ein dauerhaftes, planmäßiges und entgeltliches Angebot von Waren oder Dienstleistungen am Markt gekennzeichnet.[19] Unternehmerisches Handeln setzt ein Anbieten von Waren bzw. Dienstleistungen gegen Entgelt voraus. Eine Gewinnerzielungsabsicht muss damit nicht einher gehen.[20] Die reine Nachfrage nach Waren und Dienstleitungen kennzeichnet eine Konsumenteneigenschaft, nicht jedoch eine unternehmerische Marktteilnahme. Ebenso wenig kann eine nur gelegentliche anbietende Marktteilnahme ausreichen, um einem Verein die Eintragungsfähigkeit abzusprechen. Unschädlich ist damit bspw. die Veranstaltung eines Flohmarktes des Vereins (selbst wenn er regelmäßig stattfindet[21]) oder die anderweitige Veräußerung nicht mehr benötigten Vereinseigentums.

## 2. Unternehmerische Tätigkeit an einem inneren Markt

**10** Die unternehmerische Tätigkeit eines Vereins an einem inneren Markt ist durch die Versorgung seiner Mitglieder gekennzeichnet.[22] Vereinszweck ist die Schaffung und Unterhaltung eines Binnenmarktes, in dem dauerhaft, planmäßig und entgeltlich Waren bzw. Dienstleistungen (überwiegend) an Vereinsmitglieder abgegeben werden.[23] Die Mitgliedschaft in einem solchen Verein hat kundenähnlichen Charakter.[24] Der Verein tritt dabei gegenüber seinen Mitgliedern dergestalt als Anbieter von Waren und Dienstleitungen auf, dass er mit anderen, kommerziellen Anbietern konkurriert. Die Vereinsmitglieder treten gegenüber dem Verein wie anonyme Kunden auf. Das Kriterium der Entgeltlichkeit beschränkt sich nicht auf den Austausch von Waren und Dienstleistungen gegen Geld. Eine Innenmarkttätigkeit liegt bspw. auch bei Tauschringen[25] vor. Die Mitglieder eines solchen Vereins erbringen untereinander Dienstleistungen oder tauschen Waren aus. Die Verrechnung dieser Leistungen erfolgt dabei regelmäßig nicht in Geld sondern in festgelegten Verrechnungseinheiten. Entgeltlichkeit kann auch in Form von Gebühren oder Mitgliedsbeiträgen

---

[18] Eine umfangreiche Beispielsammlung findet sich bei *Reichert*, Rn. 148.
[19] MünchKommBGB/*Reuter*, § 22 Rn. 28 ff.; *Reichert* Rn. 141; Münch. Hdb. GesR V/*Schwarz van Berk*, § 3 Rn. 20.
[20] MünchKommBGB/*Reuter*, § 22 Rn. 28 ff; Münch. Hdb. GesR V/*Schwarz van Berk*, § 3 Rn. 20; *Heckelmann*, AcP 179, 1, 31; *K. Schmidt*, AcP 182, 1, 16; *ders.* § 23 III. 3. a).
[21] MünchKommBGB/*Reuter*, § 22 Rn. 28 ff.
[22] *Eyles*, NJW 1996, 1994, 1996; MünchKommBGB/*Reuter*, § 22 Rn. 32; Münch. Hdb. GesR V/*Schwarz van Berk*, § 3 Rn. 23; *K. Schmidt*, AcP 182, 1, 17; *ders.* § 23 III. 3. b).
[23] *Reichert*, Rn. 150, MünchKommBGB/*Reuter*, § 22 Rn. 32.
[24] Münch. Hdb. GesR V/*Schwarz van Berk*, § 3 Rn. 23.
[25] *Reichert*, Rn. 154 (Fn. 137) mwN.

## B. Idealverein und wirtschaftlicher Verein

in Erscheinung treten.[26] Voraussetzung ist jedoch, dass die Waren und Dienstleistungen zu weitgehend marktüblichen Konditionen angeboten werden. Auch Wohnungsbauvereine[27], Beamteneinkaufsstätten[28], Abrechnungsstellen für Heilberufe gegenüber Krankenkassen[29] etc. gehören in diese Kategorie.[30]

### 3. Genossenschaftsähnliche Kooperationen

Eine dritte Kategorie der wirtschaftlichen Vereine bilden die genossenschaftsähnlichen Kooperationen.[31] Solche genossenschaftsähnlichen Kooperationen liegen vor, wenn die Vereinsmitglieder ihre eigene, profitorientierte Unternehmenstätigkeit sowie hierfür benötigte Betriebsmittel ganz oder teilweise auf den Verein zur gemeinschaftlichen Nutzung auslagern. Eine Entgeltlichkeit ist nicht erforderlich.[32] Zur Annahme einer genossenschaftsähnlichen Kooperation ist grundsätzlich die Unterhaltung von Rechtsbeziehungen im Außenverhältnis erforderlich. Aber auch ein ausschließliches Auftreten des Vereins gegenüber seinen Mitgliedern kann eintragungsschädlich sein, wenn die Vereinsmitglieder aufgrund des Umfangs und der Organisation des Vereins wie beliebige anonyme Kunden auftreten.[33]

11

Weiterhin ist von einer genossenschaftsähnlichen Kooperation auszugehen, wenn **wirtschaftliche Aktivitäten der Vereinsmitglieder auf den Verein ausgegliedert** werden. Das ist dann der Fall, wenn der Verein in die Umsatzaktivitäten seiner Mitglieder eingebunden wird, mittelbar oder unmittelbar die anbietende Marktteilnahme seiner Mitglieder fördert, eine intensive, planmäßige und dauerhafte Verbindung zwischen der wirtschaftlichen Tätigkeit der Mitglieder und der Hilfstätigkeit des Vereins unterhält[34] und zumindest eine Teilidentität der Vereinstätigkeit und der Tätigkeit seiner Mitglieder besteht.[35] Eine Auslagerung wirtschaftlicher Haupt- oder Unterstützungstätigkeiten auf den Verein liegt nicht vor, wenn die Mitgliedsunternehmen sowohl kommerziellen als auch nicht kommerziellen Tätigkeiten nachgehen und sie ausschließlich nicht kommerzielle Tätigkeiten auf den Verein übertragen. Der Verein soll also kei-

12

---

[26] *Eyles*, NJW 1996, 1994, 1996.
[27] *Reichert*, Rn. 154 (Fn. 143) mwN.
[28] *K. Schmidt*, AcP 182, 1, 17; MünchKommBGB/*Reuter*, § 22 Rn. 32 ff.
[29] LG Bonn, Beschl. v. 1.7. 1985 – 5 T 54/85, MDR 1986, 53.
[30] Weitere Beispiele finden sich bei *Reichert*, Rn. 154 ff.
[31] *K. Schmidt*, AcP 182, 1, 17; *ders*. § 23 III. 3. c); Münch. Hdb. GesR V/*Schwarz van Berk*, § 3 Rn. 28.
[32] Münch. Hdb. GesR V/*Schwarz van Berk*, § 3 Rn. 28 mwN.
[33] *K. Schmidt*, AcP 182, 1, 17 f.; Münch. Hdb. GesR V/*Schwarz van Berk*, § 3 Rn. 28.
[34] LG Frankfurt a.M., Beschl. vom 17.6. 1994 – 2/9 T 214/94, NJW 1996, 2039 mwN.
[35] *Eyles*, NJW 1996, 1994, 1996.

*1. Teil Rechtsfähige Vereine*

nen eigenen Geschäftsbetrieb unterhalten, den ein durch die Mitglieder übertragener Teilbetrieb indessen erfordert. Dem Verein darf keine Einflussnahme auf die kommerziellen Aktivitäten seiner Mitglieder möglich sein.[36]

13 Die Rechtsprechung hat eine – eintragungshindernde – Auslagerung wirtschaftlicher Tätigkeiten auf den Verein bspw. angenommen bei Taxirufzentralen[37], Mähdreschgemeinschaften[38] und Gemeinschaften zur gemeinsamen Nutzung von Mostanlagen etc.[39]

14 Zulässig, weil keine auf den Verein ausgelagerte wirtschaftliche Tätigkeit, ist die Wahrnehmung übergeordneter Funktionen im Bereich der Beratung, Koordination und Interessenvertretung lokal oder überregional operierender Mitglieder.[40] Es handelt sich dabei um **Wirtschaftsverbände**. Als – eintragungsfähiger – Wirtschaftsverband vertritt ein Verein nur übergeordnete, branchenspezifische Interessen seiner Mitglieder. An einer für die Annahme eines wirtschaftlichen Geschäftsbetriebes erforderlichen engen Verzahnung zwischen einer kommerziellen Haupttätigkeit der Mitglieder und der Hilfstätigkeit des Vereins fehlt es. Angestrebte wirtschaftliche Vorteile der Mitglieder allein reichen für die Annahme eines wirtschaftlichen Geschäftsbetriebs i.S. von § 22 BGB nicht aus.[41] Eintragungsfähig sind damit Vereine wenn sie eine **beratende oder empfehlende Tätigkeit** ausüben oder mit Maßnahmen betraut sind, die der Qualitätsverbesserung und Qualitätskontrolle von Produkten oder Dienstleistungen dienen.[42] Dabei darf der Wirtschaftsverband grundsätzlich auch **Werbekampagnen** fördern und koordinieren, soweit es sich um eine gemeinschaftliche Werbemaßnahme der Mitglieder handelt und nicht auf einzelne Mitglieder bezogen ist.[43]

15 Zulässigerweise als Wirtschaftsverband zur Wahrnehmung übergeordnete, branchenspezifischer Interessen seiner Mitglieder wurde bspw. ein Verein von Banken zum Betrieb eines Kreditkartensystems anerkannt.[44] Weitere Beispiele sind der Bundesverband der Energie- und Wasserwirtschaft e.V. (BDEW), dessen Mitgliedsunternehmen „die größten Investoren in der deutschen Industrie" auf dem Gebiet der „Energie- und Wasserwirtschaft"[45] sind, der BVMW – Bundesverband mittelständische

---

[36] LG Frankfurt a.M., Beschl. vom 17.6.1994 – 2/9 T 214/94, NJW 1996, 2039; *Eyles*, NJW 1996, 1994, 1996.
[37] BGH, Beschl. v. 14.7.1966 – II ZB 2/66, NJW 1966, 2007.
[38] MünchKommBGB/*Reuter*, Rn. 36.
[39] Weitere Beispiele bei *Reichert*, Rn. 159.
[40] *Eyles*, NJW 1996, 1994, 1997.
[41] LG Frankfurt a.M., Beschl. vom 17.6.1994 – 2/9 T 214/94, NJW 1996, 2039; *Eyles*, NJW 1996, 1994, 1997.
[42] *Reichert*, Rn. 139; *Eyles*, NJW 1996, 1994, 1996.
[43] Näher hierzu *Eyles*, NJW 1996, 1994, 1998.
[44] LG Frankfurt a.M., Beschl. v. 17.6.1994 – 2/9 T 214/94, NJW 1996, 2039; zustimmend: *Eyles*, NJW 1996, 1994; ablehnend MünchKommBGB/*Reuter*, § 22 Rn. 47.
[45] Quelle: Darstellung des BDEW von Juni 2010 unter www.bdew.de.

## B. Idealverein und wirtschaftlicher Verein

Wirtschaft, Unternehmerverband Deutschlands e. V.[46] oder auch der Deutsche Sparkassen- und Giroverband e. V.[47]

Nicht als wirtschaftliche Vereine anzusehen sind auch **Berufs- und Fachverbände**. Solche Vereine fördern die Interessen ihrer Mitglieder, indem sie diese nach außen zur Geltung bringen.[48]

16

## II. Nebenzweckprivileg[49]

Gleichwohl machen die obigen Ausführungen deutlich, dass dem eintragungsfähigen Idealverein nicht generell jede wirtschaftliche Betätigung verwehrt ist. Eine wirtschaftliche Betätigung durch einen Idealverein ist dann für die Eintragung des Vereins unschädlich, wenn sie mit Sinn und Zweck der §§ 21, 22 BGB vereinbar ist. Die Unterscheidung zwischen eintragungsfähigem Idealverein und nicht eintragungsfähigem wirtschaftlichen Verein dient vor allem der Sicherheit des Rechtsverkehrs, insbesondere dem Gläubigerschutz. Anders als Kapitalgesellschaften verfügen Vereine weder über ein Stamm- bzw. Grundkapital noch unterliegen sie den strengen Publizitätspflichten wie Kapitalgesellschaften. Vereinigungen mit wirtschaftlicher Zielsetzung sind daher auf die dafür zur Verfügung stehenden handelsrechtlichen Formen zu verweisen.[50]

17

Zur Erreichung seiner ideellen Ziele darf der Verein in engen Grenzen auch **unternehmerische Tätigkeiten entfalten**, ohne den Status eines Idealvereins zu verlieren. Die unternehmerische Tätigkeit des Idealvereins ist unschädlich, wenn sie nicht Hauptzweck des Vereins ist, sondern diese **einem nichtwirtschaftlichen Hauptzweck zu- oder untergeordnet und Hilfsmittel zu dessen Erreichung ist** (sog. Nebenzweckprivileg).[51] Die unternehmerische Betätigung des Idealvereins darf also gegenüber seinem nichtwirtschaftlichen Hauptzweck nur eine untergeordnete Rolle spielen. Die wirtschaftliche Betätigung des Vereins muss sich im Rahmen des Vereinszwecks halten und sich bei natürlicher Betrachtungsweise als ein die ideelle Vereinsbetätigung ergänzendes, objektiv sinnvolles Mittel zur Förderung des nicht wirtschaftlichen Vereinszwecks darstellen.[52] Die wirtschaftliche Betätigung des Vereins kann also als Einnahmequelle für die

18

---

[46] www.bvmw.de.
[47] *Eyles*, NJW 1996, 1994, 1997.
[48] Staudinger/*Weick*, § 21 BGB Rn. 9.
[49] Zur wirtschaftlichen Betätigung eines gemeinnützigen Vereins im Rahmen eines „Zweckbetriebes" s. Rn. 31 f.
[50] BGH, Urt. v. 29.9. 1982 – I ZR 88/08, NJW 1983, 569, 571; OLG Hamm, Beschl. v. 6.9. 2007 – 15 W 129/07, NZG 2008, 473, 474; OLG Frankfurt a. M., Beschl. v. 22.5. 2006 – 20 W 542/05, NZM 2006, 825.
[51] Vgl. bereits RG, Beschl. v. 30.10. 1913 – IV B 3/13, RGZ 83, 231 ff.; BGH, Urt. v. 30.11. 1954 – I ZR 147/53, NJW 1955, 422; BGH, Urt. v. 29.9. 1982 – I ZR 88/08, NJW 1983, 569, 571; KG, Beschl. v. 26.10. 2004 – 1 W 269/04, NZG 2005, 361, 362; *K. Schmidt*, AcP 182, 1, 18 ff., s. auch *Heckelmann*, AcP 179, 1, 22 ff.; *Knauth*, JZ 1978, 339, 341; Münch. Hdb. GesR V/*Schwarz van Berk*, § 3 Rn. 36 ff.
[52] Sauter/Schweyer/Waldner/*Waldner/Wörle-Himmel*, Rn. 47 mwN.

Erfüllung der nichtwirtschaftlichen Zwecke des Vereins dienen. So kann sich bspw. ein Kegelverein durch die Unterhaltung einer **Vereinsgaststätte** Einnahmen zur Verfolgung seiner nichtwirtschaftlichen Zwecke verschaffen, oder ein Sportverein kann zu diesem legitimen Zweck ein **Fitnesscenter** betreiben.[53] Die Einkünfte des Vereins aus der Unterhaltung des wirtschaftlichen Geschäftsbetriebes dürfen dabei grundsätzlich auch die Einnahmen aus Mitgliedsbeiträgen der Vereinsmitglieder übersteigen.[54] Selbst ein vollkaufmännisches Vereinsunternehmen im Sinne des § 1 HGB schließt es nicht von vornherein aus, den Verein dennoch als Idealverein zu qualifizieren.[55] Ein Verein kann auch Unternehmer im Sinne des § 2 Abs. 2 Nr. 6 UWG sein, ohne zwangsläufig wirtschaftlicher Verein zu sein.[56] Ein Indiz für die Verfolgung idealer und nicht (hauptsächlich) wirtschaftlicher Zwecke kann eine vom Finanzamt anerkannte Gemeinnützigkeit darstellen.[57] Entscheidend ist dabei aber stets, dass Vereinszweck in der Hauptsache die Verfolgung ideeller Zwecke bleibt und die wirtschaftliche Betätigung dieser Zweckerreichung dient und nicht zum eigentlichen Hauptzweck des Vereins wird.

### III. Unterhaltung eines externen wirtschaftlichen Geschäftsbetriebes

#### 1. Beteiligung des Vereins an einer Kapitalgesellschaft

19   Der Idealverein kann grundsätzlich außerhalb des Vereins ein Handelsgewerbe errichten und betreiben, solange dadurch die unternehmerische Tätigkeit nicht zu seinem eigenen Hauptzweck wird. Die unternehmerische Tätigkeit eines vom Verein betriebenen Handelsgewerbes darf mithin dem Idealverein nicht zurechenbar sein.[58] Hierzu ist eine rechtliche und organisatorische Trennung des Idealvereins von dem Handelsgewerbe erforderlich[59] und ein effektiver Gläubigerschutz zu gewährleisten. Der mit §§ 21, 22 BGB bezweckte Gläubigerschutz ist dann in ausreichendem

---

[53] Zu dem Erfordernis für Gewerkschaften und Arbeitgeberverbände, sich durch wirtschaftliche Betätigung eine Vermögensbasis zu schaffen s. MünchKommBGB/*Reuter*, § 22 Rn. 21 mwN.

[54] MünchKommBGB/*Reuter*, § 22 Rn. 19 mwN.

[55] Sauter/Schweyer/Waldner/*Waldner/Wörle-Himmel*, Rn. 47; *Reichert*, Rn. 59 ff.

[56] BGH, Urt. v. 23.1. 1976 – I ZR 95/75, GRUR 1976, 370 („Lohnsteuerhilfevereine") zum seinerzeit geltenden Begriff des Gewerbetreibenden gemäß § 13 Abs. 1 UWG a.F.

[57] KG, Beschl. v. 26.10. 2004 – 1 W 295/04, NZG 2005, 360, 361. Eine Übersicht eintragungsunschädlicher sowie schädlicher Vereinsbetätigungen findet sich bei *Reichert*, Rn. 125 bzw. 148.

[58] *K. Schmidt*, NJW 1983, 543, 545; *ders.*, AcP 182, 1, 21; Münch. Hdb. GesR V/ *Schwarz van Berk*, § 3 Rn. 42; Sauter/Schweyer/Waldner/*Waldner/Wörle-Himmel*, Rn. 46.

[59] BGH, Urt. v. 29.9. 1982 – I ZR 88/08, NJW 1983, 569, 570 f.

## B. Idealverein und wirtschaftlicher Verein

Maße gewährleistet, wenn das Handelsgewerbe bspw. in der Rechtsform einer Aktiengesellschaft, GmbH oder eingetragenen Genossenschaft betrieben wird.

Auch wenn der Idealverein beherrschenden Einfluss auf das als Kapitalgesellschaft betriebene Handelsgewerbe ausübt bzw. ausüben kann, führt dies nicht zwangsläufig zu einer wirtschaftlichen Betätigung im Sinne der Unterhaltung eines wirtschaftlichen Geschäftsbetriebes.[60] Das gilt grundsätzlich auch in den Fällen, in denen der Idealverein die Kapitalgesellschaft beherrscht, sei es aufgrund eines Beherrschungsvertrages oder faktisch. In der sog. ADAC-Entscheidung hat der Bundesgerichtshof klargestellt, dass der ADAC-Allgemeiner Deutscher Automobil-Club e. V. nicht allein dadurch einen eigenen wirtschaftlichen Geschäftsbetrieb unterhält, dass er eine Rechtsschutzversicherungs-AG gründet und aktienrechtlich beherrscht. Auch in der Zurverfügungstellung von Personal, Räumlichkeiten, Mitgliederkarteien sowie der Einräumung der Nutzungsmöglichkeit der EDV-Anlage, des Vereinsemblems und des sonstigen Verwaltungsapparates und letztlich auch der einmaligen Zuwendung von finanziellen Mitteln aus Anlass ihrer Gründung, sieht der BGH den idealen Zweck nicht in den Hintergrund gedrängt. Er begründet dies mit dem in der Satzung des ADAC vorgesehenen Vereinszweck, der die Interessenwahrung der motorisierten Straßenverkehrsteilnehmer zum Gegenstand hat.[61] Mangels einer für den Idealverein gesetzlich nicht vorgeschriebenen Mindestkapitalausstattung sind Beeinträchtigungen der Interessen der Gläubiger der Kapitalgesellschaft zwar nicht auszuschließen. Die persönliche und gesamtschuldnerische Haftung des Vorstands des Idealvereins als herrschendem „Unternehmen" gemäß § 309 Abs. 4 S. 3 AktG (mit Beherrschungsvertrag) bzw. § 317 Abs. 3, 4 AktG (ohne Beherrschungsvertrag) sowie der Vorstands- und Aufsichtsratsmitglieder des abhängigen Unternehmens, wenn die Haftung des herrschenden Unternehmens nicht zu verwirklichen ist, schützen die Gläubigerinteressen jedoch in ausreichendem Maße.[62] Einer Bejahung einer eigenunternehmerischen Tätigkeit des Idealvereins aufgrund der Beherrschung der unternehmerisch tätigen AG i. S. der §§ 21 und 22 BGB bedarf es daher nicht.[63]

Sofern der die unternehmerisch tätige Kapitalgesellschaft beherrschende Idealverein jedoch die Kapitalgesellschaft finanziell und organisatorisch unterstützt, bspw. durch die Zurverfügungstellung von Räumlichkeiten oder EDV, die einheitliche Werbemaßnahmen oder gemeinsamen Personaleinsatz, können die Grenzen zur eigenen wirtschaftlichen Betätigung i. S. d. § 22 BGB überschritten sein. Es kann sich insoweit um planmäßige, auf

---

[60] BGH, Urt. v. 29.9. 1982 – I ZR 88/08, NJW 1983, 569; *Hemmerich*, BB 1983, 29; Palandt/Ellenberger, § 21 BGB Rn. 4; **a.A.** *K. Schmidt*, NJW 1983, 543 ff.; *ders.*, AcP 182, 1, 23; Münch. Hdb. GesR V/*Schwarz van Berk*, § 3 Rn. 44 f.
[61] BGH, Urt. v. 29.9. 1982 – I ZR 88/08, NJW 1983, 569 ff.
[62] Das gilt grundsätzlich auch im Falle der beherrschten GmbH (str.; vgl. hierzu *Hemmerich*, BB 1983, 29; *Verhoeven*, GmbH-Konzern-InnenR, 1978, Rn. 309 ff).
[63] BGH, Urt. v. 29.9. 1982 – I ZR 88/08, NJW 1983, 569, 571.

## 1. Teil Rechtsfähige Vereine

Dauer angelegte und nach außen gerichtete, d.h. über den vereinsinternen Bereich hinausgehende, eigenunternehmerische Tätigkeiten handeln, die auf die Verschaffung vermögenswerter Vorteile zugunsten des Vereins oder seiner Mitglieder abzielen.[64] Ob diese Zurverfügungstellung entgeltlich oder unentgeltlich erfolgt, ist in diesem Zusammenhang nicht entscheidend.[65] Es kommt vielmehr darauf an, ob diese Hilfestellungen noch als Nebenzweck oder bereits als Hauptzweck des Vereins anzusehen sind. Es ist entscheidend darauf abzustellen, ob mit diesen Hilfestellungen lediglich der ideale Satzungszweck verfolgt wird.

22 Problematischer ist die Konstellation bei reinen **Holdingvereinen**. Sofern der Verein selbst keinen anderen Zwecken nachgeht, als Konzernobergesellschaft zu sein, ist seine Anerkennung als Idealverein sehr fraglich. In der vorzitierten BGH-Entscheidung zum ausgegliederten Geschäftsbetrieb des ADAC konnte argumentiert werden, dass der ADAC als Verein im Wesentlichen ideale Zwecke verfolgt. In diesem Fall wird der ausgegliederte, wirtschaftliche Geschäftsbetrieb dem Holdingverein zuzurechnen sein. Er kann dann nicht mehr ins Vereinsregister eingetragen werden, da er wirtschaftlicher Verein ist.[66]

### 2. Beteiligung des Vereins an einer Personengesellschaft

23 Die Beteiligung des Vereins an einer Personengesellschaft, also einer oHG oder KG kann jedoch zu einer Zurechnung dieses Geschäftsbetriebes zum Verein führen. Folge wäre der Wegfall der Eintragungsvoraussetzung. Unproblematisch ist grundsätzlich die Beteiligung eines Idealvereins als Kommanditist einer KG.[67] Da der Kommanditist nicht wesentlichen Einfluss auf die Geschäftsführung der KG nehmen kann, erfolgt regelmäßig auch keine Zurechnung des Geschäftsbetriebes der KG zum Verein. Etwas anderes kann sich dann ergeben, wenn dem Kommanditisten per Satzung über die gesetzlich vorgesehenen Einflussmöglichkeiten hinausgehende Kompetenzen eingeräumt werden.

24 Ein den Nebenzweck übersteigender wirtschaftlicher Geschäftsbetrieb liegt indessen regelmäßig vor, wenn sich der Verein als Komplementär an einer KG oder als Gesellschafter an einer oHG beteiligt.[68]

---

[64] BGH, Urt. v. 29.9. 1982 – I ZR 88/08, NJW 1983, 569, 571.
[65] BGH, Urt. v. 29.9. 1982 – I ZR 88/08, NJW 1983, 569, 571.
[66] *K. Schmidt*, AcP 182, 1, 22 f, 30.; MünchKommBGB/*Reuter*, § 22 Rn. 37 ff.; Münch. Hdb. GesR V/*Schwarz van Berk*, § 3 Rn. 46 mwN; Staudinger/*Weick*, § 21 BGB Rn. 8; vgl. auch zum nicht rechtsfähigen Verein: *Steding*, NZG 2001, 721, 727.
[67] Sauter/Schweyer/Waldner/*Waldner/Wörle-Himmel*, Rn. 46; *Reichert*, Rn. 138 mwN.
[68] Sauter/Schweyer/Waldner/*Waldner/Wörle-Himmel*, Rn. 46; *Reichert*, Rn. 138 mwN.

## C. Gemeinnützigkeit

### I. Grundlagen

Vereine können – wie andere Körperschaften – als gemeinnützig oder mildtätig anerkannt werden und somit steuerlich begünstigt sein. Die Steuerprivilegierung bezieht sich bei gemeinnützigen und mildtätigen Vereinen auf die Körperschaftssteuer, die Gewerbesteuer, die Grundsteuer, die Erbschaftssteuer und die Umsatzsteuer.

### II. Kriterien der Gemeinnützigkeit

Fundamentale Wertungsprinzipien des Gemeinnützigkeitsrechts sind in objektiver Hinsicht die Vorstellung der Förderung des Gemeinwohls als zumindest im Regelfall staatsentlastende Förderung der Allgemeinheit und in subjektiver Hinsicht die Vorstellung der Selbstlosigkeit, des Gemeinsinns, der Tätigkeit und die Beachtung der Wettbewerbsneutralität des Gemeinnützigkeitsrechts.[69] Eine Körperschaft verfolgt gemäß § 52 Abs. 1 S. 1 AO gemeinnützige Zwecke, wenn ihre Tätigkeit darauf gerichtet ist, die Allgemeinheit auf materiellem, geistigem oder sittlichem Gebiet selbstlos zu fördern. Eine gemeinnützige Förderung der Allgemeinheit setzt voraus, dass der Kreis der Personen, dem die Förderung zugutekommt, nicht fest abgeschlossen ist. Eine Förderung der Allgemeinheit scheidet damit aus, wenn der Kreis der Geförderten bspw. nur aus Familienangehörigen oder der Belegschaft eines Unternehmens besteht oder er infolge seiner Abgrenzung, insbesondere nach räumlichen oder beruflichen Merkmalen, dauernd nur klein sein kann.

Der Gesetzgeber hat in § 52 Abs. 2 einen Katalog von Zwecken aufgestellt, bei denen eine Förderung der Allgemeinheit anzuerkennen ist. Dieser Katalog beinhaltet bspw. die Förderung von Wissenschaft und Forschung, die Förderung des öffentlichen Gesundheitswesens und der öffentlichen Gesundheitspflege (z.B. Krankenhäuser), Jugend- und Altenhilfe, die Förderung von Kunst und Kultur; die Förderung des Naturschutzes, die Förderung des Wohlfahrtswesens, die Förderung des Tierschutzes, die Förderung von Verbraucherberatung und Verbraucherschutz, die Förderung des Sports, die Förderung des bürgerschaftlichen Engagements zugunsten gemeinnütziger, mildtätiger und kirchlicher Zwecke u.v.m. Die Zwecke, die der Gesetzgeber als Förderung des Allgemeinwohls ansieht, sind damit sehr weitreichend. Dieser Katalog ist nicht abschließend. Sofern der vom Verein verfolgte Zweck nicht in dem Katalog aufgeführt ist, er aber die Allgemeinheit auf materiellem, geistigem oder sittlichem Gebiet entsprechend selbstlos fördert, kann auch dieser Zweck durch die Finanzbehörden für gemeinnützig erklärt werden.

---

[69] So *Schauhoff*, Rn. 36.

## 1. Mildtätige Zwecke

**28** Ein Verein verfolgt mildtätige Zwecke, wenn seine Tätigkeit darauf gerichtet ist, Personen selbstlos zu unterstützen,

– die infolge ihres körperlichen, geistigen oder seelischen Zustandes auf die Hilfe anderer angewiesen sind oder
– deren Bezüge nicht höher sind als das Vierfache des Regelsatzes der Sozialhilfe im Sinne des § 28 des Zwölften Buches Sozialgesetzbuch – SGB XII; beim Alleinstehenden oder Haushaltsvorstand tritt an die Stelle des Vierfachen das Fünffache des Regelsatzes. Dies gilt nicht für Personen, deren Vermögen zur nachhaltigen Verbesserung ihres Unterhalts ausreicht und denen zugemutet werden kann, es dafür zu verwenden. Bei Personen, deren wirtschaftliche Lage aus besonderen Gründen zu einer Notlage geworden ist, dürfen die Bezüge oder das Vermögen die genannten Grenzen übersteigen.

## 2. Selbstlosigkeit

**29** Sowohl im Rahmen der Gemeinnützigkeit als auch der Mildtätigkeit kann eine Steuerbegünstigung nur angenommen werden, wenn die Förderung bzw. Unterstützung selbstlos erfolgt. Selbstlosigkeit setzt gemäß § 55 Abs. 1 AO voraus, dass nicht in erster Linie eigenwirtschaftliche Zwecke verfolgt werden. **Die Mittel des Vereins dürfen nur für satzungsmäßige Zwecke verwendet werden.** Die Mitglieder des Vereins dürfen bei ihrem Ausscheiden oder bei Auflösung oder Aufhebung des Vereins nicht mehr als ihre eingezahlten Beiträge zurückerhalten. Ferner darf der Verein seine Organe oder sonstige Personen nicht durch unverhältnismäßig hohe Vergütungen begünstigen.[70] Selbstlosigkeit setzt darüber hinaus auch die Beachtung des Grundsatzes der Vermögensbindung voraus. Das bedeutet, dass das Vereinsvermögen auch im Falle der Auflösung des Vereins nur für steuerbegünstigte Zwecke verwendet werden darf. Schließlich muss der Verein seine Mittel zeitnah für seine steuerbegünstigten satzungsmäßigen Zwecke verwenden.

## 3. Grundsatz der Ausschließlichkeit und Unmittelbarkeit

**30** Der Verein muss ausschließlich und unmittelbar seine gemeinnützigen bzw. mildtätigen satzungsmäßigen Zwecke verfolgen. Unmittelbar bedeutet, dass der Verein diese Zwecke selbst verwirklicht. Wird der Verein auch wirtschaftlich tätig, ist dies solange nicht schädlich für die Gemeinnützigkeit, als die wirtschaftliche Tätigkeit nicht vorrangig zur Verwirklichung eigennütziger Ziele ausgeübt wird. Eigennützige Ziele sind die Förderung der wirtschaftlichen Interessen des Vereins oder seiner Mitglieder.

---

[70] Dazu näher Rn. 306 ff.

*D. Organe von Vereinen*

Eine wirtschaftliche Betätigung des Vereins schließt die steuerliche Begünstigung nicht aus, wenn sie im Rahmen eines **Zweckbetriebes** ausgeübt wird, § 64 Abs. 1 AO. Ein Zweckbetrieb ist gemäß § 65 AO gegeben, wenn die wirtschaftliche Geschäftstätigkeit dazu dient, die steuerbegünstigten Zwecke zu verwirklichen, die steuerbegünstigten Zwecke nur durch diesen wirtschaftlichen Geschäftsbetrieb erreicht werden können und der der wirtschaftliche Geschäftsbetrieb zu nicht steuerbegünstigten Betrieben nicht in größerem Umfang in Wettbewerb tritt, als es bei Erfüllung der steuerbegünstigten Zwecken unvermeidbar ist.

31

Die Beteiligung eines Vereins an einer Kapitalgesellschaft oder einer Personengesellschaft ist indessen regelmäßig nicht mit einer Gemeinnützigkeit vereinbar, wenn der Verein tatsächlich entscheidenden Einfluss auf die Geschäftstätigkeit hat.[71]

32

## D. Organe von Vereinen

Das Vereinsrecht kennt mehrere Organe des Vereins. Dabei ist zu unterscheiden zwischen den obligatorischen, also zwingend einzurichtenden Organen und fakultativen Organen. Zu den obligatorischen Organen eines Vereins gehören die **Mitgliederversammlung** und der **Vorstand**. Ohne diese Organe ist der Verein nicht eintragungsfähig.[72] Die Rechte und Pflichten dieser obligatorischen Organe können jedoch per Satzung eingeschränkt werden.

33

Zu den fakultativen Vereinsorganen gehört in erster Linie der **besondere Vertreter gemäß § 30 BGB**.[73] Der besondere Vertreter soll den Vorstand in einem bestimmten Aufgabenbereich entlasten. Weiteres fakultatives Organ ist die **Delegiertenversammlung**. Sie kann durch Satzung anstelle der Mitgliederversammlung eingerichtet werden; sie nimmt die Rechte der Mitglieder durch von diesen bestellte Vertreter (Delegierte) wahr.[74] Daneben können Vereinssatzungen die Einrichtung eines **Vereinsbeirats**, eines **Aufsichtsrats**, eines **Kuratoriums** usw. vorsehen.[75] Diese fakultativen Organe dienen in erster Linie der Kontrolle des Vorstandes.[76] Ihnen kann durch die Satzung anstelle der Mitgliederversammlung die Kompetenz für die Bestellung und Abberufung des Vorstands und für die Anstellung und deren Beendigung übertragen werden.[77]

34

---

[71] Vgl. hierzu ausführlich *Arnold*, DStR 2005, 581, 583 f.
[72] Eine Ausnahme stellen Religions- und Weltanschauungsgemeinschaften dar, die eine Mitgliederversammlung nicht bilden müssen; näher hierzu *Reichert*, Rn. 1173 mwN.
[73] Dazu ausführlich unter Rn. 646 ff.
[74] Näher hierzu: Sauter/Schweyer/Waldner/*Waldner/Wörle-Himmel*, Rn. 216 ff; *Reichert*, Rn. 1172.
[75] Vgl. hierzu: Sauter/Schweyer/Waldner/*Waldner/Wörle-Himmel*, Rn. 216 ff.
[76] Münch. Hdb. GesR V/*Waldner*, § 26 Rn. 8.
[77] S. dazu Rn. 138 und Rn. 258.

# E. Vorstand

## I. Einführung

**35** Jeder Verein muss über einen **Vorstand** im Sinne des § 26 BGB verfügen, der für den Verein handelt. Ohne Vorstand kann der Verein grundsätzlich nicht am Rechtsverkehr teilnehmen.[78] Der Vorstand kann aus einer oder mehreren Personen bestehen. Ohne Regelung in der Satzung, aus wie vielen Mitgliedern der Vorstand zusammenzusetzen ist, kann der Verein nicht ins Vereinsregister eingetragen werden.[79] Der Vorstand kann **selbstorganschaftlich** oder **fremdorganschaftlich** aufgestellt sein. Selbstorganschaft bedeutet, dass dem Vorstand nur Vereinsmitglieder angehören dürfen. Fremdorganschaft ermöglicht die Besetzung von Vorstandsämtern auch mit vereinsfremden Personen. Enthält die Vereinssatzung zu dieser Frage keine Regelung, ergibt sich die Zulässigkeit einer Fremdorganschaft aus dem Sinn und Zweck der Vereinssatzung oder nach der Struktur und Zielsetzung des Vereins.[80]

**36** Vereine können neben dem Vorstand im Sinne des § 26 BGB auch über einen sogenannten **erweiterten** oder **statuarischen Vorstand** verfügen. Die Mitglieder dieses erweiterten Vorstands sind nicht gesetzliche Vertreter des Vereins. Ihnen kann durch die Vereinssatzung aber (interne) Geschäftsführungsbefugnis übertragen werden. Regelmäßig nehmen die Mitglieder des erweiterten Vorstandes beratende oder kontrollierende Aufgaben wahr. Aus der Vereinssatzung muss sich eindeutig ergeben, welche Personen den Vorstand im Sinne des Gesetzes bilden. Das kann bspw. dadurch geschehen, dass innerhalb des Vorstands ein spezielles Gremium gebildet wird – z.B. ein Präsidium –, das den Vorstand im gesetzlichen Sinne bildet und dies dem Vereinsregister zur Eintragung angemeldet wird. Bei Formulierung der Satzung muss darauf geachtet werden klarzustellen, in welchen Fällen der Vorstand im Sinne des § 26 BGB und in welchen Fällen der erweiterte Vorstand zuständig sein soll. Oftmals kommt es hier zu Auslegungsschwierigkeiten, wenn die Satzung nach einmaliger Unterscheidung zwischen „Vorstand" im Sinne des erweiterten Vorstandes und „Vorstand im Sinne des § 26 BGB" im Folgenden nur noch vom „Vorstand" spricht.[81]

**37** **Beispiel einer zulässigen Regelung im Falle des erweiterten Vorstands:**
*Der Vorstand besteht aus dem Präsidenten, einem Vizepräsidenten (zusammen „Präsidium"), einem Schatzmeister, einem Schriftführer sowie X weiteren Mitgliedern. Das Präsidium bildet den Vorstand im Sinne des § 26 BGB.*

---

[78] Münch. Hdb. GesR V/*Waldner*, § 25 Rn. 55.
[79] Münch. Hdb. GesR V/*Waldner*, § 25 Rn. 58.
[80] *Reichert*, Rn. 1166 mwN.
[81] Münch. Hdb. GesR V/*Waldner*, § 26 Rn. 6.

## E. Vorstand

In dieser Konstellation ist das Präsidium der Vorstand im gesetzlichen Sinne und der „Vorstand" ist das erweiterte Organ. **38**

Bestimmt die Vereinssatzung indessen, dass der 1. Vorsitzende der Vorstand gemäß § 26 BGB ist, dieser aber im Falle der Verhinderung durch den 2. Vorsitzenden vertreten wird, so handelt es sich hinsichtlich des 2. Vorsitzenden um eine unzulässige bedingte Bildung des Vorstandes, die nicht in das Vereinsregister eingetragen werden kann.[82] Ebenso wenig zulässig wäre eine Satzungsregelung, wonach der Vorstand des Vereins im Sinne des BGB entweder der Vorsitzende oder der stellvertretende Vorsitzende ist.[83] Um diese Konsequenz zu vermeiden, empfiehlt es sich klarzustellen, dass sowohl der Vorstandsvorsitzende als auch sein Stellvertreter ständige Mitglieder des Vorstands sind. Das könnte dadurch geschehen, dass die Satzung vom 1. und 2. Vorstandsvorsitzenden spricht.[84] **39**

Der nachfolgend verwendete Begriff des „Vorstands" meint den gesetzlichen Vorstand im Sinne des § 26 BGB. **40**

### II. Gerichtliche und außergerichtliche Vertretung

Der Vorstand vertritt den Verein gemäß § 26 Abs. 1 BGB gerichtlich und außergerichtlich. Er hat die Stellung eines gesetzlichen Vertreters des Vereins.[85] Der Vorstand tritt also für den Verein auf, der zwar in gerichtlichen Verfahren parteifähig bzw. beteiligungsfähig ist, der jedoch als Körperschaft selbst nicht prozessfähig und bezogen auf Verwaltungsverfahren nicht verfahrensfähig ist. Diese Vertretungsbefugnis erstreckt sich allerdings nur auf die Vertretung des Vereins, nicht auch auf die Vertretung einzelner Vereinsmitglieder oder der Vereinsmitglieder insgesamt. Eine Ausweitung der Vertretungsbefugnis durch die Satzung auch auf die Vertretung von Vereinsmitgliedern ist nicht zulässig.[86] Sofern sich ein Vereinsmitglied durch den Vorstand vertreten lassen will, ist hierfür die Erteilung einer Vollmacht nach allgemeinem Vertretungsrecht des BGB erforderlich. **41**

Besteht der Vorstand des Vereins lediglich aus einem Mitglied, so vertritt dieses Vorstandsmitglied den Verein allein. Allerdings kann sich der Allein-Vorstand gemäß § 181 BGB nicht selbst und den Verein in Streitigkeiten zwischen ihm und den Verein vertreten. In diesem Fall muss der Verein für eine Ersatzbestellung sorgen oder es muss – sofern dies nicht möglich ist – auf Antrag nach § 29 BGB ein Notvorstand bestellt werden. Eine weitere Möglichkeit besteht darin, den Allein-Vorstand vom Verbot des Selbstkontrahierens gemäß § 181 BGB in der Satzung zu befreien. **42**

---

[82] BayObLG, Beschl. v. 4.2. 1969 – BReg. 2 Z 81/68, NJW 1969, 1966; Münch. Hdb. GesR V/*Waldner*, § 25 Rn. 61 u. § 28 Rn. 13.
[83] OLG Celle, Beschl. v. 28.5. 1968 – 9 Wx 3/68, NJW 1969, 326.
[84] Münch. Hdb. GesR V/*Waldner*, § 25 Rn. 61.
[85] Vgl. hierzu Staudinger/Weick, § 26 BGB Rn. 10.
[86] *Reichert*, Rn. 2387.

*1. Teil Rechtsfähige Vereine*

Eine solche generelle Befreiung muss ins Vereinsregister eingetragen werden.[87] Auch kann die Mitgliederversammlung – bzw. ein anderes gemäß Satzung für die Bestellung und Abberufung der Vorstandsmitglieder zuständiges Vereinsorgan – dem Vorstand Erlaubnis für ein konkretes Insich-Geschäft erteilen.[88]

**43** Verfügt der Verein über mehrere Mitglieder, gilt der Grundsatz der Vertretung nach dem Mehrheitsprinzip. Das hat der Gesetzgeber aufgrund einer bisher bestehenden Rechtsunsicherheit in § 26 Abs. 2 S. 1 BGB nF[89] nun ausdrücklich geregelt: „*Besteht der Vorstand aus mehreren Personen, so wird der Verein durch die Mehrheit der Vorstandsmitglieder vertreten*". Die früher zum Teil vertretene Ansicht, der mehrköpfige Vorstand vertrete den Verein nur gesamtheitlich[90], also durch alle Vorstandsmitglieder gemeinsam, ist damit überholt.

**44** In der Vereinssatzung kann für die Vorstandsmitglieder eines mehrgliedrigen Vorstands Einzelvertretungsbefugnis vorgesehen werden. Dies kann dergestalt erfolgen, dass grundsätzlich alle Vorstandsmitglieder einzelvertretungsbefugt sind. Denkbar ist auch, einem Vorstandsmitglied, z.B. dem Vorsitzenden, Einzelvertretungsbefugnis einzuräumen, und den weiteren Vorstandsmitgliedern indessen nur die Befugnis einzuräumen, den Verein gemeinsam mit einem (oder mehreren) anderen Vorstandsmitgliedern zu vertreten. Solche starren Regelungen haben jedoch den Nachteil, dass im Falle von Abweichungen stets eine Satzungsänderung erfolgen muss. Der Verein kann sich in seiner Satzung auch darauf beschränken, lediglich die grundsätzliche Möglichkeit der Erteilung einer Einzelvertretungsbefugnis vorzusehen. Die Entscheidung, ob einem bestimmten Vorstandsmitglied Einzelvertretungsbefugnis erteilt wird, kann dem zur Bestellung des Vorstands berufenen Organ (in der Regel die Mitgliederversammlung) überlassen werden.

**45 Beispiel einer Satzungsregelung:**

*Der Vorstand wird von der Mitgliederversammlung gewählt. Der Vorstand besteht aus drei Mitgliedern. Die Vorstandsmitglieder vertreten den Verein gemeinsam mit einem weiteren Vorstandsmitglied. Die Mitgliederversammlung kann allen oder einzelnen Vorstandsmitgliedern Einzelvertretungsbefugnis erteilen.*

**46** Bei einem mehrgliedrigen Vorstand kann einem Vorstandsmitglied (X) nicht Alleinvertretungsmacht dergestalt erteilt werden, dass die anderen Vorstandsmitglieder (Y und Z) nur dann vertretungsbefugt sind, wenn Vorstandsmitglied A verhindert ist, und im Übrigen von der Vertretung ausge-

---

[87] Münch. Hdb. GesR V/Waldner, § 28 Rn. 18; Staudinger/*Schilken*, § 181 BGB Rn. 53 mwN.
[88] Münch. Hdb. GesR V/Waldner, § 28 Rn. 18.
[89] BT-Drucks. 16/13542, S. 14.
[90] So z.B. *Reichert*, Rn. 2447.

### E. Vorstand

schlossen werden.[91] Die Vertretungsmacht der Vorstandsmitglieder ist gemäß § 64 BGB zur Eintragung im Vereinsregister anzumelden.

Sofern Gesamtvertretung oder Vertretung durch mindestens zwei Vorstandsmitglieder vorgesehen ist, können einzelne Vorstandsmitglieder zur Vornahme bestimmter Geschäfte durch entsprechende Satzungsregelung, durch eine Regelung in der Geschäftsordnung für den Vorstand oder auch durch entsprechenden Beschluss des Vorstandes, ermächtigt werden. Auf diese Weise wird es entbehrlich, dass mehrere oder gar alle Vorstandsmitglieder zur gleichen Zeit handeln bzw. nach außen gemeinschaftlich auftreten, selbst wenn sie nur zur Gesamtvertretung befugt sind.[92] Es ist mit dem Zweck der Gesamtvertretung sogar vereinbar, *„für eine gemeinschaftliche Vertretung jedes irgendwie zum Ausdruck gebrachte Einverständnis der Gesamtvertreter genügen zu lassen".*[93] Eine Ermächtigung der weiteren Vorstandsmitglieder kann konkludent und formlos erfolgen, sofern die Satzung in Abweichung von der gesetzlichen Vorgabe die mündliche Beschlussfassung zulässt. 47

Die Ermächtigung kann sich auch auf eine bestimmte Art von Geschäften erstrecken. In erster Linie kommt hier die Ermächtigung des Vorstandsvorsitzenden in Betracht, Beschlüsse des Vorstandes nach außen umzusetzen, z. B. Kündigungserklärungen abzugeben, nachdem der Vorstand die Kündigung beschlossen hat. Unzulässig ist dagegen eine Ermächtigung zur Vornahme von Geschäften aller Art oder aller Geschäfte im Ressort[94] des jeweiligen Vorstandsmitgliedes.[95] Eine solch weitreichende Ermächtigung würde dem Willen des für die Bestellung des Vorstandes zuständigen Organes (also regelmäßig der Mitgliederversammlung) widersprechen, das eine Einzelvertretungsbefugnis gerade nicht gewollt hat.[96] 48

Hinsichtlich der Passivvertretung genügt gemäß § 26 Abs. 2 S. 2 BGB zur wirksamen Abgabe einer Willenserklärung durch Dritte gegenüber dem Verein die Abgabe der Willenserklärung gegenüber einem Mitglied des Vorstands, auch ohne erteilte Einzelvertretungsbefugnis. 49

Die Vertretungsbefugnis des Vorstands kann durch Satzung mit Wirkung gegen Dritte oder auch nur im Innenverhältnis gemäß § 26 Abs. 1 BGB unter einen Zustimmungsvorbehalt der Mitgliederversammlung oder sonstiger Organe, z. B. einem Beirat oder einem Kuratorium, gestellt werden. Sollen sich Einschränkungen in der Vertretungsbefugnis nicht lediglich auf das Innenverhältnis beschränken, sondern auch auf die Wirksamkeit von Rechtsgeschäften mit Außenstehenden erstrecken, bedarf eine Einschränkung der gesetzlich vorgesehenen Vertretungsbefugnis des Vor- 50

---

[91] BGH, Urt. v. 16.11.1987 – II ZR 92/87, NJW 1988, 1199; *Reichert*, Rn. 2451; Münch. Hdb. GesR V/*Waldner*, § 28 Rn. 13.
[92] *Reichert*, Rn. 2455 mwN; zur vergleichbaren Rechtslage bei der AG: MünchKommAktG/*Hefermehl/Spindler*, § 78 Rn. 50.
[93] MünchKommAktG/*Hefermehl/Spindler*, § 78 Rn. 50.
[94] S. zur Ressortaufteilung Rn. 83 ff.
[95] *Reichert*, Rn. 2456 mwN.
[96] Münch. Hdb. GesR V/*Waldner*, § 44 Rn. 4.

standes einer ausdrücklichen unmissverständlichen Regelung in der Vereinssatzung und der Eintragung der eingeschränkten Vertretungsbefugnis ins Vereinsregister.[97] Sind diese Anforderungen erfüllt, braucht ein Dritter sie gemäß §§ 70, 68 S. 1 BGB jedoch auch dann nicht gegen sich gelten zu lassen, wenn er die Einschränkungen der Vertretungsmacht nicht kennt und diese Unkenntnis nicht auf Fahrlässigkeit beruht. Leichte fahrlässige Unkenntnis reicht jedoch bereits aus.

51 Die Vertretungsmacht des Vorstandes für den Verein erstreckt sich auf alle gerichtlichen Verfahren, d.h. Zivil-, Arbeits-, Sozial-, und Finanzgerichtsverfahren, Verfahren der freiwilligen Gerichtsbarkeit, Grundbuchverfahren, Privatklageverfahren, Verwaltungs- und Gerichtsverfahren wegen einer Ordnungswidrigkeit sowie Strafverfahren mit Beteiligung des Vereins. Der Vorstand vertritt den Verein auch in Verwaltungsverfahren, z.B. hinsichtlich der Erteilung von Genehmigungen etc. Der Vorstand des Vereins kann Rechtsanwälte mit der Vertretung beauftragen. Zustellungen erfolgen, sofern sie nicht an den Anwalt erfolgen, an den Verein zu Händen des Vorstandes. Ein Wechsel des Vorstandes in einem laufenden Verfahren hat grundsätzlich keine Auswirkung auf das Verfahren. Führt jedoch das Ausscheiden eines Vorstandes dazu, dass der Verein keinen Vorstand mehr hat, ruht das gerichtliche Verfahren bis der Verein einen neuen Vorstand bestellt; andernfalls erfolgt eine Vorstandsbestellung durch das Amtsgericht. Vorstandsmitglieder, die den Verein vertreten, können nicht gleichzeitig Zeuge in einem solchen Verfahren sein. Sie gelten vielmehr als Partei des Verfahrens, so dass allenfalls eine Vernehmung als Partei in Betracht kommt. Ehemalige Vorstandsmitglieder können indessen Zeugnis ablegen, wobei hierbei Aussageverweigerungsrechte nach §§ 383 Abs. 1, 6 ZPO, 385 Abs. 2 ZPO zu beachten sind. Ebenfalls als Zeugen in Betracht kommen solche Vorstandsmitglieder, die nicht Vorstände im Sinne des § 26 BGB sind.[98]

52 Die Vertretungsbefugnis erstreckt sich auch auf **Zwangsvollstreckungsverfahren**. Sofern der Verein Vollstreckungsschuldner ist, richten sich Zwangsmaßnahmen wie Zwangshaft oder Ordnungshaft gegen den vertretungsberechtigten Vorstand. Zwangsgelder und Ordnungsgelder werden in das Vermögen des Vereins vollstreckt.

53 Die außergerichtliche Vertretungsmacht des Vorstands gegenüber Dritten erstreckt sich – vorbehaltlich anderweitiger Satzungsregelungen – auf alle mit Dritten abzuschließenden Rechtsgeschäfte. Dies können Kauf-, Dienst-, und Werkverträge sein. Der Vorstand vertritt den Verein bei Abschluss von Mietverträgen über Vereinsräumlichkeiten oder bei der Anmietung von Räumlichkeiten bei Veranstaltungen des Vereins.

54 Er nimmt ferner gegenüber den Bediensteten des Vereins die **Arbeitgeberstellung** für den Verein wahr. Er ist daher zuständig für den Abschluss

---

[97] Münch. Hdb. GesR V/*Waldner*, § 44 Rn. 10; Palandt/*Ellenberger*, § 26 BGB Rn. 6.
[98] S. zum besonderen Rn. 650.

## E. Vorstand

von Arbeitsverträgen und deren Kündigung, den Abschluss von Aufhebungs- oder Abwicklungsverträgen, für die Erteilung von Abmahnungen und Ermahnungen sowie für die Ausübung des Weisungsrechtes. Gegenüber dem Betriebsrat bzw. Gewerkschaften nimmt er ebenfalls die Stellung des Arbeitgebers ein und er schließt im Namen des Vereins Betriebsvereinbarungen bzw. Tarifverträge.

Der Vorstand vertritt den Verein auch im Innenbereich. Sofern in der Satzung nichts anderes bestimmt ist, schließt er Aufnahmeverträge mit neuen Mitgliedern bzw. ist Empfänger für Austrittserklärungen von Mitgliedern. Ferner obliegt dem Vorstand die Vorbereitung und Durchführung der Mitgliederversammlung.

### III. Pflicht zur ordnungsgemäßen Geschäftsführung – Compliance

#### 1. Einleitung

Dem Vorstand obliegt die Geschäftsführung des Vereins sofern in der Satzung nichts anderes geregelt ist.[99] Zur Geschäftsführung gehören sämtliche Tätigkeiten zur Förderung des Vereinszwecks. Das umfasst einerseits die Ergreifung aller dem Vereinszweck erforderlichen Maßnahmen sowie die Abwendung von Schäden vom Verein. Die Geschäftsführung umfasst die Leitung des Vereins zur Durchführung und Überwachung der laufenden Geschäfte. Dazu gehört auch die Verhinderung von Korruption und anderen kriminellen und vereinsschädigenden Handlungen.

Die einzelnen Pflichten, die dem Vorstand des Vereins obliegen, und die aus deren Verletzung resultierenden Haftungsrisiken, mögen manchen Vorstandsmitgliedern insb. kleinerer Vereine gar nicht bewusst sein. Vor einer Inanspruchnahme im Haftungsfall schützt sie diese Unkenntnis ebenso wenig, wie die Annahme, im kleinen Verein könne der Vorstand „so viel falsch nicht machen".[100] Auch der Verein selbst wird regelmäßig ein Interesse daran haben, seine Organe nicht in Haftungsfallen laufen zu lassen oder für ihre Fehler einstehen zu müssen. Zur Verdeutlichung der gesetzlichen und satzungsmäßigen Pflichten des Vorstands und damit zur Verringerung des Haftungsrisikos bieten sich sogenannte Complianceregelungen an.[101] Diese sollten sich aber nicht nur auf den Vorstand beziehen. Insbesondere in größeren Vereinen mit zahlreichen Beschäftigten sollten auch für das Verhalten der Mitarbeiter Complianceregelungen aufgestellt werden.[102]

---

[99] Münch. Hdb. GesR V/*Waldner*, § 28 Rn. 3.
[100] Krieger/Schneider/*Burgard*, § 6 Rn. 3.
[101] Vgl. Behringer/*Fissenewert*, S. 47.
[102] Zu den Mitbestimmungsrechten des Betriebsrats gemäß § 87 Abs. 1 Nr. 1 BetrVG: BAG, Beschl. v. 22.7. 2008 – 1 ABR 40/07, NJW 2008, 3731; *Mengel*, Kap. 2.

**58** Compliance bedeutet wörtlich übersetzt so viel wie „Einhaltung" oder „Befolgung". Was ist mit dem Begriff „Compliance" aber genau gemeint? Letztlich bezeichnet Compliance sämtliche Maßnahmen, zur Einhaltung von gesetzlichen und anderen Regeln, die einem Unternehmen – oder wie hier dem Verein – und seinen Organen extern vorgegeben sind, ferner die Ausarbeitung von Regeln, die sich das Unternehmen bzw. der Verein selber gegeben hat, sowie die dazu durchgeführten Maßnahmen.[103] Die Verpflichtung zur Einhaltung von Gesetzen wird nicht erst durch „Compliance" begründet. Sie folgt aus der zwingenden Geltung der Gesetze. Compliance soll verbindliche Regeln aufstellen, wie die gesetzlichen oder internen Vorgaben eingehalten werden können und soll zugleich die Überwachung der Einhaltung der Vorgaben sicherstellen.[104]

### 2. Inhalt der Geschäftsführung

**59** Zu den laufenden Geschäften gehören u. a.[105]

– die Verwaltung der Mitglieder,
– die Verwaltung des Vereinsvermögens,
– die Sicherstellung, dass der Verein seine Rechtspflichten ordnungsgemäß erfüllt, insbesondere gesetzliche und satzungsmäßige Pflichten,
– der Abschluss und die Kündigung von Verträgen,
– die Auswahl, Einstellung und Kündigung[106] von Personal,
– die Buchführungs- und Aufzeichnungspflichten und die Rechnungslegung,
– Mitteilungspflichten gegenüber den Finanzbehörden,
– die Abgabe von Steuererklärungen,
– die Darstellung des Vereins nach außen,
– die Durchsetzung der Rechte des Vereins,

etc.

**60** Den Vorstand treffen darüber hinaus weitere öffentlich-rechtliche Verpflichtungen. Der Vorstand ist für die sorgfältige **An- und Abmeldung der Arbeitnehmer zur Sozialversicherung** (§ 28 SGB IV) und für die **ordnungsgemäße Abführung des Gesamtsozialversicherungsbeitrages** zuständig (§ 28e Abs. 1 SGB IV). Er ist weiterhin verantwortlich für die ordnungsgemäße **Abführung der Lohnsteuer** für die beschäftigten Arbeitnehmer.

**61** Dem Vorstand obliegen **Anmeldeverpflichtungen zum Vereinsregister** zur Erlangung der Rechtsfähigkeit, zu deren Erhaltung und zur Abwicklung und Auflösung des Vereins. Im Einzelnen sind dies insbesondere:

---

[103] Behringer/*Behringer*, S. 32.
[104] *Thüsing*, Rn. 9; *Lelley*, Rn. 2.
[105] Krieger/Schneider/*Burgard*, § 6 Rn. 12.
[106] ASP/*Dörner*, § 626 Rn. 131.

## E. Vorstand

– Anmeldung des Vereins zur Eintragung ins Vereinsregister, § 59 Abs. 1 BGB;
– Anmeldung von Änderungen des Vorstands zur Eintragung ins Vereinsregister, § 67 Abs. 1 S. 1 BGB;
– Anmeldung von Änderungen der Satzung zur Eintragung ins Vereinsregister (§ 71 Abs. 1 S. 2 BGB);
– Beantragung der Entziehung der Rechtsfähigkeit des Vereins beim Amtsgericht, wenn die Zahl der Vereinsmitglieder unter drei sinkt (§ 73 BGB);
– Anmeldung der Auflösung des Vereins zur Eintragung ins Vereinsregister, bei Auflösung des Vereins durch Beschluss der Mitgliederversammlung oder durch Ablauf der durch die Dauer des Vereins bestimmten Zeit (§ 74 Abs. 2 BGB);
– Beantragung der Eröffnung eines Insolvenzverfahrens im Falle der Zahlungsunfähigkeit oder Überschuldung des Vereins (§ 42 Abs. 2 S. 1 BGB);
– Sofern das Insolvenzverfahren auf Antrag des Schuldners eingestellt wird oder nach der Bestätigung eines Insolvenzplans, der den Fortbestand des Vereins vorsieht, aufgehoben wird, kann die Mitgliederversammlung die Fortführung des Vereins beschließen. Fasst die Mitgliederversammlung einen solchen Beschluss, hat der Vorstand die Fortsetzung des Vereins zur Eintragung beim Vereinsregister anzumelden (§ 75 Abs. 2 Satz 1 BGB);
– Im Falle der Liquidation des Vereins sind Liquidatoren zu bestellen. Die Liquidatoren (die auch Mitglieder des Vorstands sein können) und ihre Vertretungsmacht sind im Vereinsregister einzutragen. Die Anmeldung der Liquidatoren hat durch den Vorstand zu erfolgen (§ 76 Abs. 2 S. 1 BGB).

### 3. Anforderungen an die ordnungsgemäße Geschäftsführung

Auf die Geschäftsführung des Vorstands finden gemäß § 27 Abs. 3 BGB die gesetzlichen Vorschriften für den Auftrag entsprechende Anwendung. Das sind die §§ 664 bis 670 BGB. Die Vereinssatzung kann gemäß § 40 BGB die Anwendung der Vorschriften für den Auftrag ausschließen, und alternative Regelung treffen. Auch der Anstellungsvertrag kann abweichende Regelungen enthalten.[107]

Das Vorstandsmitglied ist zur **persönlichen Amtsführung** verpflichtet. Das schließt jedoch nicht aus, dass sich das Vorstandsmitglied zur Amtsführung Mitarbeitern des Vereins bedient. Die Einstellung von Personal obliegt dem Vereinsvorstand jedoch nur dann, wenn dies in der Satzung vorgesehen ist. Weist die Vereinssatzung dem Vereinsvorstand keine entsprechende Kompetenz zu, bedarf die Einstellung von Personal der Bewil-

62

63

---
[107] *Reichert*, Rn. 2627.

ligung durch die Mitgliederversammlung.[108] Obliegt dem Vorstand die Auswahl von Personal, sind die Mitarbeiter sorgfältig auszuwählen und zu unterweisen. Die Tätigkeit der **Vereinsangestellten muss von dem Vorstand zumindest stichprobenartig überwacht** werden.[109] Mit der Verpflichtung zur persönlichen Amtsführung ist ebenfalls vereinbar, dass der Vereinsvorstand zur Vertretung der rechtlichen Interessen des Vereins einen **Rechtsanwalt** beauftragt. Die Überwachungspflicht des Vorstands erstreckt sich in diesem Fall auch auf die ordnungsgemäße Tätigkeit des Rechtsanwalts. Entsprechendes gilt bei der Beauftragung von Sachverständigen, Steuerberatern und sonstigen vergleichbaren Personen. **Die Beauftragung von Dritten befreit den Vereinsvorstand damit nicht von seinen Pflichten gegenüber dem Verein.**

**64** Der Vorstand unterliegt in seiner Eigenschaft als Geschäftsführungsorgan den **Weisungen der Mitgliederversammlung**, bzw. sonstigen satzungsmäßigen Organen mit Weisungsbefugnis, zum Beispiel ein Kuratorium. Er hat damit insbesondere Beschlüssen der Mitgliederversammlung Folge zu leisten. Die Satzung kann dem Vorstand jedoch einen eigenen ausschließlichen Zuständigkeitsbereich zuweisen, innerhalb dessen er den Weisungen der Mitgliederversammlung bzw. eines anderen Vereinsorgans nicht unterliegt.[110] Auch ohne eine solche Satzungsregelung besteht die Weisungsunterworfenheit des Vorstandes nicht einschränkungslos. So darf der Vereinsvorstand nichtige Beschlüsse der Mitgliederversammlung nicht befolgen.[111] Er ist vielmehr verpflichtet, die Weisungen der Mitgliederversammlung auf ihre Gesetzmäßigkeit und Vereinbarkeit mit der Vereinssatzung zu überprüfen. Der Vorstand kann ferner von Weisungen der Mitgliederversammlung abweichen, wenn diese eine irrige Vorstellung über die tatsächlichen Umstände hatte oder sich die Verhältnisse zwischenzeitlich geändert haben. Voraussetzung ist gemäß § 665 BGB aber, dass der Vorstand den Umständen nach annehmen darf, dass die Mitgliederversammlung, beziehungsweise das sonstige weisungsbefugte Organ, bei Kenntnis der Sachlage die Abweichung billigen würde. Der Vorstand hat ferner vor der Abweichung von einer Entscheidung der Mitgliederversammlung, beziehungsweise des sonstigen weisungsbefugten Organs, Anzeige zu machen und deren Entschließung abzuwarten, wenn nicht mit dem Aufschub Gefahr verbunden ist. Dies stellt den Vereinsvorstand, insbesondere bei nicht ständig tagenden Mitgliederversammlungen, vor erhebliche Probleme. Er darf das Geschäft ausführen, wenn er hinsichtlich einer Gefahr, die abgewendet werden soll, mit der Billigung durch die Mitgliederversammlung beziehungsweise das sonstige weisungsberechtigte Organ rechnen kann.[112]

---

[108] *Reichert*, Rn. 2628.
[109] S. Rn. 95.
[110] Münch. Hdb. GesR V/*Waldner*, § 28 Rn. 4.
[111] Krieger/Schneider/*Burgard*, § 6 Rn. 22.
[112] *Reichert*, Rn. 2636.

## E. Vorstand

Den Vorstand treffen zudem **Informationspflichten** gegenüber der Mitgliederversammlung[113] bzw. gegenüber den sonstigen weisungsberechtigten Organen. Der Vorstand hat unaufgefordert und unverzüglich über besondere Ereignisse zu berichten. Eine solche Informationspflicht kann bspw. dann bestehen, wenn der Verein Beteiligter in einer gerichtlichen Auseinandersetzung wird.[114] Außerhalb einer Mitgliederversammlung ist der Vorstand auch ohne Vorliegen eines besonderen Ereignisses zur Auskunft verpflichtet, wenn er dazu von einem weisungsbefugten Organ aufgefordert wird. Das einzelne Vereinsmitglied hat nach wohl h.M. grundsätzlich nur dann ein Auskunftsrecht gegenüber dem Vorstand, wenn die Auskunft auf einer Mitgliederversammlung begehrt wird.[115]

65

### 4. Einhaltung des Datenschutzes

**a) Grundlagen des Datenschutzes.** Der Vereinsvorstand ist dafür verantwortlich, dass die Vorschriften zum Datenschutz – insbesondere auch die des Schutzes von Arbeitnehmerdaten – eingehalten werden. Er steht dabei in einer Konfliktsituation: auf der einen Seite soll er Korruption und andere Straftaten bzw. sonstiges vereinsschädigendes Verhalten der Mitarbeiter verhindern bzw. aufdecken[116] auf der anderen Seite muss er den Datenschutz beachten.[117] Aufgrund der sehr komplexen und zum Teil schwer durchdringbaren Regelungen zum Datenschutz bieten sich hier klare Compliancevorgaben zum Umgang mit sensiblen Daten an.

66

Das Bundesdatenschutzgesetz (BDSG) dient gemäß § 1 Abs. 1 BDSG dem Zweck, den Einzelnen davor zu schützen, dass er durch den Umgang mit seinen persönlichen Daten in seinem Persönlichkeitsrecht beeinträchtigt wird. Nach § 4 Abs. 1 BDSG sind die Erhebung, Verarbeitung und Nutzung personenbezogener Daten nur zulässig, soweit das BDSG oder eine andere Rechtsvorschrift[118] dies erlaubt oder anordnet oder der Betroffene eingewilligt hat.

67

Der Vorstand muss dafür Sorge tragen, dass im Verein ein **betrieblicher Datenschutzbeauftragter** bestellt wird, sofern in der Regel mehr als neun Personen im Verein ständig mit der automatisierten Verarbeitung personenbezogener Daten beschäftigt sind, § 4f BDSG. Er muss ferner sicherstellen, dass die bei der Datenverarbeitung beschäftigten Personen (z.B. Verwaltung der Mitglieder), den Datenschutz beachten und **auf das Datengeheimnis verpflichtet** werden, § 5 BDSG.[119]

68

---

[113] Staudinger/*Weick*, § 27 BGB Rn. 25.
[114] *Reichert*, Rn. 2629.
[115] Staudinger/*Weick*, § 27 BGB Rn. 25; *K. Schmidt*, § 24 IV 2 c; MünchKommBGB/*Reuter*, § 38 Rn. 36.
[116] *Thüsing*, Rn. 264.
[117] *Thüsing*, Rn. 52.
[118] Dazu zählen auch Betriebsvereinbarungen, vgl. *Thüsing*, Rn. 102 ff. mwN.
[119] Eine Musterklausel findet sich bei *Thüsing*, Rn. 145.

*1. Teil Rechtsfähige Vereine*

**69** Der Vorstand hat darauf zu achten, dass Daten (z.B. Mitgliederdaten oder Arbeitnehmerdaten) nur insoweit an Dritte (z.B. Presse oder datev) gegeben werden, als dies im Rahmen des § 16 BDSG zulässig ist. Er hat diejenigen, deren Daten an Dritte übermittelt werden, hierüber zu informieren. Der Vorstand muss den Dritten darauf hinweisen, dass er die Daten nur zur Erfüllung des Zwecks verarbeiten und nutzen darf, zu dem sie dem Dritten übermittelt wurden. Ferner sind die Betroffenen im Falle eines Datenverlustes zu unterrichten.

**70** **b) Grundlagen des Arbeitnehmerdatenschutzes.** Besonders sensibel und derzeit heftig diskutiert ist der Bereich des Arbeitnehmerdatenschutzes. Der Gesetzgeber plant, den Arbeitnehmerdatenschutz innerhalb des BDSG künftig detaillierter als bisher zu regeln.[120] Derzeitige Kernvorschrift für Fragen des Schutzes von **Arbeitnehmerdaten** ist § 32 BDSG. Personenbezogene Daten eines Beschäftigten[121] dürfen gemäß § 32 Abs. 1 S. 1 BDSG für Zwecke des Beschäftigungsverhältnisses erhoben, verarbeitet oder genutzt werden, wenn dies für die Entscheidung über die Begründung eines Beschäftigungsverhältnisses oder nach Begründung des Beschäftigungsverhältnisses für dessen Durchführung oder Beendigung erforderlich ist.[122]

**71** Der Arbeitgeber ist also gemäß § 32 Abs. 1 S. 1 1. Alt. BDSG zunächst grundsätzlich berechtigt, im **Rahmen einer Stellenbesetzung Daten der Bewerber zu erheben, zu verarbeiten und zu nutzen**. Das beinhaltet bspw. auch **Fragerechte des Arbeitgebers in Vorstellungsgesprächen**. Der Gesetzgeber zieht hier aber sehr enge Grenzen; zulässig ist die Datenerhebung, -verarbeitung und -nutzung nur, soweit sie **für die Begründung des Beschäftigungsverhältnisses erforderlich** ist. Alleine die Zweckmäßigkeit genügt nicht. Zulässig ist daher die Speicherung der Bewerberdaten für die Dauer des Stellenbesetzungsverfahrens. Nach dem Wortlaut des § 32 Abs. 1 S. 1 1. Alt. BDSG sind die Bewerberdaten zu löschen, wenn das Auswahlverfahren abgeschlossen ist. Die Bewerbungsdaten des letztlich eingestellten Kandidaten können regelmäßig gespeichert bleiben, da dies für die Durchführung des Beschäftigungsverhältnisses erforderlich ist. Bei abgelehnten Bewerbern stellt sich eine besondere Problematik. Eigentlich müssten die Daten abgelehnter Bewerber nach Abschluss des Auswahlverfahrens gelöscht werden; sie sind für die Begründung eines Beschäftigungsverhältnisses nicht mehr erforderlich. Andererseits mag sich der Verein als Arbeitgeber einer Diskriminierungsklage eines abgelehnten Bewerbers nach dem AGG ausgesetzt sehen. Zur Verteidigung gegen eine Klage nach dem AGG ist der Arbeitgeber möglicherweise auf die ursprünglichen Bewerberdaten angewiesen. Eine Verteidigung gegen Diskriminierungsklagen war aber nicht der (ursprüngliche) Zweck der Daten-

---

[120] Kabinettsbeschluss zum Arbeitnehmer-Datenschutz vom 25.8.2010.
[121] Erfasst sind damit bspw. auch Auszubildende und arbeitnehmerähnliche Personen, § 3 Abs. 11 BDSG.
[122] Vgl. auch *Eschenbacher*, S. 26.

erhebung; der ursprüngliche Zweck war die Auswahl des Bewerbers. Dennoch wird man hier dem Arbeitgeber zubilligen müssen, die Bewerberdaten auch abgelehnter Kandidaten zumindest solange zu speichern, bis die zweimonatige Klagefrist des § 15 Abs. 4 AGG verstrichen ist.[123] Das **Fragerecht** des Arbeitgebers ist auf solche Fragen nach Kenntnissen und Fähigkeiten des Bewerbers beschränkt. Aus § 28 Abs. 6 bis 9 BDSG folgt, dass Fragen an einen Bewerber bspw. nach einer bestehenden Schwangerschaft[124], der Religion[125], Krankheiten etc. grundsätzlich unzulässig sind.[126]

Im **laufenden Arbeitsverhältnis** darf der Arbeitgeber § 32 Abs. 1 S. 1 2 und 3. Alt. BDSG diejenigen Daten erheben, verarbeiten und nutzen, die für die Durchführung und Beendigung eines Beschäftigungsverhältnisses erforderlich sind. Die Regelung ist weit auszulegen. Zulässig ist zunächst die Datenerhebung, -verarbeitung und -nutzung, um den vertraglichen Pflichten als Arbeitgeber gegenüber den Beschäftigten nachzukommen, z.b. Pflichten im Zusammenhang mit der Personalverwaltung, Lohn- und Gehaltsabrechnung. Das gilt auch im Zusammenhang mit der Ausübung des Weisungsrechts oder für Kontrollen der Leistung oder des Verhaltens des Beschäftigten.[127] Das schließt erforderliche Maßnahmen zur **Verhinderung von Straftaten oder sonstigen Rechtsverstößen und Vertragsbrüchen** ein.[128] Die Maßnahme muss sich nicht an einen einzelnen Arbeitnehmer richten. In diesen Fällen soll der Arbeitgeber auch die nachfolgend dargestellte Verhältnismäßigkeitsprüfung, die der Gesetzgeber in § 32 Abs. 1 S. 2 BDSG für die Datenerhebung zur Aufdeckung von Straftaten festgeschrieben hat, zu berücksichtigen haben.[129]

72

Nach § 32 Abs. 1 S. 2 BDSG darf der Arbeitgeber zur **Aufdeckung von Straftaten** personenbezogene Daten eines Beschäftigten erheben, verarbeiten oder nutzen, wenn zu dokumentierende tatsächliche Anhaltspunkte den Verdacht begründen, dass der Betroffene im Beschäftigungsverhältnis eine Straftat begangen hat. Die Erhebung, Verarbeitung oder Nutzung der Daten müssen zur Aufdeckung erforderlich sein und das schutzwürdige Interesse des Beschäftigten an dem Ausschluss der Erhebung, Verarbeitung oder Nutzung darf nicht überwiegen, insbesondere dürfen Art und Ausmaß im Hinblick auf den Anlass nicht unverhältnismäßig sein.[130] Es muss ein **dringender Verdacht einer Straftat** vorliegen; der Verdacht einer Straftat muss sich nicht gegen eine konkrete Person richten, deren

73

---

[123] Vgl. auch ErfK/*Wank*, § 32 BDSG Rn. 15.
[124] Vgl. hierzu *Eschenbacher*, S. 95, 100 mwN.
[125] Zur Frage der Zugehörigkeit zu Scientology: *Eschenbacher*, S. 129 ff. mwN.
[126] Vgl. hierzu anschaulich *Thüsing*, Rn. 387.
[127] BT-Drucks. 16/13657, 21; *Thüsing*, Rn. 63; *Gola/Schomerus*, § 32 BDSG Rn. 11 f.
[128] BT-Drucks. 16/13657, 21; *Thüsing*, Rn. 68.
[129] *Thüsing*, Rn. 68.
[130] Vgl. auch BAG, Urt. v. 27.3. 2003 – 2 AZR 51/02, NZA 2003, 1193; BAG, Beschl. v 26.8. 2008 – 1 ABR 16/07, NZA 2008, 1187.

Daten erhoben werden[131], so dass z.B. Torkontrollen grundsätzlich zulässig sind.[132] Im Rahmen der Verhältnismäßigkeitsprüfung müssen der Schaden, die Dringlichkeit des Tatverdachts und die Anzahl der überwachten Beschäftigten gegen die Intensität der Überwachungsmaßnahme abgewogen werden.[133] Maßnahmen zur Aufdeckung von **Ordnungswidrigkeiten** und sonstigen **Verletzungen des Arbeitsvertrages** sind von § 32 Abs. 1 S. 2 BDSG nicht umfasst. Das bedeutet aber nicht, dass eine Datenerhebung, -verarbeitung und -nutzung ausgeschlossen wäre. Hierfür kann sich der Arbeitgeber auf **§ 28 Abs. 1 S. 1 Nr. 2 BDSG** stützen, der neben § 32 BDSG Anwendung findet.[134] Gleichwohl wird auch hier eine **Verhältnismäßigkeitsprüfung** analog § 32 Abs. 1 S. 2 BDSG erforderlich sein.[135]

74  Maßnahmen zur Überwachung des Verhaltens und der Leistungen der Beschäftigten sowie zur Aufdeckung von Straftaten können bspw. sein:

– **Überwachung des Emailverkehrs** der Mitarbeiter,
– **Überwachung von Telefonaten** der Mitarbeiter,
– offene und heimliche **Videoüberwachung** öffentlicher und nichtöffentlicher Räume,
– Einsatz von Privatdetektiven.

75  **c) Überwachung des Emailverkehrs.** Bei der **Überwachung des Emailverkehrs** ist zwischen der Speicherung und Auswertung der Email-Logfiles und dem Inhalt der Emails zu unterscheiden. Die Email-Logfiles sind Protokolldateien, in denen die Dauer einer Serververbindung und die übertragenen Daten automatisch gespeichert werden. Die erstmalige automatische Speicherung von Email-Logfiles dient regelmäßig zur Fehler- und Nutzungsanalyse und ist damit datenschutzrechtlich grundsätzlich legitim.[136] Eine zulässige Auswertung der Email-Logfiles, also deren Verarbeitung und Nutzung, setzt zumindest einen Anfangsverdacht einer Straftat oder sonstigen schweren Vertragsverletzung voraus.[137] Die Nutzung der Email-Logfiles ist datenschutzrechtlich gestattet, wenn sie zur Aufdeckung der Straftat oder Vertragsverletzung erforderlich ist und wenn mildere und dennoch gleich erfolgversprechende Mittel nicht vorliegen. Ferner muss die Nutzung angemessen sein. Das Nutzungsinteresse des Vereins muss gegen das Recht des Arbeitnehmers auf informationelle Selbstbestimmung abgewogen werden; die Nutzung ist unzulässig, wenn der Anspruch auf Privatheit des Arbeitnehmers überwiegt.

---

[131] *Thüsing*, Rn. 65; ErfK/*Wank*, § 32 BDSG Rn. 30; **a.A.** offenbar *Gola/Schomerus*, § 32 BDSG Rn. 28.
[132] *Deutsch/Diller* DB 2009, 1464; ErfK/*Wank*, § 32 BDSG Rn. 29.
[133] ErfK/*Wank*, § 32 BDSG Rn. 30.
[134] ErfK/*Wank*, § 32 BDSG Rn. 29; *Thüsing*, Rn. 71 f.
[135] ErfK/*Wank*, § 32 BDSG Rn. 30.
[136] *Thüsing*, Rn. 263.
[137] *Thüsing*, Rn. 261, 264.

## E. Vorstand

Sofern der Verein eine private Nutzung des Emailaccounts nicht gestattet hat, besteht auch keine schützenswerte Privatsphäre des Arbeitnehmers im Hinblick auf die Nutzung des Emailaccounts.[138] Obwohl der Arbeitnehmer auch ohne ein ausdrückliches Verbot der privaten Nutzung des Emailaccounts nicht davon ausgehen kann, er sei zur Privatnutzung berechtigt,[139] empfiehlt es sich, dass der Vorstand die Privatnutzung durch schriftliche Weisung ausschließt. Wenig sinnvoll ist allerdings eine „aufgeweichte" Regelung dergestalt, dass „die private Nutzung nur im vertretbaren Rahmen erlaubt" sei. Auch bei einer Gestattung der privaten Nutzung kann der Verein jedoch die Email-Logfiles nutzen, wobei dann jedoch die Privatsphäre des Arbeitnehmers einen höheren Schutz genießt. Da jedoch Email-Logfiles nicht den Inhalt der Emails speichern, überwiegt das Recht des Arbeitnehmers auf Schutz seiner Privatsphäre nicht stets das Interesse des Vereins an der Verhinderung und Aufdeckung von Straftaten und schweren Vertragsverletzungen durch Arbeitnehmer.[140] **76**

Die dienstliche Email ist vergleichbar mit dienstlicher Briefpost, die der Arbeitgeber ohne weiteres einsehen darf.[141] Sofern die private Nutzung des dienstlichen Emailaccounts nicht gestattet ist, kann unter den vorgenannten Voraussetzungen durch den Verein auch Einblick in den Inhalt von Emails genommen werden.[142] Hat der Verein die private Nutzung des Emailaccounts gestattet, ist die Einsichtnahme in Emails – insbesondere in solche, die bereits erkennbar einen privaten Hintergrund haben – regelmäßig unverhältnismäßig und damit unzulässig.[143] **77**

**d) Überwachung von Telefonaten.** Die Anforderungen an eine zulässige Überwachung der Telefonverbindungsdaten sind mit denen an die Emailüberwachung vergleichbar. Sofern lediglich Datum und Verbindungsdauer eines Telefonats automatisch gespeichert werden, stellt dies regelmäßig keinen unangemessenen Eingriff in die Privatsphäre des Arbeitnehmers dar.[144] Gleiches gilt für die Kontrolle dieser Daten, sofern es sich um ein dienstliches Gespräch handelt.[145] Ist die private Nutzung des Diensttelefons gestattet, kann letztlich nicht mehr zwischen dienstlichen und privaten Telefonaten unterschieden werden. Eine Überwachung der Verbindungsdaten kann in diesem Fall nur noch zulässig sein, wenn ein begründeter Missbrauchsverdacht besteht.[146] Eine auf Dauer angelegte **78**

---

[138] *Gola*, MMR 1999, 322, 326; *Thüsing*, Rn. 272 ff.
[139] *Altenburg/v. Reinersdorff/Leister*, MMR 2005, 135, *v. Steinau-Steinrück/Glanz*, NJW-Spezial 2008, 402; **a.A.** LAG Köln, Urt. v. 11.2. 2005 – 4 Sa 1018/04, NZA 2006, 106 (Ls.); ArbG Frankfurt/M., Urt. v. 2.1. 2002 – 2 Ca 5340/01, NZA 2002, 1093.
[140] *Thüsing*, Rn. 283.
[141] *Gola*, MMR 1999, 322, 326; *Ernst*, NZA 2002, 585, 589; *Thüsing*, Rn. 322.
[142] *Ernst*, NZA 2002, 585, 589 f.; *Gola*, MMR 1999, 322, 326; *Thüsing*, Rn. 319 ff.
[143] *Gola*, MMR 1999, 322, 327.
[144] *Thüsing*, Rn. 330; *Altenburg/v. Reinersdorff/Leister*, MMR 2005, 135, 136.
[145] *Mengel*, Kap. 7 Rn. 16.
[146] *Mengel*, Kap. 7 Rn. 24.

Überwachung der Beschäftigten anhand der Verbindungsdaten ist indessen unzulässig.[147] Das heimliche Mithören von Telefonaten ist regelmäßig unzulässig, weil es (auch) das Persönlichkeitsrecht des Gesprächspartners verletzt.[148]

**79** **e) Videoüberwachung.** Eine Videoüberwachung kann nur zulässig sein, wenn schützenswerte Interessen des Vereins gegenüber dem Recht auf informationelle Selbstbestimmung des Arbeitnehmers, der Vereinsmitglieder oder von Besuchern überwiegen. Dabei ist eine erkennbare Videoüberwachung weniger belastend als eine heimliche Überwachung. Zu unterscheiden ist ferner zwischen der Überwachung öffentlicher Bereiche (z.b. Tennisplatz des Tennisclubs) und nicht öffentlicher Bereiche (z.B. Mitarbeiterbüros).

**80** Eine **erkennbare** (also sichtbare) **Videoüberwachung** kann zulässig sein zum Zwecke von **Zutrittskontrollen** und zur **Wahrnehmung des Hausrechts** des Vereins (regelmäßig nur öffentlicher Bereich[149]), zum **Schutz des Eigentums** des Vereins oder zur **Gefahrenabwehr** und für die **Sicherheit im Betrieb** (regelmäßig nur nichtöffentlicher Bereich). Die Überwachung des nichtöffentlichen Bereichs bedarf einer umfassenden Güterabwägung und Verhältnismäßigkeitsprüfung.[150] Sie darf eine Gesamtdauer von einem Monat nicht übersteigen. Auch durch eine Betriebsvereinbarung ist ein längerer Zeitraum grundsätzlich nicht rechtswirksam festlegbar.[151] Der Zweck der Videoüberwachung muss vor Beginn der Überwachung öffentlicher oder nichtöffentlicher Bereiche vom Verein – und hier regelmäßig durch den Vorstand – festgelegt werden, § 6b Abs. 2 BDSG (für öffentliche Bereiche). Zwar sieht das BDSG eine schriftliche Dokumentation des Zwecks der Videoüberwachung nicht vor. Insbesondere für den Fall einer Überprüfung durch die Datenschutzbehörde ist jedoch dringend zur schriftlichen Fixierung des Zwecks zu raten. Der Vorstand muss dafür sorgen, dass auf die Videoüberwachung hingewiesen wird (z.B. durch einen schriftlichen oder bildlichen Hinweis). Die Pflicht, auf die Videoüberwachung hinzuweisen, ist nicht Zulässigkeitsvoraussetzung der Videoüberwachung, sondern Ordnungsvorschrift.[152]

**81** Eine **heimliche Videoüberwachung** ist in öffentlich zugänglichen Bereichen nur zulässig, wenn überragend wichtige Rechtsgüter des Vereins die Interessen der überwachten Vereinsmitglieder, Gäste und Beschäftigten überwiegen.[153] Ist die heimliche Videoüberwachung das letzte verblei-

---

[147] *Mengel*, BB 2004, 1445, 1449; *Thüsing*, Rn. 331; *v. Steinau-Steinrück/Glanz*, NJW-Spezial 2008, 402.

[148] BAG, Urt. v. 29.10. 1997 – 5 AZR 508/96, NZA 1998, 307; *Gola*, MMR 1999, 322, 325.

[149] BAG, Beschl. v. 14.12. 2004 – 1 ABR 34/03, BeckRS 2005, 41749.

[150] BAG, Beschl. v. 14.12. 2004 – 1 ABR 34/03, BeckRS 2005, 41749; *v. Steinau-Steinrück/Glanz*, NJW-Spezial 2008, 402.

[151] BAG, Beschl. v. 29.6. 2004 – 1 ABR 21/03, NZA 2004, 1278, 1284.

[152] *Thüsing*, Rn. 358.

[153] *Thüsing*, Rn. 367.

## E. Vorstand

bende Mittel, um einen konkreten Verdacht einer strafbaren Handlung oder schweren Verletzung des Arbeitsvertrages aufzuklären, kann auch eine heimliche Videoüberwachung im nichtöffentlichen Bereich in Betracht kommen.[154] Auch (und gerade) die heimliche Videoüberwachung darf nur zeitlich begrenzt und auf einen vorher festgelegten Zweck beschränkt erfolgen.[155]

**f) Einsatz von Privatdetektiven.** Der Einsatz von Privatdetektiven im Arbeitsverhältnis ist nur zulässig, wenn dies für die Durchführung, Beendigung oder Abwicklung des Arbeitsverhältnisses erforderlich und angemessen ist, z.B. zur Aufklärung von Straftatverdacht oder Verdacht einer schweren Verfehlung.[156] Es muss das einzig brauchbare Mittel sein, um den/die Täter zu ermitteln.[157] Privatdetektive dürfen vom Arbeitgeber nicht zur generellen Vorbeugung eingesetzt werden. Die Art und Weise der Kontrolle darf nicht unverhältnismäßig sein und die Überwachung ist auf das nötige Maß zeitlich begrenzt. Eine Verfolgung des Arbeitnehmers in den privaten Bereich ist nicht zulässig. Der Einsatz eines Privatdetektivs ist nicht mitbestimmungspflichtig nach dem BetrVG.[158] 82

### 5. Ressortaufteilung

Insbesondere bei größeren Vereinen ist es wenig praktikabel, dass alle Vorstandsmitglieder für alle Vereinsaufgaben zuständig sein sollen. Hier bietet sich eine Entlastung der einzelnen Vorstandsmitglieder durch die Verteilung der diversen Aufgaben des Vorstands auf einzelne Vorstandsmitglieder.[159] Eine solche Ressortaufteilung kann durch Satzung oder in einer Geschäftsordnung nebst Geschäftsverteilungsplan für den Vorstand vorgesehen werden.[160] Der Vorstand kann sich selbst eine Geschäftsordnung geben, sofern die Satzung nichts anderes bestimmt.[161] Notwendig ist hierfür die Zustimmung aller vertretungsberechtigten Vorstandsmitglieder. Die Satzung wie auch die Geschäftsordnung müssen eindeutig erkennen lassen, dass eine Ressortaufteilung gewünscht ist.[162] 83

Denkbar ist auch eine entsprechende Regelung im Anstellungsvertrag.[163] Das setzt jedoch zwingend voraus, dass dieser von der Mitgliederversammlung abgeschlossen oder zumindest genehmigt wurde. Der Mit- 84

---

[154] BAG, Urt. v. 27.3. 2003 – 2 AZR 51/02, NZA 2003, 1193.
[155] Nach dem Kabinettsentwurf zum Arbeitnehmer-Datenschutz vom 25.8. 2010 soll eine heimliche Videoüberwachung nicht mehr zulässig sein.
[156] Moll/*Schulte*, § 41 Rn. 110; Münch. Hdb. ArbR/*Reichold*, § 86 Rn. 7 f.
[157] Münch. Hdb. ArbR/*Reichold*, § 86 Rn. 8.
[158] BAG, Beschl. v. 26.3. 1991 – 1 ABR 26/90, NZA 1991, 729.
[159] Zur Haftung im Falle der wirksamen Ressortaufteilung s. Rn. 96.
[160] *Reichert*, Rn. 2610; Krieger/Schneider/*Burgard*, § 6 Rn. 19; Münch. Hdb. GesR V/*Waldner*, § 28 Rn. 9; *Leuering/Dornhegge*, NZG 2010, 13.
[161] Münch. Hdb. GesR V/*Waldner*, § 19 Rn. 9; Palandt/*Ellenberger*, § 25 BGB Rn. 6.
[162] Münch. Hdb. GesR V/*Waldner*, § 28 Rn. 9.
[163] *Leuering/Dornhegge*, NZG 2010, 13, 16 f.

gliederversammlung ist damit jedoch nicht verwehrt, zu einem späteren Zeitpunkt eine anderweitige Regelung zu treffen, insbesondere eine abweichende Ressortaufteilung vorzunehmen.[164] Damit einher ginge jedoch eine Verletzung des Anstellungsvertrages mit dem Vorstandsmitglied. Folge wäre, dass dem betroffenen Vorstandsmitglied ein Zurückbehaltungsrecht bzw. das Recht zur (außerordentlichen) Kündigung des Anstellungsvertrages zustünde. Der Anstellungsvertrag sollte daher stets eine Öffnungsklausel für künftige, abweichende Beschlüsse der Mitgliederversammlung und Satzungsänderungen enthalten.

85 Eine wirksame Ressortaufteilung kann bspw. darin liegen, dass für die Verwaltung des Vereinsvermögens ein Schatzmeister zuständig ist; ein anderes Vorstandsmitglied kann zuständig sein für Mitgliederwerbung usw. Denkbar ist auch eine regionale Aufteilung (Vorstandsmitglied A ist zuständig für die Region Nord, Vorstandsmitglied B für die Region Süd etc.).[165] Die Ressortaufteilung ist jedoch nicht einschränkungslos zulässig. Aufgaben, die für den Verein von grundlegender Bedeutung sind, können nicht rechtswirksam einem einzelnen Vorstandsmitglied übertragen werden.[166]

86 **Formulierungsvorschlag für eine Regelung über die Ressortaufteilung in der Geschäftsordnung**

§ XX *Ressortaufteilung*
*(1) Die Aufgaben des Vorstands sind in die Geschäftsbereiche*
 *– Vereinsleitung*
 *– Mitgliedergewinnung und -verwaltung*
 *– Finanzen*
 *– Personal*
 *– Öffentlichkeitsarbeit*
 *– ...*
*aufgeteilt.*
*(2) Die Zuständigkeit der Vorstandsmitglieder für die genannten Gebiete ergibt sich aus den nachfolgenden Absätzen und dem Geschäftsverteilungsplan (Anlage 1). Jedes Vorstandsmitglied leitet seinen Geschäftsbereich selbstständig. Die Gesamtverantwortung des Vorstands bleibt unberührt. Fragen von grundsätzlicher Bedeutung für den Verein obliegen dem Vorstand als Kollegialorgan.*
*(3) Der Vorstandsvorsitzende ist zuständig für die Vereinsleitung. Dazu gehört insbesondere:*
 *– Compliance*
 *– Grundsatzfragen*
 *– ...*

---

[164] *Leuering/Dornhegge*, NZG 2010, 13, 16 f.
[165] *Leuering/Dornhegge*, NZG 2010, 13, 14.
[166] *Leuering/Dornhegge*, NZG 2010, 13, 15; einschränkend Münch. Hdb. GesR V/ *Waldner*, § 28 Rn. 9.

*E. Vorstand*

*(4) Der Bereich Mitgliedergewinnung und -verwaltung umfasst insbesondere:*
– *Mitgliedergewinnung*
– *Mitgliederverwaltung*
– *Organisation der Mitgliederversammlungen*
– *...*

*(5) Das für den Bereich Finanzen zuständige Vorstandsmitglied trägt die Bezeichnung „Schatzmeister". Zu den Aufgaben des Bereichs Finanzen gehören insbesondere:*
– *Verwaltung des Vereinsvermögens*
– *Erstellung von Abschlüssen*
– *Objektverwaltung*
– *...*

*(6) Der Bereich Personal umfasst insbesondere:*
– *Abschluss, Ausgestaltung und Beendigung von Arbeitsverhältnissen*
– *Sozialversicherung*
– *Vertretung des Vereins gegenüber dem Betriebsrat*
– *...*

*(7) Der Bereich Öffentlichkeitsarbeit umfasst insbesondere:*
– *Herausgabe Vereinszeitung*
– *Herausgabe von Pressemitteilungen*
– *...*

*(8) Im Falle der Verhinderung eines Vorstandsmitgliedes gelten folgende Vertretungsregelungen:*
– *...*

**87** Bei der Aufteilung der Ressortverantwortung, ist darauf zu achten, dass durch die Mitgliederversammlung nur geeignete Personen zur Ausübung dieser Aufgaben bestellt werden bzw. der Vorstand selbst bei der Aufteilung der Ressorts die persönlichen und fachlichen Voraussetzungen der Vorstandsmitglieder berücksichtigt. Mit der zulässigen Verteilung der Aufgaben und Pflichten auf einzelne Vorstandsmitglieder ist das jeweilige Vorstandsmitglied für sein Ressort verantwortlich. Verletzt ein Vorstandsmitglied seine Pflichten in einer Angelegenheit, die sein Ressort betrifft, haftet es dem Verein gegenüber. Die weiteren Vorstandsmitglieder sind grundsätzlich von einer Haftung befreit.[167]

**88** Auch bei wirksamer Ressortverteilung obliegt jedem Vorstandsmitglieder die Verpflichtung, die Aktivitäten der Vorstandskollegen zu überwachen. Diese Pflicht trifft in besonderem Maße den Vorstandsvorsitzenden. Insbesondere wenn Fehlentwicklungen auffallen, sind die weiteren Vorstandsmitglieder verpflichtet, einzuschreiten. Sofern dem Gesamtvorstand Anzeichen für finanzielle Schwierigkeiten bekannt werden, kann die Verpflichtung bestehen, die Verantwortung für finanzielle Fragen wieder in die Zuständigkeit des Gesamtvorstandes zu holen.[168]

---

[167] S. hierzu Rn. 96.
[168] BGH, Urt. v. 15.10. 1996 – VI ZR 319/95, NJW 1997, 130; *Reichert*, Rn. 3739.

## IV. Haftung des Vorstands

### 1. Haftung des Vorstands gegenüber dem Verein

**89** Im Rahmen seiner Geschäftsführung hat das Vorstandsmitglied die Sorgfalt eines ordentlichen Sachwalters zu beachten. Vorstandsmitglieder haften dem Verein gegenüber für Schäden, die durch eine vorsätzliche oder fahrlässige Verletzung ihrer gesetzlichen oder satzungsmäßigen Pflichten entstehen.[169] Die Haftung kann sich dabei aus §§ 27 Abs. 3, 644 ff., i. V. m. § 280 Abs. 1 BGB ergeben. Ferner haftet der Vorstand auch nach den für jedermann geltenden Regelungen, z.B. aus § 823 BGB.[170] Den Vorstand treffen insbesondere Aufzeichnungs- und Buchführungspflichten und eine Verpflichtung zur Verschwiegenheit. Er hat ferner die Vorschriften des Datenschutzes zu befolgen.[171]

**90** a) **Pflichtverletzung des Vorstandsmitgliedes.** Für Vorstände einer Aktiengesellschaft sieht § 93 Abs. 1 Satz 2 AktG ausdrücklich Haftungserleichterungen für Schäden vor, die der Aktiengesellschaft durch eine Handlung oder ein Unterlassen des Vorstandes entstehen, soweit der Vorstand bei seiner unternehmerischen Entscheidung vernünftigerweise annehmen durfte, auf der Grundlage der ihm vorliegenden, angemessenen Informationen zum Wohle der Gesellschaft zu handeln. Dieser Grundsatz wird als **Business Judgment Rule** bezeichnet. Handelt das Vorstandsmitglied im Einklang mit der Business Judgment Rule, handelt er nicht pflichtwidrig. Der BGH wendete diesen Grundsatz unter der Bezeichnung „unternehmerisches Ermessen" bereits vor der Normierung durch den Gesetzgeber auf Vorstände von Aktiengesellschaften an.[172] BGH und Gesetz billigen Vorständen einer Aktiengesellschaft einen weiten Ermessensspielraum bei unternehmerischen Entscheidungen zu. In der Literatur besteht darüber hinaus Einigkeit, dass dieser Grundsatz des „unternehmerischen Ermessens" auch auf Geschäftsführer von GmbHs zu übertragen ist.[173]

**91** Die Interessenlage bei handelnden Vorständen von Aktiengesellschaften, Geschäftsführern von GmbHs und Vorständen von Vereinen sind vergleichbar. Hintergrund des Grundsatzes des „unternehmerischen Ermessens" ist die Überlegung, dass ohne diesen weiten Ermessensspielraum die Tätigkeit von Geschäftsführern und Vorständen schlechterdings unmöglich wäre.[174] Vorstände und Geschäftsführer müssten anderenfalls befürchten,

---

[169] Zu den Pflichten des Vorstands s. auch Rn. 56 ff.
[170] Krieger/Schneider/*Burgard*, § 6 Rn. 7 f.
[171] S. Rn. 66 ff.
[172] BGH, Urt. v. 21.4. 1997 – II ZR 175/95, NJW 1997, 1926.
[173] Scholz/*Schneider*, § 43 GmbHG Rn. 53 mwN.; ausführlich zur Business Judgment Rule auch: Behringer/*Fissenewert*, S. 57 f.; Krieger/Schneider/*Burgard*, § 6 Rn. 30 ff.
[174] BGH, Urt. v. 21.4. 1997 – II ZR 175/95, NJW 1997, 1926.

## E. Vorstand

für jede Entscheidung zu haften. Auch der Vorstand eingetragener Vereine hat sein Verhalten gegenüber dem Verein zu verantworten und trägt das Risiko, für ein Verhalten einstehen zu müssen, das sich im Nachhinein als schädlich herausstellt. Der **Vorstand eingetragener Vereine unterliegt damit Risiken, die denen von Geschäftsführern von GmbHs und Vorständen von Aktiengesellschaften vergleichbar** sind. Die Kerngedanken des Grundsatzes einer Zubilligung „unternehmerischen Ermessens" lassen sich aufgrund des Zwecks der Haftungserleichterung daher auch auf Vorstände von Vereinen übertragen.[175] Auch dem Vorstand eines Vereins steht ein weiter Ermessensspielraum zu. Der Vorstand übt sein Ermessen pflichtgemäß aus, wenn er bei seinen Entscheidungen vernünftigerweise annehmen durfte, auf der Grundlage der ihm vorliegenden, angemessenen Informationen zum Wohle des Vereins zu handeln.[176] Das gilt gleichermaßen für den **Vorstand des nicht rechtsfähigen Vereins**.

Eine unternehmerische Entscheidung ist die bewusste Auswahl des Vorstandsmitgliedes aus mehreren tatsächlich möglichen und rechtlich zulässigen Verhaltensalternativen, wobei im Zeitpunkt der Entscheidungsfindung[177] wegen unvorhersehbarer Sachverhaltsentwicklung noch nicht absehbar ist, welche der zur Verfügung stehenden Alternativen sich im Nachhinein als für den Verein am vorteilhaftesten herausstellen wird, so dass die Gefahr besteht, dass die getroffene Wahl im Nachhinein von Dritten als von Anfang an erkennbar falsch angesehen wird.[178] 92

Das Eingreifen der Haftungserleichterung der Business Judgment Rule setzt voraus, dass das Vorstandsmitglied über die **erforderlichen Kenntnisse und Fertigkeiten** verfügt, um die Vorstandsaufgaben wahrnehmen zu können. Es kann sich **nicht auf Unkenntnis gesetzlicher oder satzungsmäßiger Vorgaben zurückziehen**.[179] Auch mangelnde Erfahrung führt nicht zu einer großzügigeren Haftungsbewertung.[180] Verfügt es über diese Kenntnisse und Erfahrungen nicht, muss es sich diese aneignen oder darf das Vorstandsamt nicht ausüben bzw. muss es niederlegen. 93

**b) Verschulden des Vorstandsmitgliedes.** Eine Haftung des Vorstandsmitglieds setzt Verschulden voraus. Das Verschulden beginnt bereits bei leichter Fahrlässigkeit. Eine Privilegierung der Haftung, wie sie bei Arbeitnehmern vorliegt, wonach grundsätzlich eine Haftung wegen leichter (oder auch leichtester) Fahrlässigkeit nicht erfolgen soll, ist bei Vorständen grundsätzlich nicht anerkannt.[181] Vorstände haften für jede Art von Fahrlässigkeit und Vorsatz. Im Innenverhältnis kann jedoch eine Satzungs- 94

---

[175] So auch Krieger/Schneider/*Burgard*, § 6 Rn. 30 mwN.
[176] Scholz/*Schneider*, § 43 GmbHG Rn. 53 für Geschäftsführer einer GmbH; Schmidt/Lutter/*Krieger/Sailer*, § 93 AktG Rn. 10 für Vorstände einer AG.
[177] Behringer/*Fissenewert*, S. 57 f.
[178] Scholz/*Schneider*, § 43 GmbHG Rn. 57 für die GmbH.
[179] Krieger/Schneider/*Burgard*, § 6 Rn. 38.
[180] *Reichert*, Rn. 3679 mwN.
[181] So auch Krieger/Schneider/*Burgard*, § 6 Rn. 37.

*1. Teil Rechtsfähige Vereine*

regelung die Haftung des Vorstands auf Vorsatz und grobe Fahrlässigkeit beschränken.[182] Ebenso wenig gilt die Beweislastumkehr gemäß § 619a BGB für Vorstandsmitglieder.[183]

95 Der Vorstand haftet für Fehler oder ein Fehlverhalten seiner Mitarbeiter, wenn er die Angestellten des Vereins nicht ordnungsgemäß nach Kenntnissen und Fähigkeiten ausgewählt und die Arbeit der Angestellten nicht ordnungsgemäß überwacht hat. Die Haftung resultiert also aus einem eigenen Verschulden des Vorstands, die Mitarbeiter nicht sorgfältig ausgewählt bzw. überwacht zu haben. Eine Zurechnung des Verschuldens von Vereinsangestellten zum Vorstand über § 278 BGB erfolgt nicht. Angestellte des Vereins sind nicht Erfüllungsgehilfen des Vorstandes im Verhältnis zum Verein.

96 **c) Haftungserleichterung durch Ressortaufteilung.** Die Haftung des Vorstands tritt bei jeder Art des Verschuldens ein, d.h. auch bereits bei leichter Fahrlässigkeit.[184] Die Haftung trifft damit die Vorstandsmitglieder, denen ein Verschulden zur Last gelegt werden kann. Erfolgt eine wirksame Ressortaufteilung, kann sich die Haftung damit bei ordnungsgemäßer Aufteilung der Ressorts auf die jeweiligen ressortverantwortlichen Vorstandsmitglieder beschränken.[185] Mit der zulässigen Verteilung der Aufgaben und Pflichten auf einzelne Vorstandsmitglieder ist das jeweilige Vorstandsmitglied für sein Ressort verantwortlich. Verletzt ein Vorstandsmitglied seine Pflichten in einer Angelegenheit, die sein Ressort betrifft, haftet es dem Verein gegenüber. Die weiteren Vorstandsmitglieder sind grundsätzlich von einer Haftung befreit.[186]

97 Sofern die Aufteilung der Aufgaben auf einzelne Ressorts angedacht wird, ist stets darauf zu achten, dass geeignete Personen zur Ausübung dieser Aufgaben bestellt werden bzw. es sind die persönlichen und fachlichen Voraussetzungen bei der Aufteilung innerhalb des Vorstands zu berücksichtigen. Sofern für die Erledigung bestimmter Aufgaben hierfür ungeeignete Personen ausgewählt wurden, kann die Haftungsprivilegierung dahingehend, dass grundsätzlich nur der jeweilige Ressortinhaber haftet, entfallen, mit der Folge, dass der Gesamtvorstand der Haftung unterliegt.

98 Auch bei einer wirksamen Ressortverteilung bleibt der Grundsatz der Gesamtverantwortung des Vorstands erhalten. Jedes Vorstandsmitglied trifft eine Überwachungsverpflichtung hinsichtlich der ordnungsgemäßen Geschäftsführung und Beachtung der Complianceanforderungen.[187] Eine besondere Verantwortung trifft dabei den Vorstandsvorsitzenden.[188]

---

[182] Krieger/Schneider/*Burgard*, § 6 Rn. 37.
[183] MünchKommBGB/*Henssler*, § 619a Rn. 45 mwN.
[184] Zur Haftungsprivilegierung bei ehrenamtlichen Vorständen s. Rn. 128 ff.
[185] S. Rn. 83 ff.
[186] Krieger/Schneider/*Burgard*, § 6 Rn. 19.
[187] Krieger/Schneider/*Burgard*, § 6 Rn. 19.
[188] Vgl. im Übrigen Rn. 88.

## E. Vorstand

Die weiteren Vorstandsmitglieder haften gegenüber dem Verein im Falle einer nicht genügenden Überwachung des zuständigen Vorstandsmitgliedes.

**d) Entlastung.** Die Geltendmachung von Schadensersatzansprüchen des Vereins gegenüber Vorstandsmitgliedern ist grundsätzlich ausgeschlossen, soweit die Mitgliederversammlung – bzw. ein sonstiges dafür laut Satzung zuständiges Vereinsorgan – den Vorstandsmitgliedern Entlastung erteilt hat. Mit der Entlastung billigt der Verein die Handlungen des Vorstands.[189] Die Entlastung erstreckt sich jedoch nur auf solche Umstände, die der Mitgliederversammlung bekannt bzw. erkennbar waren.[190] Unterrichtet der Vorstand die Mitgliederversammlung unrichtig oder unvollständig, entfaltet die Entlastung keine Rechtswirkung. Das schließt eine Entlastung im Voraus grundsätzlich aus. Denkbar ist allerdings, dass sich der Vorstand die Zustimmung für ein bestimmtes Geschäft durch die Mitgliederversammlung im Voraus erteilen lässt. In diesem Fall kann der Verein den Vorstand anschließend nicht auf Schadenersatz in Anspruch nehmen. Eine solche Vorgehensweise ist dem Vorstand anzuraten, wenn sehr komplexe und schwierige Entscheidungen mit großer Tragweite anstehen.

99

Eine verbindliche Entlastung setzt einen wirksamen Entlastungsbeschluss voraus. Die Entlastung des Vorstands muss als Tagesordnungspunkt in der Einladung zur Mitgliederversammlung angegeben sein. Die Entlastung kann sich auf alle Vorstandsmitglieder erstrecken, aber auch einzelne Vorstandsmitglieder davon ausnehmen.

100

Sofern die Satzung nichts Gegenteiliges regelt, steht dem Vorstand kein Anspruch auf Entlastung zu.[191] Allerdings kann sich ein Anspruch des Vorstandsmitgliedes auf Entlastung aus dem Anstellungsvertrag ergeben. Auch kommt ein solcher Anspruch aus einem Vereinsbrauch in Betracht.[192] Das Vorstandsmitglied ist jedoch grundsätzlich berechtigt, gerichtlich feststellen zu lassen, dass dem Verein gegen ihn keine Schadensersatzansprüche zustehen.[193]

101

**Klauselvorschlag für einen Entlastungsanspruch im Anstellungsvertrag:**

102

*Herr ... hat Anspruch darauf, dass die Mitgliederversammlung innerhalb von ... Monaten nach Ablauf eines Geschäftsjahres nach pflichtgemäßem Ermessen über seine Entlastung für das abgelaufene Geschäftsjahr beschließt. Die Entlastung setzt voraus, dass sich Herr ... als Vorstands-*

---

[189] Krieger/Schneider/*Burgard*, § 6 Rn. 54.
[190] Palandt/*Ellenberger*, § 27 BGB Rn. 8; vgl. auch Baumbach/Hueck/*Zöllner*, § 46 GmbHG Rn. 41.
[191] Krieger/Schneider/*Burgard*, § 6 Rn. 58; *Reichert*, Rn. 2718 mwN.
[192] Staudinger/*Weick*, § 27 BGB Rn. 27; *Reichert*, Rn. 2718.
[193] *Reichert*, Rn. 2726; MünchKommBGB/*Reuter*, § 27 Rn. 46; Krieger/Schneider/*Burgard*, § 6 Rn. 58.

mitglied im abgelaufenen Geschäftsjahr an die Gesetze und die Satzung des Vereins gehalten hat und seinen sonstigen Pflichten, insb. seinen Rechenschafts- und Auskunftspflichten, vollständig nachgekommen ist.

103 **e) Verzicht.** Die Mitgliederversammlung kann auf die Geltendmachung von Schadensersatzansprüchen verzichten.[194] Sofern der Verein auf seine Ansprüche gegen den Vorstand aufgrund einer Pflichtverletzung verzichtet hat, hat diese Verzichtserklärung bzw. eine Verzichtsvereinbarung auch Wirkung gegenüber Dritten. Insbesondere können Gläubiger in diesem Fall sich nicht den dem Verein grundsätzlich zustehenden Schadensersatzanspruch gegen seinen Vorstand abtreten lassen.[195]

104 **f) Verjährung.** Ansprüche des Vereins aus Pflichtverletzungen des Vorstands verjähren grundsätzlich innerhalb der Regelverjährungsfrist von drei Jahren. Die Verjährungsfrist beginnt mit dem Schluss des Jahres, in dem der Anspruch entstanden ist und der Verein von den anspruchsbegründenden Umständen und der Person des Schuldners Kenntnis erlangt oder ohne grobe Fahrlässigkeit erlangen musste. Beruht der Schaden auf einer unerlaubten Handlung, z. B. wegen einer Veruntreuung, liegt eine deliktische Haftung vor, die grundsätzlich erst nach zehn Jahren verjährt.

## 2. Haftung des Vorstands gegenüber Dritten

105 Der Vorstand kann sich durch eine Verletzung seiner gesetzlichen und satzungsmäßigen Pflichten auch gegenüber Dritten schadensersatzpflichtig machen. Haftungsprivilegierungen, wie sie das Arbeitsrecht für die Haftung des Arbeitnehmers kennt, sind auch in diesem Fall nicht auf die Haftung von Vorstandsmitgliedern des Vereins übertragbar. Für ehrenamtlich tätige Vorstandsmitglieder sieht jedoch das Gesetz mittlerweile eine ausdrückliche Haftungserleichterung vor.[196] Im Wesentlichen kommen hier folgende Haftungsbereiche in Betracht.[197]

106 **a) Deliktische Haftung.** Der Vereinsvorstand haftet Dritten gegenüber für Schäden aufgrund unerlaubter Handlung. Das umfasst die Haftungen wegen vorsätzlicher oder fahrlässiger Verletzung des Lebens, des Körpers, der Gesundheit, der Freiheit, des Eigentums oder eines sonstigen Rechts eines anderen gemäß § 823 ff BGB. Von besonderer Bedeutung sind dabei die **Verkehrssicherungspflichten** (z.B. nicht ordnungsgemäße Sicherung des Sportplatzes gegen Unfälle, offensichtlich mangelhafte Elektroanlage im Vereinsheim etc.). Der Vorstand haftet Dritten gegenüber für durch

---

[194] *Unger*, NJW 2009, 3269, 3272; *Reichert*, Rn. 3722; Krieger/Schneider/*Burgard*, § 6 Rn. 59.
[195] *Reichert*, Rn. 3722.
[196] S. Rn. 128 ff.
[197] Krieger/Schneider/*Burgard*, § 6 Rn. 76 ff; *ders.* ZIP 2010, 358 ff.

## E. Vorstand

die Verletzung einer Verkehrssicherungspflicht entstandenen Schäden.[198] Dritte können in diesem Zusammenhang auch Mitglieder des Vereins sein, die durch eine Pflichtverletzung des Vorstandsmitglieds geschädigt werden. Die Verletzung einer Verkehrssicherungspflicht kann darüber hinaus strafrechtliche Konsequenzen haben (z.B. wegen fahrlässiger Körperverletzung). Soweit die Ressorts zwischen den Vorstandsmitgliedern wirksam untereinander aufgeteilt worden sind, beschränkt sich die Haftung grundsätzlich auf das für die Einhaltung der Verkehrssicherungspflicht zuständige Vorstandsmitglied.[199]

**b) Rechtsgeschäftliche Haftung.** Denkbar ist auch die Haftung des Vorstands gegenüber Dritten wegen **Verletzungen von vertraglichen Pflichten** und **Verletzungen bei Vertragsverhandlungen** (§§ 280, 311 Abs. 3, 241 Abs. 2 BGB). Der Vorstand wird zwar nicht selbst Vertragspartner, so dass grundsätzlich nur die Haftung des Vereins gemäß § 31 BGB in Betracht kommt.[200] Ein Vorstandsmitglied kann jedoch bspw. für den Verein auftreten, ohne über die erforderliche Vertretungsmacht zu verfügen. In diesem Fall ist das Vorstandsmitglied dem Dritten gegenüber aus Vertretung ohne Vertretungsmacht gemäß § 179 BGB persönlich haftbar.[201] Ferner kann das Vorstandsmitglied bei Vertragsverhandlungen persönlich besonderes Vertrauen in Anspruch genommen haben. Auch in diesem Fall kommt eine Haftung gegenüber dem Vertragspartner in Betracht.

107

**c) Pflichten im Falle der Insolvenz.** Ein weiterer wichtiger Haftungsbereich ist die Haftung des Vorstands wegen schuldhaft unterlassener Stellung eines Insolvenzantrages. Auch der Verein ist insolvenzfähig. Kommt der Verein – sei es aufgrund von Fehlern des Vorstands oder aufgrund sonstiger widriger Umstände – in Zahlungsschwierigkeiten, muss der Vorstand prüfen, ob bereits eine Überschuldung oder Zahlungsunfähigkeit eingetreten ist. Der Vorstand ist verpflichtet, im Falle einer solchen Insolvenzreife einen Insolvenzantrag gemäß § 42 Abs. 2 Satz 1 BGB zu stellen.[202] Diese Pflicht besteht auch dann, wenn ihm die Mitgliederversammlung oder ein sonstiges weisungsbefugtes Vereinsorgan die Antragstellung untersagt.[203] Da die Pflicht zur rechtzeitigen Stellung eines Insolvenzantrags gemäß § 42 BGB eine persönliche Pflicht des Vorstandes ist, darf der Vorstand sich nicht darauf zurückziehen, dass die Mitgliederversammlung oder ein anderes Organ den Vorstand angewiesen haben, einen Insolvenzantrag nicht zu stellen. Dies entbindet den Vorstand nicht von seiner Haftung gegenüber Gläubigern des Vereins. Die Verpflichtung zur Stellung

108

---

[198] *Burgard*, ZIP 2010, 358, 359 mwN.
[199] Krieger/Schneider/*Burgard*, § 6 Rn. 79.
[200] Krieger/Schneider/*Burgard*, § 6 Rn. 77.
[201] Krieger/Schneider/*Burgard*, § 6 Rn. 76.
[202] Patzina/Bank/Schimmer/Simon-Widmann/*Bank*, Kap. 11 Rn. 18; Krieger/Schneider/*Burgard*, § 6 Rn. 81.
[203] *Reichert*, Rn. 2635; Krieger/Schneider/*Burgard*, § 6 Rn. 22.

*1. Teil Rechtsfähige Vereine*

eines Insolvenzantrages besteht gegenüber jedem einzelnen Vorstandsmitglied. Auch eine wirksame Ressortverteilung befreit die Vorstandsmitglieder nicht von dieser Verpflichtung.[204]

**109** Entsteht durch die verzögerte Antragstellung einem Dritten ein Schaden, so haften die Mitglieder des Vorstands als Gesamtschuldner gemäß § 42 Abs. 2 S. 2 BGB i.V.m. § 823 Abs. 2 BGB.[205] Die Antragspflicht des Vorstands entfällt nicht dadurch, dass ein Gläubiger einen Insolvenzantrag gestellt hat, da der Gläubigerantrag jederzeit zurückgenommen werden kann.[206] Das für eine Haftung des Vereins erforderliche Verschulden wird bei Erkennbarkeit der Insolvenzreife vermutet.[207] Die Haftung des Vereinsvorstands besteht dabei gegenüber sogenannten Neugläubigern und im beschränkten Maße auch gegenüber Altgläubigern. Neugläubiger sind solche Gläubiger des Vereins, die ihre Forderung erst nach dem Zeitpunkt erworben haben, zu dem der Insolvenzantrag hätte gestellt werden müssen. Sie haben Anspruch auf Ausgleich des Schadens, der ihnen dadurch entstanden ist oder noch entsteht, dass sie in Rechtsbeziehung mit dem überschuldeten oder zahlungsunfähigen Verein getreten sind.[208] Altgläubiger sind solche Gläubiger des Vereins, die bereits vor Insolvenzreife Forderungen gegen den Verein erworben haben. Die Haftung ist insoweit beschränkt auf den Betrag, um den sich die Insolvenzquote, die sie bei rechtzeitiger Antragstellung erhalten hätten, verringert.[209] Vereinsvorstände haften indessen nicht analog § 64 Abs. 2 GmbHG a.F. (= § 64 S. 1 GmbHG n.F.), § 93 Abs. 3 Nr. 6 i.V.m. § 92 Abs. 3 AktG, § 99 Abs. 2 i.V.m. § 34 Abs. 3 Nr. 4 GenG für masseschmälernde Zahlungen nach Eintritt der Insolvenzreife des Vereins.[210]

**110** Das Vorstandsmitglied wird nicht deshalb von einer Haftung befreit oder kann sich auf eine Haftungserleichterung berufen, wenn es nicht über die notwendigen Kenntnisse und Erfahrungen verfügt. In diesem Fall hätte das Vorstandsmitglied sich diese Kenntnisse aneignen müssen oder es hätte das Amt des Vorstands nicht annehmen dürfen bzw. wäre verpflichtet gewesen, sein Amt niederzulegen. Ein Haftungsausschluss kann allerdings dann eintreten, wenn sich der Vorstand sachverständiger Hilfe bedient und sich in einem Rechtsirrtum befindet.[211] Dies ist insbesondere dann der Fall,

---

[204] Krieger/Schneider/*Burgard*, § 6 Rn. 81; BeckOK Bamberger/Roth/*Schwarz/Schöpflin*, § 42 BGB Rn. 8; *Frege/Keller/Riedel*, Rn. 463; vgl. auch *Hoffmann/Liebs*, Rn. 6060.
[205] *Reichert*, Rn. 3731.
[206] *Reichert*, Rn. 3729 mwN.
[207] BGH, Urt. v. 29.11.1999 – II ZR 273/98, NJW 2000, 668; *Burgard*, ZIP 2010, 358, 359.
[208] BGH, Urt. v. 7.11.1994 – II ZR 108/93, NJW 1995, 398; BGH, Urt. v. 8.3.1999 – II ZR 159/98 =NJW 1999, 2182; LAG Hessen, NZA-RR 2001, 154; *Reichert*, Rn. 3736.
[209] *Reichert*, Rn. 3430; *Burgard*, ZIP 2010, 358, 359.
[210] BGH, Hinweisbeschl. v. 8.2.2010 – II ZR 156/09, NZG 2010, 711; s.a. OLG Karlsruhe EWiR § 42 BGB 2/09, 699 *(Hangebrauck)*.
[211] *Reichert*, Rn. 3739.

## E. Vorstand

wenn sich der Vorstand zur Erstellung einer Bilanz eines Wirtschaftsprüfers bedient und er aufgrund dieser Bilanzen eine Überschuldung nicht erkennen konnte.[212]

**d) Steuerrechtliche Pflichten.** Der Vorstand haftet auch bei Verletzung der steuerlichen Pflichten gemäß § 69 AO. Er hat als gesetzlicher Vertreter die steuerlichen Pflichten für den Verein zu erfüllen, § 34 Abs. 1 AO.[213] Das beinhaltet insbesondere die Pflicht, dafür Sorge zu tragen, dass der Verein seinen steuerlichen Pflichten nachkommt. Die Besonderheit des § 69 AO liegt darin, dass bei einer Verletzung dieser Pflicht, den Vereinsvorstand eine Steuerpflicht trifft. Das bedeutet, dass der Vorstand persönlich mit seinem Privatvermögen für Steuerschulden des Vereins haftet, sofern infolge vorsätzlicher oder grobfahrlässiger Verletzung der dem Vorstand auferlegten Pflichten eine Steuerfestsetzung nicht oder nicht rechtzeitig erfolgt ist oder Steuerpflichten nicht oder nicht rechtzeitig erfüllt worden sind. Die Finanzbehörden und Finanzgerichte gehen dabei regelmäßig von einer groben Fahrlässigkeit des Vorstands aus. Nur in wenigen Fällen dürfte dem Vorstand der Nachweis gelingen, dass lediglich eine leichte Fahrlässigkeit vorliegt.[214] **111**

Die Haftung des Vereinsvorstands in Steuerangelegenheiten erstreckt sich auch – und insbesondere – auf die ordnungsgemäße Abführung der Lohnsteuer für die Arbeitnehmer des Vereins, einschließlich der Kirchensteuer und des Solidaritätszuschlags. Reichen die Mittel des Vereins nicht aus, um den Nettolohn und die Lohnsteuer abzuführen, ist der Vorstand verpflichtet, eine Reduzierung der Vergütung der Nettolohnzahlung vorzunehmen und zwar in dem Umfang, dass er die entsprechende Lohnsteuer abführen kann. Der darüber hinausgehende Gehaltsanspruch der Arbeitnehmer bleibt davon selbstverständlich unberührt. Auch hier kommt eine Haftung des Vereinsvorstands für vorenthaltene Lohnsteuer in Betracht. **112**

Der Vorstand hat ferner dafür Sorge zu tragen, dass für empfangene Spenden und Mitgliedsbeiträge ordnungsgemäße Bestätigungen ausgestellt werden.[215] Ferner müssen die Zuwendungen zu denen in der Bestätigung angegebenen steuerbegünstigten Zwecken verwendet werden. Für entgangene Steuer wegen einer unrichtigen Spendenbescheinigung haftet der Verein. Er kann im Falle einer Pflichtverletzung einen Rückgriffsanspruch gegen den Vorstand haben. Der Vorstand haftet – gesamtschuldnerisch mit dem Verein –, wenn Spenden nicht zu steuerbegünstigten Zwecken bzw. nicht zu den in der Bestätigung angegebenen Zwecken verwendet werden.[216] **113**

---

[212] *Reichert*, Rn. 3739 mwN.
[213] Pahlke/Koenig/*Koenig*, § 34 AO Rn. 14.
[214] BFH, Urt. v. 13.3. 2003 – VII R 46/02, NJW-RR 2003, 1117, 1119.
[215] Krieger/Schneider/*Burgard*, § 6 Rn. 86.
[216] Krieger/Schneider/*Burgard*, § 6 Rn. 88.

**114** Die Haftung kann sich auf einzelne Vereinsvorstände beschränken, wenn eine wirksame Ressortaufteilung erfolgt ist.[217] In diesem Fall liegt die Verantwortung bei dem Vorstandsmitglied, das die Finanzverantwortung hat, d.h. der Schatzmeister oder Kassenwart.[218] Ferner setzt eine wirksame Ressortverteilung voraus, dass das zuständige Vorstandsmitglied, mithin der Schatzmeister oder Kassenwart, in Steuerangelegenheiten zur Außenvertretung befugt ist[219] und der Ressortinhaber über die notwendigen Kenntnisse und Erfahrungen verfügt. Aber auch hier kann sich der Gesamtvorstand nicht seiner Verantwortung entziehen, wenn er die erforderlichen Überwachungspflichten verletzt hat.

**115** **e) Sozialversicherungsrechtliche Pflichten.** Den Vorstand trifft ferner die Verantwortung für die ordnungsgemäße Abführung der Gesamtsozialversicherungsbeiträge. Sozialversicherungsbeiträge sind in voraussichtlicher Höhe der Beitragsschuld spätestens am drittletzten Bankarbeitstag des Monats fällig, indem die Beschäftigung oder Tätigkeit, mit der das Arbeitsentgelt oder Arbeitseinkommen erzielt wird, ausgeübt worden ist oder als ausgeübt gilt, § 23 Abs. 1 Satz 2 SGB IV. Geschuldete Beiträge zur Unfallversicherung werden am 15. des Monats fällig, der dem Monat folgt, in dem der Beitragsbescheid dem Zahlungspflichtigen bekannt gegeben worden ist, § 23 Abs. 3 Satz 1 SGB IV. Kommt der Vereinsvorstand als gesetzlicher Vertreter des Vereins seiner ordnungsgemäßen Abführung der Sozialversicherungsbeiträge nicht nach, so kann dies den Tatbestand des § 266a StGB verwirklichen und stellt damit eine Straftat dar, die mit Freiheitsstrafe bis zu fünf Jahren oder mit Geldstrafe bestraft wird.[220] Das Vorstandsmitglied, das im Falle der Insolvenzreife dennoch Sozialversicherungsbeiträge für die Mitarbeiter abführt, handelt pflichtwidrig und kann sich gegenüber dem Verein schadensersatzpflichtig machen.[221] Ist dem Vorstand aufgrund nicht ausreichender finanzieller Mittel die Abführung der Sozialversicherungsbeiträge nicht vollständig möglich, hat er eine Reduzierung der Vergütung der Mitarbeiter soweit vorzunehmen, dass die Abführung der Sozialversicherungsbeiträge erfolgen kann. Ferner haftet der Vorstand im Falle der Nichtabführung von Sozialversicherungsbeiträgen gemäß §§ 266a, 293 StGB i.V.m. § 823 Abs. 2 BGB.[222]

**116** Die Haftung beschränkt sich auf diejenigen Vorstandsmitglieder, die nach der Ressortaufteilung für die Abführung der Sozialversicherungsbeiträge zuständig sind. Wie bei der ordnungsgemäßen Erledigung der Steu-

---

[217] *Schießl/Küpperfahrenberg*, DStR 2006, 445, 446; Patzina/Bank/Schimmer/Simon-Widmann/*Bank*, Kap. 11 Rn. 24.
[218] Krieger/Schneider/*Burgard*, § 6 Rn. 85.
[219] *Reichert*, Rn. 3775.
[220] Krieger/Schneider/*Burgard*, § 6 Rn. 89.
[221] BGH, Urt. v. 8.6. 2009 – II ZR 147/08, NJW 2009, 2599; **a.A.** OLG Frankfurt/Main, Urt. v. 15.7. 2009 – 4 U 298/08, BeckRS 2009, 25345.
[222] Krieger/Schneider/*Burgard*, § 6 Rn. 89.

*E. Vorstand*

erpflichten, ist auch hier eine ordnungsgemäße detaillierte Dokumentation der Ressortaufteilung zwingend notwendig. Ferner müssen alle Vorstandsmitglieder die ordnungsgemäße Abführung der Sozialversicherungsbeiträge überwachen und darauf hinwirken. Anderenfalls werden auch nach der Ressortaufteilung nicht zuständige Vorstandsmitglieder so behandelt, als hätten sie die nicht ordnungsgemäße Abführung der Sozialversicherungsbeiträge zumindest gebilligt. Das genügt für eine Strafbarkeit und Haftung.[223]

**f) Rechtsfolgen bei Verletzung des Datenschutzes.** Verletzungen des BSDG können durch die Aufsichtsbehörde für den Datenschutz mit einem Bußgeld geahndet werden. Je nach Verstoß und dessen Schwere kann das Bußgeld bis zu 300 000 € betragen. In Einzelfällen kann die Aufsichtsbehörde sogar ein noch höheres Bußgeld verhängen. Adressat des Bußgeldes ist der Vorstand als das den Verein vertretende Organ.[224] Der Verein ist in diesem Fall grundsätzlich nicht berechtigt, dem Vorstand das Bußgeld zu erstatten. Dies kann eine strafbare Untreue darstellen.[225] 117

### 3. D&O Versicherung

**a) Grundlagen.** Der Verein kann für seine Vorstandsmitglieder eine Directors & Officers Liability Versicherung (D&O-Versicherung) abschließen.[226] Diese Versicherung dient dazu, im Falle einer Pflichtverletzung des Vorstands, einen Schadensausgleich vorzunehmen. 118

Für den Abschluss einer solchen Versicherung ist grundsätzlich die Mitgliederversammlung zuständig.[227] Der Vorstand ist mangels einer abweichenden Satzungsregelung grundsätzlich nicht berechtigt, ohne Zustimmung der Mitgliederversammlung eine D&O-Versicherung abzuschließen. Der Vorstand kann jedoch verpflichtet sein, der Mitgliederversammlung den Abschluss einer Versicherung nahezulegen. Dies kommt insbesondere dann in Betracht, wenn der Vorstand besonders risikoreiche Geschäfte abzuschließen hat. 119

Eine Verpflichtung des Vereins zum Abschluss einer D&O-Versicherung kann bereits im Anstellungsvertrag mit dem Vorstandsmitglied geregelt werden. Sofern ein künftiges Vorstandsmitglied auf den Abschluss einer entsprechenden Versicherung Wert legt, sollte es bereits bei Verhandlung des Anstellungsvertrages auf eine entsprechende Zusage bestehen. 120

---

[223] Krieger/Schneider/*Burgard*, § 6 Rn. 89; *ders.*, ZIP 2010, 358, 360
[224] *Gola/Schomerus*, § 43 BDSG Rn. 2.
[225] Krieger/Schneider/*Marsch-Barner*, § 17 Rn. 43 mwN.
[226] Münch. Hdb. GesR V/*Waldner*, § 30 Rn. 6; Krieger/Schneider/*Burgard*, § 6 Rn. 74.
[227] Krieger/Schneider/*Burgard*, § 6 Rn. 74; Unger, NJW 2009, 3269, 3272; **a.A.** *Schießl/Küpperfahrenberg*, DStR 2006, 445, 449.

*1. Teil Rechtsfähige Vereine*

**121 Klauselvorschlag:**

*Der Verein wird zugunsten des Vorstandsmitgliedes eine D&O-Versicherung (Directors & Officers Liability Insurance) abschließen und unterhalten. Das Vorstandsmitglied wird dadurch im Rahmen der Versicherungsbedingungen gegen die Haftung für solche Schäden versichert, die Vorstandsmitglieder in dieser Eigenschaft dem Verein oder den Mitgliedern zufügen. Sie deckt auch die Inanspruchnahme des Vorstandsmitgliedes durch Dritte ab. Schäden, die auf Vorsatz beruhen, sind nicht umfasst. Die Directors & Officers-Versicherung soll auch eine Kostendeckung für die Kosten eines Strafverfahrens gegen das Vorstandsmitglied enthalten. Die Prämien trägt der Verein. Das Vorstandsmitglied trägt eine Selbstbeteiligung in Höhe von ..., mindestens aber entsprechend den jeweils geltenden gesetzlichen Vorschriften. Auf die Prämie entfallende Einkommensteuern werden von dem Verein nicht getragen.*

**122** Die durch das VorstAG in § 93 Abs. 2 S. 3 AktG eingefügte Neuregelung des Mindestselbstbehalts des Vorstandsmitglieds einer AG findet auf Vorstandsmitglieder eines Vereins keine unmittelbare und auch keine analoge Anwendung.[228] Das hindert jedoch nicht die Vereinbarung eines angemessenen Selbstbehaltes.

**123** Möchte sich der Verein die Entscheidung, eine D&O-Versicherung für den Vorstand abzuschließen, vorbehalten, muss dies im Anstellungsvertrag zum Ausdruck kommen.

**124 Klauselvorschlag:**

*Sofern der Verein eine Directors & Officers-Versicherung abschließt bzw. unterhält, wird das Vorstandsmitglied in diese Directors & Officers-Versicherung für deren Laufzeit aufgenommen und dadurch gegen die Haftung für solche Schäden versichert, die Vorstandsmitglieder in dieser Eigenschaft dem Verein den Mitgliedern zufügen. ... (Rest wie oben Rn. 121)*

**125** Darüber hinaus kommt der Abschluss einer Vermögensschadens-Haftpflichtversicherung in Betracht.

**126 b) Besonderheiten im gemeinnützigen Verein.** Der Abschluss einer Directors & Officers-Versicherung im gemeinnützigen Verein auf Kosten des Vereins ist aufgrund der Verpflichtung zur selbstlosen Mittelverwendung nicht unproblematisch. Die selbstlose Mittelverwertung setzt voraus, dass die Mittel des Vereins nicht in erster Linie eigenwirtschaftlichen Zwecken zugutekommen. Ferner darf der gemeinnützige Verein seine Organe nicht durch unverhältnismäßig hohe Vergütungen begünstigen.

**127** Zwar handelt es sich bei der Übernahme der Prämien zu einer D&O-Versicherung grundsätzlich nicht um – zu versteuerndes – Einkommen der Vorstandsmitglieder.[229] Eine unverhältnismäßige Vergütung der Vorstandsmitglieder liegt damit nicht vor. Die Prämien für eine D&O-Versicherung

---

[228] *Thüsing/Traut*, NZA 2010, 140, 144.
[229] *Küppers/Dettmeier/Koch*, DStR 2002, 199 ff mwN.

E. *Vorstand*

sind jedoch in der Regel sehr hoch. Diese Ausgaben des gemeinnützigen Vereins dienen ausschließlich der Absicherung ihrer Organe und sind nur dann unschädlich für die Gemeinnützigkeit des Vereins, wenn sie nicht in erster Linie eigenwirtschaftlichen Zwecken zugutekommen. Sie müssen daher im Verhältnis zu den sonstigen Ausgaben des Vereins für satzungsmäßige Zwecke eine nur untergeordnete Rolle spielen. Da eine D&O-Versicherung ohnehin nur für große gemeinnützige Vereine in Betracht kommen wird, sollte diese Voraussetzung erfüllt sein, so dass die Unterhaltung einer D&O-Versicherung mit einer selbstlosen Mittelverwendung vereinbar ist.

**4. Haftungsprivilegierung für ehrenamtlich tätige Vorstandsmitglieder**

Seit dem 3.10. 2009 sieht der neu geschaffene § 31a BGB Haftungserleichterungen für ehrenamtlich tätige Vorstände vor. Von der Regelung erfasst sind auch Vorstände, die für ihre Tätigkeit eine Vergütung von nicht mehr als 500,00 € erhalten. Vergütung kann dabei auch nicht eine verhältnismäßige pauschale Aufwandsentschädigung oder ein Erlass von Mitgliedsbeiträgen sein.[230] Bei der Berechnung der Vergütungsgrenzen nicht einbezogen werden tatsächliche Aufwandsentschädigungen, wie bspw. die Erstattung von für den Verein ausgelegte Telefonkosten oder sonstige Erstattungen von Auslagen. **128**

Der Anwendungsbereich des § 31a BGB umfasst drei Konstellationen. Das sind: **129**

– die Haftung des Vorstandsmitglieds gegenüber dem Verein (§ 31a Abs. 1 Satz 1 BGB),
– die Haftung des Vorstandsmitglieds gegenüber Mitgliedern des Vereins (§ 31a Abs. 1 Satz 2 BGB) sowie
– die Haftung gegenüber Dritten (§ 31a Abs. 2 BGB).

§ 31a BGB umfasst sämtliche Ansprüche aus einer Pflichtverletzung seitens des Vorstandes, soweit diese nicht auf Vorsatz oder grober Fahrlässigkeit beruhen. Ein Vorstandsmitglied handelt vorsätzlich, wenn er seine Pflichten gekannt hat und ihre Verletzung gewollt hat. Grob fahrlässig handelt, wer die im Verkehr erforderliche Sorgfalt, zu der er nach den Umständen und seinen persönlichen Kenntnissen verpflichtet und im Stande ist, in besonders schwerem Maße verletzt. Die Haftung des Vereins für ein schädigendes Verhalten seitens des Vorstandsmitgliedes bleibt jedoch auch bei Eingreifen der Haftungsprivilegierung bestehen. Dies wird insbesondere in der Konstellation des § 31a Abs. 1 S. 2 BGB deutlich. Ein geschädigtes Vereinsmitglied hat zwar keinen Anspruch gegen ein Vorstandsmitglied, das ehrenamtlich tätig ist und dessen Fehlverhalten nicht **130**

---

[230] *Burgard*, ZIP 2010, 358, 361.

*1. Teil Rechtsfähige Vereine*

auf Vorsatz und grober Fahrlässigkeit beruht. Er kann sich jedoch über § 31 BGB zum Zwecke des Schadensersatzes an den Verein halten.[231]

131 Gegenüber Dritten bleibt auch der ehrenamtliche bzw. geringfügig entlohnte Vorstand voll zum Schadensersatz verpflichtet, selbst wenn sein Verhalten nur leicht fahrlässig war. Das Vorstandsmitglied hat allerdings gegen den Verein einen Anspruch auf Freistellung, wenn es nicht vorsätzlich oder grob fahrlässig gehandelt hat. Der Verein ist damit verpflichtet, einen vom Vorstand verursachten Schaden gegenüber einem Dritten auszugleichen. Kommt er dem nicht nach, muss zunächst der Vorstand einen Ausgleich vornehmen. Sein Freistellungsanspruch gegen den Verein wandelt sich dann in einen Erstattungsanspruch um.

132 Per Satzung kann die Haftungsprivilegierung des ehrenamtlichen oder geringfügig entlohnten Vorstandsmitglieds gegenüber den Mitgliedern des Vereins wieder eingeschränkt werden.[232] Darüber hinaus ist eine Abkehr der Haftungsprivilegierung grundsätzlich weder durch Satzungsregelung noch im Anstellungsvertrag mit dem Vorstandsmitglied möglich. Das ergibt sich aus § 40 BGB, wonach lediglich § 31a Abs. 1 Satz 2 BGB dispositiv sein soll. Im Umkehrschluss bedeutet dies, dass § 31a Abs. 1 S. 1 BGB (keine Haftung des Vorstands gegenüber dem Verein) sowie der Freistellungsanspruch gemäß § 31a Abs. 2 BGB zwingendes Recht sind und damit nicht zur Disposition des Vereins stehen.[233] Für den Fall, dass der Verein eine Haftungsprivilegierung nicht wünscht, müsste er eine Vergütung zusagen, die den Betrag von 500,00 € pro Jahr übersteigt.[234]

### V. Haftung des Vereins für schadensstiftende Handlungen des Vorstands

133 Der eingetragene Verein haftet als juristische Person mit seinem Vermögen vergleichbar einer natürlichen Person.[235] Da sich der Verein als juristische Person einem Vorstand bedient, der für ihn handelt, haftet der Verein Dritten gegenüber grundsätzlich für schadensstiftende Handlungen seines Vorstands gemäß § 31 BGB. Von § 31 BGB werden sowohl vertragliche Schadenersatzansprüche (§§ 280 ff. BGB), vorvertragliche Schadenersatzansprüche (§ 311 Abs. 2 BGB i.V.m. §§ 280, 282 BGB) als auch deliktische Schadenersatzansprüche (§ 823 BGB) erfasst.[236] Die Haftung des Vereins erstreckt sich auch auf Schadenersatzansprüche ohne Verschulden, z.B. §§ 122, 231, 904 BGB.[237]

---

[231] *Burgard*, ZIP 2010, 358, 363.
[232] Patzina/Bank/Schimmer/Simon-Widmann/*Bank*, Kap. 11 Rn. 23.
[233] Krieger/Schneider/*Burgard*, § 6 Rn. 68.
[234] *Burgard*, ZIP 2010, 358, 364.
[235] Münch. Hdb. GesR V/*Beuthien*, § 1 Rn. 41.
[236] Soergel/*Hadding*, § 31 BGB Rn. 4; Palandt/*Ellenberger*, § 31 BGB Rn. 2; Larenz/Wolf, § 10 Rn. 85; Staudinger/*Weick*, § 31 BGB Rn. 3.
[237] *Larenz/Wolf*, § 10 Rn. 85.

## E. Vorstand

Ein Unterlassen des Vorstands, das zu einem Schaden bei einem Dritten führt, steht einer zum Schadenersatz verpflichtenden Handlung des Vorstands gleich, wenn den Vorstand eine Verpflichtung zum Handeln trifft.[238] Das kann bspw. bei einer Verkehrssicherungspflicht der Fall sein.[239] **134**

Eine Haftung des Vereins gemäß § 31 BGB tritt nur ein, wenn der Vorstand „in Ausführung der ihm zustehenden Verrichtungen" einen Schaden verursacht hat.[240] Mit anderen Worten: das Verhalten des Vorstandsmitglieds muss im Zusammenhang mit seinem Aufgabenbereich als Vorstandsmitglied stehen.[241] Dazu kann auch vorsätzliches, betrügerisches Handeln gehören.[242] Ein Tätigwerden lediglich „bei Gelegenheit" der ihm zustehenden Verrichtungen genügt nicht, z.B. Unfall bei einer Privatfahrt mit einem Vereinsfahrzeug.[243] **135**

Die Haftung des Vereins nach § 31 BGB besteht gegenüber Dritten. Das kann jede außerhalb des Vereins stehende natürliche oder juristische Person sein. Geschützt sind auch Mitglieder des Vereins oder andere Organpersonen[244]. Eine Abbedingung der Haftung gemäß § 31 BGB durch die Satzung ist nicht zulässig.[245] Der Verein kann jedoch mit Geschäftspartnern seine Haftung – unter Beachtung der AGB-Vorschriften, hier insb. § 309 Nr. 7 BGB – beschränken.[246] **136**

Die Verantwortlichkeit des Vereins für Handlungen seiner Organe gemäß § 31 BGB verdrängt als lex specialis § 278 BGB.[247] Für die in § 278 BGB geregelte Zurechnung des Verschuldens eines Vorstandsmitgliedes insb. im Fall von Leistungsstörungen in Schuldverhältnissen, besteht neben § 31 BGB kein Raum. Die Haftung des Vereins nach § 31 BGB erstreckt sich auf alle zum Schadenersatz verpflichtenden Handlungen (oder Unterlassungen) des Vorstandes, sowohl im rechtsgeschäftlichen als auch im außerrechtsgeschäftlichen Bereich.[248] Auch gegenüber der Haftung über § 831 BGB ist § 31 BGB lex specialis, also vorrangig.[249] **137**

---

[238] Soergel/*Hadding*, § 31 BGB Rn. 14; Staudinger/*Weick*, § 31 BGB Rn. 39 mwN.
[239] S. hierzu Rn. 106.
[240] Münch. Hdb. GesR V/*Waldner*, § 45 Rn. 2.
[241] Soergel/*Hadding*, § 31 BGB Rn. 21; Staudinger/*Weick*, § 31 BGB Rn. 39.
[242] BGH, Urt. v. 12.7. 1977 – VI ZR 159/75, NJW 1977, 2259.
[243] Staudinger/*Weick*, § 31 BGB Rn. 40; Soergel/*Hadding*, § 31 BGB Rn. 21.
[244] Staudinger/*Weick*, § 31 BGB Rn. 12; Soergel/*Hadding*, § 31 BGB Rn. 26 jeweils mwN.
[245] Soergel/*Hadding*, § 31 BGB Rn. 1; *Larenz/Wolf*, § 10 Rn. 85; Staudinger/*Weick*, § 31 BGB Rn. 50.
[246] Soergel/*Hadding*, § 31 BGB Rn. 1; *Larenz/Wolf*, § 10 Rn. 85.
[247] Staudinger/*Weick*, § 31 BGB Rn. 2; Soergel/*Hadding*, § 31 BGB Rn. 4; *Larenz/Wolf*, § 10 Rn. 85.
[248] Soergel/*Hadding*, § 31 BGB Rn. 4; Palandt/*Ellenberger*, § 31 BGB Rn. 2; *Larenz/Wolf*, § 10 Rn. 85; Staudinger/*Weick*, § 31 BGB Rn. 3.
[249] Soergel/*Hadding*, § 31 BGB Rn. 3 mwN.

*1. Teil Rechtsfähige Vereine*

## VI. Bestellung als Organ[250]

### 1. Zuständigkeit

**138** Die Zuständigkeit für die Bestellung des Vereinsvorstandes wird in der Vereinssatzung geregelt.[251] Ohne eine entsprechende Satzungsregelung ist gemäß § 27 Abs. 1 BGB die **Mitgliederversammlung für die Bestellung der Vorstandsmitglieder zuständig.**[252] Die Kompetenz zur Bestellung des Vorstandes kann durch die Satzung aber auch einem anderen Vereinsorgan übertragen werden.[253] Zum Teil finden sich in Vereinssatzung zulässigerweise auch Vorschriften, wonach die Bestellung der Mitgliederversammlung (oder einem fakultativen Organ) obliegt, diese jedoch der Zustimmung eines weiteren Organs bedarf. So kann die Satzung bspw. vorsehen, dass die Mitgliederversammlung für die Bestellung des Vorstandes zuständig ist, hierfür aber der Zustimmung eines Vereinskuratoriums bedarf. Die Bestellung erfolgt durch Wahl; sie stellt einen Beschluss der Mitgliederversammlung dar.[254] Es müssen also die Vorschriften über eine ordnungsgemäße Beschlussfassung gemäß § 32 BGB beachtet und eingehalten werden, soweit nicht die Vereinssatzung gemäß § 40 BGB hiervon abweichende Regelungen enthält; in diesem Fall müssen selbstverständlich die satzungsmäßigen Vorgaben beachtet werden. Die Wahl erfolgt geheim. Sie ist jedoch erst wirksam, wenn sie durch den Gewählten angenommen worden ist.[255] Das kann auch durch Aufnahme der Tätigkeit geschehen. Die Satzung kann vorsehen, dass sich die Amtszeit des Vorstands nach Ablauf der Amtsperiode verlängert, bis ein neuer Vorstand gewählt wurde.[256]

**139** Darüber hinaus ist es zulässig, dass dem Vorstand per Satzung das Recht eingeräumt wird, einen Teil seiner Mitglieder selbst zu bestellen, bzw. vakante Vorstandspositionen eigenständig nachzubesetzen (**Kooptation**).[257] Das betrifft vor allem Mitglieder des erweiterten Vorstandes. Der Mitgliederversammlung muss jedoch stets die Befugnis verbleiben, die satzungsmäßige Befugnis eines Dritten wieder zu verändern und den Vorstand aus wichtigem Grund abzuberufen.[258]

---

[250] Zum Abschluss des Anstellungsvertrages s. Rn. 257.
[251] *Reichert*, Rn. 2082.
[252] Bei Gründung eines Vereins ist die Gründungsversammlung in entsprechender Anwendung des § 27 BGB für die Bestellung der Vorstandsmitglieder zuständig. Die Gründungssatzung kann allen oder bestimmten Gründungsmitgliedern Sonderrecht einräumen (z.B. Vorstandmitgliedschaft auf Lebenszeit).
[253] So bspw. einem Kuratorium; vgl. Münch. Hdb. GesR V/*Waldner*, § 27 Rn. 1; *Reichert*, Rn. 2083 mwN.
[254] BGH, Urt. v. 17.12. 1973 – II ZR 47/71, NJW 1974, 183; *Reichert*, Rn. 1868.
[255] Münch. Hdb. GesR V/*Waldner*, § 27 Rn. 2 mwN.
[256] Münch. Hdb. GesR V/*Waldner*, § 27 Rn. 25 mwN.
[257] Näher zu dieser Thematik und weitere Satzungsmöglichkeiten: *Reichert*, Rn. 2084 mwN.
[258] *Reichert*, Rn. 2084.

E. Vorstand

## 2. Höchst- bzw. Mindestaltersgrenzen für Vorstandsmitglieder

Bei Ausgestaltung der Vereinssatzung mag sich die Überlegung stellen, **Altersgrenzen** für Vorstandsmitglieder festzulegen. Das wird in erster Linie ein Höchstalter für Mitglieder des Vorstandes sein. Denkbar wäre aber auch die Festlegung eines Mindestalters. Die Zulässigkeit von Altersgrenzen bestimmt sich nach dem Allgemeinen Gleichbehandlungsgesetz (AGG). Das AGG findet nicht nur auf Arbeitnehmer Anwendung, sondern gilt auch für Organmitglieder juristischer Personen – grundsätzlich also auch für Mitglieder des Vereinsvorstandes. Nach § 6 Abs. 3 AGG besteht der Schutz des AGG für Organmitglieder aber nur, soweit es um den Zugang zur Erwerbstätigkeit und den beruflichen Aufstieg geht.[259] Damit können nur hauptamtliche Vorstandsmitglieder erfasst sein. Für ehrenamtliche Vorstandsmitglieder, für die die Organstellung nicht Erwerbstätigkeit ist, gelten daher die AGG Vorschriften nicht.[260] **140**

Die Festlegung von Altersgrenzen stellt zwar eine Diskriminierung der (potentiellen) Vorstandsmitglieder dar. Die Diskriminierung ist aber gemäß § 10 S. 1 AGG zulässig, wenn sie objektiv und angemessen und durch ein legitimes Ziel gerechtfertigt ist.[261] Unproblematisch ist eine Höchstaltersgrenze, die dem individuellen Renteneintrittsalter entspricht, also dem Zeitpunkt, ab dem das Vorstandsmitglied eine Rente wegen Alters beanspruchen kann, § 10 S. 3 Nr. 5 AGG. Die Möglichkeit, eine mit Abschlägen verbundene vorgezogene Altersrente beziehen zu können, genügt nicht.[262] Auch eine noch niedrigere Grenze, z.B. das vollendete 60. Lebensjahr wird regelmäßig nicht zu rechtfertigen sein.[263] Ausreichend ist indessen, dass das Vorstandsmitglied eine Regelaltersrente beziehen könnte, dies aber nicht eintreten kann, weil – ausnahmsweise – eine Versicherungspflicht in der gesetzlichen Rentenversicherung nicht besteht.[264] **141**

Ein Mindestalter für die Bestellung kann gemäß § 10 S. 3 Nr. 2 AGG gerechtfertigt sein, wenn eine gewisse Erfahrung für die Ausübung des Amtes erforderlich ist.[265] Denkbar – und rechtlich sicherer – wäre indessen, statt eines Mindestalters eine Mindestqualifikation zu fordern. So kann bspw. eine Bestellung/Anstellung davon abhängig gemacht werden, **142**

---

[259] MünchKommBGB/*Thüsing*, § 6 AGG Rn. 11.
[260] Werner/Saenger/*U. Kilian*, Rn. 615; *Schmid*, Stiftung&Sponsoring 6/2007, 26 beide für den Stiftungsvorstand.
[261] Vgl. auch Ziffer 5.1.2 DCGK für Vorstände der AG.
[262] BeckOK/Bamberger/Roth/*Fuchs*, § 10 AGG Rn. 9a.
[263] A.A. Ringleb/Kremer/Lutter/v. Werder/*Kremer*, Rn. 954 für Vorstände der AG.
[264] *Schmid*, Stiftung&Sponsoring 6/2007, 26, 27 für den Stiftungsvorstand; MünchKommAktG/*Spindler*, § 84 Rn. 28 für Vorstände der AG; zur Sozialversicherungspflicht s. Rn. 236 ff.
[265] MünchKommAktG/*Spindler*, § 84 Rn. 28 für Vorstände der AG.

dass der Bewerber ein abgeschlossenes Hochschulstudium und mindestens 10 Jahre einschlägige Berufserfahrung nachweisen kann.[266]

### 3. Ordnungsgemäße Wahl des Vorstandsmitgliedes durch die Mitgliederversammlung

143 a) **Anforderungen an eine ordnungsgemäße Wahl.** Die Bestellung zum Mitglied des Vorstands des Vereins erfolgt durch Beschluss (auch Wahl genannt) des zuständigen Organs – regelmäßig also der **Mitgliederversammlung**. Ohne **wirksamen Beschluss** ist die Bestellung unwirksam.

144 Die Mitgliederversammlung fasst ihre Beschlüsse gemäß § 32 Abs. 1 BGB grundsätzlich in einer **Sitzung**. Sofern in der Satzung nichts Abweichendes geregelt ist, erfolgt die **Einberufung der Mitgliederversammlung durch den Vorstand** gemäß § 26 BGB; nicht zuständig sind die Mitglieder des erweiterten Vorstandes ohne Vertretungsmacht.[267] Für die Einberufung der Mitgliederversammlung ist ein Vorstandsbeschluss erforderlich, es sei denn, die Einberufung erfolgt durch die vertretungsberechtigte Zahl der Vorstandsmitglieder.[268] Enthält die Vereinssatzung keine abweichende Regelung, ist dies die Mehrheit der Mitglieder des Vorstandes. Häufig finden sich in Vereinssatzungen abweichende Regelungen, wonach bspw. der Vorstandsvorsitzende den Verein vertritt. In diesem Fall kann der einzelvertretungsberechtigte Vorstandsvorsitzende die Mitgliederversammlung alleine einberufen.[269] Die Satzung kann die Notwendigkeit einer Beschlussfassung für die Einberufung der Mitgliederversammlung auch durch den mehrgliedrigen Vorstand vorsehen.[270] Der Vorstand kann mit den für die Einberufung der Mitgliederversammlung notwendigen Maßnahmen (z.B. Erstellung und Versand der Einladungsschreiben, Vorbereitung der Sitzung etc.) auch eine andere Person beauftragen, zum Beispiel einen Geschäftsführer.[271] Dieser muss nicht besonderer Vertreter gemäß § 30 BGB sein. **Nicht delegierbar ist die Einberufungskompetenz** selbst. Die Einberufung der Mitgliederversammlung kann zudem auf Verlangen einer **Minderheit** der Mitglieder erfolgen, wenn mindestens 10% der Mitglieder die Einberufung schriftlich unter Angabe der Gründe verlangen, § 37 BGB. Erfolgt die Einberufung

---

[266] MünchKommBGB/*Thüsing*, § 10 AGG Rn. 23; BeckOK/Bamberger/Roth/*Fuchs*, § 10 AGG Rn. 6.
[267] BayObLG, Beschl. v. 17.1.1985 – BReg. 2 Z 74/84, BayObLGZ 1985, 24; OLG Hamm, Urt. v. 16.1.1989 – 8 U 5/88, NJW-RR 1989, 1532, 1533; KG, Beschl. v. 6.12. 1977 – 1 W 2603/77, OLGZ 1978, 272; Palandt/*Ellenberger*, § 32 BGB Rn. 2.
[268] Sauter/Schweyer/Waldner/*Waldner/Wörle-Himmel*, Rn. 157; Münch. Hdb. GesR V/*Waldner*, § 25 Rn. 7; Bamberger/Roth/*Schwarz/Schöpflin*, § 32 BGB, Rn. 9; Palandt/ *Ellenberger*, § 32 BGB Rn. 2.
[269] OLG Hamm, Urt. v. 16.1.1989 – 8 U 5/88, NJW-RR 1989, 1532, 1533; Sauter/ Schweyer/Waldner/*Waldner/Wörle-Himmel*, Rn. 157; Bamberger/Roth/*Schwarz/Schöpflin*, § 32 BGB, Rn. 9.
[270] Bamberger/Roth/*Schwarz/Schöpflin*, § 32 BGB, Rn. 10.
[271] Sauter/Schweyer/Waldner/*Waldner/Wörle-Himmel*, Rn. 157.

## E. Vorstand

der Mitgliederversammlung nicht durch die nach dem Gesetz oder der Satzung zuständige Person, führt dies zur fehlerhaften Einberufung und in der Folge zur Nichtigkeit der von der Mitgliederversammlung gefassten Beschlüsse.[272]

Die Vereinssatzung soll Regelungen zur **Form der Einberufung** der Mitgliederversammlung enthalten, § 58 Nr. 4 BGB. Es muss gewährleistet sein, dass jedes Vereinsmitglied von der Einberufung Kenntnis erlangen kann und somit die Möglichkeit der Vorbereitung und der Teilnahme hat.[273] Es müssen alle Mitglieder des Vereins zur Mitgliederversammlung eingeladen werden.[274] Das kann durch ein **Einladungsschreiben** an jedes Mitglied an die letzte bekannte Adresse[275] oder auch durch eine **Einladung in der Vereinszeitung**[276] erfolgen. Die Satzung kann auch die wirksame Einladung durch Veröffentlichung in einer genau bezeichneten lokalen Zeitung oder Zeitschrift[277] oder per Email[278] vorsehen. Wurden einzelne Mitglieder nicht eingeladen, ist dies nur dann unschädlich, wenn dennoch sämtliche Mitglieder erscheinen und auf ihre förmliche Einladung verzichten.[279]

145

Bestimmt die Satzung keinen **Versammlungsort**, legt ihn die zur Einladung befugte Person fest. Das wird regelmäßig aber nicht notwendig der satzungsmäßige Sitz des Vereins sein oder sein Verwaltungssitz.[280] Die Festlegung des Versammlungsortes darf nicht zu einer unangemessenen Erschwerung der Teilnahme für die Mitglieder führen.[281] Entsprechendes gilt für die Festlegung des **Tages** und der **Uhrzeit der Mitgliederversammlung**.

146

Die **Einladung muss rechtzeitig** vor der geplanten Mitgliederversammlung erfolgen. Das Gesetz nennt hier keine Frist. Die Satzung kann – und sollte aus Gründen der Rechtssicherheit – eine Frist vorsehen. Die Angemessenheit der Einberufungsfrist hängt davon ab, wie dringend die Angelegenheit ist, über die die Mitglieder beraten und beschließen sollen, ob die Mitglieder vor Ort wohnen oder anreisen müssen und wie groß der Verein ist – je größer und mitgliederstärker der Verein ist, umso

147

---

[272] BGH, Urt. v. 16.12. 1953 – II ZR 167/52, NJW 1954, 385; BGH, Urt. v. 26.10. 1955 – VI ZR 90/54, NJW 1955, 1917; BayObLG, Beschl. v. 13.7. 1989 – BReg. 3 Z 85/89, BayObLGZ 1989, 298; KG, Beschl. v. 13.7. 1971 – 1 W 1305/71, OLGZ 1971, 480; s. auch Rn. 162 ff.
[273] OLG Hamm, Beschl. v. 13.4. 1965 – 15 W 54/65, OLGZ 1965, 65; OLG Zweibrücken, Beschl. v. 16.7. 1984 – 3 W 87/84, MDR 1985, 230; Sauter/Schweyer/Waldner/*Waldner/Wörle-Himmel*, Rn. 171; Münch. Hdb. GesR V/*Waldner*, § 25 Rn. 12.
[274] Bamberger/Roth/*Schwarz/Schöpflin*, § 32 BGB, Rn. 11; Münch. Hdb. GesR V/*Waldner*, § 25 Rn. 23.
[275] Münch. Hdb. GesR V/*Waldner*, § 25 Rn. 13.
[276] OLG Hamm, Beschl. v. 13.4. 1965 – 15 W 54/65, OLGZ 1965, 65; Münch. Hdb. GesR V/*Waldner*, § 25 Rn. 14.
[277] Münch. Hdb. GesR V/*Waldner*, § 25 Rn. 13; Sauter/Schweyer/Waldner/*Wörle-Himmel*, Rn. 171 jeweils mwN.
[278] Münch. Hdb. GesR V/*Waldner*, § 25 Rn. 16.
[279] Sauter/Schweyer/Waldner/*Waldner/Wörle-Himmel*, Rn. 175.
[280] Palandt/*Ellenberger*, § 32 BGB Rn. 3; Münch. Hbd. GesR V/*Waldner*, § 25 Rn. 21.
[281] Palandt/*Ellenberger*, § 32 BGB Rn. 3.

länger wird die angemessene Einladungsfrist sein.[282] Der einladende Vorstand muss bei der Einladung auch Postlaufzeiten und etwaige Abholfristen bei Einschreiben berücksichtigen. Kommt der Vorstand seiner Pflicht zur ordnungsgemäßen Einladung der Mitglieder nicht nach, kann er sich im Schadensfall gegenüber dem Verein haftbar machen. Das kann bspw. der Fall sein, wenn eine erneute Mitgliederversammlung erforderlich wird.[283]

**148** Eine wirksame Beschlussfassung der Mitgliederversammlung setzt voraus, dass der Gegenstand der Beschlussfassung bereits in der **Tagesordnung** für die Mitgliederversammlung genannt wird. Dem wird nur genügt, wenn die Beschlussgegenstände so bestimmt benannt werden, dass die Mitglieder über die Notwendigkeit ihrer Teilnahme entscheiden und sich sachgerecht vorbereiten sowie nicht überrascht werden können.[284] Soll ein Vorstandsmitglied bestellt werden, muss dies aus der Tagesordnung hervorgehen (z. B. *„Bestellung eines neuen Vorstandes"*). Entsprechendes gilt im Falle der Abberufung (z. B. *„Abberufung des Vorstandsmitgliedes X"*).[285] Nicht ausreichend für einen späteren wirksamen Abberufungsbeschluss der Mitgliederversammlung wäre die Bezeichnung der Angelegenheit in der Tagesordnung mit *„Vorstandsangelegenheiten"*.[286] Die Satzung kann jedoch abweichende Anforderungen an die Tagesordnung festlegen. Zulässig wäre bspw. die Entbindung des Einberufungsorgans von der Verpflichtung, die Tagesordnung bei der Einberufung der Mitgliederversammlung mitzuteilen.[287]

**149** Die Mitgliederversammlung ist grundsätzlich **nicht öffentlich**. Insbesondere sind Nicht-Mitglieder nicht zur Stimmabgabe berechtigt. Bei der Beschlussfassung entscheidet die **Mehrheit der abgegebenen Stimmen** (§ 32 Abs. 1 S. 3 BGB), sofern die Satzung keine abweichende Regelung enthält.[288]

**150** Das Gesetz ermöglicht in § 32 Abs. 2 BGB auch die Beschlussfassung im schriftlichen Verfahren. Auch ohne Versammlung der Mitglieder ist danach ein Beschluss gültig, wenn **alle Mitglieder ihre Zustimmung zu dem Beschluss schriftlich erklären**. Auch die Bestellung und Abberufung von Vorstandsmitgliedern kann im Wege der schriftlichen Beschlussfassung erfolgen.[289] Die Satzung kann auch die Möglichkeit von Online-Versammlungen vorsehen.[290] Ohne entsprechende Satzungsregelung kommt

---

[282] Münch. Hdb. GesR V/*Waldner*, § 25 Rn. 20; Sauter/Schweyer/Waldner/*Waldner/Wörle-Himmel*, Rn. 172.
[283] Münch. Hdb. GesR V/*Waldner*, § 25 Rn. 21.
[284] BGH, Urt. v. 2.7. 2007 – II ZR 111/05, NJW 2008, 69, 72 f; BGH, Urt. v 17.11. 1986 – II ZR 304/85, NJW 1987, 1811, 1812; Palandt/*Ellenberger*, § 32 BGB Rn. 4.
[285] Sauter/Schweyer/Waldner/*Waldner/Wörle-Himmel*, Rn. 178.
[286] Zur Abberufung s. auch Rn. 187 ff.
[287] Sauter/Schweyer/Waldner/*Waldner/Wörle-Himmel*, Rn. 178.
[288] S. näher Rn. 151.
[289] Sauter/Schweyer/Waldner/*Waldner/Wörle-Himmel*, Rn. 210.
[290] Palandt/*Ellenberger*, § 32 BGB Rn. 1; MünchKommBGB/*Reuter*, § 32 Rn. 69.

### E. Vorstand

eine Online-Versammlung nur bei Zustimmung aller Mitglieder in Betracht.[291]

**b) Gesetzliche Vorgaben zur Wahl des Vorstandes.** Für eine wirksame Wahl eines Vorstandsmitgliedes ist gemäß § 32 Abs. 1 S. 3 BGB erforderlich, dass es die Mehrheit der Stimmen der erschienenen Mitglieder erhält.[292] Gemeint ist damit die absolute Mehrheit (mehr als 50%); die relative Mehrheit genügt nicht.[293] Stimmenthaltungen und ungültige Stimmen werden nicht mitgerechnet.[294]

**Beispiel 1:**
*Bei einer Vorstandswahl stellt sich ein Kandidat zur Wahl. Die Vereinssatzung sieht für die Wahl des Vorstandes keine vom Gesetz abweichenden Regelungen vor. Um gewählt zu werden benötigt der Kandidat eine Ja-Stimme mehr als Nein-Stimmen abgegeben worden sind.*[295]

**Beispiel 2:**
*Es stellen sich gleichzeitig drei Kandidaten für einen vakanten Vorstandsposten zur Wahl. Die Abstimmung erfolgt über alle drei Kandidaten in einem Wahlgang (sog. Gesamtwahl).*[296] *Die Vereinssatzung sieht für die Wahl des Vorstandes keine vom Gesetz abweichenden Regelungen vor. Erhält Kandidat A 40%, Kandidat B 35% und Kandidat C 25% der Stimmen, hat keiner der Kandidaten eine absolute Mehrheit erreicht. Kandidat A erreichte nur eine relative Mehrheit. Keiner der Kandidaten wurde daher gewählt.*[297]

**c) Satzungsmäßige Vorgaben zur Wahl.** Das obige Beispiel 2 zeigt, dass von den gesetzlichen Vorgaben abweichende Regelungen in der Vereinssatzung sinnvoll sein können. So kann die Satzung im Fall der Gesamtwahl eine relative Mehrheit ausreichen lassen.[298] In diesem Fall wäre im Beispiel 2 Kandidat A gewählt. Dabei ist jedoch sorgfältig auf den Wortlaut der Satzung zu achten. Sieht die Satzung die „einfache" Mehrheit vor und nicht die „relative" Mehrheit, bleibt es bei dem Erfordernis einer „absoluten" Mehrheit.[299] Inhaltlich besteht nämlich zwischen der „einfa-

---

[291] Bamberger/Roth/*Schwarz/Schöpflin*, § 32 BGB Rn. 44a; Sauter/Schweyer/Waldner/*Waldner/Wörle-Himmel*, Rn. 210; MünchKommBGB/*Reuter*, § 32 Rn. 69; Palandt/*Ellenberger*, § 32 BGB Rn. 1.
[292] BGH, Urt. v. 25.1.1982 – II ZR 164/81, NJW 1982, 1585.
[293] Palandt/*Ellenberger*, § 32 BGB Rn. 7; Münch. Hdb. GesR V/*Waldner*, § 25 Rn. 12.
[294] BGH, Urt. v. 25.1.1982 – II ZR 164/81, NJW 1982, 1585; OLG Köln, Beschl. v. 25.5.1993 – 2 Wx 20/93, MittRhNotK 1993, 217; *Reichert*, Rn. 1873; Sauter/Schweyer/Waldner/*Waldner/Wörle-Himmel*, Rn. 206, 208; Münch. Hdb. GesR V/*Waldner*, § 29 Rn. 15.
[295] *Reichert*, Rn. 1872; s.a. Münch. Hdb. GesR IV/*Semler*, § 39 Rn. 20 (für die AG).
[296] S. Rn. 156.
[297] Sauter/Schweyer/Waldner/*Waldner/Wörle-Himmel*, Rn. 209.
[298] Sauter/Schweyer/Waldner/*Waldner/Wörle-Himmel*, Rn. 209.
[299] *Reichert*, Rn. 1875 mwN.

chen" Mehrheit und der „absoluten" Mehrheit in der Regel kein Unterschied.[300] Die Satzung kann grundsätzlich auch eine Mindestwahlbeteiligung festlegen.[301] Ob im obigen Beispiel 2 eine Stichwahl zwischen den beiden Bewerbern mit der höchsten Stimmenzahl zulässig ist, bestimmt sich nach der Satzung. Schweigt die Satzung dazu, ist zweifelhaft, ob eine Stichwahl dennoch zulässig ist.[302]

155 Ohne entsprechende Regelung in der Satzung ist es nicht zulässig, dass, wenn der gewählte Kandidat die Wahl nicht annimmt, automatisch der Kandidat mit der zweithöchsten Stimmenzahl als gewählt gilt.[303] Das erklärt sich daraus, dass – mangels abweichender Satzungsbestimmung – die absolute Mehrheit erforderlich ist, die der zweitplatzierte Bewerber nicht erreicht haben kann. Sollte die Satzung indessen die relative Mehrheit ausreichen lassen, führt der Verzicht auf die Annahme der Wahl auch ohne neuen Wahlgang zur Wahl des Zweitplatzierten. Hier kann der Rechtsgedanke des § 17 Abs. 2 S. 1 WO herangezogen werden.

156 Die Wahl kann zunächst als **Einzelwahl** erfolgen. Jedes Mitglied gibt seine Stimme für den von ihm präferierten Kandidaten ab. Sind mehrere Vorstandsposten gleichzeitig zu besetzen, kann die Satzung eine **Gesamtwahl** vorsehen.[304] Die Kandidaten werden in eine Liste aufgenommen. Jedes Mitglied kann auf dieser Liste so viele Kandidaten ankreuzen, wie vakante Vorstandsposten zu besetzen sind. Es hat also mehrere Stimmen. Es muss nicht alle ihm zustehenden Stimmen abgeben[305]; zulässig wäre daher bspw. nur zwei von drei zu wählenden Kandidaten anzukreuzen. Die Stimmabgabe ist ungültig, wenn ein Mitglied mehr als die zulässigen Kandidaten ankreuzt. Mit einer solchen Gesamtwahl kann eine zeitaufwändigere Einzelwahl für jeden vakanten Posten vermieden werden. In diesem Fall dürfte der Verzicht eines Kandidaten automatisch zu einer Wahl des Kandidaten mit der nächsthöchsten Stimmzahl führen. Bei Stimmengleichheit zwischen zwei Kandidaten hinsichtlich des letzten zu vergebenen Vorstandssitzes entscheidet in Anlehnung an § 22 Abs. 3 WO das Los, sofern nicht einer der Kandidaten seinen Verzicht erklärt und damit automatisch der nächste Kandidat auf der Liste nachrückt.[306]

157 Die Vereinssatzung kann ferner eine sogenannte **Blockwahl** vorsehen, für den Fall, dass mehrere Vorstandsposten gleichzeitig besetzt werden sollen. Ohne eine entsprechende Satzungsregelung ist eine Blockwahl unzuläs-

---

[300] Sauter/Schweyer/Waldner/*Waldner/Wörle-Himmel*, Rn. 209.
[301] Münch. Hdb. GesR V/*Waldner*, § 27 Rn. 14.
[302] Dafür: Staudinger/*Weick*, § 32 BGB Rn. 15; Münch. Hdb. GesR V/*Waldner*, § 27 Rn. 12; dagegen: OLG Schleswig, Beschl. v. 12.1. 2005 – 2 W 308/04, BeckRS 2005, 01754.
[303] Münch. Hdb. GesR V/*Waldner*, § 27 Rn. 13.
[304] *Reichert*, Rn. 1890; vgl. zur Mehrheitswahl auch GK-BetrVG/*Kreutz*, § 20 WO Rn. 5.
[305] Münch. Hdb. GesR V/*Waldner*, § 27 Rn. 15; HWK/*Reichold*, § 14 BetrVG Rn. 12 (zur Betriebsratswahl).
[306] S. Rn. 155.

## E. Vorstand

sig.[307] Bei der Blockwahl werden die Kandidaten in eine Liste aufgenommen und die Mitgliederversammlung stimmt über alle Kandidaten einheitlich ab.[308] Das Mitglied kann sich nur für oder gegen eine Kandidatenliste entscheiden. Kommt eine Mehrheit für die per Blockwahl angetretenen Kandidaten nicht zustande, muss eine Einzelwahl durchgeführt werden.[309] Denkbar ist auch eine Mehrheitslisten oder auch **Verhältniswahl**.[310] Voraussetzung ist eine satzungsmäßige Grundlage. Dabei werden mehrere Wahlvorschläge in Form von Kandidatenlisten gemacht. Jedes Mitglied kann seine Stimme für eine der Listen (nicht für einzelne Kandidaten auf der Liste) abgeben.[311] Zur Ermittlung der gewählten Kandidaten wird im Zweifel das **d'Hondtsche System** angewandt.[312] Die Satzung kann aber auch ein anderes Berechnungssystem vorsehen, da das Verhältniswahlsystem das d'Hondtsche Berechnungssystem nicht zwingend voraussetzt.[313] Sieht die Satzung ein anderes Berechnungssystem vor, muss dieses jedoch ebenfalls die Wahlgerechtigkeit gewährleisten. Zur Ermittlung der gewählten Kandidaten nach dem d'Hondtsche System werden die auf die einzelnen Kandidatenlisten entfallenen Stimmzahlen jeweils so lange durch 1, 2, 3, 4 usw. geteilt, bis daraus so viele Höchstzahlen ermittelt worden sind, wie Vorstandssitze zu vergeben sind.[314]

158

**Beispiel 1:** 159

*Es sollen die drei Vorstandsposten neu besetzt werden. Es werden zwei Listen mit jeweils drei Kandidaten (Liste I mit den Kandidaten A, B, C und Liste II mit den Kandidaten D, E, F) zur Wahl gestellt. Auf Liste I entfallen 60 Stimmen und auf Liste II 34 Stimmen. Es ergibt sich folgendes Ergebnis:*

*Liste I (60 Stimmen)*     *Liste II (34 Stimmen)*
*60 : 1 = 60 (Höchstzahl 1)*     *34 : 1 = 34 (Höchstzahl 2)*
*60 : 2 = 30 (Höchstzahl 3)*     *34 : 2 = 17 (Höchstzahl 4)*
*60 : 3 = 20 (Höchstzahl 5)*     *34 : 3 = 11,33 (Höchstzahl 6)*

*Gewählt sind damit von Liste I zwei Kandidaten und von Liste II ein Kandidat.*

**Beispiel 2:** 160

*Sachverhalt wie in Beispiel 1, nur dass auf Liste I 75 und auf Liste II 19 Stimmen entfallen:*

---

[307] Münch. Hdb. GesR V/*Waldner*, § 27 Rn. 15; *Reichert*, Rn. 1883 mwN.
[308] *Reichert*, Rn. 1882; s.a. *Ek*, § 21 Rn. 481; *Hüffer*, § 101 AktG Rn. 6 (jeweils für die AG).
[309] Münch. Hdb. GesR IV/*Semler*, § 39 Rn. 81 (für die AG).
[310] *Reichert*, Rn. 1891 ff.; Münch. Hdb. GesR V/*Waldner*, § 27 Rn. 18.
[311] *Reichert*, Rn. 1891; s.a. HWK/*Reichold*, § 14 BetrVG Rn. 10; GK-BetrVG/ *Kreutz*, § 14 BetrVG Rn. 34 (jeweils für die Betriebsratswahl).
[312] *Reichert*, Rn. 1891 mwN.
[313] GK-BetrVG/*Kreutz*, § 14 BetrVG Rn. 36.
[314] *Reichert*, Rn. 1891; GK-BetrVG/*Kreutz*, § 14 BetrVG Rn. 37; HWK/*Reichold*, § 14 BetrVG Rn. 10 (jeweils für die Betriebsratswahl).

*1. Teil Rechtsfähige Vereine*

| Liste I (75 Stimmen) | Liste II (19 Stimmen) |
|---|---|
| 75 : 1 = 75 (1) | 19 : 1 = 19 (4) |
| 75 : 2 = 37,5 (2) | 19 : 2 = 9,5 (5) |
| 75 : 3 = 25 (3) | 19 : 3 = 6,33 (6) |

*Gewählt sind damit nur die drei Kandidaten der Liste I.*

161 **Beispiel 3:**
*Es sollen die fünf Vorstandsposten neu besetzt werden. Es werden drei Listen mit Kandidaten (Liste I mit den Kandidaten A, B, C, D, E; Liste II mit den Kandidaten F, G, H; Liste III mit den Kandidaten I, J, K, L, M) zur Wahl gestellt. Auf Liste I entfallen 120 Stimmen, auf Liste II 41 Stimmen und auf Liste III 110 Stimmen. Es ergibt sich folgendes Ergebnis:*

| Liste I | Liste II | Liste III |
|---|---|---|
| (120 Stimmen) | (41 Stimmen) | (110 Stimmen) |
| 120 : 1 = 120 (1) | 41 : 1 = 41 (5) | 110 : 1 = 110 (2) |
| 120 : 2 = 60 (3) | 41 : 2 = 20,5 (7) | 110 : 2 = 55 (4) |
| 120 : 3 = 40 (6) | 41 : 3 = 13,66 (9) | 110 : 3 = 18,33 (8) |

*Gewählt sind damit von Liste I die Kandidaten A und B, von Liste II Kandidat F und von Liste III die Kandidaten I und J.*

162 **d) Folgen einer fehlerhaften Wahl zum Mitglied des Vorstands.**
Wird gegen die vorgenannten Anforderungen an eine ordnungsgemäße Mitgliederversammlung oder eine ordnungsgemäße Wahl verstoßen, stellt sich die Frage nach der Auswirkung des Verstoßes auf die Wirksamkeit der Bestellung zum Mitglied des Vorstands. Da auch die Wahl zum Vorstand letztlich einen Beschluss der Mitgliederversammlung – bzw. eines sonstigen laut Satzung für die Bestellung des Vorstands zuständigen Organs – darstellt, werden auch für die Beurteilung der Wirksamkeit einer Vorstandswahl die von der Rechtsprechung entwickelten Vorgaben zur fehlerhaften Beschlussfassung und deren Rechtsfolgen herangezogen.[315] Eine gesetzliche Regelung zu den Rechtsfolgen fehlerhafter Beschlüsse ist nicht vorhanden. Anders als Beschlüsse von Organen von Aktiengesellschaften[316] und GmbHs, sind Beschlüsse der Mitgliederversammlung des Vereins entweder gültig oder ungültig.[317] Eine Anfechtbarkeit von Beschlüssen kennt das Vereinsrecht grundsätzlich nicht.

163 **(1) Nichtigkeit einer Wahl.** Verletzt der Beschluss ein **Gesetz** oder die **Satzung des Vereins**, führt dies grundsätzlich zu seiner **Nichtigkeit**[318]; die Wahl zum Vorstandsmitglied würde mithin als nicht erfolgt gelten. Es han-

---
[315] *Reichert*, Rn. 1868.
[316] zu Mängeln bei der Bestellung von Vorstandsmitgliedern einer AG und den Folgen solcher Mängel: Fleischer/*Thüsing*, § 4 Rn. 46 ff.
[317] *Reichert*, Rn. 1973.
[318] BGH, Urt. v. 9.11. 1972 – II ZR 63/71, NJW 1973, 235; BGH, Urt. v. 2.7. 2007 – II ZR 111/05, NJW 2008, 69; *Reichert*, Rn. 1979; Bamberger/Roth/*Schwarz/Schöpflin*, § 32 BGB Rn. 30.

## E. Vorstand

delt sich um einen sogenannten materiellen Nichtigkeitsgrund.[319] Bei der Wahl zum Vorstand könnte sich die Nichtigkeit aus materiellen Gründen ergeben, wenn bspw. ein **unzuständiges Organ** den Vorstand wählt.[320]

**Beispiel:** 164
*Laut Satzung ist ein Kuratorium einzurichten. Über die Zuständigkeit zur Bestellung des Vorstandes enthält die Satzung keine Regelungen. Wählt nun das Kuratorium, statt der nach dem Gesetz zuständigen Mitgliederversammlung den Vorstand, wäre dieser Kuratoriumsbeschluss nichtig und eine Wahl zum Vorstand nicht erfolgt.*

Die **Beschlussfassung der Mitgliederversammlung im schriftlichen Ver-** 165
**fahren** ist nichtig, wenn nicht alle Vereinsmitglieder sich an der Beschlussfassung beteiligen und die Vereinssatzung keine abweichende Regelung enthält, § 32 Abs. 2 BGB.[321]

Eine Nichtigkeit kann sich auch dann ergeben, wenn die Satzung eine 166
bestimmte Mehrheit für die Wahl zum Vorstand fordert, dennoch die Wahl mit einer **geringeren Stimmenquote** vom Versammlungsleiter als wirksam erfolgt verkündet wird. Zur absoluten Nichtigkeit kann auch ein besonders schwerer Verstoß gegen die **Gleichbehandlung** aller Mitglieder führen, sofern das Mitglied die Verletzung des Gleichbehandlungsgrundsatzes rügt.[322]

Stellt die Satzung Voraussetzungen für die Beschlussfassung als „Kann-" 167
oder als „Soll-"Vorschrift auf, haben diese regelmäßig nur Ordnungscharakter. Verstöße gegen solche Ordnungsvorschriften führen daher nicht zur Nichtigkeit der Beschlüsse.[323]

Auf die Nichtigkeit kann sich jedermann berufen, also nicht nur die Ver- 168
einsmitglieder. Eine Heilung im Falle einer solchen absoluten Nichtigkeit ist nicht möglich.[324] Das Registergericht darf ein durch nichtigen Beschluss vermeintlich gewähltes Vorstandsmitglied nicht ins Vereinsregister eintragen.[325] Erfolgt die Eintragung dennoch, heilt dies den nichtigen Beschluss nicht.[326]

Die Nichtigkeit der Wahl zum Vorstand hat keine unmittelbare Auswir- 169
kung auf die Wirksamkeit eines – durch ordnungsgemäße Beschlussfassung zustande gekommenen – Vorstandsanstellungsvertrages.[327]

---

[319] *Reichert*, Rn. 1978 ff.
[320] *Reichert*, Rn. 1988, der darin aber wohl einen Verfahrensverstoß sieht, der zur Nichtigkeit führt.
[321] Münch. Hdb. GesR V/*Waldner*, § 27 Rn. 20.
[322] *Reichert*, Rn. 1984, 1998.
[323] *Reichert*, Rn. 1999 mwN.
[324] *Sauter/Schweyer/Waldner*, Rn. 214a.
[325] BayObLG, Beschl. v. 24.5. 1988 – BReg 3 Z 53/88, BayObLGZ 1988, 170/174, *Reichert*, Rn. 1992 mwN.
[326] *Reichert*, Rn. 1991.
[327] MünchKommBGB/*Reuter*, § 27 Rn. 6; zum ordnungsgemäßen Zustandekommen eines Anstellungsvertrags s. Rn. 264 ff.

**170** **(2) Wegen Verfahrensfehlern absolut nichtige Beschlüsse.** Bei schwerwiegenden Verfahrensfehlern tritt – wie bei Verstößen gegen Gesetzes- und/oder Satzungsrecht – absolute Nichtigkeit ein. Solche schwerwiegenden Verfahrensverstöße können sein: **Einberufung der Mitgliederversammlung durch einen dazu nicht Befugten**[328] (z.B. durch Mitglied des erweiterten Vorstands, abberufenes und nicht mehr im Vereinsregister eingetragenes ehemaliges Vorstandsmitglied[329]), Wahl eines neuen Vorstandes **ohne Bezeichnung in der Tagesordnung**[330], **gesetz- oder satzungswidrige Form der Ladung**[331] (z.B. Einladung in der Vereinszeitschrift, obwohl die Satzung die persönliche Einladung per Post vorschreibt), **fehlerhafte Bekanntgabe von Ort, Zeit der Versammlung**[332] oder die **Verkürzung der Ladungsfrist.**[333] In diesen Fällen tritt eine Nichtigkeit jedoch nicht ein, wenn trotz der Fehler eine Vollversammlung stattgefunden hat und die Mitglieder auf die Einhaltung der Einladungsvorschriften verzichtet und vorbehaltlos den Vorstand gewählt haben. Ein solcher Verzicht auf die Einladungsvorschriften muss nicht ausdrücklich, sondern kann auch stillschweigend erfolgen.[334]

**171** Eine solche (stillschweigende) Heilung schwerwiegender Verfahrensfehler ist bspw. nicht möglich, wenn: eine **Beschlussfassung ohne die erforderliche Beschlussfähigkeit** erfolgt[335], die **Versammlungsleitung durch eine unzuständige Person** erfolgt[336], die Mitgliederversammlung an einem Ort durchgeführt wird, an dem der Grundsatz der **Nichtöffentlichkeit** verletzt wird und so eine ordentliche Willensbildung ausgeschlossen ist[337], an der Mitgliederversammlung **Personen teilgenommen haben, die nicht redeberechtigt sind oder sogar bei der Wahl zum Vorstand mitgestimmt haben**[338], wenn die **Redezeit rechtswidrig beschränkt** wird[339] oder der Versammlungsleiter einer **Vertagung oder die Schließung der Mitgliederversammlung** bekannt gegeben hat[340].

---

[328] BGH, Urt. v. 26.10. 1955 – VI ZR 90/54, NJW 1955, 1917 (für die Genossenschaft); BayObLG, Beschl. v. 13.7. 1989 – BReg. 3 Z 85/89, BayObLGZ 1989, 298, 304 f; *Reichert*, Rn. 1987 mwN.

[329] BayObLG, Beschl. v. 15.12. 1988 – BReg. 3 Z 150/88, BayObLGZ 1988, 410; *Reichert*, Rn. 1987 mwN.

[330] Sauter/Schweyer/Waldner/*Waldner/Wörle-Himmel*, Rn. 213.

[331] BayObLG, Beschl. v. 24.5. 1988 – BReg 3 Z 53/88, BayObLGZ 1988, 170 ff.

[332] BGH, Urt. v. 17.10. 1988 – II ZR 18/88, NJW-RR 1989, 347 (für die GmbH); *Reichert*, Rn. 1987 mwN.

[333] BGH, Urt. v. 17.11. 1997 – II ZR 77/97, NJW 1998, 684 (für die GmbH); *Reichert*, Rn. 1987 mwN.

[334] *Reichert*, Rn. 1987 mwN.

[335] *Reichert*, Rn. 1988 mwN.

[336] BayObLG, Beschl. v. 13.7. 1989 – BReg. 3 Z 85/89, BayObLGZ 1989, 298 ff; einschränkend *Reichert*, Rn. 1988 (nur bei Relevanz für die Beschlussfassung).

[337] *Reichert*, Rn. 1988 mwN.

[338] *Reichert*, Rn. 1988 mwN.

[339] *Reichert*, Rn. 1988 mwN

[340] BayObLG, Beschl. v. 13.7. 1989 – BReg. 3 Z 85/89, BayObLGZ 1989, 298; *Reichert*, Rn. 1988 mwN.

### E. Vorstand

**(3) Fehlerhafte, aber nicht absolut nichtige Beschlüsse.** Eine solche 172
absolute Nichtigkeitsfolge wie bei der Beschlussfassung, die gegen Gesetzes- und/oder Satzungsrecht verstößt oder bei schwerwiegenden Verfahrensverstößen eintritt, tritt indessen bei **weniger schwerwiegenden Verstößen gegen dem Schutz der Mitglieder dienenden Verfahrensvorschriften nicht ein**, wenn der Fehler vom betroffenen Vereinsmitglied nicht gerügt wird.[341] Wie bereits dargestellt, kommen hierfür die unter Rn. 145 ff. genannten Verletzungen in Betracht. Das betrifft bspw. die Verletzung der satzungsmäßigen Bestimmungen zu Ort und Zeit der Mitgliederversammlung[342], die **Nichteinladung von Vereinsmitgliedern** zur beschlussfassenden Mitgliederversammlung[343], die Verletzung einzuhaltender Ladungsfristen etc.[344]

Die Rüge (auch „Widerspruch" genannt) eines Verfahrensverstoßes muss 173
durch das betroffene Vereinsmitglied grundsätzlich bereits in der Mitgliederversammlung erfolgen. Erforderlich ist, dass sich das Mitglied dergestalt äußert, dass ein gewissenhafter Protokollführer sich zu einer Aufnahme der Rüge ins Protokoll verpflichtet sieht.[345] Die Protokollierung der erhobenen Rüge eines Mitgliedes ist jedoch nicht Wirksamkeitsvoraussetzung.

**Beispiel:** 174

*Das nicht zur Mitgliederversammlung eingeladene Mitglied erscheint dennoch und stimmt bei allen Beschlüssen widerspruchslos mit. Mangels Rüge tritt Nichtigkeit trotz des ursprünglichen Verfahrensfehlers (unterbliebene Einladung eines Mitgliedes) nicht ein.*[346]

Erscheint ein Mitglied, das nicht zur Mitgliederversammlung eingeladen 175
wurde – anders als im vorgenannten Beispiel – nicht zur Mitgliederversammlung, kann es diesen Verfahrensfehler auch nicht in der Mitgliederversammlung rügen. In diesem Fall muss dieses Mitglied unverzüglich nach Kenntnis des Verfahrensverstoßes – also nachdem es erfahren hat, dass eine Mitgliederversammlung ohne es stattgefunden hat – Widerspruch gegen die Beschlussfassung gegenüber dem Vereinsvorstand erheben. Wendet sich das Mitglied gegen eine Wahl des gesamten Vorstandes in der Mitgliederversammlung, zu der es nicht eingeladen war, kann es seinen Widerspruch auch gegenüber dem Registergericht erklären.[347] Erfolgt der Widerspruch nicht innerhalb der Mitgliederversammlung, muss er begründet werden.[348]

---

[341] *Reichert*, Rn. 1994.
[342] *Reichert*, Rn. 1987.
[343] BGH, Urt. v. 9.11. 1972 – II ZR 63/71, NJW 1973, 235; OLG Schleswig, Urt. v. 5.2. 1960 – 5 U 114/59, NJW 1960, 1862; BGH, Urt. v. 13.2. 2006 – II ZR 200/04, NJW-RR 2006, 831 (für die GmbH).
[344] Hierzu *Reichert*, Rn. 1994–1996.
[345] *Reichert*, Rn. 2002 mwN.
[346] *Reichert*, Rn. 2010.
[347] Soergel/*Hadding*, § 32 BGB Rn. 18; *Reichert*, Rn. 2005.
[348] *Reichert*, Rn. 2005 mwN.

**176** Zur Rüge berechtigt sind grundsätzlich nur Vereinsmitglieder. Der Kreis der Rügeberechtigten ist dabei nicht auf die Mitglieder beschränkt, deren Rechte unmittelbar betroffen sind. Auch andere Vereinsmitglieder sind zur Rüge berechtigt.[349] Ein Mitglied kann nur dann verpflichtet sein, einen Verfahrensfehler zu rügen, um die Nichtigkeit des Beschlusses herbeizuführen, wenn es von dem Verfahrensfehler Kenntnis hat. Dabei hat sich das Mitglied über die in der Mitgliederversammlung gefassten Beschlüsse zu informieren.[350] Die Vereinssatzung kann eine Widerspruchsberechtigung auch für Organmitglieder vorsehen, die nicht gleichzeitig Vereinsmitglieder sind.[351] Die Rüge eines Verfahrensfehlers muss sobald als möglich erfolgen.[352]

**177** **(4) Rechtsbehelfe bei nichtiger Bestellung.** Zur Feststellung der Nichtigkeit eines Beschlusses ist die Nichtigkeitsklage zulässig. Ist der Beschluss über die Bestellung eines Vorstandsmitgliedes nichtig, kommt für den Verein – vertreten durch den (restlichen) Vorstand – ferner die Möglichkeit in Betracht, gegen das Auftreten dieses vermeintlichen Vorstandsmitgliedes mittels einstweiliger Verfügung gerichtlich vorzugehen.[353] Ein Verfügungsgrund kann sich aus §§ 1004 Abs. 1 S. 2, 823 Abs. 1 BGB als drohende Verletzung des eingerichteten und ausgeübten Gewerbebetriebs ergeben.[354] Der eingetragene Verein ist zwar kein Gewerbebetrieb. Dennoch wird man auch ihm das Recht am eingerichteten und ausgeübten Gewerbebetrieb zubilligen müssen, um Widersprüche zwischen gewerblichen und nicht gewerblichen Einrichtungen zu vermeiden.[355] Es ist nicht ersichtlich, weshalb der Verein gegen ein durch nichtigen Beschluss bestelltes Vorstandsmitglied – anders als die GmbH – nicht mit einer einstweiligen Verfügung vorgehen können soll. Es besteht eine zumindest partiell vergleichbare Interessenlage. So hat der Verein – vergleichbar einer GmbH – ein schützenswertes Interesse daran, dass das vermeintliche Vorstandsmitglied nicht ins Vereinsregister eingetragen wird. Ferner kann nicht ausgeschlossen werden, dass das vermeintliche Vorstandsmitglied aufgrund der Rechtsscheinhaftung für den Verein verbindliche Verträge schließt.[356] Nicht zuletzt kann auch das Ansehen des Vereins erheblich in Mitleidenschaft gezogen werden, wenn sich das vermeintliche Vorstandsmitglied als Repräsentant des Vereins geriert. Gerade bei gemeinnützigen Vereinen, die auf Spenden

---

[349] *Reichert*, Rn. 2008 mwN.
[350] *Reichert*, Rn. 2005 mwN.
[351] *Reichert*, Rn. 2011.
[352] *Reichert*, Rn. 2014.
[353] OLG Saarbrücken, Urt. v. 9.5. 2006 – 4 U 338/05, GmbHR 2006, 987; *Meyer/Karsten*, GWR 2010, 393 jeweils für die GmbH.
[354] OLG Saarbrücken, Urt. v. 9.5. 2006 – 4 U 338/05, GmbHR 2006, 987 für die GmbH.
[355] MünchKommBGB/*Wagner*, § 823 Rn. 192.
[356] *Meyer/Karsten*, GWR 2010, 393, 394 für die GmbH.

### E. Vorstand

und öffentliche Zuwendungen angewiesen sind, kann dies existenzbedrohend sein.

Für den Vorstand kann sich aus seiner Verpflichtung, Schaden vom Verein abzuwenden,[357] die Verpflichtung ergeben, das Auftreten eines aufgrund nichtigen Beschlusses tatsächlich nicht bestellten Vorstandsmitgliedes zu verhindern.[358] Er hat die Rechtmäßigkeit der Beschlüsse der Mitgliederversammlung zu prüfen und gegebenenfalls zu beanstanden.[359] Nichtige Beschlüsse darf der Vorstand nicht umsetzen.[360] Der Vorstand muss sorgfältig prüfen, ob die Beantragung einer einstweiligen Verfügung gegen ein Scheinvorstandsmitglied sinnvoll und angemessen ist, insbesondere, ob überhaupt Schäden drohen, die das Prozessrisiko und den finanziellen Aufwand für den Verein rechtfertigen. So kann im Einzelfall eine umgehende erneute Beschlussfassung (z.b. im Verein mit nur wenigen Mitgliedern) zielführender und damit die vom Vorstand pflichtgemäß zu wählende Handlungsalternative sein. 178

Ist der Beschluss nicht absolut unwirksam, sondern wird er dies nur, wenn sich ein Vereinsmitglied auf einen Beschlussmangel beruft, wird eine einstweilige Verfügung in der Regel nicht zulässig sein, bis sich ein dazu Berechtigter auf die Unwirksamkeit beruft.[361] 179

Umstritten ist die Rechtsfolge, wenn das fehlerhaft bestellte Vorstandsmitglied seine Tätigkeit **mit Wissen und Wollen der Mitgliederversammlung** bereits aufgenommen hat. Nach einer Ansicht soll die Nichtigkeit oder Anfechtbarkeit des Bestellungsaktes regelmäßig nur noch für die Zukunft geltend gemacht werden können (ex nunc). Für die Vergangenheit wird die Bestellung als fehlerfrei behandelt.[362] 180

### 4. Amtsperiode

Die Satzung kann Regelungen zur Dauer der Bestellung der Vorstandsmitgliedschaft vorsehen.[363] Sieht die Satzung keine Vorschriften zur Bestellungsdauer vor, kann das für die Bestellung des Mitgliedes des Vorstandes zuständige Organ die Bestellungsdauer bei der Wahl festlegen.[364] Wird eine bestimmte Amtsdauer nicht festgelegt, erfolgt die Bestellung für unbestimmte Dauer.[365] 181

---

[357] *Reichert*, Rn. 3681.
[358] *Meyer/Karsten*, GWR 2010, 393, 394 für den GmbH-Geschäftsführer.
[359] *Reichert*, Rn. 1966.
[360] *Reichert*, Rn. 2031.
[361] *Meyer/Karsten*, GWR 2010, 393, 395 für die GmbH.
[362] MünchKommBGB/Reuter, § 27 Rd. 47; Münch. Hdb. GesR V/*Lüke*, § 92 Rn. 19 für die Stiftung.
[363] *Stöber*, Rn. 255.
[364] *Reichert*, Rn. 2107 mwN.
[365] Palandt/*Ellenberger*, § 27 BGB Rn. 2 mwN.

### 5. Annahme der Wahl

**182** Die Wahl bedarf der Annahme durch den Gewählten; gegen seinen Willen kann also niemand Vorstand eines Vereins werden. Diese Annahme kann sich aber aus den Umständen ergeben, z. B. durch Aufnahme der Tätigkeit. Die Annahme der Wahl hat jedoch nicht die Wirkung, dass eine nichtige Wahl wirksam werden würde.[366] Zu den Rechtsfolgen einer Nichtannahme der Wahl durch den gewählten Kandidaten für die unterlegenen Kandidaten s. Rn. 155.

### 6. Eintragung ins Vereinsregister

**183** Die Eintragung im Vereinsregister gemäß § 67 BGB hat lediglich deklaratorische Wirkung. Sie ist nicht Voraussetzung einer rechtswirksamen Bestellung.[367] Sie kann ferner eine nichtige Beschlussfassung zur Bestellung des Vorstands nicht heilen.[368]

## VII. Beendigung der Organstellung

### 1. Grundlagen

**184** Die Organstellung als Mitglied des Vorstandes kann grundsätzlich auch wieder beendet werden. Erfolgte die Bestellung nur für eine bestimmte Zeit, endet die **Organstellung** mit **Ablauf dieser Amtsperiode**, ohne dass es eines weiteren Aktes durch den Verein bedarf. Das kann in den Fällen problematisch werden, in denen der Verein über einen Ein-Mann-Vorstand (eingliedriger Vorstand) verfügt oder bei gleichlaufender Amtsdauer aller Vorstandsmitglieder. Unterlässt der Verein eine rechtzeitige Neu- oder Wiederbestellung des Vorstands, verfügt er nicht mehr über einen gesetzlichen Vertreter. Der Verein wird dadurch weitgehend handlungsunfähig. Zum Teil sehen Vereinssatzungen daher ein Fortbestehen der Organstellung über die Amtsperiode hinaus vor, bis ein neuer Vorstand bestellt ist. Ohne eine solche Satzungsregelung ist eine **automatische Verlängerung** ausgeschlossen.[369] Der Vorstand darf eine satzungsmäßig geregelte automatische Verlängerung indessen nicht dazu missbrauchen, seine Ablösung hinauszuzögern. Er muss unverzüglich die notwendigen Schritte zur Neu- oder Wiederwahl einleiten – mithin die Mitgliederversammlung ordnungsgemäß einberufen. Zur Einberufung ist der Vorstand auch ohne entsprechende Satzungsregelung nach Ablauf

---

[366] BGH, Urt. v. 26.5.1975 – II ZR 34/74, NJW 1975, 2101.
[367] Münch. Hdb. GesR V/*Waldner* § 27 Rn. 46.
[368] *Reichert*, Rn. 1991.
[369] Münch. Hdb. GesR V/*Waldner*, § 27 Rn. 25.

## E. Vorstand

seiner Amtszeit noch berechtigt, solange er noch im Handelsregister eingetragen ist.[370]

Ist die Bestellung unbefristet erfolgt, bedarf es für die Beendigung der Organstellung einer **Abberufung** durch den Verein, in § 27 Abs. 2 S. 1 BGB, auch **Widerruf der Bestellung** genannt. Weiterhin kann die Organstellung durch **Niederlegung** des Amtes durch das Vorstandsmitglied oder dessen Tod eintreten, bzw. bei Auflösung des Vereins. **185**

Die Beendigung der Organstellung ist rechtlich von der Beendigung eines **Anstellungsvertrages** zu trennen. Sofern der Anstellungsvertrag nicht gleichlaufend mit der Organstellung befristet ist oder eine Kopplungsklausel enthält[371], bedarf es einer Kündigung durch den Verein[372] (oder des Vorstandsmitgliedes) bzw. der Verhandlung eines Aufhebungsvertrages[373], um ein Fortbestehen der Anstellung bei Beendigung der Organstellung zu verhindern. In der Regel wird man einen Abberufungsbeschluss aber als konkludente Kündigung des Anstellungsvertrages auslegen können, wenn die Abberufung aus wichtigem Grund erfolgt und dieser wichtige Grund aus Sicht des Vereins ersichtlich die Fortsetzung der Organstellung und der Anstellung unzumutbar macht.[374] Gleichwohl sollte die Kündigung stets ausdrücklich erfolgen, um Rechtsunsicherheiten zu vermeiden.[375] **186**

### 2. Widerruf der Bestellung

**a) Widerrufsmöglichkeit.** Die Bestellung zum Mitglied des Vorstands kann vom Verein gemäß § 27 Abs. 2 S. 1 BGB grundsätzlich jederzeit widerrufen werden. Das gilt auch dann, wenn die Bestellung auf eine bestimmte Amtszeit oder auf Lebenszeit erfolgte.[376] Die Satzung kann jedoch die Möglichkeit der Abberufung vom Vorliegen eines **wichtigen Grundes** abhängig machen, § 27 Abs. 2 S. 2 BGB. Zulässig ist auch, Beschränkungen der Widerrufsmöglichkeit in den Anstellungsvertrag aufzunehmen, soweit nicht die Satzung eine anderslautende Regelung enthält.[377] Das Gesetz nennt als solche wichtigen Gründe exemplarisch eine grobe Pflichtverletzung oder die Unfähigkeit zur ordnungsgemäßen Geschäftsführung. Allgemein formuliert, muss es dem Verein unzumutbar sein, den Vorstand bis zum Ablauf der Amtsperiode im Amt zu belas- **187**

---

[370] BayObLG, Beschl. v. 15.12. 1988 – BReg. 3 Z 150/88, BayObLGZ 1988, 410, *Reichert*, Rn. 1987; Münch. Hdb. GesR V/*Waldner*, § 25 Rn. 8 jeweils mwN.
[371] S. hierzu unten Rn. 474 ff.
[372] *Stöber*, Rn. 265; s. hierzu unten Rn. 492.
[373] S. hierzu unten Rn. 540.
[374] Münch. Hdb. GesR V/*Waldner*, § 27 Rn. 33 mwN.
[375] S. dazu auch die Muster unter Rn. 522 und 524.
[376] Staudinger/*Weick*, § 27 BGB Rn. 14; Soergel/*Hadding*, § 27 BGB Rn. 18; Münch. Hdb. GesR V/*Waldner*, § 27 Rn. 30.
[377] *Flume*, BGB AT I/2, S. 349.

sen.³⁷⁸ Ein pflichtwidriges oder schuldhaftes Handeln des Vorstandes ist nicht zwingend erforderlich. So kann im Einzelfall eine andauernde schwere Krankheit einen wichtigen Grund darstellen. Sieht die Satzung nach einer Änderung einen kleineren Vorstand vor, kann auch dies einen wichtigen Abberufungsgrund darstellen.³⁷⁹

**188** Der Vereinsbeschluss über die Abberufung eines Mitgliedes des Vorstandes aus wichtigem Grund, muss dem abberufenen Vorstandsmitglied gegenüber schriftlich begründet werden.³⁸⁰ Unterbleibt diese Begründung, führt dies jedoch nicht zur Nichtigkeit des Abberufungsbeschlusses. Der Verein kann sich jedoch unter Umständen gegenüber dem abberufenen Vorstandsmitglied schadenersatzpflichtig machen. Ein solcher Schadenersatzanspruch ist bspw. denkbar, wenn das betroffene Vorstandsmitglied gegen seine Abberufung klagt und ihm erst im Prozess der wichtige Grund mitgeteilt wird. Hätte das abberufene Vorstandsmitglied in Kenntnis des wichtigen Abberufungsgrundes die Klage mangels Erfolgsaussichten nicht erhoben, kann sich ein Anspruch des Vorstandes gegen den Verein auf Erstattung der Gerichts- und Anwaltskosten ergeben.³⁸¹ Das gilt nicht, wenn das Vorstandsmitglied den wichtigen Grund pflichtwidrig gesetzt hat.

**189** Sofern die Satzung eine Einschränkung des Abberufungsrechts auf wichtige Gründe nicht vorsieht, brauchen im Abberufungsbeschluss auch keine Gründe genannt werden. Ein Recht auf Fortbestand der Organstellung als Mitglied des Vorstands gibt es grundsätzlich nicht.³⁸² Eine Ausnahme besteht in den Fällen, in denen für die Abberufung eines Vorstandsmitgliedes ausnahmsweise ein anderes Organ zuständig ist, als für die Bestellung. In dieser Konstellation ist die Abberufung auch ohne entsprechende Satzungsregelung nur aus wichtigem Grund zulässig.³⁸³

**190** Der Widerruf kann auch mit Einräumung einer Frist erfolgen, z.B. im Gleichlauf mit der ordentlichen Kündigungsfrist des Anstellungsvertrags.³⁸⁴

**191** Auch wenn die Abberufung jederzeit möglich ist, gilt dies nicht für den Anstellungsvertrag. Dieser kann – sofern er nicht eine feste Laufzeit hat und die ordentliche Kündigungsmöglichkeit nicht besteht – nur ordentlich fristgemäß oder außerordentlich fristlos aus wichtigem Grund gekündigt werden.³⁸⁵ Widerruft der Verein die Bestellung zum Mitglied des Vor-

---

³⁷⁸ BGH, Urt. v. 19.11.1990 – II ZR 88/89, NJW 1991, 846, OLG-Stuttgart, Urt. v. 30.3.1994 – 3 U 154/93, NJW-RR 1995, 295, 296 (beide für den Geschäftsführer einer GmbH); *Reichert*, Rn. 2256 mwN.

³⁷⁹ Münch. Hdb. GesR V/*Waldner*, § 27 Rn. 30; *Reichert*, Rn. 2093; weitere Beispiele für wichtige Gründe bei *Reichert*, Rn. 2262.

³⁸⁰ *Reichert*, Rn. 2290.

³⁸¹ S. zur vergleichbaren Situation bei einer außerordentlichen Kündigung aus wichtigem Grund Rn. 503.

³⁸² Staudinger/*Weick*, § 27 BGB Rn. 14; *Reichert*, Rn. 2419 mwN.

³⁸³ Zum Stiftungsrecht: *Burgard*, S. 402.

³⁸⁴ *Reichert*, Rn. 2458; vgl. auch Fleischer/*Thüsing*, § 5 Rn. 2 für den Vorstand der AG.

³⁸⁵ S. hierzu Rn. 492 ff.

E. Vorstand

stands ohne hierfür einen wichtigen Grund zu haben, bleibt er zur Weitergewährung der Vergütung verpflichtet, § 27 Abs. 2, 2. HS BGB.[386] Da der Anstellungsvertrag regelmäßig nur die Verpflichtung zur Ausübung der Vorstandsfunktion zum Gegenstand hat, kann der Verein das abberufene Vorstandsmitglied nicht zu einer Tätigkeit unterhalb der Organebene verpflichten. Aber auch das abberufene Vorstandsmitglied selbst kann eine solche Weiterbeschäftigung in ähnlicher, leitender Funktion nicht verlangen.[387] Der Verein muss also die Vergütung zahlen, ohne eine Gegenleistung zu bekommen. Im Anstellungsvertrag sollte die Möglichkeit einer Beschäftigung des Vorstandsmitgliedes mit angemessenen Tätigkeiten unterhalb der Organebene geregelt werden.

**b) Zuständigkeit.** Das für die Bestellung des Vorstandes zuständige Vereinsorgan ist auch zuständig für die Beendigung der Organstellung – ohne abweichende Satzungsregelung also die Mitgliederversammlung.[388] Das gilt entsprechend, wenn die Satzung einem anderen Organ die Zuständigkeit für die Bestellung der Vorstandsmitglieder zugewiesen hat.[389] Das Recht, die Bestellung eines Vorstandsmitglieds bei Vorliegen eines wichtigen Grundes zu widerrufen, soll der Mitgliederversammlung jedoch nicht wirksam entzogen werden können. Liegt mit anderen Worten ein wichtiger Grund für einen Widerruf der Bestellung vor, kann die Mitgliederversammlung danach selbst dann die Bestellung widerrufen, wenn laut Satzung eigentlich ein anderes Organ hierfür zuständig ist.[390] Das gilt jedenfalls dann, wenn die Kompetenz zur Bestellung und Abberufung auf eine Person außerhalb des Vereins übertragen wurde und im Falle der Kooptation.[391]

**192**

**c) Form und Frist.** Wie für die Anstellung, bedarf es auch für die Abberufung eines wirksamen Beschlusses. Insoweit wird auf die möglichen Beschlussfehler und deren Folgen bei der Bestellung verwiesen (Rn. 143 ff.).

**193**

Besonders berücksichtigt werden muss, dass die Tagesordnung die Abberufung eines Vorstandsmitgliedes ausdrücklich benennt. Ausreichend ist grundsätzlich die Benennung des entsprechenden Tagesordnungspunktes mit „*Ausschließung von Vorstandsmitgliedern*"[392] oder „*Abberufung des Vorstands*".[393] Die Angabe des Abberufungsgrundes ist nicht erforderlich.[394] Erfolgt allerdings die Benennung der „*Abberufung des*

**194**

---

[386] Staudinger/*Weick*, § 27 BGB Rn. 14.
[387] BGH, Urt. v. 11.10. 2010 – II ZR 266/08 (noch nicht veröffentlicht).
[388] BGH, Urt. v. 21.1. 1991 – II ZR 144/90, NJW 1991, 1727.
[389] *Reichert*, Rn. 2273.
[390] Staudinger/*Weick*, § 27 BGB Rn. 16; Palandt/*Ellenberger*, § 27 BGB Rn. 2; *Flume*, BGB AT I/2, S. 342/343; **a.A.** MünchKommBGB/*Reuter*, § 27 Rn. 29; Münch. Hdb. GesR V/*Waldner*, § 27 Rn. 29.
[391] Münch. Hdb. GesR V/*Waldner*, § 27 Rn. 29 mwN.
[392] Soergel/*Hadding*, § 27 BGB, Rn 13 mwN.
[393] BGH, Urt. v. 30.11. 1961 – II ZR 136/60, NJW 1962, 393.
[394] BGH, Urt. v. 30.11. 1961 – II ZR 136/60, NJW 1962, 393.

*Vorstandsmitglieds X aus wichtigem Grund"* ist davon nicht die Abberufung ohne wichtigen Grund umfasst.³⁹⁵ Enthält die Tagesordnung nur die *„Neuwahl des Vorstands"*³⁹⁶ oder die *„Ergänzungswahl des Vorstandes"*³⁹⁷ beinhaltet dies nicht die Abberufung von Vorstandsmitgliedern. Das gilt ebenso wenig für den Tagesordnungspunkt *„Vorstandsangelegenheiten"*.³⁹⁸

**195** Die Abberufung ist auch dann an keine **Frist** gebunden, wenn sie nur aus wichtigem Grund erfolgen kann; insbesondere gilt nicht die Zwei-Wochen-Frist des § 626 Abs. 2 BGB.³⁹⁹ Dennoch sollte sich die Mitgliederversammlung nicht zu viel Zeit lassen, da zum einen das Abberufungsrecht aufgrund eines konkreten wichtigen Grundes verwirken kann, wenn ein entsprechendes Zeit- und Umstandsmoment vorliegt.⁴⁰⁰ Zum anderen muss auch bedacht werden, dass es für die außerordentliche Kündigung des Anstellungsvertrags der Einhaltung der Zwei-Wochen-Frist des § 626 Abs. 2 BGB bedarf. Um zu vermeiden, dass Organstellung und Anstellung zu unterschiedlichen Zeiten enden, sollte bei Vorliegen eines wichtigen Grundes die Abberufung und Kündigung des Anstellungsvertrages innerhalb der Zwei-Wochen-Frist erfolgen.⁴⁰¹

**196** Einer Anhörung des betroffenen Vorstandsmitglieds bedarf es für die wirksame Abberufung nicht, wenngleich sie in vielen Fällen aus Gründen des Anstands geboten sein dürfte.⁴⁰² Allerdings kann sich eine solche Pflicht bei der außerordentlichen Kündigung des Anstellungsvertrages ergeben.⁴⁰³

**197 Formulierungsvorschlag für einen Abberufungsbeschluss (einschließlich Kündigung)**

*Die Mitgliederversammlung des ... e. V. fasst einstimmig folgende Beschlüsse:*

*1. Das Vorstandsmitglied Herr..., geb. am ..., wird mit sofortiger Wirkung abberufen.*
*2. Der mit Herrn ... bestehende Anstellungsvertrag wird hiermit außerordentlich fristlos gekündigt.*
*3. Vorsorglich wird der Anstellungsvertrag hiermit auch ordentlich fristgemäß zum nächstmöglichen Zeitpunkt gekündigt.*
*4. Herr Dr. ... wird ausdrücklich ermächtigt und beauftragt, Herrn ... die Beschlussfassungen zu oben stehenden Ziffern 1 bis 3 unverzüglich zur Kenntnis zu bringen. Herr Dr. ... wird zudem dazu ermächtigt, alle wei-*

---

³⁹⁵ Bamberger/Roth/*Schwarz/Schöpflin*, § 32 BGB Rn. 16 mwN.
³⁹⁶ Sauter/Schweyer/Waldner/*Waldner/Wörle-Himmel*, Rn. 178 mwN.
³⁹⁷ OLG Köln, Beschl. v. 4.7. 1984 – 2 Wx 13/84, OLGZ 1984, 401.
³⁹⁸ OLG Stuttgart, Urt. v. 15.4. 1985 – 2 U 57/85 ZIP 1985, 539.
³⁹⁹ Fleischer/*Thüsing*, § 5 Rn. 15 für den Vorstand der AG.
⁴⁰⁰ Fleischer/*Thüsing*, § 5 Rn. 15 für den Vorstand der AG.
⁴⁰¹ Zur Berechnung der Zwei-Wochen-Frist s. Rn. 505 f.
⁴⁰² Münch. Hdb. GesR V/*Waldner*, § 27 Rn. 31.
⁴⁰³ S. dazu Rn. 509 f.

## E. Vorstand

*teren in diesem Zusammenhang erforderlichen Erklärungen der Mitgliederversammlung des ... e.V. abzugeben.*[404]

**d) Zugang der Abberufungserklärung.** Die Abberufungserklärung bedarf zu ihrer Wirksamkeit des Zugangs beim betroffenen Vorstandsmitglied.[405] Sofern das abberufene Vorstandsmitglied bei der Beschlussfassung anwesend ist, wird die Abberufung sofort wirksam.[406] Ist das Vorstandsmitglied nicht anwesend, muss ihm die Beschlussfassung über die Abberufung zur Kenntnis gebracht werden. Eine zufällige Kenntniserlangung genügt nicht.[407]

In dem Beschluss über die Abberufung des Vorstandsmitglieds sollte ein Mitglied dieses Organs oder auch der Vorstand ermächtigt und beauftragt werden, das Vorstandsmitglied unverzüglich über die Beschlussfassung in Kenntnis zu setzen. In dem vorstehenden Formulierungsvorschlag (Rn. 197) stellt der Beschluss zugleich die Willenserklärung zur Abberufung (und Kündigung des Anstellungsvertrages) dar. Der unter Ziffer 4. Ermächtigte fungiert in diesem Fall nur als Übermittler, also als Erklärungsbote.[408] Denkbar ist aber auch, dass die Mitgliederversammlung beschließt, dass ein Vorstandsmitglied abberufen werden soll, die Abberufungserklärung aber dem Vorstand überlässt. Anders als für den Aufsichtsrat der AG gibt es für den Verein keine dem § 111 Abs. 5 AktG vergleichbare Vorschrift, die eine Abgabe der Abberufungserklärung durch den Vorstand unzulässig macht.[409] Dennoch sollte dieser Weg aus Gründen der Rechtssicherheit nicht gewählt werden. Die Mitgliederversammlung macht sich so vom Verhalten des Vorstands abhängig.[410]

Dem Vorstandsmitglied sollte der Beschluss seiner Abberufung nebst Ermächtigung zur Kundgabe des Beschlusses bzw. Abgabe der Abberufungserklärung in einer mit den Originalunterschriften versehenen Zweitschrift zugestellt werden.[411] Anderenfalls besteht für das abzuberufende Vorstandsmitglied die Möglichkeit, die Abberufungskundgabe bzw. die Abberufungserklärung mangels Vollmachtsnachweis gemäß § 174 BGB zurückzuweisen; § 174 BGB findet nach wohl h.M. auch auf Botenerklärungen entsprechende Anwendung.[412]

198

199

200

---

[404] S. hierzu nachfolgende Rn. 199.
[405] Staudinger/*Weick*, § 27 BGB Rn. 17; *Hüffer*, § 84 AktG Rn. 25 für den Vorstand der AG.
[406] Scholz/*Schneider*, § 38 GmbHG, Rn. 30 für den Geschäftsführer der GmbH.
[407] *Reichert*, Rn. 2291.
[408] BGH, Urt. v. 17.2. 1954 – II ZR 63/53, NJW 1954, 797, 798; *Hüffer*, § 84 AktG Rn. 25; Schmidt/Lutter/*Seibt*, § 84 AktG Rn. 47; *Bednarz*, NZG 2005, 418, 421 jeweils den Vorstand der AG.
[409] Vgl. hierzu *Hüffer*, § 84 AktG Rn. 25; Hopt/Wiedemann/*Kort*, § 84 AktG Rn. 183.
[410] *Hüffer*, § 84 AktG Rn. 25 für das Erklärungsverhalten des Vorstands als Boten.
[411] Scholz/*Schneider*, § 38 GmbHG Rn. 30 für den Geschäftsführer der GmbH.
[412] *Flume*, BGB AT II, § 49 Fn. 5, S. 824; Staudinger/*Schilken*, § 174 BGB Rn. 4; MünchKommBGB/*Schramm*, § 174 Rn. 2; ein Formulierungsvorschlag für eine solche Zurückweisung findet sich unter Rn. 527.

**201** Die Zustellung kann bspw. durch Einlegung in den Briefkasten des betroffenen Vorstandsmitglieds erfolgen. Der Zugang ist erfolgt, wenn nach der Verkehrsauffassung mit der Leerung des Briefkastens gerechnet werden kann.[413] Mit einer Leerung des Briefkastens kann zwar mittlerweile auch abends (18:00 Uhr) gerechnet werden; rechtsicherer ist aber, die Zustellung innerhalb der üblichen Postzustellzeiten zu bewirken, mithin bis circa 13:00 Uhr. Schriftstücke, die erst nach diesem Zeitpunkt in den Briefkasten eingeworfen werden (z.B. durch einen Boten), sollen damit erst als am nachfolgenden Werktag als zugegangen gelten. Es sollte daher sichergestellt werden, dass der Beschluss über die Abberufung im Laufe des Vormittags eingeworfen wird. Die Übergabe per Boten ist grundsätzlich jederzeit zulässig.

**202** Der Verein muss den Zugang des Abberufungsbeschlusses beweisen. Bei Zustellung per Post bieten sich das Einwurf-Einschreiben oder das Einschreiben mit Rückschein an. Das Einwurf-Einschreiben hat den Vorteil, dass das Schreiben sofort mit Einlegung in den Briefkasten zugeht. Behauptet der Kündigungsempfänger, er habe ein durch Einwurf-Einschreiben versandtes Schreiben nicht oder zu einem anderen Zeitpunkt als im Auslieferungsbeleg vermerkt erhalten, muss er einen Geschehensablauf darlegen, der eine gewisse Wahrscheinlichkeit für seine Behauptung beinhaltet. Gelingt ihm dies nicht, wird von einem Zugang zum vermerkten Zeitpunkt ausgegangen.[414] Trifft der Postbote beim Versand des Abberufungsbeschlusses per Einschreiben mit Rückschein den Empfänger nicht persönlich an, wird das Einschreiben bei der Post niedergelegt; es gilt erst bei Abholung durch den Empfänger als zugegangen.[415] Das kann insbesondere problematisch werden, da bspw. die Zwei-Wochen-Kündigungserklärungsfrist bei einer außerordentlichen Kündigung eingehalten werden muss bzw. bei einzuhaltenden Kündigungsterminen (z.B. Kündigung nur zum Viertel-/Halb-/Jahresende).

**203** Rechtssicherer ist die Zustellung per Boten. Aber auch diese Zustellungsart birgt Nachteile. Anders als Zusteller der Deutschen Post oder eines anderen größeren Zustelldienstes verfügen Botendienste jedoch nicht über den Hausschlüssel von Mehrparteienhäusern und haben somit nur Zugang zu innenliegenden Briefkästen, wenn ihnen vom Empfänger oder von einem der Bewohner geöffnet wird. Öffnet niemand, scheitert der Zustellversuch und die Zustellung muss zu einem späteren Zeitpunkt erneut unternommen werden.

**204** Einzig in den Fällen der Annahmeverweigerung und der arglistigen Zugangsvereitelung kann sich der Empfänger nach Treu und Glauben nicht

---

[413] BAG, Urt. v. 14.11.1984 – 7 AZR 174/83, NZA 1986, 97.
[414] LAG Köln, Urt. v. 14.8.2009 – 10 Sa 84/09, BeckRS 2010 66142; LAG Berlin-Brandenburg, Urt. v. 12.3.2007 – 10 Sa 1945/06, BeckRS 2008, 54722; AG Erfurt, Urt. v. 20.6.2007 – 5 C 1734/06, MDR 2007, 1338; AG Paderborn, Urt. v. 3.8.2000 – 51 C 76/00, NJW 2000, 3722; **a.A.** LG Potsdam, Urt. v. 27.7.2000 – 11 S 233/99, NJW 2000, 3722; *Bauer/Diller*, NJW 1998, 2795.
[415] BAG, Urt. v. 25.4.1996 – 2 AZR 13/95, NZA 1996, 1227.

## E. Vorstand

erfolgreich auf einen fehlenden Zugang berufen.[416] Ein solcher Fall kann bspw. vorliegen, wenn das abberufene Vorstandsmitglied mit der Zustellung eines entsprechenden Beschlusses rechnen musste und den niedergelegten Abberufungsbeschluss nicht bei der Post abholt.[417] Entsprechendes gilt, wenn der (Post)bote den Empfänger antrifft, dieser aber die Entgegennahme des Schriftstücks verweigert. In diesem Fall sollte das Schreiben in den Briefkasten eingeworfen werden.

Da die Grundsätze von Treu und Glauben jedoch nicht das Allheilmittel für missglückte Zustellungsversuche sein können, muss der Verein als derjenige, der für den Zugang der Abberufung verantwortlich ist, alles unternehmen, um die Zustellung doch noch zu gewährleisten. Es kann von ihm verlangt werden, auch einen zweiten oder ggf. dritten Zustellversuch zu unternehmen.[418]

**e) Rechtsschutzmöglichkeiten des Vorstandsmitgliedes.** Das abberufene Vorstandsmitglied kann sich gegen eine aus seiner Sicht rechtswidrige Abberufung gerichtlich zur Wehr setzen. Im Falle der Abberufung eines Vorstandes einer AG, ist die Abberufung eines Vorstandsmitgliedes gemäß § 84 Abs. 3 S. 4 AktG zunächst wirksam, bis ihre Unwirksamkeit festgestellt wurde.[419] Das gilt zumindest dann, wenn die Abberufung nicht formell unwirksam ist.[420] Die wohl h.M. lehnt eine Übertragung des aus § 84 Abs. 3 S. 4 AktG folgenden Rechtsgedankens der vorläufigen Wirksamkeit der Abberufung auf die Abberufung eines Vereinsvorstandes ab.[421] Die Abberufung ist entweder wirksam oder sie ist unwirksam. Die Satzung kann jedoch die Wirksamkeit der Abberufung bis zur Feststellung ihrer Unwirksamkeit – also wie im Falle der Abberufung eines Vorstandsmitgliedes einer AG – bestimmen.[422]

Anders als im Fall der Klage eines abberufenen Vorstandsmitgliedes einer AG, ist die Klage eines abberufenen Vorstandsmitgliedes daher nicht auf die Wiedereinräumung der Organstellung, sondern auf die Feststellung der Unwirksamkeit der Abberufung zu richten.[423] War die Abberufung

---

[416] BGH, Urt. v. 3.11.1976 – VIII ZR 140/75, NJW 1977, 194; BGH, Urt. v. 26.11.1997 – VIII ZR 22/97, NJW 1998, 976.
[417] BGH, Urt. v. 3.11.1976 – VIII ZR 140/75, NJW 1977, 194; APS/*Linck*, § 622 BGB Rn. 42.
[418] BGH, Urt. v. 26.11.1997 – VIII ZR 22/97, NJW 1998, 976.
[419] S. hierzu Fleischer/*Thüsing*, § 5 Rn. 31 mwN.
[420] Henn/Frodermann/Jannott/*Frodermann/Schäfer*, Kap. 7 Rn. 95 f.; Hopt/Wiedemann/*Kort*, § 84 AktG Rn. 183; KölnKommAktG/*Mertens*, § 84 Rn. 98 ff.
[421] BGH, Urt. v. 28.10.1976 – III ZR 136/74, DB 1977, 84; *Reichert*, Rn. 2298; OLG Karlsruhe, Urt. v. 4.12.1992 – 15 U 208/92, NJW-RR 1993, 1505, das sich gegen eine Übertragung auf die GmbH ausspricht; **a.A.** zumindest für größere Vereine: Sauter/Schweyer/Waldner/*Waldner/Wörle-Himmel*, Rn. 270; Münch. Hdb. GesR V/*Waldner*, § 27 Rn. 34.
[422] Münch. Hdb. GesR V/*Waldner*, § 27 Rn. 34.
[423] *Reichert*, Rn. 2299; sofern nicht die Satzung die vorläufige Wirksamkeit der Abberufung anordnet.

nach Einschätzung des Gerichts tatsächlich rechtswidrig und damit unwirksam, hat das Vorstandsmitglied sein Amt behalten.[424]

208 Da bis zu einer rechtskräftigen gerichtlichen Entscheidung über die Wirksamkeit einer Abberufung sehr viel Zeit vergehen kann, ist es für das – aus seiner Sicht zu Unrecht – abberufene Vorstandsmitglied unter Umständen von Interesse, einstweiligen Rechtsschutz gegen die Abberufung in Anspruch zu nehmen.[425] Ein Verfügungsgrund gemäß §§ 935, 940 ZPO ist gegeben, da dem abberufenen Vorstandsmitglied ein Abwarten, bis eine letztinstanzliche Entscheidung im Hauptsacheverfahren vorliegt, regelmäßig nicht zumutbar ist.[426] Bei der Frage, ob auch ein Verfügungsanspruch besteht, ist zu differenzieren. Beruft sich ein abberufenes Vorstandsmitglied auf die Nichtigkeit des Abberufungsbeschlusses wegen formeller Mängel, wird ein Verfügungsanspruch regelmäßig gegeben sein.[427] Macht das abberufene Vorstandsmitglied indessen geltend, ein aufgrund Satzung erforderlicher wichtiger Grund für die Abberufung läge nicht vor, oder die Abberufung sei aus sonstigen Gründen materiell unwirksam, wird ein Verfügungsanspruch nur in Ausnahmefällen vorliegen. Das einstweilige Verfügungsverfahren soll nicht die Entscheidung im Hauptsacheverfahren vorwegnehmen.[428] Einstweiliger Rechtsschutz kann in dieser Konstellation bspw. in Betracht kommen, wenn erhebliche Zweifel am wichtigen Grund vorliegen.[429]

209 **Formulierungsvorschlag für einen Verfügungsantrag:**

*Dem Antragsgegner aufzugeben, dem Antragsteller zu gestatten, bis zur Entscheidung der Klage zur Hauptsache seine Tätigkeit als Vorstand des Antragsgegners fortzuführen, und der Antragsgegnerin zu untersagen, die Abberufung des Antragstellers beim Vereinsregister anzumelden.*

### 3. Amtsniederlegung durch das Vorstandsmitglied

210 Ehrenamtliche Mitglieder des Vereinsvorstandes können ihr Amt grundsätzlich ohne Einhaltung von Fristen und ohne Vorliegen von Gründen niederlegen. Dies folgt aus § 27 Abs. 2 S. 1 BGB, wonach grundsätzlich auch der Verein berechtigt ist, den Vorstand jederzeit abzuberufen.

---

[424] *Reichert*, Rn. 2300.
[425] *Reichert*, Rn. 2302; OLG Düsseldorf, Urt. v. 30.6. 1988 – 6 U 310/87, NJW 1989, 172 für den GmbH-Geschäftsführer; Fleischer/*Thüsing*, § 5 Rn. 48 für den Vorstand der AG.
[426] *Hüffer*, § 84 AktG Rn. 34; Münch. Hdb. GesR IV/*Wiesner*, § 20 Rn. 54; Hopt/Wiedemann/*Kort*, § 84 AktG Rn. 206; Henn/Frodermann/Jannott/*Frodermann/Schäfer*, Kap. 7 Rn. 96; jeweils für die AG; Hachenburg/*Stein*, § 38 GmbHG Rn. 124 für die GmbH.
[427] *Reichert*, Rn. 2302; Hachenburg/*Stein*, § 38 GmbHG Rn. 124 für die GmbH; Münch. Hdb. GesR IV/*Wiesner*, § 20 Rn. 54 für die AG.
[428] Lutter/Hommelhoff/*Kleindiek*, § 38 GmbHG Rn. 36; Hachenburg/*Stein*, § 38 GmbHG Rn. 126 jeweils für die GmbH.
[429] Roth/Altmeppen/*Altmeppen*, § 38 GmbHG Rn. 71 für die GmbH.

## E. Vorstand

Vorstandsmitglieder, die in einem Anstellungsverhältnis mit dem Verein stehen, sind aufgrund ihres Anstellungsvertrages indessen verpflichtet, ihren Dienstpflichten als Vorstand nachzukommen. Zum Teil wird auch solchen angestellten Vorstandsmitgliedern das Recht der jederzeitigen Amtsniederlegung zugebilligt. Begründet wird dies mit der vorzunehmenden Trennung zwischen Organstellung und Anstellungsverhältnis.[430] Die Niederlegung ist danach auch dann zulässig, wenn das Vorstandsmitglied damit seine Pflichten aus dem Anstellungsvertrag verletzt. Es ist dann zum Schadenersatz gegenüber dem Verein bzw. zur Zahlung einer im Einzelfall vereinbarten Vertragsstrafe verpflichtet.[431] 211

Nach anderer Ansicht darf das Vorstandsmitglied bei Bestehen eines Anstellungsvertrages seine Organstellung nur aus wichtigem Grund niederlegen.[432] Anderenfalls muss es warten, bis sein Anstellungsvertrag endet oder es muss diesen fristgemäß kündigen und zum Zeitpunkt der Beendigung seines Anstellungsverhältnisses sein Amt niederlegen. Die Niederlegung des Vorstandsamtes ist allerdings gleichwohl zunächst sofort wirksam, auch wenn ein wichtiger Grund nicht vorliegt oder das Vorstandsmitglied sich nicht auf einen wichtigen Grund beruft und es damit seinen Anstellungsvertrag verletzt.[433] Der Verein kann jedoch die Unwirksamkeit der Amtsniederlegung gerichtlich klären lassen. Ist die Niederlegung unwirksam, tritt die Wirkung der Unwirksamkeit erst mit Rechtskraft des Urteils ein (ex-nunc-Wirkung).[434] Unzulässig wäre der satzungsmäßige oder anstellungsvertragliche Ausschluss der Niederlegungsmöglichkeit auch bei Vorliegen eines wichtigen Grundes.[435] 212

Ferner kommt eine zulässige Amtsniederlegung nicht in Betracht, wenn sie zur **Unzeit** erfolgt oder **rechtsmissbräuchlich** ist.[436] Eine Niederlegung zur Unzeit kann vorliegen, wenn das Vorstandsmitglied den Verein dadurch handlungsunfähig macht[437] und ihn damit der Erfüllung öffentlich-rechtlicher Pflichten entzieht.[438] Rechtsmissbräuchlich kann eine Amtsniederlegung sein, wenn sich das Vorstandsmitglied seinen gesetzlichen Pflichten wider Treu und Glauben entziehen will. Die Niederlegung zur Unzeit ist zwar wirksam; das Vorstandsmitglied macht sich aber schaden- 213

---

[430] *Reichert*, Rn. 2315; Soergel/*Hadding*, § 27 BGB Rn. 16; MünchKommBGB/*Reuter*, § 27 Rn. 35.
[431] S. dazu Rn. 453 ff.
[432] Sauter/Schweyer/Waldner/*Waldner*/*Wörle-Himmel*, Rn. 274; Münch. Hdb. GesR V/*Waldner*, § 27 Rn. 42; *Stöber*, Rn. 270, Staudinger/*Weick*, § 27 BGB Rn. 19.
[433] BGH, Urt. v. 8.2. 1993 – II ZR 58/92, NJW 1993, 1198 für die GmbH; Münch. Hdb. GesR V/*Waldner*, § 27 Rn. 42.
[434] Münch. Hdb. GesR V/*Waldner*, § 27 Rn. 42.
[435] *Lohr*, DStR 2002, 2173, 2176.
[436] *Reichert*, Rn. 2317 f.; Sauter/Schweyer/Waldner/*Waldner*/*Wörle-Himmel*, Rn. 274; MünchKommBGB/*Reuter*, § 27 Rn. 35.
[437] OLG Naumburg, Urt. v. 23.7. 2002 – 9 U 67/02, GmbHR 2002, 1237
[438] OLG Koblenz, Urt. v. 26.5. 1994 – 6 U 455/91, NJW-RR 1995, 556.

ersatzpflichtig. Verstößt die Amtsniederlegung gegen Treu und Glauben ist sie wirkungslos und beendet die Organstellung nicht.[439]

214 Die Niederlegung ist **gegenüber dem für die Bestellung zuständigen Organ zu erklären**, mithin regelmäßig gegenüber der Mitgliederversammlung. Eine Niederlegung kann auch gegenüber einem weiteren Mitglied des Vorstandes gemäß § 26 Abs. 2 S. 2 BGB erklärt werden.[440] Die Niederlegung gegenüber einem einzelnen Vereinsmitglied ist wirkungslos.[441]

215 Die Niederlegung kann nicht bedingt erfolgen („*lege ich nieder, es sei denn …*"). Durch eine solche bedingte Erklärung wird die Organstellung nicht beendet.[442] Möglich ist aber die Erklärung, dass die Niederlegung mit Löschung der Organstellung im Vereinsregister wirksam werden soll.[443] Ein Widerruf der Niederlegung durch das Vorstandsmitglied ist nicht möglich, so dass die Organstellung nicht wieder auflebt. Hierfür wäre eine erneute Bestellung zum Vorstandsmitglied erforderlich.[444]

216 **Formulierungsvorschlag für ein Niederlegungsschreiben:**

*… e. V.*
*Mitgliederversammlung*
*z. Hd. …*
*…*

*Sehr geehrter Herr …,*

*hiermit lege ich mein Amt als Vorstandsmitglied mit Wirkung zum … …*
*20… nieder. Bitte bestätigen Sie mir die Niederlegung bis zum … …… 20.…*

## VIII. Arbeitsrechtlicher Status des Vorstandes

### 1. Ehrenamtliche Vorstände

217 Der Gesetzgeber geht zunächst von einem Regelfall eines ehrenamtlichen Vorstandes des Vereins aus. Ehrenamtliche Vorstandsmitglieder erbringen ihre Dienste nicht auf Grundlage eines Dienstverhältnisses gemäß §§ 611 ff BGB.[445] Sie werden vielmehr gemäß § 27 Abs. 3 BGB nach den Grundsätzen des Auftragsverhältnisses (§§ 664 bis 670 BGB) tätig.

218 Das ehrenamtliche Vorstandsmitglied kann gemäß §§ 27 Abs. 3 i.V.m. 670 BGB Ersatz seiner Aufwendungen verlangen. Aufwendungsersatz stellt eine Entschädigung für Vermögensopfer des Organs mit Ausnahme

---

[439] Münch. Hdb. GesR V/*Waldner*, § 27 Rn. 40.
[440] MünchKommBGB/*Reuter*, § 27 Rn. 34 u. § 28 (a.F.) Rn. 7; Münch. Hdb. GesR V/*Waldner*, § 27 Rn. 44; *Stöber*, Rn. 267; *Reichert*, Rn. 2316 mwN.
[441] Münch. Hdb. GesR V/*Waldner*, § 27 Rn. 44.
[442] *Stöber*, Rn. 269.
[443] Münch. Hdb. GesR V/*Waldner*, § 27 Rn. 44 mwN.
[444] *Stöber*, Rn. 269.
[445] *Reichert*, Rn. 2114.

## E. Vorstand

der Zurverfügungstellung der eigenen Arbeitszeit und Arbeitskraft dar, die das Organ zum Zwecke der Ausführung seines Auftrages freiwillig, auf Weisung oder als notwendige Folge der Ausübung der Organtätigkeit erbringt.[446]

Aufwendungsersatzansprüche beinhalten

219

- Reisekosten
- Verpflegungs- und Beherbergungskosten
- Kommunikationsaufwendungen (Handygebühren, Porto)
- Reparaturkosten an PKW des Organs nach einem Unfall auf einer dienstlich veranlassten Fahrt
- Aufwendungen des Vereins für eine Haftpflichtversicherung zugunsten des Organs[447]

Mitglieder des erweiterten Vorstandes üben ihr Amt regelmäßig ehrenamtlich aus.

### 2. Vorstandstätigkeit als Vereinsbeitrag

Dienstleitungen des Vereinsvorstandes können ferner aufgrund ihrer vereinsrechtlichen Mitgliedschaft geschuldet sein. Rechtsgrundlage für die Leistung von Diensten für den Verein ist dann die Vereinsmitgliedschaft.[448] Der Mitgliedsbeitrag des Vereins (§ 58 Nr. 2 BGB) muss nämlich nicht in Geld, sondern kann gemäß Vereinssatzung auch in der Leistung von Diensten bestehen.[449] Die Beitragsleistung erfolgt, um den Vereinszweck zu fördern.

220

### 3. In einem Dienstverhältnis beschäftigte Vorstandsmitglieder

Die Satzung des Vereins kann jedoch vom Grundsatz der ehrenamtlichen Vorstandstätigkeit abweichende Regelungen vorsehen. Wird dem Vorstand eine Vergütung seitens des Vereins gezahlt, handelt es sich bei dem der Organstellung zugrundeliegenden Rechtsverhältnis nicht mehr um ein Auftrags- sondern um ein Dienstverhältnis.[450] Wesen eines Dienstverhältnisses ist der Austausch von Diensten gegen Vergütung.

221

Die Begründung eines Dienstverhältnisses kann ausdrücklich durch den Abschluss eines Dienstvertrages zwischen dem Verein, in der Regel ver-

222

---

[446] BGH, Urt. v. 14.12. 1987 – II ZR 53/87, NJW-RR 1988, 745.
[447] *Reichert*, Rn. 1225.
[448] BAG, Beschl. v. 3.6. 1975 – 1 ABR 98/74, AP BetrVG 1972 § 5 Rotes Kreuz Nr. 1; BAG, Urt. v. 10.5. 1990 – 2 AZR 607/89, AP BGB § 611 Abhängigkeit Nr. 51; BAG, Beschl. v. 22.3. 1995 – 5 AZB 21/94, NZA 1995, 823; BAG, Beschl. v. 6.7. 1995 – 5 AZB 9/93, NZA 1996, 33.
[449] BAG, Beschl. v. 26.9. 2002 – 5 AZB 19/01, NZA 2002, 1412; *Wank/Maties*, NZA 2007, 353, 355; HWK/*Thüsing*, Vor § 611 BGB Rn. 12, 35.
[450] *Flume*, BGB AT I/2, S. 346; *Larenz/Wolf*, § 10 Rn. 79.

treten durch die Mitgliederversammlung[451], und dem Vorstandsmitglied erfolgen. Dabei ist nicht entscheidend, wie dieser Vertrag bezeichnet wird. In der Praxis findet sich auch häufig die Bezeichnung „Anstellungsvertrag" oder „Vorstandsdienstvertrag".

**223** Dieser Anstellungsvertrag muss nicht schriftlich geschlossen werden. Ein mündlicher Vertrag ist grundsätzlich ebenfalls wirksam. Verlangt die Satzung die Schriftform des Anstellungsvertrages, bedeutet dies im Zweifel nicht, dass ein dennoch mündlich geschlossener Anstellungsvertrag unwirksam wäre.

**224** Unerheblich ist auch, ob sich die Parteien darüber bewusst sind, dass das begründete Vertragsverhältnis ein Dienstverhältnis ist. So kann durch die Gewährung von Zuwendungen, die die Grenzen von einem reinen Aufwendungsersatz zur Vergütung überschreiten, konkludent ein Dienstvertrag geschlossen werden.[452] Vergütung und nicht Aufwendungsersatz sind regelmäßig:

- Ausgleich für normale Abnutzung von Sachen, die das Organ für die Tätigkeit verwendet;[453]
- Entschädigung für Zeitaufwand;
- Entschädigung für Arbeitsaufwand;
- Überlassung eines PKW des Vereins für private Fahrten des Vorstandsmitgliedes.[454]

**225** Es ist jedoch zu empfehlen, das Anstellungsverhältnis durch einen schriftlichen Vertrag auszugestalten. Auf diese Weise können Rechte und Pflichten klargestellt und Rechtsunsicherheiten vermieden werden. Aufgrund einer stets komplexer werdenden Rechtsprechung und Gesetzeslage, sollte jeder Anstellungsvertrag sorgfältig durchdacht und formuliert sein.[455] Hinzu kommt, dass ein einmal geschlossener Vertrag grundsätzlich nicht mehr einseitig gegen den Willen der anderen Partei abgeändert werden kann.

**226** Mitglieder des erweiterten Vorstandes werden ihr Amt zwar regelmäßig ehrenamtlich ausüben. Die Satzung kann jedoch auch eine andere Regelung zu den Mitgliedern des erweiterten Vorstands enthalten, z.B. die Zahlung einer Vergütung, die über einen reinen Aufwendungsersatz hinausgeht. In diesem Fall wird zwischen Verein und den Mitgliedern des erweiterten Vorstands ein Dienstverhältnis begründet. Ein solches Dienstverhältnis muss nicht ausdrücklich vereinbart werden, sondern kommt auch konkludent zustande.

---

[451] S. hierzu Rn. 257.
[452] MünchKommBGB/*Reuter*, § 27 Rn. 1.
[453] Palandt/*Sprau*, § 670 BGB Rn. 3.
[454] *Reichert*, Rn. 1226.
[455] *Hoffmann/Liebs*, Rn. 2044.

## 4. Vorliegen eines Arbeitsverhältnisses

Mitglieder des Vereinsvorstandes sind regelmäßig nicht Arbeitnehmer im arbeitsrechtlichen Sinne, auch wenn sie nicht lediglich ehrenamtlich tätig werden.[456] Das der Vorstandstätigkeit zu Grunde liegende Dienstverhältnis ist regelmäßig nicht als Arbeitsverhältnis zu qualifizieren. 227

Arbeitnehmer ist, wer aufgrund eines privatrechtlichen Vertrags im Dienste eines anderen zur Leistung weisungsgebundener, fremdbestimmter Arbeit in persönlicher Abhängigkeit verpflichtet ist.[457] Bei einer ehrenamtlichen Vorstandstätigkeit fehlt bereits die Erwerbsabsicht des Dienstverpflichteten, so dass es an einer elementaren Voraussetzung für die Annahme eines Arbeitsverhältnisses mangelt.[458] 228

Mitglieder des Vereinsvorstands müssen sich zwar bei ihrer Tätigkeit an die Weisungen der Mitgliederversammlung beziehungsweise sonstiger in der Satzung zur Überwachung des Vorstands vorgesehener Organe halten. Damit ist jedoch nicht eine Weisungsunterworfenheit gemeint, wie sie für ein Arbeitsverhältnis üblich ist. Letztlich leitet der Vorstand eigenverantwortlich die Geschicke des Vereins. Der Vorstand nimmt für den Verein dessen Stellung als Arbeitgeber wahr.[459] Er übt gegenüber den Arbeitnehmern des Vereins die Weisungsbefugnis aus.[460] 229

Der Gesetzgeber hat zudem in verschiedenen Gesetzen deren fehlende Anwendbarkeit auf vertretungsberechtigte Mitglieder von Organen juristischer Personen zum Ausdruck gebracht, so bspw. in § 5 Abs. 1 S. 3 ArbGG. Demnach ist Vorstandsmitgliedern als vertretungsberechtigten Organen des Vereins bei Streitigkeiten aus ihrem Anstellungsverhältnis der Rechtsweg zu den Arbeitsgerichten grundsätzlich verwehrt.[461] Auch § 14 Abs. 1 Ziff. 1 KSchG enthält eine vergleichbare Regelung indem er zur Vertretung berechtigte Organe juristischer Personen aus dem Anwendungsbereich des ersten Abschnitts des KSchG herausnimmt.[462] Dabei handelt es sich um klarstellende Regelungen.[463] 230

War das **Vorstandsmitglied zuvor bei dem Verein als Arbeitnehmer** tätig, wird dieses mit der Bestellung zum Vorstandsmitglied und dem Ab- 231

---

[456] BGH, Urt. v. 11.7. 1953 – II ZR 126/52, NJW 1953, 1465; BGH, Urt. v. 16.12. 1953 – II ZR 41/53, NJW 1954, 505; BGH, Urt. v. 9.11. 1967 – II ZR 64/67, NJW 1968, 396; zur Frage des Vorliegen eines Beschäftigungsverhältnisses im Sinne der Sozialversicherung s. Rn. 236 ff.

[457] BAG, Beschl. v. 16.2. 2000 – 5 AZB 71/99, NZA 2000, 385; BAG, Urt. v. 12.12. 2001 – 5 AZR 253/00, NZA 2002, 787.

[458] BAG, Beschl. v. 26.9. 2002 – 5 AZB 19/01, NZA 2002, 1412.

[459] BAG, Beschl. v. 28.9. 1995 – 5 AZB 4/95, NZA 1996, 143; BAG, Urt. v. 10.7. 1980 – 3 AZR 68/79, NJW 1981, 302; BAG, Beschl. v. 21.2. 1994 – 2 AZB 28/93, NZA 1994, 905; *Reichert*, Rn. 2423.

[460] Schaub/*Vogelsang*, § 15 Rn. 6.

[461] Zum Rechtsweg bei Streitigkeiten s. Rn. 479 ff.

[462] Zur Kündigung s. Rn. 492 ff.

[463] MünchKommBGB/*Hergenröder*, § 14 KSchG Rn. 1; APS/*Biebl*, § 14 KSchG Rn. 2.

schluss eines schriftlichen Anstellungsvertrages nicht ruhend gestellt. In dem Abschluss eines Vorstandsanstellungsvertrags durch einen Arbeitnehmer des Vereins liegt im Zweifel die konkludente Aufhebung des bisherigen Arbeitsverhältnisses. Ein Wiederaufleben des Arbeitsverhältnisses kommt auch dann nicht in Betracht, wenn die Organstellung endet.[464] Voraussetzung ist aber der Abschluss eines **schriftlichen Vorstandsanstellungsvertrags**. Die rechtswirksame Beendigung eines vorherigen Arbeitsverhältnisses ist gemäß § 623 BGB nur schriftlich möglich. Ein lediglich mündlich vereinbarter Anstellungsvertrag kann ein vorheriges Arbeitsverhältnis daher nicht beenden.[465] In diesem Fall besteht das Arbeitsverhältnis – wenngleich dann ruhend gestellt – neben dem mündlichen Vorstandsanstellungsvertrag weiter. Das Schriftformerfordernis des § 623 BGB für die Auflösung eines bisherigen Arbeitsvertrages wird durch einen schriftlichen Vorstandsanstellungsvertrag gewahrt; aus diesem wird die Beendigung eines bisherigen Arbeitsverhältnisses hinreichend deutlich.[466]

232   Ob **Mitglieder des erweiterten Vorstandes**, die nicht lediglich ehrenamtlich tätig sind, Arbeitnehmer nach arbeitsrechtsrechtlichem Verständnis sind, richtet sich nach den Umständen des Einzelfalls. Sie werden ihre Tätigkeit regelmäßig im Dienste des Vereins erbringen und den Weisungen des gesetzlichen Vorstands gemäß § 26 BGB unterliegen. Die Erbringung von Diensten höherer Art schließt die Annahme eines Arbeitsverhältnisses nicht aus. Ferner ist auf eine Eingliederung in den Betrieb abzustellen. Fehlt es – im Ausnahmefall – an diesen Kriterien, sind aber die Mitglieder des erweiterten Vorstandes wirtschaftlich vom Verein abhängig, kann es sich um sogenannte arbeitnehmerähnliche Personen handeln. Für sie gelten zum Teil die arbeitsrechtlichen Gesetze. So haben arbeitnehmerähnliche Personen Anspruch auf gesetzlichen Erholungsurlaub (§ 2 S. 2 BUrlG) oder Pflegezeit (§ 7 Abs. 1 Nr. 3 PflegeZG). Arbeitnehmerähnliche Personen sind gemäß § 6 Abs. 1 S. 1 Nr. 3 ferner Beschäftigte im Sinne des AGG. Das Kündigungsschutzgesetz findet indessen keine Anwendung.

### 5. Stellung von Vorständen im Betriebsverfassungsrecht

233   Vorstände sind gemäß § 5 Abs. 2 Nr. 1 BetrVG nicht Arbeitnehmer im Sinne des BetrVG.[467] Sie sind folglich auch nicht leitende Angestellte. Sie nehmen vielmehr die Arbeitgeberfunktion für den Verein wahr, indem sie ihn als Vertretungsorgan repräsentieren – auch gegenüber den Arbeitneh-

---

[464] BAG, Beschl. v. 3.2. 2009 – 5 AZB 100/08, NZA 2009, 669; BAG, Urt. v. 19.7. 2007 – 6 AZR 774/06, NZA 2007, 1095.
[465] LAG Berlin-Brandenburg, Beschl. v. 20.1. 2010 – 7 Ta 2656/09, BeckRS 2010, 66779.
[466] BAG, Beschl. v. 3.2. 2009 – 5 AZB 100/08, NZA 2009, 669.
[467] dazu *v. Hoyningen-Huene*, § 3 Rn. 36; GK-BetrVG/*Raab*, § 5 Rn. 78.

## E. Vorstand

mern des Vereins und dem Betriebsrat.[468] Mitglieder des Vorstandes eines Vereins sind damit bei Betriebsratswahlen weder wahlberechtigt noch wählbar. Werden Mitglieder des Vorstandes zum Betriebsrat gewählt, ist die Betriebsratswahl gemäß § 19 BetrVG anfechtbar. Die Anfechtung muss innerhalb von zwei Wochen nach Bekanntgabe des Wahlergebnisses erfolgen.

Mitglieder des erweiterten Vorstands können Arbeitnehmer sein.[469] Dennoch wird es sich bei ihnen in der Regel um leitende Angestellte im Sinne des §§ 5 Abs. 3 Nr. 3 bzw. Abs. 4 Nr. 2 BetrVG handeln. Leitende Angestellte gelten nicht als Arbeitnehmer im Sinne des Betriebsverfassungsrechts. Sie sind daher weder aktiv noch passiv wahlberechtigt. Handelt es sich bei den Mitgliedern des erweiterten Vorstands nicht um Arbeitnehmer, sondern um arbeitnehmerähnliche Personen, unterfallen sie ebenfalls nicht dem Anwendungsbereich des BetrVG.[470] Werden sie dennoch in den Betriebsrat gewählt oder beteiligen sich an einer Betriebsratswahl führt dies grundsätzlich zur Anfechtbarkeit der Wahl, wie § 24 Nr. 6 BetrVG zeigt.[471]

**234**

### 6. Stellung im steuerrechtlichen Sinn

Vorstände von Vereinen sind Arbeitnehmer im Sinn des § 1 LStDV. Sie gelten ertragssteuerrechtlich als in den Organismus des Vereins eingegliedert.[472] Vorstandsmitglieder des Vereins unterliegen damit der Lohnsteuerpflicht gemäß § 19 EStG. Das gilt auch für angestellte Mitglieder des erweiterten Vorstandes.

**235**

## IX. Sozialversicherungsrechtlicher Status von Vereinsvorständen

### 1. Grundlagen

In allen Zweigen der Sozialversicherung sind nach Maßgabe der besonderen Vorschriften für die einzelnen Versicherungszweige gemäß § 2 Abs. 2 Ziff. 1 SGB IV unter anderem Personen versichert, die gegen Arbeitsentgelt oder zu ihrer Berufsausbildung beschäftigt sind. Zentraler Anknüpfungspunkt für die Beurteilung einer Versicherungspflicht in der gesetzlichen Sozialversicherung ist im Regelfall eine Beschäftigung gegen Arbeitsentgelt. Der Begriff des Arbeitsentgelts wird in § 14 SGB IV legal-

**236**

---

[468] S. Rn. 229.
[469] S. Rn. 232.
[470] Richardi/*Richardi*, § 5 BetrVG Rn. 146.
[471] Richardi/*Thüsing*, § 19 BetrVG Rn. 74a.
[472] *Tillmann/Mohr*, Rn. 10; *Hoffmann/Liebs*, Rn. 8033, jeweils für den GmbH-Geschäftsführer; BFH, Urt. v. 2.10. 1968 – VI R 25/68, BStBl II 1969, 185 für den Vorstand einer Genossenschaft; BFH, Urt. v. 11.3. 1960 – VI 172/58 U, BStBl III 1960 214 für den Vorstand einer AG.

definiert. Arbeitsentgelt sind nach § 14 Abs. 1 S. 1 SGB IV grundsätzlich alle laufenden und einmaligen Einnahmen aus einer Beschäftigung. Arbeitsentgelt liegt damit vor, wenn ein Beschäftigungsverhältnis gegeben ist.[473] Beschäftigung ist nach der knappen Legaldefinition in § 7 Abs. 1 SGB IV die nichtselbständige Arbeit, insbesondere in einem Arbeitsverhältnis. Vorstandsmitglieder, die dieses Amt als Ehrenamt, mithin unentgeltlich, ausüben, unterliegen nicht der Sozialversicherungspflicht[474].

237    Vorstände sind nicht Arbeitnehmer im Sinne des Arbeitsrechts.[475] Dies führt indessen nicht automatisch dazu, dass sie nicht versicherungspflichtig in der Sozialversicherung wären. Vielmehr hat die fehlende Arbeitnehmereigenschaft von Organen juristischer Personen im Sinne des Arbeitsrechts keine Bedeutung für das Sozialversicherungsrecht.[476] Aus der Formulierung „insbesondere in einem Arbeitsverhältnis" wird vielmehr deutlich, dass der Begriff des „Arbeitnehmers" im Sinne des Arbeitsrechts nicht deckungsgleich mit dem sozialversicherungsrechtlichen Begriff des „Beschäftigten" ist. Auch Personen, die nicht in einem Arbeitsverhältnis stehen, können damit Beschäftigte im Sinne der Sozialversicherung sein.

238    Anhaltspunkte für eine Beschäftigung im sozialversicherungsrechtlichen Sinne sind die Tätigkeit nach Weisungen und die Eingliederung in die Arbeitsorganisation des Weisungsgebers, insbesondere in Bezug auf Zeit, Dauer und Ort der Arbeitsausführung. Das Weisungsrecht kann allerdings besonders bei Diensten höherer Art erheblich eingeschränkt und zur „funktionsgerecht dienenden Teilhabe am Arbeitsprozess verfeinert" sein. Es darf aber nicht vollständig entfallen.[477] Eine Beschäftigung i.S. des § 7 Abs. 1 SGB IV scheidet dagegen aus bei selbständiger Tätigkeit. Kennzeichnend für eine selbständige Tätigkeit ist das eigene Unternehmerrisiko, die Verfügungsmöglichkeit über die eigene Arbeitskraft und die Möglichkeit, frei über Arbeitsort und Arbeitszeit zu verfügen.[478]

239    Für das gegen Entgelt tätige Vorstandsmitglied geht die Rechtsprechung bei Vorliegen folgender Kennzeichen von einer abhängigen und damit sozialversicherungspflichtigen Beschäftigung aus, wobei nicht alle diese Kriterien erfüllt sein müssen, um eine Sozialversicherungspflicht anzunehmen:[479]

– Verpflichtung des Vorstandsmitgliedes aufgrund Dienstvertrages oder Vereinssatzung, seine gesamte Arbeitskraft dem Verein zur Verfügung zu stellen;
– Genehmigungsvorbehalt eines weiteren Organs des Vereins hinsichtlich Nebentätigkeiten des Vorstandsmitgliedes;

---

[473] Kasseler Kommentar/*Seewald*, § 14 SGB IV Rn. 8.
[474] Kasseler Kommentar/*Seewald*, § 7 SGB IV Rn. 6; unter Umständen kann eine Versicherungspflicht in der gesetzlichen Unfallversicherung bestehen, § 3 SGB VII.
[475] S. Rn. 227.
[476] BSG, Urt. v. 19.6.2001 – B 12 KR 44/00, NZS 2002, 199 ff.
[477] BSG, Urt. v. 19.6.2001 – B 12 KR 44/00, NZS 2002, 199 ff.
[478] BSG, Urt. v. 14.12.1999 – B 2 U 48/98 R, DStR 2001, 39.
[479] So BSG, Urt. v. 19.6.2001 – B 12 KR 44/00, NZS 2002, 199 ff.

## E. Vorstand

- Bindung des Vorstandes an die Vereinssatzung und an die Geschäftsordnung des Vorstandes;
- Verantwortlichkeit gegenüber weiteren Organen des Vereins, z.B. Verwaltungsrat;
- Festlegung eines Zustimmungsvorbehaltes eines weiteren Organs des Vereins für bestimmte Tätigkeiten des Vorstandes bzw. ab einer bestimmten Größenordnung.

Diese Kriterien werden in den allermeisten Fällen erfüllt sein. Es ist praktisch kaum vorstellbar, dass ein Vorstand nicht durch Satzung oder Geschäftsordnung in seiner Tätigkeitsfreiheit Beschränkungen unterworfen wird. Faktisch ist daher stets von einer Sozialversicherungspflicht von entgeltlich tätigen Vorständen eines Vereins auszugehen.[480] Sofern im Einzelfall die Kriterien nicht erfüllt werden, ist eine Sozialversicherungsfreiheit grundsätzlich denkbar. **240**

Der Gesetzgeber hat Vorstände von Aktiengesellschaften ausdrücklich aus dem Kreis der versicherungspflichtig Beschäftigten in der Arbeitslosen- und der Rentenversicherung herausgenommen (§ 27 Abs. 1 Nr. 5 SGB III; § 1 S. 4 SGB VI). Eine Ausdehnung dieser Regelungen auf Vereinsvorstände (oder Organmitglieder sonstiger juristischer Personen) lehnt das Bundessozialgericht in ständiger Rechtsprechung ab.[481] **241**

Nicht lediglich ehrenamtlich tätige **Mitglieder des erweiterten Vorstandes** sind ebenfalls regelmäßig sozialversicherungspflichtig beschäftigt. Für sie gelten die nachfolgenden Ausführungen entsprechend. **242**

### 2. Versicherungspflicht in der gesetzlichen Krankenversicherung

**a) Grundlagen.** Vorstände von Vereinen unterliegen nach der Rechtsprechung des Bundessozialgerichts der Versicherungspflicht in der gesetzlichen Krankenversicherung, § 5 Abs. 1 Nr. 1 SGB V.[482] Sofern sie jedoch eine hohe Vergütung beziehen, sind sie unter bestimmten Voraussetzungen versicherungsfrei in der gesetzlichen Krankenversicherung. Nach § 6 Abs. 1 Nr. 1, Abs. 4 S. 1 SGB V tritt Versicherungsfreiheit in der gesetzlichen Krankenversicherung seit dem 1.2.2007 ein, wenn: **243**

- das regelmäßige Jahresarbeitsentgelt eines Beschäftigten die Jahresarbeitsentgeltgrenze in drei aufeinander folgenden Kalenderjahren überstiegen hat

  **und**

- es dies auch im darauffolgenden Jahr tun wird.

---

[480] *Reichert*, Rn. 2127.
[481] So BSG, Urt. v. 19.6.2001 – B 12 KR 44/00, NZS 2002, 199 ff. und zuletzt für Organe ausländischer juristischer Personen: BSG, Urt. v. 27.2.2008 – B 12 KR 23/06 R, BeckRS 2008 54574.
[482] Zur Kritik an dieser Rechtsprechung unter Verweis auf den Wortlaut des § 5 Abs. 1 Nr. 1 SGB V s. *Grambow*, AG 2010, 477 ff.

**244** In diesem Fall endet die Versicherungspflicht ab dem vierten Jahr des Überschreitens der Jahresarbeitsentgeltgrenze.[483] Dabei wird das Arbeitsentgelt aus mehreren Beschäftigungsverhältnissen des Beschäftigten zusammengerechnet.[484] Nach dem Entwurf des Gesetzes zur nachhaltigen sozial ausgewogenen Finanzierung der Gesetzlichen Krankenversicherung (GKV-FinG) soll sich die Rechtslage ab Januar 2011 auf den Stand vor dem 2.2.2007 „zurück" verändern. Dann genügt wieder die einmalige Überschreitung der Jahresarbeitsentgeltgrenze bzw. bei einer Begründung eines Anstellungsverhältnisses ab Januar 2011 die Prognose, die Jahresarbeitsentgeltgrenze zu überschreiten, um eine Versicherungsfreiheit zu begründen.[485] Auch werden Einkünfte aus selbständiger Tätigkeit bei der Ermittlung des Einkommens nicht berücksichtigt.

**245** Das Ende der Versicherungspflicht tritt bei Erfüllung der vorgenannten Voraussetzung automatisch ein. Die Pflichtversicherung wird gemäß § 190 Abs. 3 SGB V **als freiwillige Versicherung fortgesetzt**, wenn nicht der Austritt durch das Vorstandsmitglied erklärt wird. Eines Beitritts zur freiwilligen Versicherung im Anschluss an die Pflichtversicherung bedarf es nicht. **Der Austritt aus der freiwilligen Versicherung muss innerhalb von zwei Wochen nach Hinweis der Krankenkasse über die Austrittsmöglichkeit erfolgen.** Danach ist nur noch eine fristgebundene Kündigung gemäß § 175 Abs. 4 SGB V möglich.

**246** Das Vorstandsmitglied kann bei Beendigung der Versicherungspflicht auch in eine private Krankenversicherung wechseln. Er muss hierzu den Austritt aus der Pflichtversicherung gegenüber seiner Krankenkasse erklären.

**247** **b) Familienversicherung.** Über das in der gesetzlichen Krankenversicherung pflichtversicherte Vorstandsmitglied sind auch der Ehegatte, der Lebenspartner und die Kinder des Vorstandsmitgliedes sowie die Kinder von familienversicherten Kindern nach § 10 SGB V mitversichert. Voraussetzung einer solchen **Familienversicherung** ist, dass die Familienangehörigen

– ihren Wohnsitz oder gewöhnlichen Aufenthalt im Inland haben,
– nicht nach § 5 Abs. 1 Nr. 1, 2, 3 bis 8, 11 oder 12 SGB V oder freiwillig (§ 9 SGB V) versichert sind,
– nicht versicherungsfrei oder nicht von der Versicherungspflicht befreit sind; dabei bleibt die Versicherungsfreiheit nach § 7 SGB V – also eine Versicherungsfreiheit bei geringfügiger Beschäftigung – außer Betracht,
– nicht hauptberuflich selbständig erwerbstätig sind und

---

[483] Die Jahresarbeitsentgeltgrenze beträgt im Jahr 2011 voraussichtlich 49 500 € p.a.
[484] Kasseler Kommentar/*Peters*, § 6 SGB V Rn. 15.
[485] BT-Drs. 17/3040.

E. Vorstand

– kein Gesamteinkommen (§ 16 SGB IV[486]) haben, das regelmäßig im Monat ein Siebtel der monatlichen Bezugsgröße nach § 18 des Vierten Buches überschreitet[487]; bei Renten wird der Zahlbetrag ohne den auf Entgeltpunkte für Kindererziehungszeiten entfallenden Teil berücksichtigt; für geringfügig Beschäftigte nach § 8 Abs. 1 Nr. 1, § 8a des Vierten Buches beträgt das zulässige Gesamteinkommen 400 Euro.

Kinder sind gemäß § 10 Abs. 2 SGB V über das Vorstandsmitglied familienversichert 248

– bis zur Vollendung des achtzehnten Lebensjahres,
– bis zur Vollendung des dreiundzwanzigsten Lebensjahres, wenn sie nicht erwerbstätig sind,
– bis zur Vollendung des fünfundzwanzigsten Lebensjahres, wenn sie sich in Schul- oder Berufsausbildung befinden oder ein freiwilliges soziales Jahr oder ein freiwilliges ökologisches Jahr im Sinne des Jugendfreiwilligendienstegesetzes leisten; wird die Schul- oder Berufsausbildung durch Erfüllung einer gesetzlichen Dienstpflicht des Kindes unterbrochen oder verzögert, besteht die Versicherung auch für einen der Dauer dieses Dienstes entsprechenden Zeitraum über das fünfundzwanzigste Lebensjahr hinaus,
– ohne Altersgrenze, wenn sie als behinderte Menschen (§ 2 Abs. 1 S. 1 SGB IX) außerstande sind, sich selbst zu unterhalten; Voraussetzung ist, dass die Behinderung zu einem Zeitpunkt vorlag, in dem das Kind nach Nr. 1, 2 oder 3 versichert war.

Auch in der freiwilligen Krankenversicherung können der Ehegatte, der 249 Lebenspartner und die Kinder des Vorstandsmitgliedes sowie die Kinder von familienversicherten Kindern nach § 10 SGB V unter den dort näher definierten Voraussetzungen über das freiwillig versicherte Vorstandsmitglied familienversichert werden.

Die Mitversicherung von Familienangehörigen in der gesetzlichen (ggf. 250 freiwilligen) Krankenversicherung ist gemäß § 3 S. 3 SGB V beitragsfrei.

### 3. Tragung der Beiträge zur Sozialversicherung

Bei einer Pflichtversicherung werden die Beiträge zur gesetzlichen Sozialversicherung vom Verein als Arbeitgeber – im sozialversicherungsrechtlichen Sinn – und dem pflichtversicherten Vorstandsmitglied getragen. Der Verein muss den sich aus beiden Beitragsanteilen an der Sozialversicherung zusammengesetzten Gesamtsozialversicherungsbeitrag abführen. Der Vorstand ist – obwohl nach Ansicht des BSG selbst so- 251

---

[486] Gesamteinkommen gemäß § 16 SGB IV ist die Summe der Einkünfte im Sinne des Einkommensteuerrechts; es umfasst insbesondere das Arbeitsentgelt und das Arbeitseinkommen.
[487] Monatliche Bezugsgröße gemäß § 18 SGB IV im Jahr 2011: 2555,00 € Rechtskreis West; 2240,00 € Rechtskreis Ost.

*1. Teil Rechtsfähige Vereine*

zialversichert – für die **ordnungsgemäße Abführung des Gesamtsozialversicherungsbeitrages** zuständig (§ 28e Abs. 1 SGB IV).

252 Ist das Vorstandsmitglied nur aufgrund des Überschreitens der Jahresarbeitsentgeltgrenze nicht pflichtversichert in der gesetzlichen Krankenversicherung und unterhält es eine private Krankenversicherung, hat es gegenüber dem Verein als sozialrechtlicher Arbeitgeber gemäß § 257 Abs. 2 SGB V **Anspruch auf einen Zuschuss zu dieser privaten Krankenversicherung**. Der Zuschuss beträgt die Hälfte des Betrages der sich bei Anwendung des um 0,9 Beitragssatzpunkte verminderten allgemeinen Beitragssatzes und der bei Versicherungspflicht zugrunde zu legenden beitragspflichtigen Einnahmen ergibt, höchstens jedoch die Hälfte des Betrages, den das Vorstandsmitglied für seine Krankenversicherung zu zahlen hat. Der Anspruch des Vorstandsmitglieds auf Beitragszuschuss besteht nicht, wenn die Versicherungspflicht aufgrund einer sich im Einzelfall ergebenden selbständigen Tätigkeit des Vorstandsmitglieds herrührt.

253 Von dem Beitragszuschuss umfasst können grundsätzlich auch **Versicherungsverhältnisse von Familienangehörigen** sein. Das setzt allerdings nach § 257 Abs. 2 S. 1 SGB V voraus, dass das Vorstandsmitglied auch seine Angehörigen, die bei Versicherungspflicht des Vorstandsmitglieds nach § 10 SGB V über das Vorstandsmitglied familienversichert versichert wären, privat mitversichert hat.

254 Entscheidet sich das Vorstandsmitglied nach Ende der Versicherungspflicht aufgrund des Überschreitens der Jahresarbeitsentgeltgrenze zu einer Fortsetzung der Mitgliedschaft in der gesetzlichen Krankenversicherung in Form der **freiwilligen Versicherung**, hat es ebenfalls ein **Anspruch auf einen Beitragszuschuss** durch den Arbeitgeber. Der Beitragszuschuss ist gemäß § 257 Abs. 1 SGB V in Höhe der Hälfte des Beitrags, der bei Anwendung des um 0,9 Beitragssatzpunkte verminderten allgemeinen Beitragssatzes der gesetzlichen Krankenversicherung zu zahlen wäre, durch den Arbeitgeber zu leisten. Auch in der freiwilligen Krankenversicherung können **Familienangehörige** unter den Voraussetzungen des § 10 SGB V[488] über das freiwillig versicherte Vorstandsmitglied familienversichert werden. Diese Mitversicherung ist gemäß § 3 S. 3 SGB V **beitragsfrei**. Eines Zuschusses des Arbeitgebers für in der freiwilligen Versicherung des Vorstandsmitglieds mitversicherte Familienangehörig bedarf es aufgrund dieser Beitragsfreiheit nicht – es fallen bei der freiwilligen Versicherung nur die Beiträge des Vorstandsmitglieds an.

### 4. Rentenversicherungspflicht auch bei selbständiger Tätigkeit

255 Sofern im Einzelfall eine Sozialversicherungspflicht verneint werden kann und damit eine selbständige Tätigkeit des Vorstandes anzunehmen

---

[488] S. Rn. 247 ff.

## E. Vorstand

ist, kann sich dennoch eine Versicherungspflicht in der **gesetzlichen Rentenversicherung** ergeben. Nach § 2 S. 1 Nr. 9 SGB VI unterliegen Personen, die im Zusammenhang mit ihrer selbständigen Tätigkeit regelmäßig keinen versicherungspflichtigen Arbeitnehmer beschäftigen und die auf Dauer und im Wesentlichen nur für einen Auftraggeber tätig sind und keine eigenen versicherungspflichtigen Arbeitnehmer beschäftigen, der Versicherungspflicht in der gesetzlichen Rentenversicherung. Die Ausnahmeregelung, wonach bei Gesellschaftern als Auftraggeber die Auftraggeber der Gesellschaft gelten, gilt bereits nach ihrem Wortlaut nicht für Vorstandsmitglieder, die gleichzeitig Mitglieder des Vereins sind. Auch eine analoge Anwendung scheidet aus.

### 5. Freiwillige Versicherung für selbständig tätige Vorstandsmitglieder

In engen Grenzen ist für im Einzelfall selbständig tätige Vorstandsmitglieder die Möglichkeit einer freiwilligen Versicherung in der Sozialversicherung gegeben. 256

## X. Zuständigkeit für Abschluss, Änderung und Beendigung des Anstellungsvertrages

### 1. Gesetzliche Zuständigkeit

Sofern die Vereinssatzung keine anderweitige Regelung enthält, ist die Mitgliederversammlung für Abschluss, Änderung und Beendigung des Anstellungsvertrages zuständig.[489] Diese Zuständigkeit ergibt sich als Folge der generellen Zuständigkeit der Mitgliederversammlung für die Bestellung und Abberufung der Mitglieder des Vorstandes gemäß § 27 Abs. 2 BGB, und findet ihre Rechtfertigung in dem engen sachlichen Zusammenhang zwischen Bestellung und Anstellung der Vertretungsorgane.[490] 257

### 2. Satzungsmäßige Zuständigkeit

Für die Vereinspraxis bedeutet das jedoch gerade bei größeren Vereinen mit zahlreichen Mitgliedern Schwierigkeiten. Hat bspw. ein Mitglied des Vorstandes seine Pflichten in so erheblicher Weise verletzt, dass dies einen wichtigen Grund für die außerordentliche Kündigung des Anstellungsvertrages durch den Verein darstellt, müsste zunächst eine Mitgliederver- 258

---

[489] *Flume*, BGB AT I/2, S. 346 f.
[490] BGH, Urt. v. 21.1. 1991 – II ZR 144/90, NJW 1991, 1727 mwN; *Reichert*, Rn. 2118; Palandt/*Ellenberger*, § 27 BGB Rn. 1.

sammlung einberufen werden, die über die beabsichtigte außerordentliche Kündigung[491] beschließt. Zwar werden für außerordentliche Mitgliederversammlungen regelmäßig kürzere Ladungsfristen in der Satzung vorgesehen sein. Auch ist die Zwei-Wochen-Frist für den Ausspruch außerordentlicher Kündigungen für diese Zeit gehemmt, da der Fristablauf grundsätzlich die Kenntnis von den kündigungsrelevanten Tatsachen durch die gesamte Mitgliederversammlung voraussetzt.[492] Der finanzielle und organisatorische Aufwand kann indessen erheblich sein. Auch im Falle von (selbst kleinen) Änderungen des Anstellungsvertrages müsste eine Mitgliederversammlung einberufen werden. Es empfiehlt sich daher, in die Satzung eine differenzierte Regelung zur Zuständigkeit im Zusammenhang mit Anstellungsverträgen vorzusehen.

259   Denkbar ist beispielsweise, dass ein „Beirat" oder „Aufsichtsrat" für Fragen des Anstellungsvertrages zuständig ist[493], während der Mitgliederversammlung ein Recht auf Kenntnisnahme zusteht. Zulässig wäre auch, die Mitglieder des Vorstands vom Verbot des Selbstkontrahierens gemäß § 181 BGB per Satzung zu befreien. In diesem Fall könnte jedes Vorstandsmitglied mit sich selbst bspw. Änderungen seines Anstellungsvertrages vereinbaren.[494]

260   Bei einer solchen satzungsgemäßen Kompetenzteilung ist jedoch strikt zu beachten, dass sich die auf die Regelung des Anstellungsverhältnisses beschränkte Zuständigkeit nicht auf Maßnahmen erstreckt, die notwendigerweise auch die Organstellung berühren und damit in einen der Entscheidungsgewalt des Bestellungsorgans unterliegenden Bereich übergreifen.[495] Die Kompetenz des Vereinsorgans, das für den Abschluss, die Änderung und die Beendigung des Anstellungsverhältnisses mit Vorstandsmitgliedern zuständig ist, findet ihre Grenzen darin, dass sie die Wahlfreiheit der Mitgliederversammlung bei der Frage der Bestellung und Abberufung eines Vorstandsmitgliedes nicht beeinträchtigen darf.[496] Grundsätzlich unzulässig ist es demgemäß, wenn das für die Anstellung zuständige Organ mit dem Vorstandsmitglied vereinbart, dass sein Anstellungsverhältnis über den Zeitraum der Bestellung hinaus – nicht lediglich während einer Kündigungsfrist[497] – fortgelten soll. In diesem Fall wäre das für die Bestellung und Abberufung zuständige Vereinsorgan genötigt, entweder eine erneute Bestellung vorzunehmen oder von einer Abberufung Abstand zu nehmen, da anderenfalls eine Vergütung geschuldet wird, für die das (ehemalige) Vorstandmitglied keine Gegenleistung als Vorstand

---

[491] Zur außerordentlichen Kündigung s. Rn. 494 ff.
[492] MünchKommAktG/*Spindler*, § 84 Rn. 160 für die Kündigung eines Vorstands einer AG.
[493] *Reichert*, Rn. 2119.
[494] *Reichert*, Rn. 2119.
[495] BGH, Urt. v. 24.11.1980 – II ZR 182/79, NJW 1981, 757; MünchKommBGB/*Reuter*, § 27 Rn. 10 mwN.
[496] Münch. Hdb. GesR V/*Waldner*, § 27 Rn. 7.
[497] Zur Kündigungsfrist s. Rn. 535 ff.

E. Vorstand

mehr schuldet. Der Dienstvertrag setzt eine Tätigkeit als Vorstand voraus, so dass das (ehemalige) Vorstandsmitglied grundsätzlich auch nur eine Vorstandstätigkeit schuldet. Zulässig ist jedoch, im Dienstvertrag für den Fall der Abberufung eine weitere Tätigkeit in einer Leitungsfunktion unterhalb der Vorstandsebene vorzusehen.[498]

**Klauselvorschlag für die Satzung** 261
*Der Präsidialausschuss ist zuständig für den Abschluss, die Änderung und die Beendigung der Anstellungsverträge mit den Mitgliedern des Vorstands. Dabei müssen die Anstellungsverträge so gestaltet sein, dass eine Beendigung der Organstellung auch die Beendigung der Anstellung, ggf. unter Einhaltung einer angemessenen Frist, zur Folge hat.*

Ist das Anstellungsorgan nicht mit dem Bestellungsorgan identisch, 262 wäre es trotzdem zulässig, dass im Anstellungsvertrag mit dem Vorstandsmitglied eine Fortgeltung des Anstellungsverhältnisses als echtes Arbeitsverhältnis vorgesehen wird.[499] Damit würde nicht in die Entscheidungsfreiheit des Bestellungsorgans eingegriffen.

### 3. Sonderfall erweiterter Vorstand

Sofern Mitglieder des erweiterten Vorstandes nicht lediglich ehrenamt- 263 lich tätig werden, sollte auch mit diesen ein schriftlicher Anstellungsvertrag geschlossen werden. Anders als die originären, vertretungsberechtigten Vorstandsmitglieder, sind die Mitglieder des erweiterten Vorstandes nicht Organe des Vereins. Auch hier wird in Ermangelung einer anderslautenden Satzungsregelung dasjenige Organ für Abschluss, Änderung und Beendigung des Anstellungsvertrages zuständig sein, dass für die Bestellung und Abberufung in den bzw. aus dem erweiterten Vorstand zuständig ist.

### 4. Zustandekommen eines Anstellungsvertrages

Über den Abschluss eines Anstellungsvertrages entscheidet die Mitglie- 264 derversammlung – sofern nicht ein anderes Organ durch die Satzung für die Anstellung des Vorstandsmitgliedes zuständig ist – durch Beschluss.[500] Der Beschluss über die Bestellung zum Vorstandsmitglied kann grundsätzlich nicht zugleich als Beschluss über die Anstellung ausgelegt werden.[501]

---

[498] MünchKommBGB/*Reuter*, § 27 Rn. 11 mwN; s. hierzu Rn. 286, 372 ff.
[499] MünchKommBGB/*Reuter*, § 27 Rn. 11 mwN; zur Frage der Zulässigkeit einer solchen Vereinbarung mit Vorständen einer AG: BAG, Urt. v. 26.8. 2009 – 5 AZR 522/08, NZA 2009, 1205, 1206;
[500] Fleischer/*Thüsing*, Rn. 63 für die Vorstände einer AG.
[501] Fleischer/*Thüsing*, Rn. 63 für die Vorstände einer AG.

Bestellungsakt und Anstellungsverhältnis sind rechtlich voneinander zu trennen.[502]

**265** Ein wirksamer Anstellungsvertrag setzt die ordnungsgemäße Beschlussfassung durch die Mitgliederversammlung voraus. Insoweit sind die Anforderungen an eine ordnungsgemäße Anstellung mit denen für eine ordnungsgemäße Bestellung zum Vorstandsmitglied vergleichbar. Hinsichtlich der ordnungsgemäßen Beschlussfassung zur Anstellung kann somit auf die Ausführungen zur Beschlussfassung bei der Bestellung (Rn. 143 ff.) verwiesen werden.

**266** Wenig sinnvoll wäre freilich, dass jedes einzelne Vereinsmitglied den Anstellungsvertrag mit dem Vorstandsmitglied unterzeichnen müsste. Hier bedarf es einer Beschlussfassung, wonach ein Vertreter für die Mitgliederversammlung unterschreibt. Empfehlenswert wäre auch, die Mitgliederversammlung über einen im Wesentlichen ausformulierten Anstellungsvertrag abstimmen zu lassen.

**267 Formulierungsvorschlag:**

*Der Mitgliederversammlung liegt der Entwurf eines Anstellungsvertrags mit dem Vorstandsmitglied ... vor. Die Mitgliederversammlung beschließt, diesen Anstellungsvertrag mit Herrn ... zu schließen. Der Vorstandsvorsitzende ... wird ermächtigt, diesen mit Herrn ... für den ... e.V. abzuschließen.*

### 5. Mängel der Anstellung

**268** Erfolgt der Abschluss des Anstellungsvertrages durch ein nicht zuständiges Organ oder ohne wirksamen Beschluss, so ist der Anstellungsvertrag unwirksam. Der Anstellungsvertrag wird aber für die Zeit der Tätigkeit des Vorstandsmitgliedes als wirksam betrachtet. Es handelt sich um ein faktisches Dienstverhältnis. Das für den Abschluss des Anstellungsvertrages zuständige Vereinsorgan – also regelmäßig die Mitgliederversammlung – kann ein solches fehlerhaftes Dienstverhältnis aber jederzeit beenden.[503] Ferner ist das Vorstandsmitglied berechtigt, sein Amt niederzulegen.[504] Die Beendigungswirkung tritt nicht rückwirkend (ex tunc), sondern ab dem Zeitpunkt der Beendigungserklärung ein (ex nunc). Bis zu dahin hat das Vorstandsmitglied Anspruch auf die im fehlerhaften Dienstvertrag vereinbarte Vergütung.[505] Dieser Anspruch umfasst auch

---

[502] BGH, Urt. v. 21.1.1991 – II ZR 144/90, NJW 1991, 1727, 1728; MünchKommBGB/*Reuter*, § 27 Rn. 6.

[503] BGH, Urt. v. 21.1.1991 – II ZR 144/90, NJW 1991, 1727, 1730; **a.A.** MünchKommBGB/*Reuter*, § 27 Rn. 6, der dieses Recht nur dem betroffenen Vorstandsmitglied zubilligt.

[504] MünchKommBGB/*Reuter*, § 27 Rn. 6.

[505] BGH, Urt. v. 21.1.1991 – II ZR 144/90, NJW 1991, 1727; Fleischer/*Thüsing*, § 4 Rn. 137 für die AG.

E. Vorstand

bereits verdiente Übergangs- und Ruhegelder.[506] Zur Beendigung der Anstellung ist nicht der Vorstand (als Kollektivorgan) oder ein nicht betroffenes Vorstandsmitglied berechtigt. Das betroffene Vorstandsmitglied selbst kann die Anstellung vergleichbar der Mitgliederversammlung beenden.

### 6. Vertragsänderungen

Auch die Änderung eines Anstellungsvertrages setzt einen **Beschluss der Mitgliederversammlung** oder des nach Satzung für die Anstellung des Vorstandes zuständigen Vereinsorgans voraus. Ohne einen solchen Beschluss ist eine Vertragsänderung nicht möglich. Aus diesem Grund kann sich eine Vertragsänderung auch nicht nach den Grundsätzen der **betrieblichen Übung** oder der **konkludenten Gewährung einer Leistung**[507] ergeben, obwohl diese im Anstellungsvertrag nicht vorgesehen waren.[508] Hierdurch würde die Beschlusskompetenz der Mitgliederversammlung übergangen. 269

Der Verein ist jedoch ebenso wenig wie das Vorstandsmitglied berechtigt, einseitig abweichende Regelungen festzulegen. Hierzu bedarf es einer Änderungsvereinbarung zwischen Verein und Vorstand oder aber einer Änderungskündigung. Letztere wird in den Fällen, in denen der Anstellungsvertrag für eine feste Laufzeit vereinbart wurde, nur in Ausnahmefällen, z.B. Gehaltsreduzierung bei drohender Insolvenz, als außerordentliche Änderungskündigung zulässig sein. 270

### XI. AGB-Kontrolle des Anstellungsvertrages

#### 1. Anstellungsverträge als allgemeine Geschäftsbedingungen

Anstellungsverträge mit Vorstandsmitgliedern sind einer gerichtlichen Überprüfung nicht generell entzogen. Handelt es sich um einen Textentwurf des Vereins – was der Regelfall sein dürfte – und nicht um individuell ausgehandelte Vereinbarungen, kann es sich um allgemeine Geschäftsbedingungen handeln. 271

Allgemeine Geschäftsbedingungen sind gemäß § 305 Abs. 1 BGB grundsätzlich alle für eine Vielzahl von Verträgen vorformulierten Vertragsbedingungen, die eine Vertragspartei der anderen bei Vertragsabschluss stellt. Vertragsbedingungen gelten als vorformuliert, wenn sie bereits vor dem Vertragsabschluss fertig formuliert, schriftlich oder „im 272

---

[506] BGH, Urt. v. 23.10. 1975 – II ZR 90/73, NJW 1976, 145 für die GmbH; Fleischer/*Thüsing*, § 4 Rn. 137 für die AG.
[507] Vgl. hierzu aktuell: BAG, Urt. v. 21.4. 2010 – 10 AZR 163/09, NZA 2010, 808.
[508] für den Geschäftsführer einer GmbH: OLG Düsseldorf, Urt. v. 23.12. 1999 – 6 U 119/99, NZA-RR 2000, 184.

*1. Teil Rechtsfähige Vereine*

Kopf" des Verwenders[509], vorliegen, um in künftige Verträge einbezogen zu werden.[510] Vertragsbedingungen sind für eine Vielzahl von Verträgen bereits dann vorformuliert, wenn ihre dreimalige Verwendung beabsichtigt ist.[511]

**273** Vorstandsmitglieder von Vereinen werden bei der Vereinbarung ihres Anstellungsvertrages – wie Arbeitnehmer – als Verbraucher angesehen.[512] Anstellungsverträge zwischen Vereinen und ihren Vorständen sind daher Verbraucherverträge. Gemäß § 310 Abs. 3 Nr. 1 BGB gelten bei Verbraucherverträgen die Vertragsbedingungen stets als vom Unternehmer – hier dem Verein – gestellt, es sei denn, dass sie durch den Verbraucher – also dem künftigen Vorstandsmitglied – in den Vertrag eingeführt wurden. Ferner ermöglicht § 310 Abs. 3 Nr. 2 BGB eine umfassende Inhaltskontrolle solcher Anstellungsverträge auch in dem Fall, dass die vorformulierten Vertragsbedingungen nur zur einmaligen Verwendung bestimmt sind und der Vorstand auf Grund der Vorformulierung auf deren Inhalt keinen Einfluss nehmen konnte.

### 2. Möglichkeit der Einflussnahme auf den Vertragsinhalt

**274** Einer AGB-Kontrolle entzogen sind damit nur solche Anstellungsverträge, die das (künftige) Vorstandsmitglied selbst erstellt hat, bzw. solche, auf deren Inhalt es Einfluss nehmen konnte. Eine solche Einflussmöglichkeit setzt voraus, dass der Vertrag „ausgehandelt" wurde.[513] Davon kann nur dann ausgegangen werden, wenn der Verein den in seinem Entwurf eines Anstellungsvertrages enthaltenen gesetzesfremden Kerngehalt inhaltlich ernsthaft zur Disposition stellt und dem (zukünftigen) Vorstandsmitglied erkennbar Gestaltungsfreiheit zur Wahrung eigener Interessen eingeräumt hat, mit der Möglichkeit, die inhaltliche Ausgestaltung der Vertragsbedingungen zu beeinflussen.[514] Das bloße Einräumen von Wahlmöglichkeiten genügt nicht dem Kriterium der Abänderungsbereitschaft. Ebenso wenig reicht es aus, dass der Verein eine Vertragsklausel bei ablehnender Haltung des künftigen Vorstandsmitgliedes zu Gunsten einer anderen, ebenfalls vorgefertigten Vertragsklausel entfallen lässt.[515] Aber nicht

---

[509] MünchKommBGB/*Basedow*, § 305 Rn. 13.
[510] Bspw. MünchKommBGB/*Basedow*, § 305 Rn. 13; *Grobys*, DStR 2002, 1002, 1003.
[511] BAG, Urt. v. 28.5. 2009 – 8 AZR 896/07, NZA 2009, 1337; BAG, Urt. v. 1.3. 2006 – 5 AZR 363/05, NZA 2006, 746.
[512] BAG, Urt. v. 19.5. 2010 – 5 AZR 253/09, NZA 2010, 939; BGH, Urt. v. 28.6. 2000 – VIII ZR 240/99, NJW 2000, 3133, 3135 f.; MünchKommBGB/*Micklitz*, § 13 Rn. 49 mwN; Palandt/*Ellenberger*, § 13 BGB Rn. 3; a.A. *Grobys*, DStR 2002, 1002, 1005.
[513] BAG, Urt. v. 18.12. 2008 – 8 AZR 81/08, NZA-RR 2009, 519 mwN.
[514] St. Rspr., vgl. BAG, Urt. v. 19.5. 2010 – 5 AZR 253/09, NZA 2010, 939; BGH, Urt. v. 3.11. 1999 – VIII ZR 269/98, NJW 2000, 1110; s. hierzu auch *Miethaner*, NJW 2010, 3121 f.
[515] BGH, Urt. v. 3.7. 1985 – IVa ZR 246/83, NJW-RR 1986, 54.

## E. Vorstand

jedes Entgegenkommen des Vereins bei bestimmten Vertragsklauseln führt bereits zur Annahme einer der Inhaltskontrolle entzogenen Individualabrede. Gibt der Verein bei der Frage der Höhe einer vereinbarten Vertragsstrafe nach, so handelt es sich nach Ansicht des BGH immer noch um eine vom Verein gestellte Klausel, solange der Verein nicht die Vertragsstrafenklausel insgesamt zur Disposition gestellt hat.[516]

Die Beweislast dafür, dass bei einer Vertragsklausel, die nur zu einer einmaligen Verwendung bestimmt war, für das Vorstandsmitglied eine Möglichkeit der Einflussnahme bestanden hat, trägt im Rahmen der abgestuften Darlegungs- und Beweislast zunächst die Gesellschaft, wenn sich das Organmitglied auf eine fehlende Einflussmöglichkeit beruft.[517] Dieser Beweis wird nur selten gelingen.[518]

275

### 3. Allgemeine Anforderungen an AGB

Klauseln in vorformulierten Anstellungsverträgen dürfen **nicht überraschend** sein. Ferner dürfen sie den Vertragspartner **nicht unangemessen benachteiligen**. Dazu gehört auch, dass die verwendeten Klauseln **transparent und bestimmt** sind. Vorformulierte Vertragsklauseln sind unwirksam, die nach den Umständen, insbesondere nach dem äußeren Erscheinungsbild des Vertrags, so ungewöhnlich sind, dass der Vertragspartner des Verwenders mit ihnen nicht zu rechnen braucht, § 305c Abs. 1 BGB.

276

Unzulässig ist es, eine Klausel im Vertrag zu verstecken, sie also an Stellen im Vertrag zu positionieren, an denen der Vertragspartner sie nicht vermuten würde. Es sollte daher vermieden werden, Klauseln unter „Sonstiges" abzulegen.[519] Das betrifft z.B. Verfallklauseln. Eine Vertragsklausel kann auch dann überraschend und folglich unwirksam sein, wenn durch die Gestaltung des ganzen Vertrages versucht wurde, von ihr abzulenken. In Anstellungsverträgen sollte daher auf Fettschrift, Unterstreichungen und sonstigen Hervorhebungen bestimmter Vertragsteile verzichtet werden. Sie können den Anschein erwecken, der Verein wolle das künftige Vorstandsmitglied von anderen, wichtigen Klauseln ablenken.

277

Vertragsklauseln in vorformulierten Anstellungsverträgen sind auch dann unwirksam, wenn sie den Vertragspartner des Verwenders entgegen den Geboten von Treu und Glauben **unangemessen benachteiligen**. Eine solche unangemessene Benachteiligung kann sich auch daraus ergeben, dass die Bestimmung nicht klar und verständlich ist. So verpflichtet das **Transparenzgebot** den Verein als Verwender, seine Vertragsklauseln so zu gestalten, dass selbst ein sorgfältiger, juristisch nicht vorgebildeter Leser in der Lage ist, den Inhalt der Klausel zu erfassen.[520] Die Rechte und

278

---

[516] *Miethaner*, NJW 2010, 3121, 3122.
[517] BAG, Urt. v. 25.5. 2005 – 5 AZR 572/04, NZA 2005, 1111.
[518] Vgl. hierzu *Grobys*, DStR 2002, 1002, 1004; *Miethaner*, NJW 2010, 3121, 3127.
[519] *Haas/Fuhlrott*, NZA-RR 2010, 1, 2 mwN.
[520] BGH, Urt. v. 24.11. 1988 – III ZR 188/87, NJW 1989, 222; BGH, Urt. v. 24.3. 1999 – IV ZR 90/98, NJW 1999, 2279.

Pflichten der Vertragsparteien müssen so klar und verständlich wie möglich beschrieben werden[521], so dass der Vertragspartner aus Laiensicht die Folgen eines bestimmten Verhaltens konkret ableiten kann.[522] Die Klausel darf auch nicht zu einer gravierenden Ungleichgewichtung der widerstreitenden Interessen der Vertragsparteien führen.

### 4. Bereichsausnahme für das Arbeits- und Dienstvertragsrecht

279 In Bezug auf Arbeitsverträge schränkt der Gesetzgeber die AGB-Kontrolle insoweit ein, als dass gemäß § 310 Abs. 4 S. 2 BGB „die im Arbeitsrecht geltenden Besonderheiten angemessen zu berücksichtigen" sind. Zwar beschränkt sich die Bereichsausnahme nach ihrem Wortlaut auf Arbeitsverhältnisse. Indessen würde das zu dem wenig nachvollziehbaren Ergebnis führen, dass mit Arbeitnehmern bspw. eine Vertragsstrafe für den Fall der widerrechtlichen Lösung des Arbeitsvertrages vereinbart werden könnte, mit Organen, die in einem Dienstverhältnis – und nicht in einem Arbeitsverhältnis stehen – gemäß § 306 Nr. 6 BGB indessen nicht.[523] Ferner hat die Rechtsprechung auch bislang die Rechtskontrolle von Anstellungsverträgen mit Organen juristischer Personen anhand der Gesetzes- oder Sittenwidrigkeit gemäß §§ 134, 138 BGB vorgenommen.[524] Eine Inhaltskontrolle nach AGB-Grundsätzen erfolgte soweit ersichtlich allenfalls hilfsweise. Die Bereichsausnahme hinsichtlich der „Besonderheiten des Arbeitsrechts" erstreckt sich damit auch auf Anstellungsverträge, die keine Arbeitsverträge sind.[525]

### XII. Inhalt und Gestaltung der Anstellungsverträge

#### 1. Tätigkeit und Vertragsbeginn

280 Das Vorstandsmitglied schuldet aufgrund des Anstellungsvertrages eine Tätigkeit als Vorstand des Vereins.[526] Verletzt er diese Pflicht, z.B. durch eine Amtsniederlegung zur Unzeit, macht er sich schadenersatzpflich-

---

[521] BAG, Urt. v. 25.9. 2008 – 8 AZR 717/07, NZA 2009, 370; BGH, Urt. v. 9.5. 2001 – IV ZR 121/00, NJW 2001, 2014, 2016; BGH, Urt. v. 19.10. 1999 – XI ZR 8/99, NJW 2000, 651.
[522] BAG, Urt. v. 25.9. 2008 – 8 AZR 717/07, NZA 2009, 370.
[523] Vgl. dazu auch *Thüsing*, NZA 2002, 591, 592.
[524] Vgl. bspw. zu nachvertraglichen Wettbewerbsverboten: BGH, Urt. v. 26.3. 1984 – II ZR 229/83, NJW 1984, 2366; OLG Nürnberg, Urt. v. 25.11. 2009 – 12 U 681/09, ZIP 2010, 331, BeckRS 2010, 01746; OLG München, Urt. v. 19.11. 2008 – 7 U 1882/08, BeckRS 2009, 25678; bei Konkurrenzverbot: OLG Oldenburg, Urt. v. 17.2. 2000 – 1 U 155/99; s.a. BGH, Urt. v. 3.7. 2000 – II ZR 282/98, NJW 2000, 2983: s.a. *Grobys*, DStR 2002, 1002, 1004.
[525] *Bauer*, III. 1. Rn. 3e; **a.A.** MünchKommBGB/*Basedow*, § 310 Rn. 97; *Hoffmann/Liebs* Rn. 2044.
[526] S. Rn. 211.

## E. Vorstand

tig.[527] Im Anstellungsvertrag sollte diese Verpflichtung des Vorstandsmitgliedes kurz dargestellt werden. Ferner bietet es sich an, zur Konkretisierung auf Regelungen der Satzung, einer etwaigen Geschäftsordnung für den Vorstand und auch auf etwaige Compliancevorgaben hinzuweisen. Eine wörtliche Wiedergabe von Satzungsregelungen ist nicht erforderlich und hätte wohl auch nur deklaratorischen Charakter, da sich der Anstellungsvertrag nach der Satzung richtet und nicht umgekehrt. Ferner kann sich die Satzung auch jederzeit ändern.

Im Anstellungsvertrag sollte geregelt sein, wann dieser zu laufen beginnt. Da ohne abweichende Satzungsregelung für Bestellung und Anstellung die Mitgliederversammlung zuständig ist, wird in der Regel der Beginn des Anstellungsvertrages mit dem Beginn der Organstellung gleichlaufen. In den Konstellationen, in denen die Kompetenzen indessen auseinanderfallen (z.B. Zuständigkeit der Mitgliederversammlung für die Bestellung/Abberufung und Zuständigkeit eines Beirats für die Anstellung) sollte auf eine Klausel zur Klarstellung des Vertragsbeginns nicht verzichtet werden. Empfehlenswert ist eine Klausel, wonach der Anstellungsvertrag mit Bestellung zum Vorstandsmitglied zu laufen beginnt. 281

**Klauselvorschlag:** 282

*Der Verein beabsichtigt, Herrn ... mit Wirkung ab dem ........ 20... zum Mitglied des Vorstands zu bestellen. Der vorliegende Vertrag tritt mit dem Zeitpunkt der Bestellung zum Vorstandsmitglied in Kraft.*

oder

*Die Mitgliederversammlung hat Herrn ... am ........ 20... mit sofortiger Wirkung zum Mitglied des Vorstands bestellt. Der vorliegende Vertrag gilt rückwirkend ab dem Zeitpunkt der Bestellung zum Vorstandsmitglied.*

Ferner kann die Satzung Regelungen enthalten, wonach zwar der Beirat für die Anstellung der Vorstandsmitglieder zuständig ist, aber stets die Zustimmung bspw. eines Kuratoriums notwendig ist. Auch hier sollte an den Fall gedacht werden, dass das Kuratorium seine Zustimmung verweigert. Um keinen Vertrauenstatbestand zu schaffen, sollte im Anstellungsvertrag klargestellt werden, dass dieser zu seiner Wirksamkeit ggf. noch der Zustimmung des Kuratoriums bedarf. 283

**Klauselvorschlag:** 284

*Die Wirksamkeit dieses Vertrages ist von der Zustimmung des Kuratoriums abhängig. Der Beirat/der Vorstand wird Herrn ... unverzüglich über die Entscheidung des Kuratoriums informieren.*

Der Anstellungsvertrag ist von der Bestellung getrennt zu betrachten. So kann die Bestellung bspw. widerrufen werden, ohne dass davon der Anstellungsvertrag unmittelbar betroffen wäre. Denkbar wäre, dass die 285

---

[527] S. dazu Rn. 211.

Bestellung mit sofortiger Wirkung vom Verein widerrufen wird und die Anstellung erst mit Ablauf der vereinbarten Vertragsdauer oder unter Einhaltung einer Kündigungsfrist endet. Da das Vorstandsmitglied nur die Tätigkeit als Vorstand schuldet, läuft der Verein in diesen Fällen Gefahr, den Anstellungsvertrag bis zu seinem Ende erfüllen zu müssen (also die Vergütung zu zahlen und ggf. einen Dienstwagen zur Verfügung zu stellen) ohne in den Genuss der Dienste des abberufenen Vorstandsmitgliedes zu kommen. Hier bieten sich aus Sicht des Vereins verschiedene Klauseln zur Vermeidung bzw. Reduzierung dieses Risikos an:

- Vereinbarung einer Kopplungsklausel, die eine automatische Beendigung des Anstellungsverhältnisses (ggf. unter Einhaltung der Kündigungsfrist) vorsieht (s. dazu ausführlich Rn. 474 ff.); aus Sicht des Vorstandsmitgliedes ist eine solche Klausel natürlich weniger wünschenswert, so dass das Vorstandsmitglied zumindest auf eine lange Kündigungsfrist drängen sollte;
- Möglichkeit der Zuweisung von Leitungstätigkeiten unterhalb der Organebene im Falle der Abberufung bis zum Ende des Anstellungsverhältnisses (s. Formulierungsvorschlag Rn. 286); verweigert das Vorstandsmitglied eine solche, ihm zumutbare Tätigkeit, verliert er seinen Vergütungsanspruch und riskiert die außerordentliche, fristlose Kündigung des Anstellungsvertrages; ein Arbeitsvertrag entsteht dadurch regelmäßig nicht[528];
- Möglichkeit der Freistellung unter Fortzahlung der Vergütung im Falle der Abberufung bis zum Ende des Anstellungsverhältnisses (s. hierzu ausführlich Rn. 372 ff.).

**286 Klauselvorschlag für Weiterbeschäftigung nach Abberufung:**

*Der Verein ist berechtigt, Herrn ... im Falle des Widerrufs der Bestellung zum Mitglied des Vorstandes bis zur Beendigung dieses Anstellungsvertrages andere Tätigkeiten unterhalb der Organebene zuzuweisen, soweit sie der beruflichen Ausbildung und Erfahrung des Herrn ... angemessen und ihm zumutbar sind. Eine Reduzierung der Vergütung gemäß Ziffer ... erfolgt dadurch nicht.*

### 2. Arbeitszeit

**287 a) Allgemeines.** Vorstandsmitglieder nehmen Arbeitgeberaufgaben wahr. Den Beschränkungen des Arbeitszeitgesetzes unterliegt ihre Tätigkeit auch dann nicht, wenn sie sozialversicherungsrechtlich Beschäftigte sind.[529] Bei der Beschäftigung des Vorstandsmitgliedes muss also weder eine tägliche Höchstarbeitszeit noch eine bestimmte durchschnittliche wöchentliche Arbeitszeit beachtet werden. Es ist ferner nicht erforderlich,

---

[528] S. Rn. 480 f.
[529] *Buschmann/Ulber*, § 2 Rn. 21.

## E. Vorstand

Zuschläge oder Freizeitausgleich für Nachtarbeit zu leisten. Ebenso wenig bestehen für Vorstandsmitglieder Beschränkungen hinsichtlich der Tätigkeit an Sonn- und Feiertagen.

Für den angestellten Vorstand sollte zunächst Klarheit zwischen Vorstand und Verein bestehen, ob die geschuldete Vorstandstätigkeit die gesamte Arbeitskraft des Vorstandsmitgliedes beanspruchen soll, oder ob die Vorstandstätigkeit lediglich als Teilzeittätigkeit ausgestaltet sein soll. In großen Vereinen wird der Vorstand regelmäßig in Vollzeit tätig werden. In kleineren Vereinen kann sich die Tätigkeit auf bestimmte Wochentage oder ein paar Stunden pro Tag beschränken. Dieser Aspekt ist sowohl bei der Bemessung der zu vereinbarenden Vergütung als auch bei der Frage der Zulässigkeit von weiteren Tätigkeiten durch das Vorstandsmitglied für Dritte entscheidend. 288

In größeren Vereinen wird regelmäßig (stillschweigend) eine Tätigkeit des Vorstandsmitgliedes in Vollzeit gewünscht sein. Aufgrund der Stellung der Vorstandsmitglieder als Arbeitgeber, wird von ihnen nicht lediglich die Ableistung einer bestimmten Wochenstundenzahl verlangt werden. Sie schulden in diesem Fall vielmehr einen zeitlich durchaus darüber hinausgehenden Einsatz für den Verein. Sie haben die gesamte Arbeitskraft dem Verein zu widmen. In Anstellungsverträgen ist es daher eher unüblich, eine feste Stundenzahl zu vereinbaren. 289

**Klauselvorschlag:** 290

*Herr ... wird seine ganze Arbeitskraft, Erfahrungen und Kenntnisse dem Verein zur Verfügung stellen. An eine bestimmte Arbeitszeit ist er nicht gebunden. Er ist gehalten, jederzeit, wenn und soweit das Wohl des Vereins es erfordert, zur Dienstleistung zur Verfügung zu stehen.*

In kleineren Vereinen wird die Tätigkeit des Vorstandes nicht in Vollzeit notwendig sein. Um Schwierigkeiten bei der Vergütung – insbesondere bei der Frage von Überstunden zu vermeiden – empfiehlt es sich, in diesen Konstellationen eine genaue Regelung zum Umfang der geschuldeten Tätigkeit in den Anstellungsvertrag aufzunehmen. 291

**Klauselvorschlag:** 292

*Die Wochenarbeitszeit beträgt in der Regel ... Stunden. Arbeitstage sind die Tage von ... bis .... Die tägliche Arbeitszeit richtet sich nach den Bedürfnissen des Vereins. Herr ... verpflichtet sich, im Falle der Erforderlichkeit über die vertraglich vereinbarte Arbeitszeit hinaus zu arbeiten bzw. an Sonn- und Feiertagen zu arbeiten.*[530]

**b) Pauschale Abgeltung von Überstunden.** Anders als mit Arbeitnehmern kann mit Mitgliedern des Vorstands des Vereins im Anstellungsvertrag die pauschale Abgeltung von Überstunden vereinbart werden. Das gilt jedenfalls dann, wenn das Vorstandsamt hauptberuflich ausgeübt wird 293

---

[530] Zur Vergütung von Überstunden s. Rn. 293 ff.

*1. Teil Rechtsfähige Vereine*

und das Vorstandsmitglied eine angemessene Vergütung erhält. In diesem Fall kann die Regelung zur pauschalen Abgeltung von Überstunden auch in einem vorformulierten Anstellungsvertrag vorgesehen sein. Selbst ohne eine vertragliche Regelung, hat das Vorstandsmitglied regelmäßig keinen Anspruch auf Vergütung seiner Überstunden.[531]

294 Für Vorstandsmitglieder, die lediglich in Teilzeit für den Verein tätig werden, kann sich jedoch ein Vergütungsanspruch für Überstunden ergeben, wenn diese in erheblichem Umfang anfallen. In diesem Fall bietet sich an, eine Regelung zum Umgang mit Überstunden zu vereinbaren.

295 **Klauselvorschlag:**

*Mit dem Gehalt abgegolten sind Überstunden, Mehrarbeit, Nachtarbeit, Samstags-, Sonn- und Feiertagsarbeit (nachfolgend Überstunden genannt) soweit sie (i) im Interesse des Vereins notwendig sind und (ii) insgesamt 15 % der vereinbarten monatlichen Arbeitszeit nicht überschreiten. Darüber hinaus werden Überstunden, soweit sie notwendig sind, durch bezahlte Freizeit abgegolten. Überstunden sollen binnen eines Zeitraums von sechs Monaten in Freizeit ausgeglichen werden. Sollte dies ausnahmsweise aus betrieblichen Gründen nicht möglich sein, wird der Ausgleich in Entgelt erfolgen.*

### 3. Vergütung

296 a) **Allgemeines.** Das Vereinsrecht sieht in § 27 Abs. 3 BGB grundsätzlich die unentgeltliche Amtsausübung der Vorstandsmitglieder vor. Danach soll die Tätigkeit des Vorstands im Rahmen eines Auftrages, nicht jedoch im Rahmen eines Anstellungsverhältnisses ausgeübt werden. Von diesem Grundsatz kann im Verein jedoch durch entsprechende Satzungsregelung abgewichen werden (vgl. § 40 BGB).

297 Wird zwischen dem Vorstand und dem Verein (ggf. konkludent) ein Dienstverhältnis begründet[532], so ist das Vorstandsmitglied aus diesem Dienstverhältnis heraus zur Leistung der geschuldeten Dienste, mithin der Ausübung der Vorstandstätigkeit, verpflichtet. Der Verein ist zur Gewährung der vereinbarten Vergütung verpflichtet. Diese Vergütung wird in erster Linie in einer Geldleistung bestehen. Sie kann jedoch grundsätzlich auch in Naturalien bestehen.

298 Der Anstellungsvertrag sollte eine Regelung zur **Fälligkeit der Vergütung** enthalten. Fehlt eine explizite Regelung zur Fälligkeit, bestimmt § 614 BGB, dass die Vergütung bei monatlicher Zahlung zum Ende eines Monats zu entrichten ist.

---

[531] Für den Vorstand einer AG: MünchKommAktG/*Spindler*, § 84 Rn. 95; für den Geschäftsführer einer GmbH: OLG Dresden, Urt. v. 5.12. 1996 – 7 U 1338/96, NJW-RR 1997, 1535; Baumbach/Hueck/*Zöllner/Noack*, § 35 GmbHG Rn. 182; Roth/Altmeppen/*Altmeppen*, § 6 GmbHG Rn. 84.
[532] S. hierzu auch Rn. 224.

## E. Vorstand

**b) Angemessenheit der Vergütung.** Sofern die Satzung nicht bereits eine Vergütungsart und Höhe festlegt, kann die Vergütung im Anstellungsvertrag des Vorstandsmitglieds grundsätzlich frei bestimmt werden.[533] Zur Überlassung eines Dienstwagens auch zur privaten Nutzung s. Rn. 319 ff. 299

Die Satzung des Vereins kann für den Vorstand eine „angemessene Vergütung" vorsehen. Gewährt der Verein dem Vorstand eine Vergütung, die nicht angemessen ist, stellt dies einen Verstoß gegen die Satzung dar. Ist die Vergütung unangemessen hoch, ist der Vorstand zur Rückzahlung des nicht mehr angemessenen Teils der Vergütung an den Verein verpflichtet. Die Entgegennahme einer, entgegen der Satzungsregelung nicht angemessenen Vergütung durch den Vorstand stellt ferner auch eine Pflichtverletzung dar, die zu Schadenersatzansprüchen des Vereins führen können, wenn das Vorstandsmitglied die Unangemessenheit der Vergütung kannte oder kennen musste.[534] Eine unangemessen niedrige Vergütung kann Nachforderungen seitens des Vorstandsmitglieds auslösen. Ob die Vergütung angemessen ist, kann durch ein Gericht in einem Rechtsstreit vollumfänglich nachgeprüft werden.[535] Enge Vorgaben und Grenzen, wie sie bspw. § 87 AktG für Vorstände einer Aktiengesellschaft enthält, kennt das Vereinsrecht nicht.  300

Sieht die Satzung nicht lediglich die ehrenamtliche Tätigkeit des Vorstands vor und haben die Parteien bei Bestellung des Vorstandsmitglieds in sein Amt die Vergütungshöhe nicht geregelt, kann das Vorstandsmitglied dennoch Anspruch auf eine Vergütung haben. Eine Vergütung gilt als stillschweigend vereinbart, wenn die geschuldete Dienstleistung den Umständen nach nur gegen eine Vergütung zu erwarten ist (§ 612 Abs. 1 BGB). Ob die Zahlung einer Vergütung den Umständen nach zu erwarten ist, ist anhand der objektiven Sachlage zu ermitteln.[536] Anhaltspunkt bieten hier die Verkehrssitte sowie Art und Umfang der auszuübenden Tätigkeit als Vorstandsmitglied. Hinsichtlich des Beurteilungskriteriums Verkehrssitte ist zunächst festzuhalten, dass – wie bereits dargestellt – vom Grundsatz der Unentgeltlichkeit der Vorstandstätigkeit für den Verein ausgegangen wird. Selbst bei großen Vereinen ist keineswegs stets von einem Anstellungsverhältnis der Vorstandsmitglieder auszugehen. So werden bei einigen großen Wirtschaftsverbänden die Vorstandsmitglieder von den Mitgliedsunternehmen entsandt. Es handelt sich in der Regel um deren Vorstände oder Geschäftsführer. Sie üben die Tätigkeit in dem Wirtschaftsverband ehrenamtlich aus. Erst auf der Ebene der Geschäftsführer und sonstigen Mitglieder liegen Anstellungsverhältnisse mit Vergütungsabreden vor.[537] Als entscheidende Kriterien werden daher in der Regel die 301

---

[533] Zu den Besonderheiten bei einem gemeinnützigen Verein s. Rn. 306; zum Problem der verdeckten Gewinnausschüttung s. Rn. 302.
[534] Münch. Hdb. GesR V/*Waldner*, § 27 Rn. 8.
[535] BGH, Urt. v. 24.10.1989 – X ZR 58/88, NJW-RR 1990, 349, 350; Sauter/Schweyer/Waldner/*Waldner/Wörle-Himmel*, Rn. 288.
[536] Schaub/*Vogelsang*, § 66 Rn. 14.
[537] Vgl. hierzu bspw. *Langnickel*, Stiftung&Sponsoring 1/2008, 38 f. für die Stiftung.

Art und der Umfang der Vorstandstätigkeit angesehen werden können. So kann sich bei einem sehr kleinen Verein, der sich bspw. der Förderung von Kultur oder der Deichbeobachtung verschrieben hat, die Vorstandstätigkeit auf wenige Stunden pro Monat beschränken. In diesem Fall wird das jeweilige Vorstandsmitglied noch einer anderen, hauptberuflichen Tätigkeit außerhalb des Vereins nachgehen oder er übt diese Tätigkeit im Ruhestand aus. Ein Anspruch auf Vergütung kann in dieser Konstellation nicht hergeleitet werden. Davon unberührt bleibt jedoch ein etwaiger Anspruch des Vorstandsmitglieds auf Ersatz seiner Aufwendungen. Anders ist die Rechtslage zu beurteilen, wenn sich die Tätigkeit des Vorstands umfassender gestaltet. Greift der Verein nahezu vollständig auf die Arbeitskraft des Vorstandsmitglieds zu, wird hierin regelmäßig ein Dienstverhältnis anzunehmen sein, bei dem auch die Zahlung einer Vergütung zu erwarten ist. Indizien hierfür sind bspw. auch, dass das Vorstandsmitglied neben dieser Tätigkeit keiner anderen Beschäftigung nachgeht bzw. aufgrund der zeitlichen Einbindung in die Vorstandstätigkeit für den Verein sinnvoll nachgehen könnte. Sind diese Kriterien erfüllt, hat das Vorstandsmitglied Anspruch auf Vergütung gegenüber dem Verein. Die Höhe der Vergütung richtet sich folglich danach, welche Vergütung für die ausgeübte Tätigkeit als üblich anzusehen ist. Zur Ermittlung der in diesem Fall geschuldeten üblichen Vergütung ist ein Vergleich mit anderen gleichgroßen und von der Zwecksetzung vergleichbaren Vereinen der Region vorzunehmen. Die Darlegungs- und Beweislast für die Höhe der üblichen Vergütung liegt dabei beim Vorstandsmitglied. Er muss die Indizien für die Berechnung der Vergütung vortragen und unter Beweis stellen. Ferner sind bei der Ermittlung der Vergütung die Dauer der Tätigkeit, das Dienstalter und die Erfahrung des Vorstandsmitglieds zu berücksichtigen.[538] Lässt sich eine übliche Vergütung nicht bestimmen, ist die Vergütung nach billigem Ermessen festzulegen. Dabei ist das Vorstandsmitglied als Gläubiger der Vergütung zur Festlegung der Vergütung ermächtigt. Hierbei ist jedoch eine Überprüfung durch die Gerichte möglich.[539]

**302 c) Problem der verdeckten Gewinnausschüttung.** Problematisch kann eine hohe Vergütung in steuerrechtlicher Hinsicht für Vorstandsmitglieder werden, die auch Vereinsmitglieder sind. Eine unangemessen hohe Vergütung kann eine sogenannte verdeckte Gewinnausschüttung i.S.d. § 8 Abs. 3 Satz 2 KStG darstellen. Solche verdeckten Gewinnausschüttungen mindern nicht das steuerpflichtige Einkommen des Vereins. Verdeckte Gewinnausschüttungen i.S.d. § 8 Abs. 3 S. 2 KStG kommen auch bei Vereinen in Betracht.[540] Es sind bei ihnen die Minderungen oder verhinderten Mehrungen ihres Vermögens, die sich auf das Einkommen auswirken, die in keinem Zusammenhang mit offenen Gewinnausschüttungen stehen und

---

[538] ErfK/*Preis*, § 612 BGB Rn. 37.
[539] BGH, Urt. v. 24.10. 1989 – X ZR 58/88, NJW-RR 1990, 349, 350; MünchKommBGB/*Müller-Glöge*, § 612 Rn. 31.
[540] BFH, Beschl. v. 8.8. 2001 – I B 40/01, DStRE 2001, 1301.

E. Vorstand

durch das Mitgliedschaftsverhältnis veranlasst sind. Eine Veranlassung durch das Mitgliedschaftsverhältnis ist anzunehmen, wenn der Verein einem Mitglied einen Vermögensvorteil zuwendet, den ein ordentlicher und gewissenhafter Vereinsvorstand einem Nichtmitglied nicht gewährt hätte.[541] Eine verdeckte Gewinnausschüttung kommt also nur bei solchen Vorstandsmitgliedern in Betracht, die Mitglied des Vereins sind.

Vor einer verdeckten Gewinnausschüttung schützen auch keine „Steuerklauseln" im Anstellungsvertrag. Solche Klauseln sehen eine Rückzahlungsverpflichtung des unangemessenen Vergütungsteils vor. Auf diese Weise wird versucht, die verdeckte Gewinnausschüttung rückabzuwickeln.[542] Eine verdeckte Gewinnausschüttung kann dadurch aber nicht rückgängig gemacht werden.[543]

303

Eine angemessene Vergütung für ein Vorstandsmitglied eines Vereins setzt zunächst die **Möglichkeit der Gewährung einer Vergütung an den Vorstand in der Vereinssatzung** voraus.[544] Nimmt nach der Satzung der Vorstand seine Aufgaben ehrenamtlich wahr, wäre eine gleichwohl gewährte Vergütung eine verdeckte Gewinnausschüttung. Die Vereinsmittel würden in diesem Fall nicht satzungsgemäß verwendet werden. Ferner bedarf es für den Vergütungsanspruch einer **vertraglichen Grundlage**.[545] Diese muss nicht schriftlich vereinbart sein. Auch eine mündliche Zusage genügt, ist aber aus Beweisgründen nicht zu empfehlen.

304

Ob die Vergütung im Einzelfall angemessen ist oder die Grenzen der Angemessenheit überschreitet, kann durch einen Fremdvergleich herausgefunden werden. Es muss sich also um eine Vergütung handeln, die auch in vergleichbaren Einrichtungen üblich ist.[546] Ferner sind der Umfang, die Schwierigkeit und die Verantwortung der Vorstandstätigkeit heranzuziehen.

305

**d) Sonderfall: Gemeinnützigkeit.** Schwieriger gestaltet sich die Bemessung der Vorstandsvergütung bei gemeinnützigen Vereinen. Voraussetzung einer Gemeinnützigkeit ist die selbstlose Mittelverwendung. Die Mittel des Vereins müssen zur Erfüllung der satzungsmäßigen Zwecke verwendet werden und dürfen nicht in erster Linie eigenwirtschaftlichen Zwecken dienen. Eine unangemessene Vergütung für Vorstände des gemeinnützigen Vereins stellt einen Verstoß gegen diesen Grundsatz dar.[547]

306

---

[541] BFH, Beschl. v. 8.8. 2001 – I B 40/01, DStRE 2001, 1301; FG Hamburg, Beschl. v. 13.4. 2007 – 5 V 152/06, BeckRS 2007, 26023372 mwN; BMF 14.8. 1987 IV B 7-S 2742-30/87.
[542] Vgl. hierzu *Hoffmann/Liebs*, Rn. 4047; *Tillmann/Mohr*, Rn. 163 jeweils für die GmbH.
[543] BFH, Urt. v. 25.5. 1999 – VIII R 59/97, BStBl. II 2001, 226; BFH, Urt. v. 25.5. 2004 – VIII R 4/01, NZG 2005, 237; *Tillmann/Mohr*, Rn. 163 ff.
[544] *Kolbe*, DStR 2009, 2465, 2467.
[545] *Kolbe*, DStR 2009, 2465, 2467 mwN.
[546] Näher hierzu bspw. *Apel*, AuA 2007, 550 ff.
[547] Pahlke/Koenig/*Koenig*, § 55 AO Rn. 24; FG Hamburg, Beschl. v. 13.4. 2007 – 5 V 152/06, BeckRS 2007 26023372.

*1. Teil Rechtsfähige Vereine*

Das gilt auch für den Gewinn aus einem wirtschaftlichen Geschäftsbetrieb des gemeinnützigen Vereins.[548] Sieht die Satzung des Vereins eine Vergütung für den Vorstand nicht vor, gewährt der Verein aber dennoch eine Vergütung, kann der Verein nicht als gemeinnützig angesehen werden.[549] Eine unverhältnismäßig **hohe Vergütung kann auch in der Gewährung** pauschalierter Aufwandsentschädigungen, zusätzlicher Beratungshonorare, Zuschüsse zur Miete und sonstigen Lebenshaltungskosten, kostenlose Nutzungsmöglichkeit von Vereinsräumlichkeiten[550] zu privaten oder anderweitigen Erwerbszwecken der Vorstandsmitglieder etc. liegen. Zulässig ist der Ersatz von tatsächlichem Aufwand. Das gilt selbst dann, wenn das Vorstandsmitglied unmittelbar vor der Erfüllung des Anspruchs eine Spende in derselben Höhe geleistet hat.[551]

307 Das Einkommensteuerrecht sieht in § 3 Nr. 26a EStG einen allgemeinen Freibetrag für Einnahmen aus nebenberuflichen Tätigkeiten im gemeinnützigen, mildtätigen oder kirchlichen Bereich i. H. von 500,00 € im Jahr vor. Die – satzungsmäßig vorgesehene – Gewährung einer Vergütung in diesem Umfang ist damit nicht unangemessen.

308 Bei der Beurteilung der **Angemessenheit** der Vorstandsvergütung können auch hier die **Grundsätze zur verdeckten Gewinnausschüttung** herangezogen werden.[552] Verdeckte Gewinnausschüttungen verstoßen gegen § 55 Abs. 1 Nr. 1 Satz 2 AO und widersprechen damit der Gemeinnützigkeit des Vereins.[553]

309 Bei Bemessung der Vorstandsvergütung sind ferner – da es auf den konkreten Einzelfall ankommt – der Umfang, die Schwierigkeit und die Verantwortung der Vorstandstätigkeit mit dem Interesse des gemeinnützigen Vereins, einen möglichst hohen Anteil der Mittel unmittelbar und effektiv den gemeinnützigen Zwecken zuzuführen, in Abwägung zu bringen.[554] Angemessen ist ein Ausgabeverhalten, wenn es wirtschaftlich sinnvoll ist und dazu beiträgt, dass ein möglichst hoher Anteil der Mittel unmittelbar und effektiv den hilfsbedürftigen Personen zugutekommt. Je geringer die dem Verein zur Verfügung stehenden Mittel sind, umso geringer muss die Vergütung der Vorstände ausfallen. Die Zahlung von angemessenen Prämien für Werbung von Mitgliedern oder Spenden ist keine zweckfremde Begünstigung,[555] solange der gemeinnützige Verein seine Mittel nicht

---

[548] Blümich/*von Twickel*, § 5 KStG Rn. 138.
[549] BMF-Schr. v. 25.11. 2008, BStBl. I 2008, 985; BMF-Schr. v. 14.11. 2009, BStBl. I 2009, 1318
[550] Pahlke/Koenig/*Koenig*, § 55 AO Rn. 24.
[551] BFH, Urt. v. 3.12. 1996 – I R 67/95, DStRE 1997, 716.
[552] Blümich/*von Twickel*, § 5 KStG Rn. 138; Pahlke/Koenig/*Koenig*, § 55 AO Rn. 24 mwN; *Kolbe*, DStR 2009, 2465, 2466; zur Problematik der verdeckten Gewinnausschüttung s. Rn. 302.
[553] BFH, Beschl. v. 8.8. 2001 – I B 40/01, DStRE 2001, 1301; FG Hamburg, Beschl. v. 13.4. 2007 – 5 V 152/06, BeckRS 2007 26023372 mwN.
[554] Pahlke/Koenig/*Koenig*, § 55 AO Rn. 24 mwN.
[555] Pahlke/Koenig/*Koenig*, § 55 AO Rn. 24 mwN.

überwiegend für **Verwaltungskosten** und **Spendenwerbung** verwendet – z.B. durch sehr umfangreiche Prämien für die Spendenwerbung.[556]

**e) Tantieme.** Neben einer fixen Vergütung kann mit einem Vorstandsmitglied auch die Zahlung einer variablen Vergütung (Tantieme) vereinbart werden. Das betrifft regelmäßig die Fälle, in denen der Verein (zulässiger Weise) einen wirtschaftlichen Geschäftsbetrieb betreibt. Dabei ist jedoch Augenmerk darauf zu legen, dass die variable Vergütung noch im Rahmen des Nebenzweckprivilegs zum wirtschaftlichen Geschäftsbetrieb liegt. Grundsätzlich sollen die Einnahmen des wirtschaftlichen Geschäftsbetriebs der Erfüllung der ideellen Zwecke des Vereins dienen. Damit unvereinbar wäre die Gewährung einer hohen Erfolgsbeteiligung an die Vorstandsmitglieder.[557] Grundsätzlich unbedenklich ist jedoch die Gewährung auch höherer Erfolgsbeteiligungen durch einen ausgegliederten, bspw. in Form eines als Kapitalgesellschaft betriebenen wirtschaftlichen Geschäftsbetriebes. In diesem Fall ist jedoch dieser verselbstständigte, ausgegliederte wirtschaftliche Geschäftsbetrieb Vertragspartner des Vorstandsmitgliedes, wenn dieser auch in diesem wirtschaftlichen Geschäftsbetrieb Aufgaben übernimmt, z.B. als Geschäftsführer. Die Tantiemenzahlung im Idealverein dürfte daher die Ausnahme bleiben.

310

**f) Zielvereinbarungen.** In den Grenzen der vorgenannten Tantiemeabreden sind auch **Zielvereinbarungen** grundsätzlich zulässig. Denkbar – und für den Idealverein eher geeignet – ist jedoch auch die Anknüpfung einer Zielvereinbarung nicht an Einnahmen eines wirtschaftlichen Geschäftsbetriebes, sondern an die Entwicklung der Mitgliederzahlen, der durchgeführten Projekte oder auch an die Höhe der eingeworbenen Spenden etc. Wichtig ist dabei stets die Vereinbarung einer eindeutigen Regelung zu den gesetzten bzw. vereinbarten Zielen und den Voraussetzungen, unter denen das Vorstandsmitglied Anspruch auf Zahlung aus einer Zielvereinbarung haben soll. Im Anstellungsvertrag finden sich dabei zweckmäßigerweise nur die grundlegenden Regelungen zur Zielvereinbarung, nämlich, dass überhaupt eine Zielvereinbarung in Abhängigkeit von der Erreichung bestimmter – z.B. für jedes Geschäftsjahr zu bestimmender – Ziele erfolgen soll.

311

Dabei kann die Regelung vorsehen, dass Ziele für jedes Jahr zwischen Verein und Vereinsvorstand individuell ausgehandelt werden. Die vertragliche Regelung kann jedoch auch die **Vorgabe von Zielen** z.B. durch die Mitgliederversammlung für jedes Jahr vorsehen. Es ist ferner darauf zu achten, dass auch tatsächlich Ziele festgelegt werden. Oftmals wird dies in Folgejahren vergessen. In diesem Fall kann das Vereinsvorstandsmitglied einen Anspruch auf Schadenersatz haben. Besteht die vertragliche Rege-

312

---

[556] Blümich/*von Twickel*, § 5 KStG Rn. 138 mwN.
[557] Zur Problematik der verdeckten Gewinnausschüttung s. Rn. 302; s.a. *Apel*, AuA 2007, 550, 552.

lung in der Vereinbarung von Zielen, muss das Vorstandsmitglied jedoch nachweisen können, dass es seinerseits alles Erforderliche getan hat, um eine Zielvereinbarung mit dem Verein zu schließen. Ein Schadenersatzanspruch des Vereinsvorstandes kann sich auch dann ergeben, wenn sich der Verein als Dienstherr nicht auf Verhandlungen einlässt oder völlig überzogene Ziele vorschlägt.[558]

313 Auch bei Zielvereinbarungen oder Zielvorgaben sollte in den Anstellungsvertrag eine Regelung aufgenommen werden, wie in Fällen des unterjährigen Eintritts oder Ausscheidens des Vorstandsmitglieds verfahren werden soll und in welcher Form die Zielerreichung festgestellt wird.

314 **g) Jahressonderzuwendungen.** Grundsätzlich zulässig, wenn auch in Vorstandsverträgen eher ungewöhnlich, sind Vereinbarungen über Jahressonderzuwendungen (z.B. Weihnachtsgeld). Sofern der Verein seinem Vereinsvorstand entsprechende Leistungen zuwenden will, sollte zunächst die Grundfrage geklärt werden, ob sich der Verein auch für die Zukunft binden will, d.h. dem Vorstandsmitglied einen Anspruch auf die entsprechende, jährliche Zahlung zugestehen will. Ist im Anstellungsvertrag bereits ein Anspruch auf eine Jahressonderzahlung zugesagt, kann mit einer zusätzlichen Klausel deren Widerruf geregelt werden. Hierfür ist jedoch erforderlich, dass die Widerrufsgründe möglichst konkret genannt werden.

315 Zu empfehlen wäre eher, die Zahlung einer Jahressonderzuwendung unter einen Freiwilligkeitsvorbehalt zu stellen. In diesem Fall wird lediglich die grundsätzliche Möglichkeit einer solchen Zahlung im Anstellungsvertrag vorgesehen. Die Entscheidung, ob jedoch eine Zahlung erfolgt, bleibt dem Verein – insbesondere der Mitgliederversammlung – überlassen. Dieser Freiwilligkeitsvorbehalt sollte bereits im Anstellungsvertrag vorgesehen sein.

316 **Klauselvorschlag:**

*Die Mitgliederversammlung kann Herrn ... eine jährliche Sonderzuwendung gewähren. Sofern eine solche Zuwendung erfolgt, handelt es sich um eine freiwillige Leistung des Vereins, auch wenn sie wiederholt und ohne ausdrücklichen Hinweis auf die Freiwilligkeit erfolgt und begründet keinen rechtlichen Anspruch für die Zukunft.*

317 Darüber hinaus – doppelt hält besser – empfiehlt es sich, bei der Überweisung der Sonderzahlung als Verwendungszweck anzugeben „Freiwillige Zahlung; kein Anspruch für die Zukunft." Ferner sollte ein solcher Hinweis auch in die Gehaltsabrechnung, in der die Sonderzahlung abgerechnet wird, aufgenommen werden. Denkbar, wenngleich aufwendiger, ist die Fertigung eines Begleitschreibens zur Sonderzuwendung.

---

[558] BAG, Urt. v. 10.12.2008 – 10 AZR 889/07, NJW 2009, 1227; Schaub/*Linck*, § 77 Rn. 17.

## E. Vorstand

**Formulierungsvorschlag:** 318
*Sehr geehrter Herr ...,
aufgrund der positiven Entwicklung unseres Vereins, freuen wir uns, Ihnen in diesem Jahr eine Sonderzahlung in Höhe von ...,... € gewähren zu können. Die Abrechnung erfolgt zusammen mit Ihrer Vergütung für den Monat ....
Wir möchten Sie jedoch darauf hinweisen, dass diese Sonderzahlung eine einmalige und freiwillige Leistung darstellt, auf die auch im Wiederholungsfalle kein Rechtsanspruch für die Zukunft erwächst.
Mit der Gewährung der Sonderzahlung verbinden wir die Hoffnung auf eine weiterhin gute, engagierte und vertrauensvolle Zusammenarbeit und verbleiben mit freundlichen Grüßen*

**h) Dienstwagen.** **(1) Überlassung eines Dienstwagens.** Als Bestandteile der Vergütung kommen auch Sachbezüge in Betracht. Dem Mitglied des Vorstandes kann vom Verein bspw. ein Dienstwagen zur **privaten Nutzung** zur Verfügung gestellt werden. Dabei sollten die Überlassungsbedingungen im Anstellungsvertrag oder einer zusätzlichen Vereinbarung detailliert geregelt sein, um Streitfällen und Missverständnissen vorzubeugen. Soll der Dienstwagen nur für dienstliche Zwecke benutzt werden dürfen, sollte dies im Anstellungsvertrag klargestellt werden. In diesem Fall ist der Dienstwagen nicht Vergütungsbestandteil sondern reines Arbeitsmittel. 319

Zunächst sollte festgelegt werden, welche **Art von Fahrzeug** inkl. der regelmäßigen Ausstattung überlassen werden soll. Die Überlassung eines geringerwertigen Fahrzeuges als vereinbart ist nicht zulässig. Das Vorstandsmitglied hat Anspruch auf Überlassung eines Dienstwagens der vereinbarten Art. Solange der Verein diesen Anspruch nicht erfüllt, hat das Vorstandsmitglied Anspruch auf Nutzungsausfallentschädigung.[559] Es sollte ferner darauf hingewiesen werden, ob es sich bei dem Fahrzeug um ein Leasingfahrzeug handelt oder ob es im Eigentum des Vereins steht. Sofern es sich um ein **Leasingfahrzeug** handelt, können und sollten Regelungen darüber aufgenommen werden, ob das Vorstandsmitglied im Falle einer Überschreitung der vereinbarten Kilometerlaufleistung zu leisten hat und ob es einen Minderwert infolge von Beschädigung etc. ersetzen muss.[560] Es kann sich ferner anbieten, die **private Nutzungsmöglichkeit des Dienstfahrzeuges zu beschränken.** Denkbar ist bspw. ein Verbot, mit dem Fahrzeug Deutschland oder die EU zu verlassen. Die Dienstwagenklausel sollte ferner klarstellen, wie die Kostenverteilung hinsichtlich Leasingraten, Versicherungsprämien, Reparaturen, Wartungskosten, Kosten für Kraftstoff und sonstigen Verbrauchsmaterialien gestaltet sein soll. 320

**(2) Nutzungsdauer.** Im Zweifel ist davon auszugehen, dass die private Nutzung für die Gesamtdauer des Anstellungsverhältnisses ermöglicht werden soll. Das beinhaltet allerdings auch Zeiten einer Freistellung, z.B. 321

---

[559] S. Rn. 426 ff.
[560] S. dazu nachfolgendes Muster Rn. 331.

nach Ausspruch einer ordentlichen Kündigung bis zur tatsächlichen Beendigung des Anstellungsverhältnisses. Während des Urlaubs, insbesondere wenn in diesem Zeitraum eine Vergütungspflicht seitens des Vereines besteht, bleibt dem Vorstandsmitglied die Nutzungsmöglichkeit, sofern nichts anderes vereinbart ist. Entsprechendes gilt im Falle der Arbeitsunfähigkeit ohne abweichende Vereinbarung aber nur, solange ein Anspruch auf Entgelt besteht.[561]

322 Im Anstellungsvertrag können in engen Grenzen abweichende Regelungen zur Nutzungsdauer vereinbart werden. Dabei ist zunächst wichtig, darauf zu achten, dass die Regelungen über die Nutzung bzw. Überlassung eines Dienstwagens auch zur privaten Nutzung **konkret und eindeutig** sind. Dies ist deswegen erforderlich, weil zumindest in solchen Vereinbarungen, die einer AGB-Kontrolle unterliegen, die Gründe für den Widerruf der Überlassung eines Dienstfahrzeuges im Vertrag ausdrücklich genannt werden sollen.

323 Die Rechtsprechung hat auch inhaltlich enge Grenzen für einen Widerruf der Überlassung eines Dienstwagens zur privaten Nutzung gezogen. Erforderlich ist stets ein sachlicher Grund für den Widerruf.[562] Nicht zulässig sind Vertragsklauseln, wonach der Verein jederzeit berechtigt wäre, die private Nutzung zu untersagen bzw. das auch zur privaten Nutzung überlassene Dienstfahrzeug zurückzufordern. Auch eine Klausel, die die Entziehung eines Firmen-Pkw durch den Verein aus nicht näher bestimmten, „wirtschaftlichen Gründen" vorsieht, ist unzulässig.[563] Zulässig ist hingegen, einen Widerruf der Überlassung bei einer Freistellung im Falle der Kündigung bis zum Ablauf der Kündigungsfrist oder bei Freistellung nach einer Abberufung bis zur Beendigung des Anstellungsvertrages vorzusehen.[564] Ein zulässiger Widerruf kann auch für die Fälle vorgesehen werden, dass das Vorstandsmitglied wiederholt gegen die Überlassungsbedingungen verstoßen hat, z.B. entgegen eines ausdrücklichen Verbots mit dem Fahrzeug ins Nicht-EU-Ausland gefahren ist.[565] Auch ohne ausdrückliche Regelung ist im Zweifel davon auszugehen, dass das Vorstandsmitglied den Dienstwagen im Falle einer unentgeltlichen Freistellung zurückgeben muss. Das kann bspw. ein Zeitraum der Dienstunfähigkeit ohne Fortzahlung der Vergütung sein. Dennoch empfiehlt sich auch hier eine klarstellende Regelung. Das gilt auch für die Herausgabepflicht im Falle der außerordentlichen Kündigung.[566]

324 **(3) Versteuerung des privaten Nutzungsvorteils.** Das Vorstandsmitglied hat den in der Überlassung des Dienstfahrzeugs zur privaten Nutzung liegenden geldwerten Vorteil zu versteuern. In der Regel erfolgt die Be-

---

[561] *Bauer*, IV. 13, Rn. 184; s. auch BAG, Urt. v. 14.12.2010 – 9 AZR 631/09 noch nicht veröffentlicht.
[562] *v. Medem*, GWR 2010, 438
[563] BAG, Urt. v. 13.4.2010 – 9 AZR 113/09, NZA-RR 2010, 457.
[564] *Schwarz*, GWR 2010, 469, 470.
[565] *Schwarz*, GWR 2010, 469, 470.
[566] S. dazu nachfolgendes Muster unter Rn. 331.

*E. Vorstand*

steuerung nach der sogenannten 1%-Regelung. Danach wird der private Nutzungsanteil für jeden Kalendermonat mit 1% des auf volle 100,00 € abgerundeten inländischen Bruttolistenpreises zum Zeitpunkt der Erstzulassung besteuert (vgl. § 8 Abs. 2 S. 2 EStG i.V.m. § 6 Abs. 1 Nr. 4 S. 2 EStG). Zur Ermittlung des Bruttolistenpreises sind auch Sonderausstattungen zu berücksichtigen. Inwieweit möglicherweise Rabatte gewährt worden sind, ist bei der Ermittlung des Bruttolistenpreises nicht erheblich. Es kommt nicht auf den individuellen Kaufpreis, sondern auf den Preis gemäß Liste an. Sofern das Vorstandsmitglied das Fahrzeug tatsächlich auch für Fahrten zwischen der Privatwohnung und der Arbeitsstätte nutzt, erhöht sich der steuerliche Vorteil um weitere 0,03% des Listenpreises je Entfernungskilometer. Wird dem Vorstandsmitglied das Fahrzeug zur privaten Nutzung überlassen, wird zunächst vermutet, dass es das Fahrzeug auch für die Fahrten von der Wohnung zum Arbeitsplatz nutzt. Das Vorstandsmitglied kann diese Vermutung jedoch bspw. durch Vorlage einer Jahreskarte für den öffentlichen Nahverkehr widerlegen.[567] Gewährt der Verein weitere Vorteile im Zusammenhang mit der Überlassung des Dienstfahrzeuges wie bspw. eine ADAC-Mitgliedschaft, Vignetten oder Mautgebühren, so sind diese nicht mit der 1%-Regelung mit abgegolten. Diese Aufwendungen des Vereins als Dienstherr werden wie Barlohnzahlungen angesehen und sind gesondert zu versteuern.[568]

Alternativ zur 1%-Regelung können auch die tatsächlichen Kosten des Fahrzeugs anhand von Einzelbelegen versteuert werden. Hierzu ist das Führen eines Fahrtenbuches zwingend notwendig. Sofern hierfür ein Computerprogramm genutzt wird, muss sichergestellt sein, dass nach Eingabe der Daten diese nicht mehr verändert werden können oder sich Veränderungen zumindest lückenlos dokumentieren lassen. Wird das Fahrtenbuch nicht ordnungsgemäß geführt, wird der durch die Überlassung des Dienstwagens auch zur privaten Nutzung eingetretene Vorteil nach der 1%-Regelung versteuert. Eine Schätzung des Privatanteils auf Grundlage anderer Aufzeichnungen, kommt nicht in Betracht.[569] Ein geldwerter und damit zu versteuernder Vorteil liegt selbst dann vor, wenn das auch zur privaten Nutzung überlassene Dienstfahrzeug büromäßig eingerichtet ist.[570] 325

**(4) Nutzungsausfallentschädigung.** Solange und soweit der Verein seinen Verpflichtungen zur Überlassung eines vertraglich zugesagten Dienstfahrzeuges nicht nachkommt, ist er als Dienstherr gegenüber dem Vorstandsmitglied zum Wertausgleich verpflichtet. Das gilt auch in den Fällen, in denen der Verein dem Vorstandsmitglied kein Ersatzfahrzeug zur Verfügung stellt, nachdem das bisherige Fahrzeug aufgrund Alters, 326

---

[567] BFH, Urt. v. 28.8. 2008 – VI R 52/07, NJW 2009, 621.
[568] BFH, Urt. v. 14.9. 2005 – VI R 37/03, DStR 2005, 1933.
[569] BFH, Urt. v. 16.11. 2005 – VI R 64/04, NJW 2006, 2063; Schaub/*Linck*, § 69, Rn. 15b.
[570] BFH, Urt. v. 27.9. 1996 – VI R 84/95, NJW 1997, 967; Schaub/*Linck*, § 69, Rn. 15b.

*1. Teil Rechtsfähige Vereine*

Auslaufen des Leasingvertrages oder wirtschaftlichen Totalschadens nicht mehr nutzbar ist.[571] Bei unberechtigter Entziehung oder Vorenthaltung eines Dienstwagens wird der Anspruch des Vorstandsmitgliedes auf **Nutzungsausfallentschädigung** auf Basis der steuerlichen Bewertung der privaten Nutzungsmöglichkeit berechnet; auf die im Schadenersatzrecht maßgeblichen Tabellen von Sanden/Danner/Küppersbusch ist nicht abzustellen.[572] Dieser steuerliche Vorteil setzt sich zusammen aus 1% des Listenneupreises des Fahrzeugs und, sofern das Vorstandsmitglied das Fahrzeug auch für die Fahrten zwischen seiner Privatwohnung und dem Arbeitsplatz nutzt, weiteren 0,03% des Listenneupreises pro Entfernungskilometer.[573]

327  Wird dem Vorstandsmitglied statt des vertraglich vereinbarten Dienstwagens ein geringer wertiges Fahrzeug überlassen, kann das Vorstandsmitglied gegenüber dem Verein als Nutzungsentschädigung die Differenz zwischen den steuerlichen Bewertungen der privaten Nutzungsmöglichkeit der beiden Fahrzeuge geltend machen.

328 **Beispiel:**
(unterstellt die einfache Entfernung von Privatwohnung zum Arbeitsplatz beträgt 19 km)

|  | zugesagtes Fahrzeug | überlassenes Fahrzeug |
|---|---|---|
| Listenneupreis | 66 110,00 € brutto | 42 730,00 € brutto |
| steuerlich gerundet | 66 100,00 € brutto | 42 700,00 € brutto |
| 1% | 661,00 € brutto | 427,00 € brutto |
| 0,03% x 19 km | 376,77 € brutto | 243,39 € brutto |
| **Gesamt** | **1 037,77 € brutto** | **670,39 € brutto** |

Differenz pro Monat:
1 037,77 € brutto
– 670,39 € brutto
367,38 € brutto

329  **(5) Rückgabe des Dienstwagens.** Das Vorstandsmitglied ist zwar auch ohne ausdrückliche Regelung verpflichtet, das Fahrzeug zum Ende der vereinbarten Nutzungsdauer bzw. dem Ende des Anstellungsverhältnisses zurückzugeben, dennoch empfiehlt es sich, die Details der Rückgabepflicht bereits im Anstellungsvertrag zu regeln. So sollte klargestellt werden, dass das Fahrzeug in ordnungsgemäßem Zustand und mitsamt Zubehör (z.B. Winterreifen, Zweitschlüssel, Parkkarte, Garagentortransponder etc.) zum Ende der vereinbarten Nutzungsdauer zurückzugeben ist. Zur Absicherung könnte bspw. eine Reinigungspauschale vorgesehen werden.

---

[571] Schaub/*Linck*, § 68 Rn. 7.
[572] BAG, Urt. v. 25.1. 2001 – 8 AZR 412/00; BAG, Urt. v. 27.5. 1999 – 8 AZR 415/98, NZA 1999, 1038; Schaub/*Linck*, § 68 Rn. 6f.
[573] S. Rn. 324.

*E. Vorstand*

Es sollte ferner festgelegt werden, wann und wo das Fahrzeug zurück- 330
gegeben wird. Darüber hinaus sollten etwaige Ersatzansprüche des Vereins geregelt werden, für den Fall, dass das (Leasing-)Fahrzeug beschädigt ist oder die Laufleistung des Leasingfahrzeuges überschritten wurde. Zurückbehaltungsrechte sollten ausgeschlossen werden, da das Vorstandsmitglied ansonsten ein solches Recht geltend machen könnte, wenn ihm das Fahrzeug auch zur privaten Nutzung überlassen worden ist.

**Klauselvorschlag:** 331

*(1) Die Parteien vereinbaren, dass dem Vorstandsmitglied ein Fahrzeug der unteren Mittelklasse (Golf-Klasse) von dem Verein zur Verfügung gestellt wird. Das Vorstandsmitglied darf das Fahrzeug dienstlich und privat nutzen. Das Vorstandsmitglied ist nicht berechtigt, das Fahrzeug für Fahrten außerhalb der EU/des EWR zu nutzen. Eine Verletzung der Nutzungsbeschränkung gemäß Ziffer Satz 3 berechtigt den Verein zum Widerruf der Überlassung eines Fahrzeuges.*

*(2) Der Verein trägt die laufenden Unterhaltungskosten, insbesondere Versicherungs-, Wartungs-, Treibstoffkosten und – sofern es sich um ein Leasingfahrzeug handelt – die Leasingkosten. Das Vorstandsmitglied hat Reparaturkosten selbst zu tragen, es sei denn, es hat den Schaden am Fahrzeug nicht verschuldet. Soweit eine Vollkaskoversicherung besteht und eintrittspflichtig ist, haftet das Vorstandsmitglied in Höhe der Selbstbeteiligung und trägt den Verlust von Schadensfreiheitsrabatten und einen etwaigen Wertverlust eines Leasingfahrzeugs. Die steuerlichen Lasten durch die private Nutzung des Fahrzeuges trägt das Vorstandsmitglied.*

*(3) Das Vorstandsmitglied ist zum jeweiligen Ende der Leasinglaufzeit verpflichtet, das jeweilige Dienstfahrzeug in ordnungsgemäßem, innen und außen gereinigtem Zustand am Sitz des Vereins auf eigene Kosten zurückzugeben. Die Rückgabepflicht erstreckt sich auch auf sämtliches Fahrzeugzubehör wie bspw. Winterreifen und Zweitschlüssel. Zurückbehaltungsrechte sind ausgeschlossen.*

*(4) Das Vorstandsmitglied erstattet dem Verein die Aufwendungen für eine etwaige Überschreitung der vereinbarten Fahrleistung bei einem Leasingfahrzeug, sofern das Vorstandsmitglied nicht nachweist, dass die Überschreitung aufgrund dienstlicher Nutzung erfolgt ist. Das Vorstandsmitglied gleicht gegenüber dem Verein ferner einen an einem ihm überlassenen Leasingfahrzeug eingetretenen Minderwert aus, es sei denn, das Vorstandsmitglied hat den eingetretenen Minderwert nicht zu vertreten.*

*(5) Das Vorstandsmitglied hat das Fahrzeug ohne Anspruch auf Nutzungsausfallentschädigung zurückzugeben*
- *im Falle eines Widerrufs gemäß Ziffer (1) Satz 4;*
- *bei Beendigung des Anstellungsverhältnisses aufgrund Kündigung, Anfechtung oder sonstiger Gründe;*

*1. Teil Rechtsfähige Vereine*

– bei Freistellung während der Kündigungsfrist oder nach Abberufung bis zur Beendigung des Anstellungsvertrages;
– bei sonstiger Freistellung mit oder ohne Anspruch auf Vergütung von mehr als zwei Wochen Dauer (ausgenommen Erholungsurlaub);
– bei ununterbrochener Dienstunfähigkeit über sechs Wochen hinaus.

*Die Rückgabepflicht erstreckt sich auch auf sämtliches Fahrzeugzubehör wie bspw. Winterreifen, Zweitschlüssel, Garagentortransponder etc. Ferner hat das Vorstandsmitglied etwaig überlassene Park- und Tankkarten zurückzugeben. Das Fahrzeug ist in ordnungsgemäßem, innen und außen gereinigtem Zustand am Sitz des Vereins auf eigene Kosten des Vorstandsmitgliedes zurückzugeben. Zurückbehaltungsrechte sind ausgeschlossen.*

332  **i) Sonstige Sachbezüge.** Weitere Sachbezüge können auch in der Überlassung eines Mobiltelefons zur privaten Nutzung liegen. Hier sollte jedoch – wie bei Überlassung eines Dienstwagens – eine entsprechende Klausel im Anstellungsvertrag vorgenommen bzw. im Zusammenhang mit der Überlassung des Mobiltelefons vereinbart werden. Das betrifft in erster Linie den zulässigen Umfang der Privatgespräche, um zu hohe Kosten zu vermeiden. Hier bietet sich jedoch auch der Abschluss eines Mobilfunkvertrages mit einer Flatrate an.

333  **Klauselvorschlag:**

*Der Verein stellt dem Vorstandsmitglied ein Mobiltelefon mit Flatrate zur Verfügung, das auch für private Gespräche genutzt werden kann.*

334  Eine solche Regelung hat den Vorteil, dass dieser Sachbezug gemäß § 3 Nr. 45 EStG einkommensteuerprivilegiert ist.

335  Möglich sind auch Klauseln, die eine Erstattung der Mobilfunkkosten für ein privates Mobiltelefon oder einen privat genutzten Computer mit Internetzugang vorsehen. Die(se) Steuerprivilegierung gilt auch im Falle der Überlassung eines Notebooks.

336  **Klauselvorschlag:**

*Der Verein ersetzt dem Vorstandsmitglied 80% seiner sämtlichen Kommunikationskosten, also insbesondere für Mobiltelefon und Festnetz sowie E-Mail und Internetnutzung, höchstens jedoch … € zzgl. USt. pro Monat.*

337  **j) Vermögenswirksame Leistungen.** Vorstandsmitglieder haben keinen Anspruch auf vermögenswirksame Leistungen. Gemäß § 1 Abs. 3 2. VermBG gelten dessen Bestimmungen nicht für vermögenswirksame Leistungen von juristischen Personen für deren vertretungsberechtigten Organe.[574]

338  **k) Pensionsansprüche. (1) Grundlagen.** Für Vorstandsmitglieder ist oftmals neben der monatlichen Vergütung und der Nutzung eines Dienst-

---

[574] S. auch *Reichert*, Rn. 2129 mwN.

## E. Vorstand

wagens die Absicherung über eine betriebliche Altersversorgung von Interesse. Sie ermöglicht ein zusätzliches Einkommen zur gesetzlichen Rente oder auch eine Absicherung im Falle der Invalidität. Die nachfolgenden Ausführungen sollen nur einen Überblick über die Gestaltungsmöglichkeiten bieten. Das BetrAVG, das die Absicherung der Ansprüche aus einer betrieblichen Altersversorgung gewährleistet, findet gemäß § 17 Abs. 1 2 BetrAVG **auch auf Vorstände von Vereinen Anwendung.**[575] Das BetrAVG unterscheidet zunächst grundlegend zwischen der **arbeitgeberfinanzierten und der arbeitnehmerfinanzierten Altersvorsorge.** Regelungen zur arbeitnehmerfinanzierten Altersversorgung, die nachfolgend auch **Entgeltumwandlung** genannt wird, finden sich in § 1a BetrAVG. Vorstandsmitglieder sind pflichtversichert in der gesetzlichen Rentenversicherung, so dass gemäß § 17 Abs. 1 S. 3 BetrAVG auch für sie die Möglichkeit der Entgeltumwandlung eröffnet ist.

Das **BetrAVG enthält keinen Rechtsanspruch** des Vorstandsmitgliedes 339 gegen den Verein auf Gewährung einer arbeitgeberfinanzierten Versorgungszusage. Es bedarf daher einer Vereinbarung zwischen Verein und Vorstandsmitglied über die Gewährung einer Versorgungszusage.[576] Da das Vorstandsmitglied nicht Arbeitnehmer ist, gelten für es auch nicht Betriebsvereinbarungen, in denen Ansprüche der Vereinsmitarbeiter auf eine betriebliche Altersversorgung geregelt werden können. Zwar wäre es rechtlich möglich, dass Verein und Vorstandsmitglied vereinbaren, dass eine solche Betriebsvereinbarung auch für das Vorstandsmitglied gelten soll. Empfehlenswert ist dies nicht, da eine Betriebsvereinbarung durch die Betriebsparteien (Verein und Betriebsrat) auch wieder geändert werden kann und zudem aufgrund der oft zeitlich begrenzten Amtszeit des Vorstands individuelle Absprachen erforderlich sein werden. Eine Entgeltumwandlung kann das Vorstandsmitglied einseitig vom Verein verlangen (s. Rn. 354).

Der Verein sollte sich darüber im Klaren sein, dass eine einmal ge- 340 machte Versorgungszusage grundsätzlich bindend ist. Er kann nicht zu einem späteren Zeitpunkt davon Abstand nehmen, z.B. weil er sie als zu kostenintensiv empfindet. Allenfalls schwere wirtschaftliche Schwierigkeiten oder Entwicklungen oder schwere Verfehlungen des Vorstandsmitgliedes können den Verein zu einer Änderung oder Aufhebung der Versorgungszusage berechtigen.

Bevor Verein und Vorstandsmitglied eine Vereinbarung über die Ge- 341 währung einer betrieblichen Altersversorgung schließen, sollten sie nicht nur die rechtlichen sondern auch die **steuerlichen Aspekte** berücksichtigen. Hier empfiehlt es sich dringend, vorher eine Beratung bei einem Steuerberater oder einem auf betriebliche Altersversorgung spezialisierten Rechtsanwalt in Anspruch zu nehmen. Das gilt insbesondere auch deshalb, weil sich die steuerlichen Vorschriften häufig ändern.

---

[575] Blomeyer/Rolfs/Otto/*Rolfs*, § 17 BetrAVG Rn. 90.
[576] Schub/*Vogelsang*, § 83 Rn. 30 mwN.

**342** **(2) Umfang einer Versorgungszusage durch den Verein.** Eine Zusage des Vereins auf Gewährung einer betrieblichen Altersvorsorge kann sich auf drei Ebenen beziehen:

- Altersversorgung,
- Invaliditätsversorgung,
- Hinterbliebenenversorgung.

**343** Im Rahmen der **Altersversorgung** verspricht der Verein bei Erreichen einer bestimmten Altersgrenze die **Zahlung von Ruhegeld**. Dabei kann eine starre Altersgrenze gewählt werden, z. B. das 65. oder das 67. Lebensjahr. Zulässig ist auch eine Anknüpfung an die gesetzliche Regelaltersgrenze nach dem SGB VI. Auf diese Weise würde auch die gestaffelte Anhebung des Renteneintrittsalters berücksichtigt. Eine unterschiedliche Altersgrenze für Männer und Frauen ist als Diskriminierung unzulässig.[577]

**344** Die Versorgungsleistung wird oft als prozentualer Wert der zuletzt bezogenen Vergütung erteilt. Dabei kann vereinbart werden, dass der Prozentsatz mit jedem Jahr der Vorstandszugehörigkeit steigt. Auf diese Weise kann die Betriebstreue honoriert werden.

**345** **Beispiel:**

*Der Vorstand erhält im Versorgungsfall eine betriebliche Altersversorgung in Höhe von 10% der zuletzt bezogenen Grundvergütung. Ab dem fünften Jahr der Zugehörigkeit zum Vorstand erhöht sich dieser Prozentsatz für jedes weitere volle Jahr der Zugehörigkeit zum Vorstand um 2,5 Prozentpunkte auf maximal 25%.*

**346** Denkbar ist auch einen fixen Betrag als Altersversorgung zu nennen. Dieser kann z. B. im Zusammenhang mit einer Vergütungserhöhung ebenfalls angepasst werden.[578] Auch kann die Zusage als reine Beitragszusage vereinbart werden. In diesem Fall sichert der Verein dem Vorstandsmitglied zu, einen bestimmten monatlichen oder jährlichen Beitrag an eine Pensionskasse, eine Direktversicherung etc. zu entrichten. Die Leistungen aus dieser Versicherung bestimmen sich dann nach dem Versicherungsvertrag.

**347** Ferner sollte der Verein über eine Anrechnungsklausel für Ansprüche aus der gesetzlichen Rente bzw. anderer Zusagen in der Versorgungsvereinbarung nachdenken, um so die eigenen Versorgungsleistungen zu deckeln.[579]

**348** **Beispiel:**

*Auf die Versorgungsbezüge werden Renten aus der gesetzlichen Rentenversicherung, soweit sie auf Beiträgen beruhen, die von Arbeitgeber und Arbeitnehmer auf Grund gesetzlicher Verpflichtung zu erbringen waren sowie Leistungen der betrieblichen Altersversorgung durch andere Arbeit-*

---

[577] Vgl. hierzu ausführlich Schaub/*Vogelsang*, § 83 Rn. 57 ff.
[578] *Hoffmann/Liebs*, Rn. 2076.
[579] Schaub/*Vogelsang*, § 83 Rn. 300 ff.

## E. Vorstand

*geber insoweit angerechnet, als die Gesamtversorgungsbezüge 70% der zuletzt beim Verein bezogenen monatlichen Grundvergütung übersteigen dürfen.*

Die **Invaliditätsversorgung** soll die Fälle der teilweisen oder vollständigen Erwerbsminderung finanziell absichern. Aus Gründen der Rechtssicherheit sollte eindeutig festgelegt werden, in welchen Konstellationen eine Versorgungszusage eingreifen soll. Häufig finden sich in Vereinbarungen zur Invaliditätsversorgung Begriffe wie „Erwerbsunfähigkeit", „Dienstunfähigkeit" oder „Invalidität". Damit ist Streit vorprogrammiert. Es muss erst durch Auslegung ermittelt werden, was gemeint sein soll. Regelmäßig – aber eben nicht immer – wird der Begriff „Erwerbsunfähigkeit" als „volle Erwerbsminderung" i.S.d. § 43 Abs. 2 SGB VI und die Begriffe „Berufsunfähigkeit", „Arbeitsunfähigkeit" oder „Dienstunfähigkeit" als „teilweise Erwerbsminderung" i.S.d. § 43 Abs. 1 SGB VI ausgelegt werden können.[580] Auch für die Invaliditätsversorgung sollte festgelegt werden, welche Leistungsansprüche im Versorgungsfall bestehen. 349

Die Vereinbarung einer betrieblichen Altersversorgung kann auch eine **Hinterbliebenenversorgung** beinhalten. Regelmäßig wird diese als **Witwen-/Witwer- und Waisenrente** ausgestaltet sein. Bei der Ausgestaltung sollte bedacht werden, ob und wie lange eine **Witwen-/Witwerrente** gezahlt werden soll, wenn der Partner deutlich jünger ist, die Ehe erst während des Ruhestandes eingegangen wird oder sie erst eine kurze Zeit bei Eintritt des Versorgungsfalls bestanden hat (sog. Spätehenklausel). Dabei stehen dem Verein infolge seines Rechts zur Risikobegrenzung weitreichende Möglichkeiten offen. Regelmäßig unbedenklich ist bspw. eine Regelung, wonach die Ehe mindestens zehn Jahre bestanden haben muss, wenn sie nach Vollendung des 50. Lebensjahres des verstorbenen Ehegatten geschlossen wurde.[581] Zulässig ist auch die Klausel, dass die Ehe zum Zeitpunkt des Beginns der Rentenzahlung an das Vorstandsmitglied bereits geschlossen worden sein muss.[582] Auch kann eine Altersabstandsklausel bspw. dergestalt vereinbart werden, dass eine Kürzung des Anspruchs bei 15 oder mehr Jahren Altersunterschied erfolgt.[583] Auch Klauseln, wonach getrennt lebende Ehegatten keinen Anspruch haben, sind regelmäßig zulässig.[584] Bestimmt die Versorgungsordnung, dass der Anspruch auf Witwen-/Witwerrente mit Wiederverheiratung endet, ist dies selbst dann zulässig, wenn kein Wiederaufleben des Anspruchs nach Auflösung der zweiten Ehe vorgesehen ist.[585] 350

---

[580] Schaub/*Vogelsang*, § 83 Rn. 113.
[581] BAG, Urt. v. 28.7. 2005 – 3 AZR 457/04, NZA-RR 2006, 591; Schaub/*Vogelsang*, § 83 Rn. 209.
[582] LAG Baden-Württemberg, Urt. v. 12.11. 2009 – 11 Sa 41/09, NZA-RR 2010, 315.
[583] LAG Rheinland-Pfalz, Urt. v. 19.12. 2008 – 6 Sa 399/08, BeckRS 2009, 56473; Schaub/*Vogelsang*, § 83 Rn. 209.
[584] BAG, Urt. v. 28.3. 1995 – 3 AZR 343/94, NZA 1995, 1032.
[585] BAG, Urt. v. 16.4. 1997 – 3 AZR 28/96, NZA 1997, 1230.

*1. Teil Rechtsfähige Vereine*

351 Die **Waisenrente** wird häufig als Voll- und Halbwaisenrente gewährt. Die vereinbarte Dauer des Bezugs von Waisenrente orientiert sich regelmäßig an dem Bezugszeitraum von Kindergeld.[586]

352 **(3) Durchführungswege.** Als Durchführungswege für die betriebliche Altersversorgung kommt zunächst die Direktzusage des Vereins in Betracht. Der Verein führt in dieser Konstellation die betriebliche Altersversorgung selbst durch. In Betracht kommt ferner die Durchführung der betrieblichen Altersversorgung über einen externen Versorgungsträger, mithin einer Unterstützungskasse, einer Pensionskasse, einem Pensionsfond oder einer Direktversicherung (Lebensversicherung).

353 Für kleinere Vereine, die auch nur ihren Vorstandsmitgliedern eine Versorgungszusage gewähren, kommt regelmäßig die Direktversicherung gemäß § 1b Abs. 2 BetrAVG in Betracht. Bei der Direktversicherung schließt der Verein für das Vorstandsmitglied einen Lebensversicherungsvertrag ab. Das Vorstandsmitglied bzw. seine Hinterbliebenen sind die Bezugsberechtigten; der Verein ist Versicherungsnehmer. Die Direktversicherung kann auch in dem Abschluss einer Unfallzusatz-, Invaliditätszusatzversicherung liegen. Auch kommen Berufsunfähigkeits-/verminderte Erwerbsfähigkeits- oder Unfallversicherungen in Betracht.[587]

354 **(4) Entgeltumwandlung.** Bei der Entgeltumwandlung muss der Verein keine eigenen Beiträge zur Finanzierung der Altersversorgung aufbringen. Er muss eine Direktversicherung für das Vorstandsmitglied abschließen und für den Einbehalt und die Einzahlung der umzuwandelnden Entgeltbestandteile in die Direktversicherung sorgen. Er kann anstelle der Direktversicherung auch einen Pensionsfond oder eine Pensionskasse zur Durchführung der Entgeltumwandlung wählen. Durch Vereinbarung zwischen Verein und Vorstandsmitglied kann die Entgeltumwandlung auch in Form einer Direkt- oder Unterstützungskassenzusage erfolgen.[588]

355 **(5) Unverfallbarkeit.** Eines der primären Ziele des BetrAVG ist die Sicherung von Anwartschaften auf betriebliche Altersversorgung durch die Festlegung einer Unverfallbarkeit. Nach der Unverfallbarkeitsfrist richtet sich, ob dem Vorstandsmitglied eine Anwartschaft auf betriebliche Altersvorsorge auch bei Beendigung der Anstellung erhalten bleibt.[589] Arbeitgeberfinanzierte Anwartschaften sind unverfallbar, wenn das Anstellungsverhältnis des Vorstandsmitgliedes vor Eintritt des Versorgungsfalls aber nach Vollendung seines 25. Lebensjahres endet und die Versorgungszusage zu diesem Zeitpunkt mindestens fünf Jahre bestanden hat.[590] Arbeitnehmerfinanzierte Anwartschaften sind von Beginn an unverfallbar. Das

---

[586] Münch. Hdb. ArbR/*Andresen/Cisch*, § 140 Rn. 104.
[587] Schaub/*Vogelsang*, § 84 Rn. 36 mwN.
[588] Blomeyer/Rolfs/Otto/*Rolfs*, § 1a BetrAVG Rn. 37.
[589] Schaub/*Vogelsang*, § 83 Rn. 110 mwN.
[590] Zu abweichenden Regelungen für ältere Versorgungszusagen s. §§ 26 ff. BetrAVG.

### E. Vorstand

Vorstandsmitglied soll nicht seine eigenen Beiträge, die es durch Gehaltsverzicht aufbringt, verlieren. Die gesetzlichen Unverfallbarkeitsfristen können im Anstellungsvertrag abgekürzt, jedoch nicht verlängert werden. Eine Abkürzung der gesetzlichen Unverfallbarkeitsfristen im gemeinnützigen Verein dürfte steuerrechtlich problematisch sein und ist daher nicht zu empfehlen. Für die Höhe der unverfallbaren Anwartschaften sieht § 2 BetrAVG Regelungen vor, von denen zugunsten aber nicht zulasten des Vorstandsmitglieds abgewichen werden kann.

(6) **Wartezeit.** Ebenfalls zulässig wäre, die Versorgungszusage an eine bestimmte **Wartezeit** zu knüpfen.[591] Die Erfüllung der Wartezeit entscheidet darüber, ob ein Anspruch auf betriebliche Altersversorgung bei Eintritt des Versorgungsfalls (z.B. Invalidität) entsteht.[592] Die Wartezeit kann grundsätzlich frei verhandelt werden. Die Wartezeit muss nicht beim Verein vollendet werden, wenn sie länger als die Unverfallbarkeitsfrist ist. Denkbar wäre auch, eine bestimmte Mindestdienstzeit zu vereinbaren (sog. qualifizierte Wartefrist).[593] Dabei können Vordienstzeiten als Angestellter des Vereins angerechnet werden. Auch kann geregelt werden, dass Zeiten einer Dienstunfähigkeit ohne Entgeltanspruch nicht berücksichtigt werden.[594] Im Falle der Invaliditätsversorgung wird indessen bei Vereinbarung einer Mindestdienstzeit auf die hypothetische Mindestdienstzeit abgestellt, so dass es darauf ankommt, ob der Versorgungsfall auch bei andauernder Betriebszugehörigkeit innerhalb eines bestimmten Zeitraums eingetreten ist.[595] Die betriebliche Invaliditätsversorgung kann nicht davon abhängig gemacht werden, dass bei Eintritt der Invalidität das Anstellungsverhältnis noch besteht.[596]

356

(7) **Anpassungsgebot.** Der Verein ist gemäß § 16 BetrAVG verpflichtet, mindestens alle drei Jahre die Höhe der laufenden Leistungen der betrieblichen Altersversorgung zu überprüfen und nach billigem Ermessen eine Anpassung vorzunehmen. Dabei sind die Belange des Versorgungsempfängers (also des ehemaligen Vorstandsmitgliedes bzw. seine Hinterbliebenen) wie auch die wirtschaftliche Lage des Vereins zu berücksichtigen. Insbesondere soll dadurch ein Inflationsausgleich erreicht werden. Die Anpassung darf nicht geringer ausfallen als der Anstieg des Verbraucherpreisindexes für Deutschland oder die durchschnittliche Steigerungsrate der Vergütung der aktiven Vorstandsmitglieder.

357

Bei einer Versorgungszusage über eine Direktversicherung (bzw. Pensionskasse) bedarf es einer solchen regelmäßigen Anpassung nicht, wenn ab

358

---

[591] Zur Unverfallbarkeit s. Rn. 355.
[592] Schaub/*Vogelsang*, § 83 Rn. 110.
[593] BAG, Urt. v. 20.2. 2001 – 3 AZR 21/00, NZA 2002, 351 Ls.; Schaub/*Vogelsang*, § 83 Rn. 110.
[594] BAG, Urt. v. 20.2. 2001 – 3 AZR 21/00, NZA 2002, 351 Ls.
[595] Blomeyer/Rolfs/Otto/*Rolfs*, Anhang zu § 1 BetrAVG Rn. 186.
[596] BAG, Urt. v. 20.11. 2001 – 3 AZR 550/00, AP BetrAVG § 1 Invaliditätsrente Nr. 13.

*1. Teil Rechtsfähige Vereine*

Rentenbeginn sämtliche auf den Rentenbestand entfallende Überschussanteile zur Erhöhung der laufenden Leistungen verwendet werden und zur Berechnung der garantierten Leistung der nach § 65 Abs. 1 Nr. 1 Buchstabe a des Versicherungsaufsichtsgesetzes festgesetzte Höchstzinssatz zur Berechnung der Deckungsrückstellung nicht überschritten wird, § 16 Abs. 3 Nr. 2 BetrAVG. Überschussanteile sind alle Gewinne, die sich aus dem Rentenbestand ergeben haben. Das können vom Versicherer ausgeschüttete Überrenditen, aber auch Guthaben infolge Kostensenkung im Bereich des Verwaltungsaufwands sein. Voraussetzung ist aber, dass sich dadurch eine Erhöhung der laufenden Leistung ergibt.[597]

**359** **(8) Insolvenzsicherung.** Das BetrAVG sieht in §§ 7 ff. eine Insolvenzsicherung für unverfallbare Anwartschaften auf Leistungen der betrieblichen Altersversorgung über den Pensions-Sicherungs-Verein (PSVaG) vor. Insolvenzgesichert sind nur gesetzlich unverfallbare Anwartschaften. Gewährt der Verein eine vorgezogene Unverfallbarkeit besteht kein Insolvenzschutz. Verein und Vorstandsmitglied können jedoch eine Insolvenzsicherung über ein Versicherungsunternehmen vereinbaren.

**360** Bei der Direktzusage haben das Vorstandsmitglied bzw. seine Hinterbliebenen einen Anspruch auf die Versorgungsleistungen gegen den Versicherer. Problematisch sind aber die Fälle, in denen der Verein mit den Beiträgen zur Direktversicherung in Verzug gerät und insolvent wird und der Versicherer die Versicherung ruhend gestellt hat. In dieser Konstellation ist das Vorstandsmitglied nicht gegen den Insolvenzfall gesichert.[598]

**361** Der Verein muss Beiträge an den PSVaG abführen. Unterlässt er dies, wird dadurch die Insolvenzsicherung nicht beeinträchtigt. Die Leistungen des PSVaG sind der Höhe nach beschränkt auf monatlich höchstens das Dreifache der im Zeitpunkt der ersten Fälligkeit der Versorgungsleistung maßgebenden monatlichen Bezugsgröße gemäß § 18 SGB IV.[599]

**362 l) Sonderfall: Ausgelagerter Geschäftsbetrieb.** Ist das Vorstandsmitglied gleichzeitig Organ des ausgelagerten wirtschaftlichen Geschäftsbetriebes des Vereins[600], sollte die Vorstandstätigkeit für den Verein und die Tätigkeit für den ausgegliederten Geschäftsbetrieb nicht in lediglich einem Anstellungsvertrag mit dem Verein zusammengefasst geregelt werden. Schließen Verein und Vorstandsmitglied einen Anstellungsvertrag und vereinbaren darin eine Vergütung, mit der auch weitere Organstellungen in ausgelagerten wirtschaftlichen Geschäftsbetrieben abgegolten sein sollen, so bestehen dagegen zwar dienstvertragsrechtlich grundsätzlich keine Bedenken. Allerdings zahlt der Verein in diesem Fall eine Vergütung, die zumindest zum Teil vom ausgelagerten wirtschaftlichen Ge-

---

[597] ErfK/*Steinmeyer*, § 16 BetrAVG Rn. 63.
[598] BAG, Urt. v. 17.11. 1992 – 3 AZR 51/92, NZA 1993, 843.
[599] Monatliche Bezugsgröße gemäß § 18 SGB IV im Jahr 2011: 2555,00 € Rechtskreis West; 2240,00 € Rechtskreis Ost.
[600] S. hierzu Rn. 19 ff.

schäftsbetrieb geschuldet wäre. Auf diese Weise unterstützt der Verein seinen ausgelagerten wirtschaftlichen Geschäftsbetrieb. Aufgrund dieser engen Verknüpfung zwischen dem Verein und seinem wirtschaftlichen Geschäftsbetrieb besteht die Gefahr, dass der Verein nicht mehr als Idealverein gemäß § 21 BGB anerkannt werden kann und damit diesen Status verliert. Das Anstellungsverhältnis zwischen Verein und Vorstandsmitglied auf der einen Seite und das Anstellungsverhältnis zwischen dem ausgelagerten wirtschaftlichen Geschäftsbetrieb und dem Vorstandsmitglied in seiner Funktion als dessen Organ auf der anderen Seite sollten daher in separaten Verträgen geregelt werden.

**4. Urlaub und Freistellungen**

**a) Anspruch auf Erholungsurlaub.** Vorstandsmitglieder von Vereinen haben grundsätzlich keinen gesetzlichen Urlaubsanspruch. Nach § 2 BUrlG haben nur Arbeitnehmer Anspruch auf gesetzlichen Erholungsurlaub. Dennoch folgt aus der Fürsorgepflicht des Vereins gegenüber seinen angestellten Organmitgliedern die Verpflichtung, Erholungsurlaub in angemessenem Umfang zu gewähren.[601] Zweck des gesetzlichen Mindesturlaubs für Arbeitnehmer ist die Ermöglichung der selbstbestimmten Erholung von der Arbeit.[602] **Dieser Grundsatz ist auf Vorstandsmitglieder des Vereins übertragbar.** Unabhängig vom Geltungsbereich des Bundesurlaubsgesetzes haben daher auch Mitglieder des Vorstandes von Vereinen Anspruch auf Urlaub im Umfang des Mindesturlaubs für Arbeitnehmer, mithin 24 Werktage (Montag bis Samstag) oder vier Wochen. Angestellte Vorstandsmitglieder haben während des Erholungsurlaubs Anspruch auf Fortzahlung der Vergütung.[603] Eine darüber hinausgehende entsprechende Anwendung des Bundesurlaubsgesetzes auf Vorstandsmitglieder durch Erweiterung des Anwendungsbereiches findet nicht statt.[604]

In der Praxis finden sich nahezu stets Regelungen zur Urlaubsgewährung in Anstellungsverträgen mit Vorstandsmitgliedern. Dabei geht der gewährte Urlaub meist deutlich über den Mindestanspruch hinaus. Häufig wird dem Vorstandsmitglied ein Urlaubsanspruch mit Fortzahlung der Vergütung im Umfang von 30 Arbeitstagen eingeräumt. Ob das Vorstandsmitglied aufgrund seiner zahlreichen Aufgaben zeitlich in der Lage ist, diesen Urlaub voll auszuschöpfen, steht auf einem anderen Blatt.

---

[601] Vgl. für den Geschäftsführer einer GmbH: Roth/Altmeppen/*Altmeppen*, § 6 GmbHG Rn. 105; Baumbach/Hueck/*Zöllner/Noack*, § 35 AktG Rn. 50; für den Vorstand einer AG: MünchKommAktG/*Spindler*, § 84 Rn. 85; einschränkend Fleischer/ *Thüsing*, § 4 Rn. 77.
[602] ErfK/*Dörner* § 1 BUrlG Rn. 4 mwN.
[603] Vgl. für den Geschäftsführer einer GmbH: Baumbach/Hueck/*Zöllner/Noack*, § 35 GmbHG Rn. 50; für den Vorstand einer AG: MünchKommAktG/*Spindler*, § 84 Rn. 85; einschränkend Fleischer/*Thüsing*, § 4 Rn. 77.
[604] *Reichert*, Rn. 2129; OLG Düsseldorf, Urt. v. 23.12.1999 – 6 U 119/99, NZA-RR 2000, 184.

*1. Teil Rechtsfähige Vereine*

365  Der Anspruch auf Urlaub verfällt – wie bei Arbeitnehmern –, wenn er nicht bis zum Ende des Urlaubsjahres genommen wird. Soweit dringende betriebliche oder in der Person des Vorstandsmitgliedes liegende Gründe einer Urlaubsnahme im Urlaubsjahr entgegenstanden, kann der verbleibende Urlaub noch bis zum 31.3. des Folgejahres genommen werden. Im Anstellungsvertrag kann geregelt werden, dass eine Übertragung auf das Folgejahr in jedem Fall ausgeschlossen ist. Umgekehrt kann auch eine Verlängerung des Übertragungszeitraumes vereinbart werden.

366  Die Mitglieder des Vorstands müssen sich ihren Urlaub nicht von der Mitgliederversammlung genehmigen lassen. Eine solche Verpflichtung besteht selbst dann nicht, wenn im Anstellungsvertrag zur Regelung des Urlaubs auf das Bundesurlaubsgesetz verwiesen wird.[605] Es besteht aber – auch ohne ausdrückliche Regelung – die Verpflichtung, sich mit den weiteren Vorstandsmitgliedern und ggf. mit den anderen Vereinsorganen abzustimmen.[606] Die Handlungsfähigkeit des Vereins muss gewahrt bleiben.

367  Kann das Vorstandsmitglied aufgrund der Beendigung seiner Anstellung den ihm noch zustehenden Erholungsurlaub nicht mehr in natura nehmen, kann er vom Verein die Abgeltung der verbleibenden Urlaubstage verlangen.[607] Der Abgeltungsanspruch richtet sich grundsätzlich nach § 7 Abs. 6 BUrlG. Es handelt sich wiederum um einen allgemeinen Rechtsgedanken, der auch in den Fällen gilt, in denen einem Dienstnehmer Urlaub auf vertraglicher Grundlage gewährt wird. Abweichungen von § 7 Abs. 6 BUrlG können im Anstellungsvertrag vereinbart werden. Der Abgeltungsanspruch erstreckt sich dabei nur auf Urlaubsansprüche, die noch nicht verfallen sind.[608] Ein Anspruch auf Abgeltung von Urlaubsansprüchen im laufenden Vertragsverhältnis, z.B. bei drohendem Verfall zum Jahresende, besteht nur bei entsprechender Vereinbarung zwischen den Parteien. Dabei ist jedoch zu berücksichtigen, dass Sinn und Zweck des Urlaubs die Erholung ist. Durch eine Abgeltungsklausel im Anstellungsvertrag mag ein Vorstandsmitglied geneigt sein, stets die Abgeltung zu bevorzugen – auf Kosten der Erholung und damit auf Kosten der Gesundheit. Abgeltungsklauseln für nicht genommene Urlaubstage im laufenden Anstellungsverhältnis sollten daher auf das gesetzliche Minimum von 24 Werktagen beschränkt werden.

368  Zur Regelung des Urlaubsanspruchs empfiehlt es sich, entsprechende Klauseln in den Anstellungsvertrag aufzunehmen. Auf diese Weise kennt das Vorstandsmitglied seine diesbezüglichen Rechte, aber auch seine Verpflichtungen.

---

[605] Fleischer/*Thüsing*, § 4 Rn. 77 für den Vorstand einer AG.
[606] Fleischer/*Thüsing*, § 4 Rn. 77 für den Vorstand einer AG.
[607] Küttner/*Kania*, 4. Anwendbarkeit von Arbeitsrecht, Rn. 31 mwN.
[608] S. Rn. 365.

E. Vorstand

**Klauselvorschlag:**

*(1) Herr ... hat in jedem Kalenderjahr Anspruch auf angemessenen Erholungsurlaub im Umfang von bis zu 30 Arbeitstagen. Herr ... hat während dieses Erholungsurlaubs Anspruch auf Urlaubsentgelt in Höhe seiner Vergütung gemäß § ... dieses Vertrages.*
*(2) Eine Übertragung des Erholungsurlaubsanspruches über das jeweilige Kalenderjahr hinaus erfolgt – auch im Falle von Krankheit – nicht.*

**oder**

*Soweit Herr ... den ihm zustehenden Erholungsurlaub aufgrund dringender betrieblicher Erfordernisse oder aus persönlichen Gründen (z.B. längere Krankheit über mehr als sechs Wochen) nicht bis zum Ablauf eines Kalenderjahrs nehmen konnte, wird der Erholungsurlaubsanspruch auf das folgende Kalenderjahr übertragen. Der Erholungsurlaub ist in diesem Fall bis zum 31.3./30.6. des folgenden Kalenderjahres zu nehmen.*
*(3) Herr ... hat den Erholungsurlaub mit den anderen Mitgliedern des Vorstandes mit ausreichendem zeitlichem Vorlauf abzustimmen. Herr ... ist verpflichtet, bei der Inanspruchnahme von Erholungsurlaub das Wohl des Vereins und die Erfordernisse der geschäftlichen Abläufe zu berücksichtigen.*
*(4) Kann der Erholungsurlaub wegen Beendigung des Anstellungsverhältnisses ganz oder teilweise nicht mehr gewährt werden, so ist er abzugelten. Dabei wird ein Erholungsurlaubsanspruch von einem Zwölftel für jeden vollen Kalendermonat des Bestehens des Anstellungsverhältnisses während des Kalenderjahres zugrunde gelegt. Hat Herr ... im Falle seines Ausscheidens bereits mehr Erholungsurlaub in Anspruch genommen, als ihm unter Zugrundelegung von Satz 2 zusteht, so hat er für diesen Teil des Erholungsurlaubs gewährtes Urlaubsentgelt an den Verein zurückzuzahlen.*
*(5) Eine Abgeltung nicht genommener Erholungsurlaubstage im laufenden Anstellungsverhältnis ist ausgeschlossen.*

**oder**

*Soweit Herr ... den ihm zustehenden Erholungsurlaub auch bis zum 31.3./30.6. des Folgejahres aufgrund dringender betrieblicher Erfordernisse oder aus persönlichen Gründen nicht nehmen konnte, ist er abzugelten. Dabei ist die Abgeltung jedoch auf höchstens 10 Werktage begrenzt.*

**b) Unbezahlter Sonderurlaub.** Auch außerhalb der Urlaubsansprüche des Vorstandsmitgliedes können die Parteien Vereinbarungen über Freistellungen treffen. Das kann zum Beispiel die Freistellung zur Betreuung eines Kindes oder zur Pflege von Angehörigen sein.[609] Dabei ist je-

---

[609] S. hierzu Abschnitt Elternzeit Rn. 390 ff.

*1. Teil Rechtsfähige Vereine*

doch zu beachten, dass bei einer **Freistellung ohne Vergütungsanspruch** über einen Monat hinaus, das für die Sozialversicherung relevante Beschäftigungsverhältnis endet.[610] Folge wäre eine Beendigung des Versicherungsschutzes des Vorstandsmitgliedes in allen Zweigen der Sozialversicherung. Die Freistellung ohne Vergütungsanspruch sollte daher einen Monat nicht überschreiten.

**371** **Klauselvorschlag:**
*Unbezahlter Sonderurlaub wird für längstens drei Monate je vier Jahre gewährt. Über die Gewährung entscheidet die Mitgliederversammlung/ der Beirat/der Vorstand.*

**372** **c) Freistellungen nach einem Widerruf der Bestellung. (1) Grundlagen.** Das Vorstandsmitglied hat grundsätzlich Anspruch auf vertragsmäßige Beschäftigung als Vorstandsmitglied. Wird das Vorstandsmitglied abberufen, läuft aber sein Anstellungsvertrag aufgrund einer einzuhaltenden Kündigungsfrist weiter, kann der Verein seine vertragliche Verpflichtung zur ordnungsgemäßen Beschäftigung des abberufenen Vorstandsmitglieds nicht mehr erfüllen. Der **Anspruch des Vorstandsmitgliedes auf vertragsgemäße Vergütung bleibt indessen bestehen**, § 615 BGB. Das abberufene Vorstandsmitglied selbst hat keinen Anspruch auf tatsächliche Weiterbeschäftigung in ähnlicher, leitender Funktion beim Verein, z.B. als „Geschäftsführer".[611] In den Anstellungsvertrag kann allerdings eine **Weiterbeschäftigungsoption** aufgenommen werden.[612] War die Abberufung rechtsunwirksam, bleibt der Beschäftigungsanspruch als Vorstand bestehen.

**373** Eine Weiterbeschäftigung wird jedoch nicht immer im Interesse des Vereins liegen. Oftmals möchte der Verein das Vorstandsmitglied nach einer Abberufung für die Restlaufzeit des Anstellungsvertrages – sei es während der Kündigungsfrist oder dem Auslaufen einer Befristung – von der Verpflichtung zur Erbringung von Diensten freistellen. Zwar ist die Freistellung bei wirksamer Abberufung auch ohne eine Freistellungsklausel im Anstellungsvertrag zulässig. Allerdings kann sich die Beurteilung der Rechtswirksamkeit im Einzelfall als schwierig erweisen und gar zu einem Rechtsstreit führen. In diesem Fall will der Verein vermeiden, dass das Vorstandsmitglied erfolgreich auf Beschäftigung klagt – ggf. im einstweiligen Verfügungsverfahren. Es sollte daher stets eine Freistellungsoption in den Anstellungsvertrag aufgenommen werden. Das ist grundsätzlich auch in Anstellungsverträgen zulässig, die einer AGB-Kontrolle unterliegen.[613] Eine ausdrückliche Freistellungsoption sollte aus Gründen der Rechtssicherheit auch immer dann in den Anstellungsvertrag aufgenom-

---

[610] S. Rn. 389.
[611] BGH, Urt. v. 11.10. 2010 – II ZR 266/08 (noch nicht veröffentlicht).
[612] S. dazu auch Rn. 286.
[613] LAG Hamburg, Urt. v. 10.6. 1994 – 6 Sa 42/94, BeckRS 2009, 68150; *Nägele*, NZA 2008, 1039; Schaub/*Linck*, § 32 Rn. 66.

## E. Vorstand

men werden, wenn zugleich die Option einer Weiterbeschäftigung in angemessener Funktion im Anstellungsvertrag enthalten ist. Eine Freistellung des Vorstandsmitglieds ohne Abberufung als Vorstand wird unzulässig sein, soweit nicht seine **Interessen an einer Freistellung die Interessen des Vorstandsmitgliedes an einer Beschäftigung** überwiegen. Das kann bspw. die begründete Befürchtung eines Verrates von Geschäftsgeheimnissen[614] oder eines pflichtwidrigen Abwerbens von Mitarbeitern[615], Kunden oder Mitgliedern des Vereins durch das (ehemalige) Vorstandsmitglied sein. Die Freistellung erfolgt unter Fortzahlung der Vergütung.

Der **gemeinnützige Verein** kann nicht ohne weiteres die Freistellung unter Fortgewährung der Vergütung vorbehalten. Das Vorstandsmitglied würde im Falle der Freistellung eine Vergütung erhalten, ohne zur Erbringung einer Gegenleistung verpflichtet zu sein. In diesem Fall kann der gemeinnützige Verein sehr schnell die **Grenzen der selbstlosen Mittelverwendung überschreiten** und damit seinen steuerbegünstigten Status verlieren. Eine **Freistellung kommt damit nur bei einer kurzen Kündigungsfrist oder zum Ausgleich von Urlaubstagen** in Betracht.[616]

**(2) Gewährung von Urlaub nach einem Widerruf der Bestellung.** 375
Zum Zeitpunkt der Kündigung kann das Vorstandsmitglied noch über Ansprüche auf Erholungsurlaub verfügen. Wird dem Vorstandsmitglied der ihm zustehende Urlaub nicht vor Beendigung des Anstellungsverhältnisses gewährt, ist er abzugelten. Eine Abgeltung von Urlaubsansprüchen will der Dienstherr regelmäßig vermeiden.

Der Verein ist berechtigt, den Urlaub innerhalb der Kündigungsfrist zu 376 gewähren. Das Vorstandsmitglied kann zwar eigene Wünsche äußern, jedoch darf dies nicht dazu führen, dass der Urlaub letztlich gar nicht gewährt wird. So kann das Vorstandsmitglied nur bei der zeitlichen Lage des Urlaubs bis zur Beendigung des Anstellungsverhältnisses mitreden. Die Urlaubsgewährung durch den Verein muss ausdrücklich und für einen konkret festgelegten Zeitraum erfolgen. Oft wird bei längerer Kündigungsfrist der Resturlaub ans Ende der Kündigungsfrist gelegt. Das kann allerdings zum Problem für den Verein werden, wenn das Vorstandsmitglied ausgerechnet in dieser Zeit arbeitsunfähig erkrankt. Nach § 9 BUrlG werden Zeiten der durch ärztliches Attest nachgewiesenen **Arbeitsunfähigkeit während des Urlaubs**, nicht auf den Urlaub angerechnet. Hintergrund dieser Vorschrift ist, dass die Arbeitspflicht, von der der Beschäftigte bereits durch seine Arbeitsunfähigkeit befreit worden ist, nicht noch einmal suspendiert werden kann. Der ausbleibende Erholungszweck sei nicht ausschlaggebend für den Erhalt des Urlaubs bei Krankheit.[617] Dies kann auch auf Vorstandsverhältnisse übertragen werden. Der Verein kann sich vor dieser Gefahr schützen, indem er den Urlaub an den Anfang der

---

[614] *Korinth*, I Rn. 86.
[615] *Schmiedl*, BB 2003, 1120, 1123; *Korinth*, I Rn. 86.
[616] Ausführlich zur selbstlosen Mittelverwendung Rn. 29, 306 ff.
[617] ErfK/Dörner, § 9 BUrlG Rn. 1.

Kündigungsfrist legt. Erkrankt das Vorstandsmitglied während des Urlaubs, kann der Urlaub immer noch im Anschluss an die Krankheit gewährt werden.

**377** **Formulierungsvorschlag:**
*Der Verein gewährt Herrn ... hiermit den ihm noch zustehenden Erholungsurlaub beginnend ab dem ....... 20 .... Sollte die Gewährung von Erholungsurlaub ab dem ........ 20 ... nicht möglich sein, wird der Erholungsurlaub zu einem späteren Zeitpunkt vor Ablauf der Kündigungsfrist gewährt.*

**378** **(3) Freistellung unter Anrechnung auf Urlaubsansprüche.** Weit verbreitet ist jedoch die **vollständige Freistellung von der Verpflichtung zur Erbringung von Arbeitsleistung.** Sofern eine Freistellung – aufgrund zulässiger vertraglicher Regelung oder aufgrund eines überwiegenden Interesses des Vereins an der Freistellung – zulässig ist, kann der Verein diese unter **Anrechnung auf etwaige Urlaubsansprüche** erklären. Die Anrechnung muss jedoch erklärt werden – sie ist kein Automatismus.[618] Der Anstellungsvertrag mit dem Vorstandsmitglied kann jedoch die Regelung enthalten, dass eine Freistellung stets unter Anrechnung auf etwaige Urlaubsansprüche erfolgt.[619] Die Erklärung der Anrechnung auf Urlaubsansprüche kann zwar auch noch zusammen mit der Freistellung erfolgen. Oftmals wird dies aber vergessen, so dass sich eine entsprechende Klausel im Anstellungsvertrag anbietet.

**379** Eine Freistellung unter Anrechnung auf etwaige Urlaubsansprüche setzt jedoch eine **unwiderrufliche Freistellung** voraus.[620] Behält sich der Verein den Widerruf der Freistellung vor, kann das Vorstandsmitglied keine Planung seines Urlaubs vornehmen; es muss vielmehr mit einem jederzeitigen Widerruf rechnen. Denkbar wäre allenfalls, den Widerruf der Freistellung mit einer Ankündigungsfrist vorzubehalten, die mindestens die Länge des Erholungsurlaubs beträgt. Möchte sich der Verein die Möglichkeit eines Widerrufs der Freistellung offen halten, wäre eine **konkrete Urlaubsgewährung in einer festgelegten Zeit** sinnvoller.[621]

**380** **Formulierungsvorschlag für eine widerrufliche Freistellung:**
*Wir stellen Sie hiermit widerruflich bis zum Ablauf der Kündigungsfrist von der Verpflichtung zur Erbringung von Diensten für den Verein unter Fortzahlung der Vergütung frei. Wir gewähren Ihnen hiermit antragsgemäß den Ihnen noch zustehenden Erholungsurlaub beginnend ab dem ... ..... 20 .... Sollte die Gewährung von Erholungsurlaub ab dem ... ..... 20 ... nicht möglich sein, wird der Erholungsurlaub zu einem späteren Zeitpunkt vor dem .... ..... 20 ... gewährt.*

---

[618] BAG, Urt. v. 14.3. 2006 – 9 AZR 11/05, NZA 2006, 1008.
[619] S. Rn. 388.
[620] ErfK/*Preis*, § 611 BGB Rn. 571 mwN.
[621] BAG, Urt. v. 14.8. 2007 – 9 AZR 934/06, NZA 2008, 473.

## E. Vorstand

Erklärt der Verein nicht ausdrücklich, ob er das Vorstandsmitglied widerruflich oder unwiderruflich freistellt, erklärt er die Freistellung aber unter Anrechnung auf etwaige Urlaubsansprüche, handelt es sich im Zweifel um eine unwiderrufliche Freistellung, da anderenfalls eine Anrechnung nicht möglich wäre.[622]  381

**Formulierungsvorschlag für eine unwiderrufliche Freistellung unter Urlaubsanrechnung:**  382

*Wir stellen Sie mit sofortiger Wirkung unter Anrechnung auf Ihnen gegebenenfalls noch zustehende Urlaubsansprüche unwiderruflich von der Verpflichtung zur Erbringung von Diensten frei.*

Eine Anrechnung von Urlaub ist wiederum fraglich, wenn das Vorstandsmitglied während der Freistellung erkrankt. Wie bei der konkreten Urlaubsgewährung, dürfte § 9 BUrlG dazu führen, dass der Urlaub während einer krankheitsbedingten Arbeitsunfähigkeit erhalten bleibt.[623] So könnte das Vorstandsmitglied ausgerechnet gegen Ende der Freistellung erkranken und zwar für die Dauer des anzurechnenden Urlaubs. Hat der Verein keine Festlegung getroffen, in welcher Zeit der Freistellung die Urlaubsgewährung liegen soll, kann das Vorstandsmitglied in dieser Konstellation Anspruch auf **Urlaubsabgeltung** haben. Der Verein kann sich davor schützen, indem er zunächst Urlaub gewährt und das Vorstandsmitglied anschließend freistellt. Erkrankt das Vorstandsmitglied während des Urlaubs, sollte der Urlaub im Anschluss an die Krankheit gewährt werden, so dass sich der Zeitpunkt der Freistellung nach hinten verschiebt.  383

**Formulierungsvorschlag:**  384

*Der Verein gewährt Herrn ... hiermit den ihm noch zustehenden Erholungsurlaub beginnend ab dem ... ... . 20 ... . Sollte die Gewährung von Erholungsurlaub ab dem ... ... . 20 ... nicht möglich sein, wird der Erholungsurlaub zu einem späteren Zeitpunkt vor Ablauf der Kündigungsfrist gewährt. Im Anschluss an den gewährten Erholungsurlaub wird Herr ... unter Fortzahlung der Bezüge bis zur Beendigung des Anstellungsverhältnisses von der Verpflichtung zur Erbringung von Diensten freigestellt.*

**(4) Anrechnung von anderweitigem Erwerb.** Während der Freistellung muss sich das Vorstandsmitglied **anderweitig erzielten Erwerb nur dann auf seinen Vergütungsanspruch gegenüber dem Verein anrechnen** lassen, wenn sich der Verein mit der Annahme der Dienste des Vorstandsmitgliedes in Verzug befindet (§ 615 S. 2 BGB) oder wenn eine solche Anrechnung im Anstellungsvertrag für den Fall der Freistellung vereinbart worden ist.[624] Voraussetzung eines Annahmeverzuges ist unter anderem,  385

---

[622] BAG, Urt. v. 14.3. 2006 – 9 AZR 11/05, NZA 2006, 1008.
[623] *Günther*, ArbRAktuell 2009, 127.
[624] *Bauer*, IV. 4. Rn. 34 i, 34 p.

dass das Vorstandsmitglied weiter zur Erbringung seiner Dienste gegenüber dem Verein verpflichtet ist und der Verein die angebotenen Dienste nicht annimmt. Stellt der Verein das Vorstandsmitglied unwiderruflich frei und widerspricht das Vorstandsmitglied der Freistellung nicht, hat dies den konkludenten Abschluss eines Erlassvertrages zur Folge. Ein Annahmeverzug und damit die Anrechnung anderweitigen Erwerbs gemäß § 615 S. 2 BGB scheidet dann aus, sofern der Anstellungsvertrag oder eine Vereinbarung über die Freistellung nichts anderes regeln.[625]

386 Besteht das Vorstandsmitglied auf einer Weiterbeschäftigung, z.B. weil es die Abberufung für rechtswidrig hält, gerät der Verein grundsätzlich in Annahmeverzug und das Vorstandsmitglied muss sich anderweitig erzielten Erwerb anrechnen lassen. Das gilt auch dann, wenn im Anstellungsvertrag die Möglichkeit einer Freistellung vorgesehen ist oder der Verein aufgrund eines überwiegenden Interesses berechtigt ist, das Vorstandsmitglied freizustellen. Auch in diesem Fall kommt ein Erlassvertrag nicht zustande. Alleine die Schaffung der rechtlichen Möglichkeit einer Freistellung im Anstellungsvertrag kann nicht als Zustimmung zu einem etwaig später angebotenen Erlassvertrag angesehen werden.[626] Bei einer widerruflichen Freistellung verzichtet der Verein ausdrücklich nicht auf sein Recht, die Dienste des Vorstandsmitgliedes – zu einem späteren Zeitpunkt – wieder anzunehmen. Der Verein gerät damit für die Dauer der widerruflichen Freistellung in Annahmeverzug. Das Vorstandsmitglied muss sich in dieser Zeit erzielten Verdienst anrechnen lassen.[627] Annahmeverzug tritt in dieser letztgenannten Konstellation während eines konkret gewährten Urlaubs nicht ein.

387 Sofern der Verein bei der Freistellung nichts anderes – ggf. auch konkludent – erklärt, bleibt das Vorstandsmitglied auch **während der Freistellung an das Konkurrenzverbot gebunden**.[628]

388 **Klauselvorschlag für den Anstellungsvertrag:**

*Nach Kündigung des Anstellungsvertrages bzw. im Falle des Widerrufs der Bestellung zum Mitglied des Vorstandes bis zur Beendigung dieses Anstellungsvertrages kann Herr ... für die Dauer der Kündigungsfrist von der Verpflichtung zur Erbringung von Diensten freigestellt werden. Eine Freistellung erfolgt unter Anrechnung auf etwaig bestehenden Resterholungsurlaub. Herr ... unterliegt auch während der Freistellung dem Konkurrenzverbot. Er muss sich den Wert desjenigen anrechnen lassen, was er infolge des Unterbleibens der Dienstleistung erspart oder durch anderweitige Verwendung seiner Dienste erwirbt oder zu erwerben böswillig unterlässt.*

---

[625] *Nägele*, NZA 1039, 1041.
[626] *Nägele*, NZA 1039, 1041.
[627] *Nägele*, NZA 1039, 1041.
[628] *Nägele*, NZA 2008, 1039, 1040; *Bauer*, IV. 9. Rn. 98; s. zum Konkurrenzverbot Rn. 414.

E. Vorstand

**(5) Sozialversicherungsrechtliche Folgen einer Freistellung.** Während einer Freistellung bleibt das **sozialversicherungsrechtliche Beschäftigungsverhältnis grundsätzlich bestehen, solange ein Anspruch auf Vergütung besteht.** Über mehrere Jahre bestand eine Rechtsunsicherheit, ob dies auch während einer einvernehmlichen, unwiderruflichen Freistellung gilt, da die Leistungspflicht des Beschäftigten ohne Rückkehrmöglichkeit suspendiert ist. **Das Bundessozialgericht hat jüngst entschieden, dass das Beschäftigungsverhältnis auch bei einer einvernehmlichen, unwiderruflichen Freistellung nicht endet.**[629]

389

## 5. Elternzeit und Elterngeld

**a) Elternzeit.** Vorstandsmitglieder eines Vereins haben keinen gesetzlichen Anspruch auf Elternzeit. Das BEEG macht in § 15 Abs. 1 die Inanspruchnahme von Elternzeit von dem Status als Arbeitnehmer abhängig, den Vorstandsmitglieder regelmäßig nicht erfüllen.

390

Im Anstellungsvertrag kann jedoch gleichwohl die Möglichkeit einer Freistellung für Elternzeit vereinbart werden. Grundsätzlich denkbar ist dabei auch eine Regelung zur Fortzahlung der Vergütung, Dauer der Elternzeit, Teilzeittätigkeit etc. In gemeinnützigen Vereinen kann die Gewährung von Vergütung während einer vertraglichen Elternzeit jedoch die Grenzen der selbstlosen Mittelverwertung überschreiten und damit die Gemeinnützigkeit gefährden.

391

Elternzeit kann auch durch eine nachträglich abgeschlossene Vereinbarung, z. B. bei Feststellung einer Schwangerschaft des Vorstandsmitgliedes oder seiner Partnerin gewährt werden. Zwar wird es eher der Ausnahmefall sein, dass ein Vorstandsmitglied über längere Zeit Elternzeit in Anspruch nehmen wird. Schließlich ist das Vorstandsmitglied für die Geschäftsführung und die Vertretung des Vereins zuständig. In Betracht kommen könnte jedoch der Wunsch eines Vorstandsmitgliedes, bspw. in den ersten beiden Monaten nach der Geburt mit der Partnerin gemeinsam Elternzeit in Anspruch zu nehmen. Denkbar ist auch, dass das Vorstandsmitglied beabsichtigt, für zwei Monate nach einer zwölfmonatigen Elternzeit der Partnerin die Betreuung des Kindes zu übernehmen – mit der Folge, dass für einen 13. und 14. Monat Elterngeld bezogen werden kann.[630]

392

**Formulierungsvorschlag:**

393

*Der Verein gewährt dem Vorstandsmitglied hiermit für die Zeit vom .... .... 20 ... bis ... .... 20 ... Elternzeit analog den Vorschriften der §§ 15 ff BEEG. Ein Vergütungsanspruch besteht während dieses Zeitraumes nicht.*[631]

---

[629] BSG, Urt. v. 24.9. 2008 – B 12 KR 22/07 R, NZA-RR 2009, 272.
[630] S. Rn. 396.
[631] Zum Fortbestand der Sozialversicherungspflicht s. Rn. 397 ff.

*1. Teil Rechtsfähige Vereine*

**394** Zuständig für den Abschluss einer solchen Vereinbarung ist die Mitgliederversammlung, sofern die Satzung nicht die Zuständigkeit eines anderen Organs vorsieht.

**395** **b) Elterngeld.** Vorstandsmitglieder können – sofern sie in einem Anstellungsverhältnis stehen – unter den Voraussetzungen des § 1 BEEG Anspruch auf Elterngeld haben. Das BEEG knüpft für den Bezug von Elterngeld **nicht an einen Arbeitnehmerstatus**. Anspruch auf Elterngeld hat gemäß § 1 Abs. 1 BEEG derjenige, der

– einen Wohnsitz oder seinen gewöhnlichen Aufenthalt in Deutschland hat,
– mit seinem Kind in einem Haushalt lebt,
– dieses Kind selbst betreut und erzieht und
– keine oder keine volle Erwerbstätigkeit ausübt[632].

**396** Jedes Elternteil kann gemäß § 4 Abs. 3 S. 1 BEEG grundsätzlich mindestens zwei und höchstens zwölf Monate Elterngeld beziehen.[633] Der Elterngeldanspruch ist insgesamt pro Kind auf 14 Monate begrenzt, § 4 Abs. 1 S. 1 BEEG. Möchten die Eltern die vollen 14 Monate Bezugsdauer ausschöpfen, müssen beide Elternteile die Betreuung des Kindes unter Einstellung oder Reduzierung der Erwerbstätigkeit übernehmen (z.B. ein Elternteil zwölf Monate, das andere Elternteil zwei Monate).

**397** **c) Sozialversicherungsrechtliche Folgen.** Nimmt das Vorstandsmitglied eine vertraglich vereinbarte Elternzeit in Anspruch, besteht gemäß § 7 Abs. 3 SGB IV während dieser Elternzeit kein sozialversicherungspflichtiges Beschäftigungsverhältnis. Auch während des Bezuges von Elterngeld besteht das sozialversicherungsrechtliche Beschäftigungsverhältnis nicht fort.

**398** Während des Bezugs von Elterngeld bleibt das Vorstandsmitglied – sofern es bislang gesetzlich pflichtversichert war –, weiterhin gesetzlich krankenversichert (§ 192 Abs. 1 Nr. 2 SGB V). Durch die Anknüpfung der Mitgliedschaft in der sozialen Pflegeversicherung an die Mitgliedschaft in der gesetzlichen Krankenversicherung bleibt das gesetzlich krankenversicherte Vorstandsmitglied während dieser Zeit auch gesetzlich pflegeversichert (§§ 20 Abs. 1 i.V.m. 49 Abs. 2 SGB XI). Eine Beitragszahlungsverpflichtung durch den Verein bzw. das Vorstandsmitglied besteht in dieser Zeit nicht.

**399** Übernimmt das Vorstandsmitglied die Betreuung des Kindes unter **Freistellung von der Erwerbstätigkeit und bezieht es kein Elterngeld, ist es während dieser Zeit nicht gesetzlich krankenversichert.** Das Gesetz sieht ein Fortbestehen der Versicherung in der gesetzlichen Krankenversi-

---

[632] Zu erweiterten Bezugsmöglichkeiten vgl. § 1 Abs. 2 ff BEEG; zum Elterngeld im Allgemeinen vgl. bspw. *Buchner/Becker*, Vor §§ 1–14 BEEG.
[633] Zu den Ausnahmekonstellationen, in denen auch nur ein Elternteil Elterngeld für 14 Monate beziehen kann s. § 4 Abs. 3 S. 3, 4 BEEG.

*E. Vorstand*

cherung und der sozialen Pflegeversicherung nur bei Elternzeit „nach den gesetzlichen Vorschriften" vor. Das bedeutet, dass das Vorstandsmitglied obgleich es versicherungspflichtig während der Ausübung seiner Vorstandstätigkeit ist, diesen Versicherungsschutz verliert, wenn es eine vertraglich vereinbarte Elternzeit in Anspruch nimmt und nicht aufgrund eines Elterngeldbezuges kranken- und pflegeversichert bleibt. **Um den Versicherungsschutz zu erhalten, kann eine Freistellung nur bei Elterngeldbezug empfohlen werden.**

Für das Fortbestehen einer Mitgliedschaft in der gesetzlichen **Arbeitslosenversicherung** kommt es nicht darauf an, ob das Vorstandsmitglied Elternzeit in Anspruch nimmt bzw. Elterngeld bezieht. Versichert ist das Vorstandsmitglied in der Zeit, in der es ein Kind, das das dritte Lebensjahr noch nicht vollendet hat, erzieht, wenn es unmittelbar vor der Kindererziehung versicherungspflichtig war und sich mit dem Kind im Inland gewöhnlich aufhält oder bei Aufenthalt im Ausland Anspruch auf Kindergeld hat. 400

Auch die fortdauernde Versicherungspflicht in der gesetzlichen **Rentenversicherung** ist nicht an die Elternzeit bzw. an den Bezug von Elterngeld geknüpft. Nach § 3 Abs. 1 Nr. 1 SGB VI sind Personen in der Zeit, für die ihnen Kindererziehungszeiten nach § 56 SGB VI anzurechnen sind, weiterhin versichert. Anzurechnende Kindererziehungszeiten sind gemäß § 56 SGB VI grundsätzlich Zeiten der Erziehung eines Kindes in dessen ersten drei Lebensjahren.[634] 401

## 6. Entgeltfortzahlung im Krankheitsfall

Die gesetzliche Entgeltfortzahlung im Krankheitsfall gilt nur für Arbeitnehmer. Eine Anwendung auf Vorstände eines Vereins, bei denen es sich nicht um Arbeitnehmer handelt, besteht nicht. Ihnen steht mithin kein gesetzlicher Entgeltfortzahlungsanspruch für den Fall einer Erkrankung zu.[635] 402

Zur Absicherung des Vorstandsmitgliedes für den Fall einer Erkrankung oder eines Unfalls kann im Anstellungsvertrag jedoch eine Regelung zur Fortzahlung der Vergütung vorgesehen werden. Dabei steht es den Anstellungsvertragsparteien frei, die gesetzlichen Regelungen des Entgeltfortzahlungsgesetzes (EFZG) zu übernehmen oder eine hiervon abweichende Lösung zu finden. So kann bspw. vereinbart werden, dass die Entgeltfortzahlung höchstens sechs Wochen im Jahr (oder Kalenderjahr) beträgt. Anders als nach der gesetzlichen Regelung beginnt dann der Entgeltfortzahlungszeitraum von sechs Wochen in diesem Fall nicht von neuem, wenn der erneuten Arbeitsunfähigkeit eine andere Erkrankung zugrunde liegt. Die Entgeltfortzahlung endet vielmehr nach sechs Wochen. 403

---

[634] Zu den Einzelheiten der Anrechnung von Kindererziehungszeiten s. bspw. Kasseler Kommentar/*Gürtner*, § 56 SGB VI.
[635] Vgl. auch ErfK/*Dörner*, § 1 EFZG Rn. 2.

Auch ein längerer Zeitraum der Entgeltfortzahlung kann grundsätzlich vereinbart werden:

**404** Für den Fall, dass ein Dritter die Arbeitsunfähigkeit des Vorstandsmitgliedes verursacht hat (z. B. Unfallgegner bei einem Verkehrsunfall), sollte sich der Verein etwaige Schadenersatzansprüche, die das Vorstandsmitglied gegen denjenigen, der seine Arbeitsunfähigkeit verursacht hat, bereits im Anstellungsvertrag abtreten lassen. Der in § 6 EFZG vorgesehene gesetzliche Forderungsübergang gilt für Vorstandsmitglieder nicht.

**405** Da Vorstandsmitglieder in der Regel sozialversichert sind[636], haben sie **nach Ablauf des vereinbarten Entgeltfortzahlungszeitraums grundsätzlich Anspruch auf Krankengeld**, §§ 44, 49 Abs. 1 Nr. 1 SGB V. Auf die Entgeltfortzahlungszeiten nach dem EFZG kommt es trotz des Hinweises in § 44 Abs. 3 SGB V auf die „arbeitsrechtlichen Vorschriften" zur Entgeltfortzahlung im Krankheitsfall nicht an. Die Geltung des EFZG kann nicht durch das SGB angeordnet werden.[637] Zu beachten ist aber § 44 Abs. 2 Nr. 3 SGB V wonach ein Anspruch auf Krankengeld ausscheidet, wenn bei Arbeitsunfähigkeit nicht mindestens sechs Wochen Anspruch auf Fortzahlung des Arbeitsentgelts besteht.

**406** **Klauselvorschlag für die Entgeltfortzahlung im Krankheitsfall:**

*(1) Während einer Dienstunfähigkeit infolge Krankheit erhält Herr ... seine vollen Bezüge für maximal 42 Tage pro Jahr.*

*(2) Herr ... tritt hiermit etwaige Schadensersatzansprüche gegen Dritte wegen Herbeiführung der Arbeitsunfähigkeit bis zur Höhe der Leistungen nach Ziffer (1) an den dies annehmenden Verein ab. Herr ... ist verpflichtet, alle zur Geltendmachung dieser abgetretenen Ansprüche notwendigen Handlungen zu unternehmen und den Verein bei der Geltendmachung der Ansprüche zu unterstützen.*

### 7. Ansprüche bei Unfällen

**407** Vorstandsmitglieder sind gesetzlich unfallversichert.[638] Sie haben daher im Falle eines Arbeitsunfalls (§ 8 SGB VII) bzw. bei Vorliegen einer Berufskrankheit (§ 9 SGB VII) grundsätzlich Anspruch auf Leistungen aus der gesetzlichen Unfallversicherung. Zu den Arbeitsunfällen zählt auch der sog. Wegeunfall. Leistungen der gesetzlichen Unfallversicherung sind u. a.:

– Heilbehandlung, §§ 27 ff SGB VII;
– Verletztengeld, §§ 45 ff SGB VII;
– Verletztenrente, §§ 56 ff SGB VII;
– Sterbegeld, § 63 Abs. 1 S. 1 Nr. 1 SGB VII;
– Witwen- und Witwerrente, §§ 65 ff SGB VII.

---

[636] S. Rn. 236.
[637] Krauskopf/Vay, § 44 SGB V Rn. 38.
[638] S. § 2 Abs. 1 Nr. 1 SGB VII.

## E. Vorstand

Für den Fall eines Unfalls kann zusätzlich zur gesetzlichen Unfallversicherung eine private Unfallvorsorge vereinbart werden. Auch hierbei sind jedoch die Grenzen der selbstlosen Mittelverwendung bei gemeinnützigen Vereinen zu beachten.[639] Ist das Vorstandsmitglied nach einem Unfall krankgeschrieben (z.b. nach einem Verkehrsunfall) besteht ein Entgeltfortzahlungsanspruch gegen den Verein nur bei entsprechender Vereinbarung.[640] 408

Wird das Vorstandsmitglied durch eine Pflichtverletzung des Vereins oder eines seiner Organmitglieder[641] verletzt, kann ein Anspruch auf Schadensersatz und Schmerzensgeld nur dann in Betracht kommen, wenn die Pflichtverletzung auf Vorsatz beruht, §§ 104 ff SGB VII. 409

### 8. Nebentätigkeiten

Sofern seitens des Vereins eine ausschließliche Tätigkeit des Vorstandsmitgliedes für den Verein gewünscht ist, sollte dies im Anstellungsvertrag geregelt werden.[642] 410

Aufgrund seiner besonderen Stellung ist der Verein nicht verpflichtet, dem Vorstand eine Nebentätigkeit zu gestatten. Eine Ausnahme besteht bei Vorstandsmitgliedern, die lediglich in Teilzeit ihre Tätigkeit für den Verein verrichten. Aufgrund der Fürsorgepflicht des Vereins gegenüber seinen Organen darf ihnen die Möglichkeit einer anderweitigen Beschäftigung nicht generell verwehrt werden. Anderenfalls wäre das in Teilzeit beschäftigte Vorstandsmitglied auf die Vorstandsvergütung für die Teilzeitarbeit beschränkt. 411

Von der Frage der Nebentätigkeitserlaubnis zu unterscheiden ist die Frage, ob der (teilzeitbeschäftigte) Vorstand während seiner Nebentätigkeit in Wettbewerb zum Verein treten darf.[643] 412

**Klauselvorschlag für Nebentätigkeit:** 413

*Die Übernahme jeglicher Nebentätigkeit durch Herrn ... bedarf der vorherigen schriftlichen Zustimmung des/der ... . Die Zustimmung wird nur erteilt, soweit nicht maßgebliche Interessen des Vereins entgegenstehen.*

### 9. Konkurrenzverbot

**a) Einleitung.** Arbeitnehmern ist es analog §§ 60, 61 HGB untersagt, ohne Einwilligung des Arbeitgebers ein Handelsgewerbe zu betreiben, oder in dem Handelszweige des Arbeitgebers für eigene oder fremde 414

---

[639] S. Rn. 29.
[640] S. dazu Rn. 402 ff.
[641] Kasseler Kommentar/*Ricke*, § 105 SGB VII Rn. 3.
[642] S. hierzu Rn. 288.
[643] S. dazu nächster Abschnitt.

## 1. Teil Rechtsfähige Vereine

Rechnung Geschäfte zu machen.[644] Auch Arbeitgeber, die kein Handelsgewerbe betreiben, werden durch dieses gesetzliche Wettbewerbsverbot geschützt.[645]

415 **b) Konkurrenzverbote für Vereinsvorstände.** Auf vertretungsberechtigte Organe juristischer Personen finden §§ 60, 61 HGB keine (entsprechende) Anwendung.[646] Für Vorstände von Aktiengesellschaften ergibt sich das Konkurrenzverbot ausdrücklich aus § 88 AktG. Sinn und Zweck des § 88 AktG ist dabei nicht lediglich der Schutz der Gesellschaft vor Wettbewerbshandlungen seines Vorstandes. Die Vorschrift bezweckt auch den Schutz der Gesellschaft vor anderweitigem Einsatz der Arbeitskraft ihrer Vorstandsmitglieder.[647] Sowohl §§ 60, 61 HGB als auch § 88 AktG konkretisieren einen allgemeinen Rechtsgedanken, der seine Grundlage in der Treuepflicht des vertretungsberechtigten Organs hat und in § 241 Abs. 2 BGB zum Ausdruck kommt.[648] Nach dieser Vorschrift kann u.a. das Anstellungsverhältnis nach seinem Inhalt das Vorstandsmitglied zur Rücksicht auf die Rechte, Rechtsgüter und Interessen des Vereins verpflichten. Für Geschäftsführer einer GmbH wird das Konkurrenzverbot dementsprechend aus der allgemeinen Treuepflicht des Geschäftsführers gegenüber der Gesellschaft hergeleitet.[649] Die Treuepflicht, der das Konkurrenzverbot innewohnt, folgt damit zum einen aus der Organstellung selbst und bei angestellten Organen auch aus dem Anstellungsverhältnis.

416 Diese Grundsätze der Treuepflicht sind auch auf eingetragene und nicht eingetragene Vereine übertragbar. Unproblematisch ist dabei zunächst der Fall des wirtschaftlichen Vereins gemäß § 22 BGB. Er nimmt in wettbewerbsrelevanter Weise am Marktgeschehen teil. Für ihn besteht die Gefahr, dass er dadurch Schaden erleidet, dass seine Mitarbeiter und insbesondere sein Vorstand in Konkurrenz zu ihm treten.

417 Ein Bedürfnis des Vereins, sich vor unerwünschter Konkurrenz durch seinen eigenen Vorstand zu schützen, besteht auch in den Fällen, in denen der Verein in zulässiger Weise einen wirtschaftlichen Geschäftsbetrieb ausgelagert hat und als eigene Rechtspersönlichkeit betreibt.[650] In diesem Fall übt zwar nicht der Verein selbst, allerdings das von ihm betriebene Unternehmen eine Tätigkeit aus, die in Konkurrenz zu anderen

---

[644] BAG, Urt. v. 26.9. 2007 – 10 AZR 511/06, NZA 2007, 1436; Baumbach/Hopt/ *Hopt*, § 60 HGB Rn. 1.
[645] BAG, Urt. v. 26.9. 2007 – 10 AZR 511/06, NZA 2007, 1436.
[646] ErfK/*Oetker*, § 60 HGB Rn. 2; MünchKommHGB/v. *Hoyningen-Huene*, § 60 Rn. 11.
[647] *Hüffer*, § 88 AktG Rn. 1; MünchKommAktG/*Hefermehl/Spindler*, § 88 Rn 1 mwN.
[648] ErfK/*Oetker*, § 60 HGB Rn. 2.
[649] *Roth/Altmeppen*, § 6 GmbHG Rn. 78; *Altmeppen*, ZIP 2008, 437, 439 f.; *Lohr*, DStR 2002, 2173, 2180; Schaub/*Schaub*, § 57 Rn. 1; z.T. wird das Konkurrenzverbot auch durch Heranziehung des § 88 AktG begründet: vgl. hierzu Baumbach/Hueck/*Zöllner/Noack*, § 35 GmbHG Rn. 41.
[650] So auch Krieger/Schneider/*Burgard*, § 6 Rn. 27.

## E. Vorstand

Anbietern steht. Sofern der Vorstand des Vereins zugleich vertretungsberechtigtes Organ dieser vom Verein betriebenen externen Gesellschaft ist, unterliegt er gegenüber dieser externen Gesellschaft einem Konkurrenzverbot und muss sich des Wettbewerbes dieser Gesellschaft gegenüber enthalten.

Die Treuepflicht des Vorstands beschränkt sich jedoch nicht auf die reine Ausübung von Wettbewerb. Vielmehr erstreckt sich die Verpflichtung auch auf die Rücksichtnahme auf die Interessen des Vereins generell. Der Vorstand hat den Vereinszweck zu beachten und hat den Verein vor Schäden zu bewahren.[651] Er repräsentiert den Verein nach Innen und Außen. Es ist mit dieser herausgehobenen und mit besonderer Vertrauensstellung verbundenen Position eines Vereinsvorstands unvereinbar, wenn dieser für einen anderen Verein mit derselben – ideellen – Zielsetzung tätig wird. Auch ohne einen wirtschaftlichen Geschäftsbetrieb unterliegt der Vorstand einer Treuepflicht gegenüber „seinem" Verein, der das Verbot der Konkurrenztätigkeit immanent ist. Beim angestellten Vorstandsmitglied ergibt sich die Treuepflicht zudem aus dem Anstellungsverhältnis. Das Vorstandsmitglied soll die Interessen des Vereins fördern und unterstützen, ihnen aber nicht durch eine Konkurrenztätigkeit entgegenwirken.[652] Die Treuepflicht bezweckt in diesem Fall auch den Schutz des Vereins vor anderweitigem Einsatz der Arbeitskraft ihrer Vorstandsmitglieder.[653] Das Vorstandsmitglied ist zur Rücksichtnahme auf die Rechtssphäre einschließlich der Vermögensinteressen des Vereins verpflichtet.[654] Häufig finden sich bereits in der Vereinssatzung Konkretisierungen zu den Treuepflichten des Vorstands. Zur Klarstellung sollte auch der Anstellungsvertrag eine ausdrückliche Regelung zum Konkurrenzverbot enthalten. Ferner kann das Konkurrenzverbot mit einer Vertragsstrafe gesichert werden.[655]

**418**

**c) Dauer des Konkurrenzverbotes.** Da das Konkurrenzverbot sowohl aus der organschaftlichen Treuepflicht, als auch aus der Treuepflicht aus dem Anstellungsverhältnis folgt, besteht es zunächst für die Dauer der Bestellung und der Anstellung. Endet mit der Organstellung, unter Einhaltung einer Kündigungsfrist, auch das Anstellungsverhältnis, besteht das Wettbewerbsverbot auch während der Kündigungsfrist. Es wird nicht durch eine Freistellung aufgehoben, sofern der Verein nicht ausdrücklich oder konkludent darauf verzichtet.[656] Wird das Anstellungsverhältnis nach Abberufung fortgesetzt, verbleibt es ebenfalls beim Fortbestand des

**419**

---

[651] *Reichert*, Rn. 3679.
[652] MünchKommBGB/*Müller-Glöge*, § 611 Rn. 1101 für die Treuepflicht des Arbeitnehmers.
[653] S. Rn. 415.
[654] MünchKommBGB/*Kramer*, § 241 Rn. 1.
[655] S. Rn. 458.
[656] Zur Freistellung und weiteren Gestaltungsmöglichkeiten in diesem Zusammenhang s. Rn. 387 f.

Konkurrenzverbotes. Wird das Anstellungsverhältnis nach Ablauf der Organmitgliedschaft in Form eines Arbeitsverhältnisses fortgesetzt, besteht das Konkurrenzverbot gemäß §§ 60, 61 HGB gesetzlich fort.

420 **Klauselvorschlag für ein Konkurrenzverbot:**

*(1) Herr ... verpflichtet sich, während des laufenden Anstellungsverhältnisses weder für eigene noch für fremde Rechnung für einen anderen Verein oder sonstige Institution tätig zu werden, noch unmittelbar oder mittelbar an der Gründung oder dem Betrieb einer solchen Unternehmung beteiligt zu sein.*

*(2) Im Falle der Zuwiderhandlung behält sich der Verein die Kündigung des Anstellungsvertrages sowie die Geltendmachung von Schadensersatzansprüchen vor.*

*(3) (Vertragsstrafe)*[657]

### 10. Nachvertragliche Wettbewerbsverbote

421 **a) Grundlagen.** Durch Vereinbarung zwischen einem Arbeitgeber und einem Arbeitnehmer kann die berufliche Tätigkeit des Arbeitnehmers für die Zeit nach Beendigung des Arbeitsverhältnisses beschränkt werden. Dabei gelten gemäß § 110 S. 2 GewO die Regelungen zu nachvertraglichen Wettbewerbsverboten für Handlungsgehilfen in §§ 74 ff HGB entsprechend. Eine Ausdehnung des Anwendungsbereichs der §§ 74 ff HGB auf vertretungsberechtigte Organe juristischer Personen lehnt die Rechtsprechung ab.[658] Das bedeutet indessen weder, dass Vereinbarungen zwischen einer juristischen Person und seinen vertretungsberechtigten Organen zu nachvertraglichen Wettbewerbsverboten gänzlich unzulässig wären, noch, dass sie einschränkungslos vereinbart werden können. Vielmehr wird die Zulässigkeit solcher Vereinbarungen an § 138 BGB gemessen.

422 Ob allerdings auch mit Vorstandsmitgliedern von Vereinen rechtswirksam vollumfängliche nachvertragliche Wettbewerbsverbote vereinbart werden können, ist indessen sehr fraglich, wie nachfolgend gezeigt wird. Grundsätzlich zulässig dürften nur Kunden-/Mitgliederschutzabreden sein.

423 **b) Zulässigkeit nachvertraglicher Wettbewerbsverbote mit Vorständen des Vereins.** Nachvertragliche Wettbewerbsverbote mit Organen juristischer Personen sind nur zulässig, wenn sie dem **Schutz eines berechtigten Interesses** des Unternehmens dienen und nach Gegenstand, Zeit und Ort die Berufsausübung und die wirtschaftliche Betätigung des Organmitgliedes nicht unbillig erschweren.[659] Ein berechtigtes Interesse

---

[657] S. Rn. 458.
[658] Bspw. BGH, Hinweisbeschl. v. 7.7. 2008 – II ZR 81/07, NZG 2008, 753; s. auch Menke, NJW 2009, 639; MünchKommHGB/v. *Hoyningen-Huene*, § 74 Rn. 9.
[659] BGH, Urt. v. 26.3. 1984 – II ZR 229/83, NJW 1984, 2366.

## E. Vorstand

kann in dem Schutz von Betriebs- und Geschäftsgeheimnissen – insbesondere technischem Know-How – oder im Schutz der Kundenbeziehungen liegen.

Dabei stellt sich jedoch bereits die Grundfrage, ob Vereine überhaupt ein berechtigtes Interesse an der Vereinbarung eines umfassenden nachvertraglichen Wettbewerbsverbotes mit ihren Vorstandsmitgliedern haben können. Das Idealbild des eingetragenen Vereins sieht die wirtschaftliche Betätigung des Vereins nicht vor. Der Verein soll sich vielmehr ideellen Zwecken widmen und sich grundsätzlich nicht einem wirtschaftlichen Zweck widmen.[660]

424

Unproblematisch ist zunächst der Fall des **wirtschaftlichen Vereins gemäß § 22 BGB**. Er nimmt in wettbewerbsrelevanter Weise am Marktgeschehen teil. Je nach Reichweite eines vereinbarten nachvertraglichen Wettbewerbsverbotes wird ein berechtigtes Interesses eines solchen Wirtschaftsvereins regelmäßig vorliegen.

425

Ebenso unproblematisch wird das grundsätzliche Vorliegen eines berechtigten Interesses in den Fällen sein, in denen der Verein in zulässiger Weise einen **wirtschaftlichen Geschäftsbetrieb ausgelagert** hat und als eigene Rechtspersönlichkcit betreibt.[661] In diesem Fall übt nicht der Verein selbst, sondern das von ihm betriebene Unternehmen eine Tätigkeit aus, die in Konkurrenz zu anderen Anbietern steht. Mit den Organmitgliedern des ausgelagerten Geschäftsbetriebes können auch dann nachvertragliche Wettbewerbsverbote vereinbart werden, wenn diese gleichzeitig Vorstandsmitglieder des hinter dem Geschäftsbetrieb stehenden Vereins sind. Es ist aber darauf zu achten, die beiden Rechtsverhältnisse voneinander zu trennen. So riskiert der Idealverein seinen Status, wenn er einem Vorstandsmitglied eine Karenzentschädigung als Entschädigung für ein auf den ausgegliederten Geschäftsbetrieb bezogenes nachvertragliches Wettbewerbsverbot zusagt.[662]

426

Der eingetragene Idealverein darf sich zur Erfüllung seiner ideellen Zwecke im Rahmen des **Nebenzweckprivilegs** wirtschaftlich betätigen.[663] **Die wirtschaftliche Betätigung darf nicht zum Hauptzweck des Vereins werden.** Wenn aber der als privilegierter Nebenzweck betriebene wirtschaftliche Geschäftsbetrieb der Einnahmensicherung des Vereins zur Erfüllung seiner ideellen Zwecke dient, mithin der Existenzsicherung des Vereins, hat der Verein verständlicherweise ein Interesse daran, sich vor Konkurrenz aus den eigenen Reihen zu schützen. Für ein berechtigtes Interesse des Vereins an einem nachvertraglichen Wettbewerbsverbot reicht dies jedoch nicht. Wie bereits das Reichsgericht ausgeführt hat, stellt das Nebenzweckprivileg eine Ausnahme vom Grundsatz dar, dass der eingetragene Verein grundsätzlich keinen wirtschaftlichen Zielen,

427

---

[660] S. Rn. 7 ff.
[661] Zu der Konstruktion s. Rn. 19 ff.
[662] S. Rn. 21.
[663] S. Rn. 17 f.

*1. Teil Rechtsfähige Vereine*

sondern ideellen Zielen nachgehen soll.[664] Zwar soll er, um Einnahmen zur Erfüllung seiner ideellen Zwecke zu erzielen, die Möglichkeit haben, als Nebenzweck sich wirtschaftlich zu betätigen. Die Vereinbarung eines nachvertraglichen Wettbewerbsverbots mit einem ehemaligen Vorstand würde die Grenzen des Nebenzweckprivilegs jedoch überschreiten. Die wirtschaftliche Betätigung des Idealvereins kann nur dann als zulässige Nebentätigkeit anerkannt werden, wenn sie eine relativ untergeordnete Bedeutung im Verhältnis zu den ideellen Aktivitäten des Vereins hat.[665] Aus der Vereinbarung eines nachvertraglichen Wettbewerbsverbots ergibt sich, dass dem Verein der Nebenzweck so wichtig ist, dass er diesen sogar mit einem nachvertraglichen Wettbewerbsverbot schützen muss. Dies stellt eine klassische wirtschaftliche Bestätigung dar, wie sie Wirtschaftsunternehmen betreiben. So weitreichend ist das Nebenzweckprivileg nicht zu verstehen. Regelmäßig setzt ein rechtswirksames vollständiges Wettbewerbsverbot zudem die Zusage einer Karenzentschädigung voraus. Spätestens mit der Zahlung einer Karenzentschädigung überschreitet der Verein jedoch die Grenzen der gemäß dem Nebenzweckprivileg zulässigen wirtschaftlichen Betätigung. Er tritt in diesem Fall vielmehr wie ein klassisches Wirtschaftsunternehmen auf. Er greift aktiv in den Wettbewerb ein, obwohl sein Zweck eigentlich die Verfolgung ideeller Zwecke sein sollte. An einem vollständigen nachvertraglichen Wettbewerbsverbot kann ein Idealverein daher kein berechtigtes Interesse haben.

**428** Auf den **ideellen Bereich des Vereins** kann sich ein nachvertragliches Wettbewerbsverbot damit erst recht nicht erstrecken. Es kann bereits begrifflich kein schützenswertes Bedürfnis bestehen, eine ideelle Betätigung durch ein Wettbewerbsverbot zu schützen. Der Verein befindet sich im idealen Bereich, nicht im geschäftlichen Wettbewerb mit Unternehmen oder anderen Vereinen derselben Zwecksetzung.[666] Zu denken wäre dabei an den Verein zur Deichbeobachtung oder dergleichen.

**429** Aber auch der Wirtschafts- oder Interessenverband vertritt nur übergeordnete, branchenspezifische Interessen seiner Mitglieder. Er widmet sich daher nicht selbst kommerziellen Zwecken. Die kommerzielle Tätigkeit verbleibt bei den Mitgliedsunternehmen. Der Wirtschafts- oder Interessenverband fördert damit mittelbar den wirtschaftlichen Erfolg seiner Mitglieder, in den Wettbewerb selbst greift er indessen nicht aktiv ein.[667] Ein berechtigtes Interesse an einem nachvertraglichen Wettbewerbsverbot mit Verbandsvorständen besteht damit nicht. In der Praxis wird sich die Frage zur Zulässigkeit nachvertraglicher Wettbewerbsverbote mit Vorstandsmitgliedern in Wirtschafts- oder Interessenverbänden zudem selten stellen. Oftmals setzt sich der Vorstand eines Wirtschaftsverbandes aus Geschäfts-

---

[664] S. Rn. 7 ff.
[665] MünchKommBGB/*Reuter* § 22 Rn. 19; *K. Schmidt*, Rpfleger 1972, 343, 352.
[666] Zur Ausnahme s. nächste Ziffer.
[667] S. Rn. 14.

## E. Vorstand

führern, Vorständen oder leitenden Mitarbeitern der Mitgliedsunternehmen zusammen. Mit diesen kann in ihrem jeweiligen Unternehmen ein nachvertragliches Wettbewerbsverbot vereinbart werden.

Ist ein vereinbartes nachvertragliches Wettbewerbsverbot nicht von einem berechtigten Interesse gedeckt, ist es nichtig. Das Vorstandsmitglied ist nicht daran gebunden. 430

**c) Kunden-/Mitgliederschutzklauseln.** Der (Ideal)verein kann seine Interessen aber durch eine Kunden- bzw. Mitgliederschutzklausel im Anstellungsvertrag mit dem Vorstandsmitglied schützen. Es ist nachvollziehbar, dass der Verein ein Interesse daran hat, dass ein Vorstandsmitglied, das in der Regel über gute Kontakte zu den Vereinsmitgliedern und Kunden verfügt, diese nach seinem Ausscheiden nicht für einen anderen Verein abwirbt. 431

Der Verein hat ein schützenswertes Interesse daran, dass Vorstände nach ihrem Ausscheiden nicht in **Kundenbeziehungen** einbrechen. Zu denken wäre hier an einen Golfshop, den ein Golfverein im Rahmen des Nebenzweckprivilegs betreibt. Der Verein kann sich in diesem Fall durch eine entsprechende Vereinbarung mit dem Vereinsvorstand schützen. Dabei ist jedoch zu beachten, dass sich solche Kundenschutzvereinbarungen nicht auf alle Kunden erstrecken dürfen, mit denen der Verein jemals geschäftliche Beziehungen unterhalten hat. Zulässig können daher nur solche Abreden sein, die sich auf Kundenkontakte der letzten zwei oder drei Jahre beziehen. Denkbar sind auch Vereinbarungen, die sich auf Kunden erstrecken, mit denen der Verein nachweislich konkrete Geschäftsanbahnungsverhandlungen führt. 432

**Klauselvorschlag:** 433

*Das Vorstandsmitglied verpflichtet sich, für die Dauer von zwei Jahren nach Beendigung dieses Vertrages weder mittelbar noch unmittelbar für solche Kunden tätig zu werden, die in den letzten drei Jahren vor Beendigung des Vertrages Kunden des ... waren oder mit denen nachweislich in Verhandlungen zur Anbahnung von Geschäftsbeziehungen stand, die zum Zeitpunkt des Ausscheidens des Vorstandsmitglied nicht endgültig beendet waren.*

Aber auch ohne eine solche Klausel wäre der Verein insoweit geschützt, als dass das wettbewerbswidrige **Abwerben von Kunden** auch ohne nachvertragliches Wettbewerbsverbot (und Zahlung einer Karenzentschädigung) unzulässig ist und Schadensersatzansprüche auslösen kann. Auch ohne vertragliche Vereinbarung unzulässig ist das gezielte (z.B. unter Verwendung der Outlook-Adressdatenbank) Ansprechen bisheriger Kunden zum Zwecke des Abwerbens.[668] Insbesondere ist es unzulässig, bisherige Kunden durch Irreführung, Überrumplung oder ein sonstiges unangemes- 434

---

[668] BGH, Urt. v. 22.4. 2004 – I ZR 303/01, NJW 2004, 2385.

*1. Teil Rechtsfähige Vereine*

senes oder unsachliches Verhalten abzuwerben.[669] Im Bereich der Pflege kann ein Abwerben wettbewerbs- und damit rechtswidrig sein, wenn sich das ehemalige Vorstandsmitglied in den Kundenkreis des Vereins gedrängt und eigenmächtig pflegerische Leistungen angeboten bzw. erbracht hätte, ohne hierzu zuvor von der Patientin – oder von einer dritten Person in deren Vertretung – beauftragt worden zu sein.[670] Ein reines Verabschiedungsschreiben des ausscheidenden Vorstandsmitgliedes an die Kunden ohne Angabe der eigenen Telefonnummer und Adresse, ohne den Hinweis, dass man jetzt vergleichbare Dienstleistungen anbietet, und ohne Danksagung für die „bisherige gute Zusammenarbeit" wäre wettbewerbsrechtlich zulässig.

435 Schwieriger zu beurteilen ist die Situation hinsichtlich des Abwerbens von Mitgliedern durch ein ausgeschiedenes Vorstandsmitglied. Grundsätzlich stellt das Abwerben von Mitgliedern eines Vereins durch ein ehemaliges Vorstandsmitglied kein rechtswidriges, wettbewerbsrelevantes Handeln dar. Vielmehr erfolgt die An- bzw. Abwerbung von Mitgliedern im ideellen Vereinsinteresse. Ein Verstoß gegen § 3 UWG kann daher im Falle unlauterer Abwerbeversuche nicht angenommen werden.[671] Eine Ausnahme stellen Vereine dar, in denen die Mitglieder ausnahmsweise gleichzeitig die Kunden des Vereins sind, ohne dass es sich um einen wirtschaftlichen Verein handelt. Das ist bspw. bei Lohnsteuerhilfevereinen oder Versicherungsvereinen auf Gegenseitigkeit (VVaG) der Fall.[672] Allerdings steht dem Verein in diesen Fällen ein Unterlassungsanspruch gemäß §§ 1004, 823 Abs. 1 BGB zur Seite. Will der Verein einen weitergehenden Schutz vor einer Abwerbung seiner Mitglieder durch Vorstandsmitglieder nach deren Ausscheiden erreichen, muss er ein entsprechendes Abwerbeverbot im Anstellungsvertrag mit dem Vorstandsmitglied vereinbaren. Eine Karenzentschädigung muss nicht zugesagt werden.[673]

436 **Klauselvorschlag:**

*(1) Dem Vorstandsmitglied ist es untersagt, während oder nach seinem Ausscheiden Mitglieder des Vereins auf unlautere Art und Weise für einen anderen Verein abzuwerben oder dies zu versuchen. Unlauter ist dabei insbesondere:*
- *jede Irreführung, Überrumplung oder ein sonstiges unangemessen oder unsachliches Verhalten und*
- *die Verwendung der Adressdatenbanken des Vereins.*

*(2) Im Falle des Ausscheidens geben der Verein und das Vorstandsmitglied eine gemeinsame Verabschiedungsmitteilung für die Mitglieder*

---

[669] BGH, Urt. v. 7.4. 2005 – I ZR 140/02, NJW 2005, 2012.
[670] OLG Hamburg, Urt. v. 27.8. 2004 – 5 U 192/03, GRUR-RR 2005, 53.
[671] BGH, Urt. v. 15.11. 1967 – Ib ZR 137/65, GRUR 1968, 205; BAG, Urt. v. 31.5. 2005 – 1 AZR 141/04, NZA 2005, 1182.
[672] BGH, Urt. v. 22.4. 2004 – I ZR 303/01, NJW 2004, 2385.
[673] BGH, Urt. v. 28.4. 2008 – II ZR 11/07, NZG 2008, 664; Hinweisbeschl. v. 7.7. 2008 – II ZR 81/07, NZG 2008, 753.

*E. Vorstand*

*heraus. Das Vorstandsmitglied ist ohne die vorherige Zustimmung des/der ... nicht berechtigt, ein eigenes Verabschiedungsschreiben oder eine eigene Verabschiedungsmitteilung herauszugeben.*

Bei rechtswidriger Abwerbung bestehen allerdings in aller Regel erhebliche **Beweisprobleme**, insbesondere hinsichtlich der Verursachung und der Höhe des Schadens. Letztere (Beweisprobleme bzgl. Höhe des Schadens) könnte der Verein durch eine **Vertragsstrafenregelung im Anstellungsvertrag** umgehen; damit wird die Höhe des Schadens im Voraus pauschal festgelegt.[674] Dazu empfiehlt sich aber in jedem Fall, eine ausdrückliche Regelung zum Umfang des Kunden-/Mitgliederschutzes bzw. die Klarstellung, dass unlauteres Abwerben von Kunden/Mitgliedern untersagt ist, in den Anstellungsvertrag aufzunehmen. So werden dem Vorstandsmitglied die Verpflichtungen verdeutlicht. 437

**d) Nachvertraglicher Schutz von Betriebs- und Geschäftsgeheimnissen.** Auch ohne gesonderte Vereinbarung ist ein ausgeschiedenes Vorstandsmitglied nicht berechtigt, Betriebs- und Geschäftsgeheimnisse preiszugeben. Allerdings kann es sich empfehlen, den Umfang der Geheimhaltungspflicht im Anstellungsvertrag zu konkretisieren. Bei einer ausreichend konkreten Geheimhaltungsverpflichtung kann zudem eine Vertragsstrafenregelung vereinbart werden.[675] 438

**Klauselvorschlag:** 439
*(1) Über alle nicht allgemein bekannten betrieblichen und geschäftlichen Angelegenheiten des Vereins und seiner Mitglieder ist gegenüber vereinsfremden Personen und unbeteiligten Mitarbeitern strengste Verschwiegenheit zu wahren. Dies gilt insbesondere für die Entwicklung der Mitgliederzahlen, der Zusammensetzung der Mitgliedschaft und ... Sie dürfen ohne Erlaubnis des Vereins dritten Personen nicht gezeigt, ausgehändigt noch anderweitig benutzt werden. Auch darf Herr ... solche Kenntnisse persönlich nicht auf unlautere Art verwerten.*
*(2) Vertraulich und geheim zu haltende Schriftstücke, Entwürfe usw. sind unter Verschluss zu halten.*
*(3) Herr ... verpflichtet sich, auch nach der Beendigung des Anstellungsverhältnisses über alle ihm während der Tätigkeit bekannt gewordenen Geschäftsgeheimnisse, insbesondere über die Entwicklung der Mitgliederzahlen, der Zusammensetzung der Mitgliedschaft und ... Stillschweigen zu bewahren. Ausgenommen sind erforderliche Offenlegungen gegenüber der Arbeitsagentur im unmittelbaren Zusammenhang mit der Beantragung von Arbeitslosengeld und sonstige gesetzliche Offenlegungspflichten.*
*(4) (Vertragsstrafe)*[676]

---

[674] S. dazu Rn. 458 f.
[675] S. dazu Rn. 458 f.
[676] S. Rn. 460 f.

**440** **e) Wettbewerbsvereinbarungen mit Vorstandsmitgliedern gemeinnütziger Vereine.** Auch der gemeinnützige Verein kann einen wirtschaftlichen Geschäftsbetrieb unterhalten, ohne seinen steuerprivilegierten Status zu verlieren. Voraussetzung ist dabei, dass seine geschäftliche Tätigkeit als Zweckbetrieb zu qualifizieren ist. Innerhalb dieses Zweckbetriebes mag auch beim gemeinnützigen Verein das denkbare Interesse gesehen werden, mit seinen Vorständen ein nachvertragliches Wettbewerbsverbot zu vereinbaren. Allerdings kommt – neben dem drohenden Verlust der Anerkennung als Idealverein – der Verlust der Steuerprivilegierung hinzu. Für ein vollständiges nachvertragliches Wettbewerbsverbot schuldet der Verein dem ausgeschiedenen, sich des Wettbewerbs enthaltenden Vorstandsmitglied eine Karenzentschädigung.[677] Die Zusage bzw. gar die Zahlung einer Karenzentschädigung widerspricht einer selbstlosen Mittelverwendung. Der gemeinnützige Verein ist gesetzlich angehalten, seine Mittel grundsätzlich nur zur Erfüllung seiner gemeinnützigen Zwecke zu verwenden. Dazu gehört die Zahlung einer Entschädigung dafür, dass sich ein Vorstandsmitglied nach seinem Ausscheiden nicht im gleichen Tätigkeitsbereich Konkurrenz betreibt, nicht. Der gemeinnützige Verein genießt Steuervorteile, von denen nicht gemeinnützige Organisationen nicht profitieren. Wenn der gemeinnützige Träger dann die Steuervorteile letztlich dazu nutzt, sich vor – möglicherweise gewinnorientierter – Konkurrenz zu schützen, widerspräche dies den Grundgedanken der selbstlosen, steuerbegünstigten Tätigkeit. Diese Zahlung einer Karenzentschädigung dient mithin nicht der Erfüllung selbstloser Zwecke, sondern der Unterbindung von Wettbewerb. Der Verein soll soziale und gesellschaftliche Aufgaben verwirklichen und sich nicht gegen Vereine derselben Zielsetzung zur Wehr setzen. Gemeinnützige Vereine sind gerade deswegen steuerlich privilegiert, weil sie Aufgaben höherer Art wahrnehmen. Es kann daher nicht sein, dass sich Vereine bei Verwirklichung dieser Aufgaben Konkurrenz machen können.

**441** Zulässig sind damit – wie beim nicht gemeinnützigen Verein – nachvertragliche Wettbewerbsverbote, die sich auf den Kunden-/Mitgliederschutz sowie den Schutz von Betriebsgeheimnissen beschränken. Diese sind auch ohne Zusage einer Karenzentschädigung rechtlich zulässig.[678]

### 11. Vertragsstrafen

**442** **a) Grundlagen.** Der Verein hat in der Regel ein rechtlich schützenswertes Interesse daran, dass die angestellten Vorstandsmitglieder ihre dienstvertraglichen Verpflichtungen erfüllen. Das Vorstandsmitglied darf also nicht grundlos die Arbeit verweigern oder gar nicht erst aufnehmen, den Anstellungsvertrag ohne wichtigen Grund fristlos kündigen, seine

---

[677] *Bauer/Diller* Rn. 738 mwN.
[678] BGH, Urt. v. 28.4. 2008 – II ZR 11/07, NZG 2008, 664; BGH, Hinweisbeschl. v. 7.7. 2008 – II ZR 81/07, NZG 2008, 753.

## E. Vorstand

Organstellung pflichtwidrig niederlegen etc. Die Erbringung der vertraglich geschuldeten Dienste ist aufgrund von § 888 Abs. 3 ZPO aber rechtlich nicht durchsetzbar. Der Verein kann also im Falle der Weigerung des Vorstandsmitgliedes, seinen Dienstverpflichtungen ordnungsgemäß nachzukommen, zwar die grundsätzliche Verpflichtung des Vorstandsmitglieds hierzu gerichtlich feststellen lassen. Auch könnte er auf Ableistung der geschuldeten Dienste klagen.[679] Gemäß § 888 Abs. 3 ZPO ist es jedoch ausgeschlossen, das Vorstandsmitglied durch Zwangshaft oder Zwangsgeld zur Erbringung von Diensten zu zwingen. Ein Urteil, in dem das Vorstandsmitglied zur Erbringung von Diensten für den Verein verurteilt wird, ist daher nicht vollstreckbar. Dem Verein können infolge der **Nichterbringung der geschuldeten Dienste** Schäden entstehen. So muss der Verein ggf. ein neues Vorstandsmitglied bestellen oder dem Verein entsteht ein Schaden, weil Aufgaben unerledigt bleiben. In solchen Fällen können sich Vertragsstrafenklauseln im Anstellungsvertrag anbieten. Vertragsstrafen kommen aber auch für **Verletzungen der Verschwiegenheitspflicht** und bei **unerlaubter Konkurrenztätigkeit** in Betracht.

Die Zulässigkeit von **Vertragsstrafenabreden** mit Vorständen von Vereinen beurteilt sich danach, für welchen Zweck die Vertragsstrafe vorgesehen ist und ob sie sich bei **anerkennenswertem Zweck** als **transparent, klar, verständlich und angemessen** erweist. Das Transparenzgebot verpflichtet den Verein, seine Vertragsstrafenklausel so zu gestalten, dass ein sorgfältiger, juristisch nicht vorgebildeter Leser in der Lage ist, den Inhalt der Klausel zu erfassen.[680] Der Verwender muss also die Rechte und Pflichten der Vertragsparteien so klar und verständlich wie möglich beschreiben[681], so dass der Vertragspartner aus Laiensicht die Folgen eines bestimmten Verhaltens konkret ableiten kann.[682] Vertragsstrafenklauseln sind nicht per se ungewöhnlich i. S. d. § 305c Abs. 1 BGB und daher grundsätzlich zulässig.[683]

443

Eine nicht individuell ausgehandelte Vertragsstrafenklausel ist unwirksam, wenn eine **unangemessen hohe Vertragsstrafe** vorgesehen ist. Eine zu hohe Vertragsstrafe stellt eine nicht gerechtfertigte Übersicherung des Vereins dar und bedeutet eine unangemessene Benachteiligung des Vorstandsmitgliedes. Eine geltungserhaltende Reduktion auf ein zulässiges Maß scheidet bereits aufgrund § 306 Abs. 2 BGB aus.[684] Auf der anderen Seite gibt es aber auch **keine absolute Höchstgrenze** für eine dienstvertrag-

444

---

[679] BAG, Urt. v. 2.12.1965 – 2 AZR 91/65, NJW 1966, 849; ErfK/*Preis*, § 611 BGB Rn. 695.
[680] BGH, Urt. v. 24.11.1988 – III ZR 188/87, NJW 1989, 222; BGH, Urt. v. 24.3.1999 – IV ZR 90/98, NJW 1999, 2279.
[681] BAG, Urt. v. 25.9.2008 – 8 AZR 717/07, NZA 2009, 370; BGH, Urt. vom 9.5.2001 – IV ZR 121/00, NJW 2001, 2014, 2016; BGH, Urt. v. 19.10.1999 – XI ZR 8/99, NJW 2000, 651.
[682] BAG, Urt. v. 25.9.2008 – 8 AZR 717/07, NZA 2009, 370.
[683] *Haas/Fuhlrott*, NZA-RR 2010, 1, 2 mwN.
[684] BAG, Urt. v. 25.9.2008 – 8 AZR 717/07, NZA 2009, 370.

lich vereinbarte Vertragsstrafe. Insbesondere sind vorformulierte Vertragsstrafenabreden in Dienstverträgen nicht deshalb unwirksam, weil die vorgesehene Vertragsstrafe eine Bruttomonatsvergütung übersteigt. Die zulässige Höhe einer Vertragsstrafe hängt vielmehr vom **Sicherungsinteresse des Vereins** – mithin der durch die Vertragsstrafe gesicherten Vertragspflicht – sowie dem **Einkommen des Organmitgliedes** ab.

445 Unzulässig ist es jedoch, eine **Vertragsstrafenklausel im Vertrag zu verstecken**, sie also an Stellen im Vertrag zu positionieren, an denen der Vertragspartner sie nicht vermuten würde. Einer Vertragsstrafe sollte ein eigener Paragraph gewidmet werden, anstatt sie unter „Sonstiges" zu verbergen[685]. Denkbar ist aber auch, sie unmittelbar in dem Paragraphen zu regeln, der die einzuhaltende Vertragspflicht regelt. Eine Vertragsstrafenklausel kann auch dann **überraschend** und folglich unwirksam sein, wenn durch die Gestaltung des ganzen Vertrages versucht wurde, von ihr abzulenken. Es sollte daher unbedingt auf Fettschrift, Unterstreichungen und sonstigen Hervorhebungen bestimmter Vertragsteile verzichtet werden. Sie können dazu geeignet sein, den Vertragspartner von der Vertragsstrafenklausel abzulenken.

446 **b) Vertragsstrafen bei Nichtleistung der geschuldeten Dienste.**
**(1) Vertragsstrafenabrede bei pflichtwidriger Beendigung des Anstellungsvertrags.** Sofern der Anstellungsvertrag mit dem Vorstandsmitglied nicht individuell ausgehandelt wurde und damit einer Inhaltskontrolle nach den AGB-Vorschriften unterliegt, erklärt § 309 Nr. 6 BGB Vertragsstrafen in vorformulierten Anstellungsverträgen – bezogen auf das Dienstvertragsrecht – insoweit für unzulässig, als sie für den Fall vereinbart werden, dass der Dienstnehmer sich vom Anstellungsvertrag löst.[686]

447 In Bezug auf Arbeitsverträge schränkt der Gesetzgeber die AGB-Kontrolle jedoch insoweit ein, als dass gemäß § 310 Abs. 4 S. 2 BGB „die im Arbeitsrecht geltenden Besonderheiten angemessen zu berücksichtigen" sind. Die Bereichsausnahme hinsichtlich der „Besonderheiten des Arbeitsrechts" erstreckt sich auch auf Anstellungsverträge, die keine Arbeitsverträge sind.[687] Für den Bereich der Vertragsstrafen werden im Rahmen der AGB-Kontrolle die „Besonderheiten des Arbeitsrechts" relevant. Vertragsstrafen wurden und werden in Arbeitsverträgen grundsätzlich als zulässig angesehen. Das gilt auch nach der grundsätzlichen Einbeziehung des Arbeitsrechts in die AGB-Kontrolle.[688]

448 Zulässig sind daher dienstvertragliche Regelungen, die eine Vertragsstrafe für die Beendigung des Anstellungsverhältnisses ohne Einhaltung

---

[685] *Haas/Fuhlrott*, NZA-RR 2010, 1, 2 mwN.
[686] BAG, Urt. v. 4.3. 2004 – 8 AZR 196/03, NZA 2004, 727; *Grobys*, DStR 2002, 1002, 1007; *Lingemann*, NZA 2002, 181, 191; *Haas/Fuhlrott*, NZA-RR 2010, 1, 2; *Thüsing*, NZA 2002, 591, 592; *v. Koppenfels*, NZA 2002, 598, 599; *Fröhlich*, GmbH-StB 2003, 267, 269.
[687] S. Rn. 279.
[688] BAG, Urt. v. 4.3. 2004 – 8 AZR 196/03, NZA 2004, 727.

## E. Vorstand

der vereinbarten bzw. gesetzlichen Kündigungsfrist vorsehen. Eine Klausel, die eine Vertragsstrafe (auch) für den Fall vorsieht, dass das Vorstandsmitglied das Anstellungsverhältnis löst und dabei die geltende Kündigungsfrist beachtet, ist nicht zulässig. Eine geltungserhaltende Reduktion einer solchen Klausel auf die zulässige Konstellation des Lösens vom Vertrag ohne Einhaltung der Kündigungsfrist scheidet im Hinblick auf § 306 Abs. 2 BGB aus.[689] Der Grundsatz, wonach derjenige, der den Spielraum der Vertragsfreiheit durch AGB nutzt, das volle Risiko der Klauselunwirksamkeit zu tragen hat, gilt auch im Rahmen der AGB-Kontrolle von Arbeits- und Anstellungsverträgen.[690]

Denkbar ist auch, dass das Vorstandsmitglied unter Aufrechterhaltung seiner Organstellung sein Anstellungsverhältnis pflichtwidrig kündigt und seinen Aufgaben als Vorstandsmitglied nicht mehr nachkommt. Ziel eines solchen Vorgehens mag die Erstreitung einer höheren Vergütung sein. Denkbar sind auch die Fälle, in denen sich das Vorstandsmitglied gar nicht erklärt, sondern schlicht seine Tätigkeit nicht mehr ausübt. Auch in diesen Fällen macht sich das Vorstandsmitglied grundsätzlich schadenersatzpflichtig. 449

Ein Schadensersatzanspruch setzt aber voraus, dass dem Verein durch die Pflichtverletzung überhaupt ein nachweisbarer und bezifferbarer Schaden entstanden ist. In der Praxis scheitert die Geltendmachung von Schadenersatzansprüchen daran, dass es dem Verein in vielen Fällen nicht möglich sein wird, einen konkreten und kausalen Schaden nachzuweisen. Es bietet sich daher an, für den Fall der pflichtwidrigen Beendigung des Anstellungsvertrages eine Vertragsstrafe zu vereinbaren. 450

**(2) Vertragsstrafenabrede bei Niederlegung der Organstellung.** Der ehrenamtlich tätige Vorstand eines Vereins kann sein Amt jederzeit und ohne Gründe benennen zu müssen niederlegen. Vorstandsmitglieder, die in einem Anstellungsverhältnis mit dem Verein stehen, sind aufgrund ihres Anstellungsvertrages verpflichtet, ihren Dienstpflichten als Vorstand nachzukommen.[691] Legen sie ihre Organstellung pflichtwidrig nieder, machen sie sich schadensersatzpflichtig.[692] Auch hier bieten sich Vertragsstrafenklauseln an. 451

Zwar wird das Vorstandsmitglied bei pflichtwidriger Niederlegung seines Amtes regelmäßig auch pflichtwidrig sein Anstellungsverhältnis kündigen. Auch kann im Einzelfall einer Niederlegungserklärung die gleichzeitige, konkludente Kündigung des Anstellungsvertrages entnommen werden. Zwingend ist beides indessen nicht.[693] So mag sich das Vorstandsmitglied seinen organschaftlichen Pflichten entziehen, nicht jedoch seiner Ansprüche aus dem Anstellungsvertrag verlustig gehen 452

---

[689] BAG, Urt. v. 18.12. 2008 – 8 AZR 81/08, NZA-RR 2009, 519.
[690] ErfK/*Preis*, § 310 BGB Rn. 104 mwN.
[691] S. zur pflichtwidrigen Niederlegung und ihren Folgen Rn. 210 ff.
[692] MünchKommBGB/*Reuter*, § 27 Rn. 35; *Reichert*, Rn. 2317.
[693] Scholz/*Schneider*, § 38 GmbHG Rn. 88.

wollen (z.B. Nutzung eines Dienstwagens zu privaten Zwecken). Ferner kann es die Kündigung des Anstellungsvertrages unter Einhaltung der ordentlichen Kündigungsfrist erklärt haben, so dass der Anstellungsvertrag zu einem späteren Zeitpunkt als die Organstellung endet und damit möglicherweise nur die Amtsniederlegung, nicht aber die Kündigung des Anstellungsvertrages pflichtwidrig war. Auch für diese Konstellationen können Anstellungsverträge mit Vorstandsmitgliedern Vertragsstrafen vorsehen.

453 **(3) Höhe der Vertragsstrafe bei Nichtleistung der geschuldeten Dienste.**
Zur Sicherung des Interesses der Gesellschaft vor einer pflichtwidrigen Niederlegung der Organstellung bzw. der pflichtwidrigen Beendigung des Anstellungsvertrages, ist in erster Linie auf die Fristen abzustellen, die das Organmitglied für eine pflichtgemäße Niederlegung/Beendigung aufgrund Satzung oder Anstellungsvertrags einhalten müsste. Hätte das Organmitglied nur eine verhältnismäßig kurze Niederlegungs- bzw. Kündigungsfrist einzuhalten, um sein Amt ohne Verletzung seiner Pflichten niederzulegen bzw. den Anstellungsvertrag in zulässiger Weise zu kündigen, wird die Vertragsstrafe an dieser Frist festgemacht werden können. Sie kann dann dem Betrag entsprechen, den das Organ während dieser Zeit verdient hätte.[694]

454 Ist eine Niederlegung der Organstellung oder die Kündigung des Anstellungsvertrages nur aus wichtigem Grund zulässig, wäre die zulässige Vertragsstrafe an dem Zeit- und Kostenaufwand zu messen, den der Verein im Regelfall aufwenden muss, um für einen adäquaten Ersatz zu sorgen. Auch hier kann daher keine pauschale Höhe genannt werden. Unzulässig wäre hingegen eine Vertragsstrafe, die alleine an die Restlaufzeit der Amtszeit bzw. des Anstellungsvertrages anknüpft. Hier läge bereits deshalb eine Übersicherung des Vereins vor, da er Aufwendungen hinsichtlich der Vergütungszahlungen an das Organmitglied erspart. Ferner müsste der Verein auch dann für Ersatz sorgen, wenn das Organmitglied unverschuldet ausscheidet.

455 **Klauselvorschlag:**
*(1) Legt Herr ... sein Amt als Vorstand nieder, ohne die in Ziffer ... der Satzung/dieses Anstellungsvertrages vorgesehene Frist von ... einzuhalten, ohne dass ein wichtiger Grund vorliegt, so hat er eine Vertragsstrafe in Höhe einer Bruttomonatsvergütung gemäß Ziffer ... an den Verein zu zahlen.*

*(2) Hat Herr ... das Anstellungsverhältnis ohne Einhaltung der maßgeblichen Kündigungsfrist beendet, ohne dass ein wichtiger Grund vorliegt, so hat er eine Vertragsstrafe in Höhe einer Bruttomonatsvergütung gemäß Ziffer ... an den Verein zu zahlen.*

---

[694] BAG, Urt. v. 25.9.2008 – 8 AZR 717/07, NZA 2009, 370.

E. Vorstand

*(3) Für den Fall, dass Herr ... durch sein Verhalten sowohl die Vertragsstrafe gemäß Ziffer (1) als auch die der Ziffer (2) verwirkt, fällt die Vertragsstrafe nur einmal an.*

**c) Vertragsstrafe bei außerordentlicher Kündigung durch den Verein.** Nicht von § 309 Nr. 6 BGB erfasst werden Vertragsstrafenklauseln in Anstellungsverträgen mit Vereinsvorständen, die für den Fall vereinbart werden, das das Vorstandsmitglied den **Verein aufgrund vertragswidrigen Verhaltens zur außerordentlichen Kündigung veranlasst hat**. Das Vorstandsmitglied macht sich in dieser Konstellation gemäß § 628 Abs. 2 BGB schadenersatzpflichtig. Auch hier ist wie bei der Amtsniederlegung oder der pflichtwidrigen Vertragsbeendigung bei der Bemessung der Vertragsstrafe in erster Linie auf die Länge der einzuhaltenden Kündigungsfrist abzustellen.

**Klauselvorschlag:**

*Veranlasst Herr ... durch ein vertragswidriges Verhalten die außerordentliche fristlose Kündigung dieses Dienstvertrages durch den Verein, so hat er eine Vertragsstrafe in Höhe desjenigen Betrages an den Verein zu zahlen, den er innerhalb der von ihm im Falle einer ordentlichen fristgemäßen Eigenkündigung einzuhaltenden Kündigungsfrist bei dem Verein gemäß Ziffer ... verdient hätte; höchstens jedoch ... €.*

**d) Verletzung des Konkurrenzverbots im laufenden Anstellungsverhältnis.** Der Vorstand eines eingetragenen Vereins unterliegt während des Bestehens seiner Organstellung und seines Anstellungsvertrages grundsätzlich einem Konkurrenzverbot.[695] Eine Verletzung des Konkurrenzverbotes im laufenden Dienstverhältnis kann zu einer Schädigung des Vereins führen. Der Nachweis eines Schadens kann im Einzelfall nur sehr schwierig und mit großem Aufwand möglich sein. Zur Absicherung des Konkurrenzverbotes kann daher auch im vorformulierten Vertrag eine Vertragsstrafenregelung aufgenommen werden. Die Höhe der Vertragsstrafe hängt im Wesentlichen von den zu schützenden Interessen des Vereins ab. Wichtig ist jedoch, darauf zu achten, in der Vertragsstrafenregelung genau festzulegen, für welche Handlungen die Vertragsstrafe anfällt, wie oft sie anfällt, wann von einer mehrmaligen Zuwiderhandlung auszugehen ist und welche Höchstgrenze sie innerhalb eines bestimmten Zeitraums hat.

**Klauselvorschlag:**

*(1) ...*
*(2) ...*
*(3) Verletzt Herr ... einmalig oder mehrmalig die Regelungen in Ziffer (1), so hat er für jeden Monat, in den eine oder mehrere der Zuwiderhandlungen fallen, eine Vertragsstrafe in Höhe einer Bruttomonatsvergütung, welche er zuletzt durchschnittlich bezogen hat, an den Verein zu*

---

[695] S. Rn. 414.

zahlen. *Eine mehrmalige Zuwiderhandlung liegt vor, wenn die Zuwiderhandlung an mehr als einem Kalendertag erfolgt oder wenn die Zuwiderhandlung über das Ende des Kalendertages, an dem sie beginnt, hinaus fortgesetzt wird. Für die Berechnung der Dauer eines Monats wird der Tag mitgerechnet, auf welchen die erste Zuwiderhandlung fällt oder beginnt. Ein Monat endet mit Ablauf desjenigen Tages des nachfolgenden Monats, welcher durch seine Benennung dem Tage vorhergeht, an welchem die erste Zuwiderhandlung erfolgte oder an dem sie begann. Fehlt in dem nachfolgenden Monat der für den Ablauf maßgebende Tag, so endigt der Monat mit dem Ablauf des letzten Tages dieses Monats.*

**460** **e) Verletzung von Verschwiegenheitspflichten.** Ein weiterer Bereich, den der Verein sicherstellen muss, ist die Gewährleistung der Verschwiegenheit des Vorstandsmitgliedes. Diese Pflicht kann über das Ende der Organstellung/Anstellung hinaus ausgedehnt werden. Insbesondere im letztgenannten Fall ist es jedoch erforderlich, die Gegenstände, auf die sich die Verschwiegenheitspflicht erstreckt, so konkret wie möglich zu bezeichnen. Ferner gehört in die Verschwiegenheitsvereinbarung der Hinweis, dass gesetzliche Verpflichtungen zur Offenbarung bestimmter Tatsachen von der Verschwiegenheitspflicht nicht umfasst sind.[696] Zur Höhe der Vertragsstrafe gelten die vorstehenden Ausführungen entsprechend.

**461** **Klauselvorschlag:**

*(1) ...*

*(2) ...*

*(3) ...*

*(4) Verletzt das Vorstandsmitglied seine in Ziffer (1) dargestellte Verpflichtung zur Verschwiegenheit einmalig oder mehrmals, ohne dass es zur Offenbarung gesetzlich verpflichtet war, so hat es für jeden Monat, in den eine oder mehrere der vorgenannten Zuwiderhandlungen fallen, eine Vertragsstrafe in Höhe einer Bruttomonatsvergütung, welches das Vorstandsmitglied zuletzt durchschnittlich bezogen hat, an den Verein zu zahlen. Eine mehrmalige Zuwiderhandlung liegt vor, wenn ...*[697]

**462** **f) Verletzung sonstiger Vertragspflichten.** Auch für sonstige Verletzungen vertraglicher Verpflichtungen können Vertragsstrafen vereinbart werden. Wichtig sind dabei stets die Ausgewogenheit der Interessen von Verein und Vorstandsmitglied sowie die konkrete Regelung der einzuhaltenden Pflichten und die konkrete Regelung, unter welchen Umständen die Vertragsstrafe ausgelöst wird.

**463** **g) Vereinbarung mehrerer Vertragsstrafen.** Sichert sich der Verein für mehrere denkbare Pflichtverletzungen ab, sollte sichergestellt werden,

---

[696] S. Rn. 439.
[697] S. Rn. 439.

*E. Vorstand*

dass es nicht zu einer Übersicherung kommt, die gegebenenfalls alle Vertragsstrafenabreden unwirksam macht. Es empfiehlt sich daher, eine „Höchststrafe" bei mehrfachen Vertragsverletzungen anzugeben.

**Klauselvorschlag:** 464

*Liegen mehrere Vertragsverletzungen des Vorstandsmitglieds innerhalb eines Monats vor, die eine Verpflichtung zur Zahlung einer Vertragsstrafe auslösen, so ist für jeden Monat höchstens eine Vertragsstrafe in Höhe von drei Bruttomonatsvergütungen, die das Vorstandsmitglied zuletzt durchschnittlich bezogen hat, an den Verein zu zahlen. Für die Berechnung der Dauer eines Monats wird der Tag mitgerechnet, auf welchen die erste Zuwiderhandlung fällt oder beginnt. Ein Monat endet mit Ablauf desjenigen Tages des nachfolgenden Monats, welcher durch seine Benennung dem Tage vorhergeht, an welchem die erste Zuwiderhandlung erfolgte oder an dem sie begann. Fehlt in dem nachfolgenden Monat der für den Ablauf maßgebende Tag, so endigt der Monat mit dem Ablauf des letzten Tages dieses Monats.*

*Die Geltendmachung von darüber hinausgehenden Schadensersatzansprüchen bleibt vorbehalten.*

## 12. Befristung des Anstellungsvertrages

Der Anstellungsvertrag mit einem Vorstandsmitglied kann befristet 465 werden. Eine Befristung setzt keinen besonderen Befristungsgrund voraus. Sinnvollerweise wird der Anstellungsvertrag aber entsprechend der Dauer der Bestellung befristet. Die engen Grenzen des Teilzeit- und Befristungsgesetzes müssen bei der Befristung des Anstellungsvertrages mit einem Vorstandsmitglied nicht beachtet werden. Sollte es sich bei einem Vorstandsmitglied ausnahmsweise doch um einen Arbeitnehmer handeln, bedarf der Abschluss, jede Verlängerung und die Änderung des befristeten Arbeitsvertrages zwingend der Schriftform; andernfalls besteht das Arbeitsverhältnis unbefristet.

Möglich ist zunächst die Befristung nach dem Kalender. Danach endet 466 der befristete Anstellungsvertrag mit Auslaufen der Zeit, für die er geschlossen wurde, ohne dass es einer Kündigung bedarf. Die Beendigung tritt vielmehr automatisch ein.

**Klauselvorschlag:** 467

*Dieser Anstellungsvertrag wird für die Dauer von drei Jahren geschlossen.*

Denkbar ist die Verknüpfung mit der Dauer der regulären Amtszeit des 468 Vorstandsmitgliedes.[698]

---

[698] Zur Beendigung des Anstellungsvertrages bei vorzeitiger Beendigung der Organstellung s. Rn. 474 ff.

*1. Teil Rechtsfähige Vereine*

**469 Klauselvorschlag:**

*Dieser Anstellungsvertrag wird für die Dauer der Bestellung des Herrn ... zum Mitglied des Vorstands geschlossen.*

**470** Zur Klarstellung kann die Klausel auch um die eintretende Rechtsfolge ergänzt werden.

**471 Klauselvorschlag:**

*Dieser Anstellungsvertrag endet damit mit Ablauf des ........ 20... / mit regulärem Ablauf der Bestellung automatisch, ohne dass es einer Kündigung bedarf.*

**472** Eine Kündigung des befristet abgeschlossenen Anstellungsvertrages ist in diesen Fällen der Befristung nur als außerordentliche Kündigung aus wichtigem Grund zulässig. Soll die vorzeitige Beendigung auch vor Ende der vereinbarten Vertragslaufzeit möglich sein, bedarf es hierfür einer ausdrücklichen Regelung im Anstellungsvertrag.

**473 Klauselvorschlag:**

*Das Anstellungsverhältnis kann beiderseitig vor Ablauf der Befristung gekündigt werden. Es gilt die gesetzliche Kündigungsfrist, die sich derzeit aus § 622 BGB ergibt*[699].

### 13. Kopplungsklauseln

**474** Kopplungsklauseln sind Vereinbarungen über eine Verknüpfung der Beendigung des Anstellungsverhältnisses im Falle des Widerrufs der Bestellung zum Vorstand auch vor Ablauf einer (befristeten) Bestellung. Für Geschäftsführer einer GmbH oder für Vorstände von Aktiengesellschaften sind solche Kopplungsvereinbarungen üblich und ihre rechtliche Zulässigkeit grundsätzlich anerkannt. Auch der Bestand des Anstellungsverhältnisses mit einem Vorstandsmitglied eines Vereins kann an den Bestand der Bestellung geknüpft werden. Damit wird dem Umstand Rechnung getragen, dass ein besonderer gesetzlicher Bestandsschutz über § 626 BGB hinaus nicht existiert und die Parteien somit frei in der Festlegung der Beendigungsmodalitäten sind.[700] Die engen Grenzen des Teilzeit- und Befristungsgesetzes müssen bei einer solchen auflösenden Bedingung im Anstellungsvertrag mit einem Vorstandsmitglied nicht beachtet werden.

**475** Eine Kopplungsklausel, die die *sofortige* Beendigung des Anstellungsverhältnisses bei Beendigung der Organstellung vorsieht, kann jedoch eine unangemessene Benachteiligung des Vorstandsmitgliedes darstellen und damit unwirksam sein.[701] Ist satzungsgemäß eine Abberufung des Vorstandes jederzeit ohne besondere Gründe zulässig, kann dies nur Rechtswir-

---

[699] Zu den Kündigungsfristen s. Rn. 535 f.
[700] *Grobys*, NJW-Spezial 2007, 129.
[701] Zur Anwendbarkeit der Vorschriften der AGB-Kontrolle Rn. 271 ff.

## E. Vorstand

kung für die Organstellung selbst haben, nicht jedoch für das davon abzugrenzende Anstellungsverhältnis mit dem Vorstandsmitglied. Eine fristlose Beendigung dieses Anstellungsverhältnisses ist nach § 626 BGB nur zulässig, wenn ein wichtiger Grund die sofortige Beendigung rechtfertigt. Von dieser Regelung kann nicht zulasten des Vorstandsmitgliedes abgewichen werden. Sieht die vertragliche Vereinbarung zur Vertragslaufzeit dennoch die sofortige Beendigung des Anstellungsvertrages im Falle der Abberufung vor, wäre sie unwirksam. Eine geltungserhaltende Erweiterung des Wortlauts des Anstellungsvertrags, wonach die Beendigung wenigstens unter Einhaltung der ordentlichen Kündigungsfristen eintreten soll, scheidet aus. Folge wäre, dass das Anstellungsverhältnis nur fristgemäß beendet werden kann und zwar durch eine Kündigung seitens des Vereins. Ist der Vertrag befristet abgeschlossen worden, endet er mit Ablauf der Befristung.

Kann laut Satzung die Abberufung des Vorstandes jederzeit ohne besondere Gründe erfolgen, kann eine Kopplungsvereinbarung daher nur wirksam geschlossen werden, wenn darin vorgesehen ist, dass die Abberufung nur dann zur automatischen, sofortigen Beendigung des Anstellungsvertrages führt, wenn ein wichtiger Grund vorliegt. Anderenfalls kann die Abberufung die automatische Beendigung des Anstellungsvertrages nur unter Einhaltung der Kündigungsfristen des § 622 BGB erfolgen.[702]   **476**

Sieht die Satzung des Vereins eine Abberufung des Vorstandes nur bei Vorliegen eines wichtigen Grundes vor, wäre eine Kopplungsklausel dergestalt, dass das Anstellungsverhältnis bei Abberufung sofort endet indessen rechtlich nicht zu beanstanden. In diesem Fall würde der wichtige Grund für die Abberufung auch wichtiger Grund für die fristlose Kündigung des Anstellungsvertrages sein.[703]   **477**

**Klauselvorschlag:**   **478**

*Im Falle der Abberufung oder sonstigen vorzeitigen Beendigung der Bestellung zum Vorstandsmitglied des Vereins endet dieser Anstellungsvertrag unter Einhaltung der Kündigungsfristen des § 622 BGB. Erfolgt die Abberufung oder sonstige Beendigung der Bestellung zum Vorstandsmitglied des Vereins aus wichtigem Grund, endet dieser Anstellungsvertrag außerordentlich und fristlos.*

### 14. Gerichtsstandsvereinbarungen

**a) Gesetzliche Zuständigkeit. (1) Zuständigkeit der Gerichte für Arbeitssachen.** Für Streitigkeiten zwischen einem Vorstandsmitglied und dem Verein aus dem der Organstellung zugrundeliegenden Rechtsverhältnisses sind gemäß § 5 Abs. 1 S. 3 ArbGG **nicht die Gerichte für Arbeitssachen** zuständig. Das der Organstellung zugrundeliegende Rechtsverhältnis   **479**

---

[702] S. zu den Kündigungsfristen Rn. 535 f.
[703] *Grobys*, NJW-Spezial 2007, 129, 130.

*1. Teil Rechtsfähige Vereine*

gilt danach nicht als Arbeitsverhältnis. Eine **Zuständigkeit der Gerichte für Arbeitssachen** kann daher nur in Ausnahmefällen in Betracht kommen.

**480** Endet die Organmitgliedschaft und beruft sich das ehemalige Vorstandsmitglied auf das Bestehen eines Arbeitsverhältnisses, kann es eine entsprechende Klage dennoch nicht beim Arbeitsgericht erheben.[704] Auch bei Beendigung der Organstellung wird aus einem noch fortbestehenden Anstellungsverhältnis grundsätzlich kein Arbeitsverhältnis. Die Parteien können jedoch – auch stillschweigend – einen Arbeitsvertrag schließen. Das kann dann der Fall sein, wenn das ehemalige Vorstandsmitglied nach seiner Amtszeit weiterhin für den Verein – z.B. in einer leitenden Stellung – gegen eine Vergütung weiterbeschäftigt wird.[705] Wird dieses Arbeitsverhältnis zu einem späteren Zeitpunkt durch den Verein gekündigt, sind für eine Klage auf Feststellung der Unwirksamkeit einer solchen Kündigung die Gerichte für Arbeitssachen zuständig.

**481** Wenn das ehemalige Vorstandsmitglied gegen eine ordentliche Kündigung des der Organstellung zugrunde liegenden Anstellungsverhältnisses eine ausschließlich auf eine **Sozialwidrigkeit** (Kündigung ohne betriebs-, verhaltens- oder personenbedingte Kündigungsgründe) gestützte **Kündigungsschutzklage** mit der **Behauptung** erhebt**, ein Arbeitsverhältnis, das mit dem Verein vor seiner Bestellung zum Organvertreter bestanden habe, sei nach Beendigung der Organstellung wieder aufgelebt**, so ist für diese Klage der Rechtsweg zu den Gerichten für Arbeitssachen eröffnet (sog. sic-non-Konstellation). In einem solchem Fall kann das ehemalige Vorstandsmitglied nur durchdringen, wenn es tatsächlich Arbeitnehmer war und das Arbeitsverhältnis tatsächlich ruhend gestellt war.[706] Mit der Bestellung eines ehemaligen Arbeitnehmers des Vereins zu dessen Vorstand und dem Abschluss eines Anstellungsvertrages, wird das bisherige Arbeitsverhältnis jedoch regelmäßig aufgehoben. Endet die Organstellung, lebt das alte Arbeitsverhältnis daher nicht wieder auf.[707]

**482** Mitglieder des erweiterten Vorstandes sind nicht gesetzliche Vertreter des Vereins.[708] Für sie gilt die Ausschlussklausel des § 5 Abs. 1 S. 3 ArbGG nicht. Sofern Mitglieder mit dem Verein in einem Arbeitsverhältnis stehen oder dies zumindest behaupten, sind für Streitigkeiten aus diesem Arbeitsverhältnis die Gerichte für Arbeitssachen zuständig.

**483** **(2) Zuständigkeit der ordentlichen Gerichte für Zivilsachen.** Die Zivilprozessordnung kennt für die Geltendmachung von Ansprüchen aus dem Anstellungsverhältnis und der Organstellung verschiedene örtliche und sachliche Zuständigkeiten.

---

[704] BAG, Beschl. v. 25.6. 1997 – 5 AZB 41/96, NZA 1997, 1363; Germelmann/*Müller-Glöge*, § 5 ArbGG Rn. 45.
[705] BAG, Urt. v. 24.11. 2005 – 2 AZR 614/04, NZA 2006, 366.
[706] BAG, Beschl. v. 25.6. 1997 – 5 AZB 41/96, NZA 1997, 1363.
[707] BAG, Urt. v. 8.6. 2000 – 2 AZR 207/99, NZA 2000, 1013; BAG, Urt. v. 24.11. 2005 – 2 AZR 614/04, NZA 2006, 366 – s. auch Rn. 231.
[708] S. Rn. 36.

## E. Vorstand

**Sachlich** zuständig für Ansprüche aus dem Anstellungsverhältnis – einschließlich Klagen auf Feststellung der Unwirksamkeit von Kündigungen – sind nicht die Arbeitsgerichte, sondern die **ordentlichen Gerichte**.[709] Bis zu einem Streitwert von 5000 € sind die **Amtsgerichte** zuständig. Bei höheren Streitwerten besteht eine Zuständigkeit der **Landgerichte**. Hier sind – anders als bei Geschäftsführern von GmbHs oder Vorständen von Aktiengesellschaften – nicht die Kammern für Handelssachen zuständig. Beruft sich das (ehemalige) Vorstandsmitglied bspw. auf die Unwirksamkeit einer Kündigung seines Anstellungsvertrages liegt der Streitwert bei 1/4 des Jahresgehaltes des Vorstandsmitgliedes. Macht das Vorstandsmitglied Zahlungsansprüche (z.B. Vergütung oder eine Karenzentschädigung) gegen den Verein geltend, entspricht der Streitwert regelmäßig der Klageforderung. 484

**Örtlich** zuständig ist das Amts- bzw. Landgericht am Wohnsitz bzw. Geschäftssitz des Schuldners. Ferner besteht ein besonderer Gerichtsstand des **Erfüllungsortes**, § 29 ZPO. Erfüllungsort ist der Ort, an dem die streitige Verpflichtung zu erfüllen ist. Grundsätzlich ist der Erfüllungsort der Sitz des Vereins.[710] Macht der Verein oder das Vorstandsmitglied Ansprüche aus einer unerlaubten Handlung geltend, ist der Ort der unerlaubten Handlung besonderer Gerichtsstand. Der Gläubiger hat ein Wahlrecht zwischen allgemeinen und besonderen Gerichtsständen. 485

**b) Vereinbarung eines abweichenden Gerichtsstandes.** Verein und Vorstandsmitglied können im Anstellungsvertrag nicht wirksam die Zuständigkeit eines an sich unzuständigen Gerichts vereinbaren. Dies ist ein Privileg für Kaufleute, § 38 Abs. 1 ZPO. Nicht möglich ist auch, im Anstellungsvertrag eines von mehreren an sich zuständigen Gerichten verbindlich als Gerichtsstand festzulegen.[711] 486

Auch können Vereinbarungen über den Erfüllungsort nur dann eine Zuständigkeit eines Gerichts begründen, wenn die Parteien Kaufleute sind, § 29 Abs. 2 ZPO. Verein und Vorstandsmitglied können jedoch **nach Entstehen einer Streitigkeit** einen Gerichtsstand vereinbaren, § 38 Abs. 3 Nr. 1 ZPO. Möglich ist auch, dass sich die gegnerische Partei bei Klageeinreichung bei einem an sich örtlich unzuständigen Gericht **rügelos auf den Rechtsstreit einlässt**.

**c) Vereinbarung zur Zuständigkeit eines Schiedsgerichts.** Grundsätzlich zulässig sind Vereinbarungen im Anstellungsvertrag über die Zuständigkeit von Schiedsgerichten anstelle der ordentlichen Gerichte, §§ 1029 ff. ZPO. Solche Schiedsklauseln haben den Vorteil, dass Verein und Vorstandsmitglied prozessuale Fragen wie Verhandlungstermine, Ort des schiedsrichterlichen Verfahrens, Person und Anzahl der Schiedsrichter, Kosten, Ausschluss der Öffentlichkeit etc. selbst festlegen können. Al- 487

---

[709] Germelmann/*Müller-Glöge*, § 5 ArbGG Rn. 45 mwN.
[710] *Bauer*, IV. 25 Rn. 424.
[711] Musielak/*Heinrich*, § 38 ZPO Rn. 1 mwN.

lerdings kann ein solches Verfahren gerade auch wegen dieser Freiheiten lange dauern und teurer sein, als ein Verfahren vor einem staatlichen Gericht.[712] Die Vereinbarung einer Schiedsklausel bietet sich daher nur für sehr große Vereine an.

### 15. Ausschlussfristen

488 Im Anstellungsvertrag können die Parteien Fristen für die Geltendmachung von Ansprüchen (z.B. ausstehende Vergütungs- und Spesenabrechnungen des Vorstandsmitgliedes oder Schadenersatzansprüche des Vereins) vereinbaren. Macht eine der Parteien ihre Ansprüche nicht innerhalb der vereinbarten Frist geltend, so gehen ihre Ansprüche verloren.

489 Soweit der Anstellungsvertrag nicht individuell ausgehandelt worden ist[713] unterliegen auch solche Klauseln über Ausschlussfristen der gerichtlichen Inhaltskontrolle.[714] Ausschlussfristen sind dann nur zulässig, wenn sie mindestens drei Monate lang sind.[715] Bei zweistufigen Ausschlussfristen (Frist zur außergerichtlichen Geltendmachung und Frist zur gerichtlichen Geltendmachung) müssen beide Fristen jeweils mindestens drei Monate betragen.[716] Kürzere Ausschlussfristen können nicht geltungserhaltend auf das zulässige Maß erweitert werden.[717] Die Ausschlussfrist darf sich nicht auf vorsätzliches Handeln erstrecken. Auch wenn sich diese Einschränkung regelmäßig durch Auslegung ergibt[718], empfiehlt es sich dennoch, dies bereits bei Formulierung der Klausel klarzustellen. Unzulässig ist auch, wenn die Ausschlussfrist nur für Ansprüche des Vorstandsmitgliedes gilt, nicht jedoch für solche des Vereins gegen das Vorstandsmitglied.[719]

490 Die Frist zur Geltendmachung von Ansprüchen beginnt analog zum Beginn der gesetzlichen Verjährungsfrist gemäß § 199 Abs. 1 Nr. 2 BGB erst mit Kenntnis oder auf grober Fahrlässigkeit beruhender Unkenntnis.[720]

491 **Klauselvorschlag:**

*Alle Ansprüche, die sich aus dem Anstellungsverhältnis ergeben oder mit diesem im Zusammenhang stehen und nicht auf Vorsatz beruhen, verfallen, wenn sie nicht binnen einer Frist von drei Monaten ab Fälligkeit, bei Schadensersatzansprüchen ab Kenntnis von dem Schaden und dessen*

---

[712] zu Schiedsklauseln bspw.: *Wilske/Arnold/Grillitsch*, ZIP 2009, 2425, 2428 ff.
[713] S. Rn. 274 f.
[714] BAG, Urt. v. 19.5. 2010 – 5 AZR 253/09, NZA 2010, 939.
[715] BAG, Urt. v. 28.9. 2005 – 5 AZR 52/05, NZA 2006, 149; BAG, Urt. v. 28.11. 2007 – 5 AZR 992/06, NZA 2008, 293.
[716] BAG, Urt. v. 25.5. 2005 – 5 AZR 572/04, NZA 2005, 1111.
[717] BAG, Urt. v. 28.9. 2005 – 5 AZR 52/05, NZA 2006, 149.
[718] MünchKommBGB/*Müller-Glöge*, § 611 Rn. 1173.
[719] BAG, Urt. v. 31.8. 2005 – 5 AZR 545/04, NZA 2006, 324.
[720] MünchKommBGB/*Müller-Glöge*, § 611 Rn. 1173; *Henssler*, RdA 2002, 129, 137 f.

*E. Vorstand*

*Verursacher, geltend gemacht werden. Erfüllt die Gegenpartei den Anspruch nicht, so verfällt der Anspruch, wenn er nicht innerhalb von weiteren drei Monaten nach dem Fristablauf nach Satz 1 gerichtlich geltend gemacht wird. Ausgenommen von dieser Regelung sind unverfallbare Ansprüche. Sämtliche Erklärungen sollen schriftlich erfolgen.*

### XIII. Beendigung des Anstellungsvertrages

#### 1. Kündigung

Der Anstellungsvertrag mit dem Vorstandsmitglied kann grundsätzlich ordentlich gekündigt werden. Eine ordentliche Kündigung ist jedoch ausgeschlossen, wenn der Anstellungsvertrag befristet für eine bestimmte Laufzeit abgeschlossen worden ist und eine vorzeitige Kündigungsmöglichkeit vertraglich nicht vorgesehen ist. Liegt ein wichtiger Grund vor, kann das Anstellungsverhältnis außerordentlich gekündigt werden. Das Recht zur außerordentlichen Kündigung kann nicht im Voraus ausgeschlossen werden. **492**

**a) Ordentliche Kündigung**[721]. Das Anstellungsverhältnis kann vorbehaltlich anderweitiger Abreden vom Vorstandsmitglied bzw. vom Verein ordentlich, das heißt unter Einhaltung einer Kündigungsfrist[722] gekündigt werden. Ein befristetes Anstellungsverhältnis kann nur dann vor Ende der vereinbarten Laufzeit ordentlich gekündigt werden, wenn dies im Anstellungsvertrag vereinbart worden ist. Ist das Anstellungsverhältnis für eine längere Zeit als fünf Jahre befristet oder gar auf Lebenszeit geschlossen worden, ist eine ordentliche Kündigung durch das Vorstandsmitglied gemäß § 624 BGB frühestens nach Ablauf von fünf Jahren per Gesetz zulässig, auch wenn der Anstellungsvertrag selbst die Möglichkeit der ordentlichen Kündigung ausschließt. **493**

**b) Außerordentliche Kündigung**[723]. **(1) Grundlagen.** Verein und Vorstandsmitglied haben die Möglichkeit, das Anstellungsverhältnis jederzeit ohne Einhaltung einer Kündigungsfrist zu kündigen, wenn für eine solche außerordentliche Kündigung ein wichtiger Grund besteht. Das Recht zur außerordentlichen Kündigung kann weder im Anstellungsvertrag noch durch die Satzung ausgeschlossen werden.[724] Der in vielen Anstellungsverträgen zu findenden Klausel: „*Das Recht zur außerordentlichen Kündigung bleibt unberührt*" bedarf es daher nicht. Denkbar ist allerdings, dass die Mitgliederversammlung nach Bekanntwerden eines wichtigen Grundes, der den Verein zur außerordentlichen Kündigung des **494**

---

[721] S. zur Beschlussfassung Rn. 515 ff.
[722] S. zu den Kündigungsfristen Rn. 535 f.
[723] Muster s. Rn. 520, 522, 524 f.
[724] MünchKommBGB/*Henssler*, § 626 Rn. 48 mwN.

## 1. Teil Rechtsfähige Vereine

Anstellungsverhältnisses berechtigen würde, beschließt, auf eine außerordentliche Kündigung zu verzichten.[725]

**495** **(2) Wichtiger Grund.** Eine außerordentliche Kündigung ist nur bei Vorliegen eines wichtigen Grundes zulässig. Eine wirksame außerordentliche Kündigung setzt damit gemäß § 626 Abs. 1 BGB voraus, dass Tatsachen vorliegen, auf Grund derer dem Kündigenden unter Berücksichtigung aller Umstände des Einzelfalles und unter Abwägung der Interessen beider Vertragsteile die Fortsetzung des Dienstverhältnisses bis zum Ablauf der Kündigungsfrist oder bis zu der vereinbarten Beendigung des Dienstverhältnisses nicht zugemutet werden kann.[726] Je länger also die einzuhaltende Kündigungsfrist ist, je eher wird es den Vertragsparteien unzumutbar sein, das Anstellungsverhältnis im Falle einer schwerwiegenden Pflichtverletzung bis zum Ablauf dieser Kündigungsfrist noch fortzusetzen. Das gilt insbesondere auch in den Fällen, in denen das Anstellungsverhältnis für eine gewisse Laufzeit fest geschlossen wurde, ohne die Möglichkeit einer vorzeitigen ordentlichen Kündigung.

**496** Der Grund muss so schwerwiegend sein, dass andere, im Vergleich zur außerordentlichen Kündigung mildere Mittel, nicht in Betracht kommen. Solche milderen Mittel können zum Beispiel eine Abmahnung oder eine ordentliche Kündigung sein. Allerdings ist dabei zu berücksichtigen, dass anders als in einem Arbeitsverhältnis, einer außerordentlichen Kündigung nicht eine Abmahnung vorausgegangen sein muss.[727] Eine solche Verpflichtung des Vereins lässt sich auch nicht über § 314 Abs. 2 BGB herleiten, da insoweit § 626 BGB als lex specialis Vorrang genießt.[728] Darin ist eine Abmahnung nicht vorgesehen. Die Rechtsprechung hat ein Abmahnerfordernis nur für Arbeitsverträge als Spezialform des Dienstvertrages begründet.

**497** Mit der außerordentlichen Kündigung soll nicht vergangenes Verhalten bestraft werden.[729] Eine außerordentliche Kündigung kann vielmehr nur darauf gestützt werden, dass eine Pflichtverletzung so gravierend ist, dass eine Rückkehr zu pflichtgemäßem Verhalten nicht zu erwarten ist, beziehungsweise das Vertrauensverhältnis so nachhaltig zerstört ist, das eine Fortsetzung des Anstellungsverhältnisses unzumutbar ist. Das Anstellungsverhältnis muss also durch die Pflichtverletzung auch zukünftig belastet sein.[730]

---

[725] MünchKommBGB/*Henssler*, § 626 Rn. 50 mwN.
[726] St. Rspr. vgl. bspw. BAG, Urt. v. 26.3. 2009 – 2 AZR 953/07, NZA-RR 2010, 516.
[727] BGH, Urt. v. 2.7. 2007 – II ZR 71/06, NJW-RR 2007, 1520 für den Geschäftsführer der GmbH; **a.A.** v. Hase, NJW 2002, 2278, 2281; *Schlachter*, NZA 2005, 433, 437; SPV/*Preis*, Rn. 1201, die in § 314 Abs. 2 BGB einen allg. Rechtsgedanken sehen, der auch auf § 626 BGB zu übertragen sei.
[728] MünchKommBGB/*Gaier*, § 314 Rn. 9; BT-Drucks. 14/6040, S. 177.
[729] BAG, Urt. v. 26.11. 2009 – 2 AZR 751/08, NJW 2010, 1398.
[730] ErfK/*Müller-Glöge*, § 626 BGB Rn. 19; MünchKommBGB/*Henssler*, § 626 Rn. 109 jew. mwN.

E. Vorstand

In Anstellungsverträgen finden sich häufig Kataloge von Pflichtverletzungen, die die Vertragsparteien als so schwerwiegend ansehen, dass sie eine außerordentliche Kündigung rechtfertigen sollen. Solche Klauseln können zwar zur Verdeutlichung der Pflichten des Vorstandsmitglieds dienlich sein. **Wichtige Gründe, die „stets" eine außerordentliche Kündigung rechtfertigen sollen, können nicht rechtsverbindlich geregelt werden.**[731] Die Einschränkung des außerordentlichen Kündigungsrechts dahingehend, dass nur die im Anstellungsvertrag genannten Gründe eine außerordentliche Kündigung rechtfertigen, ist ebenfalls nicht zulässig und entfaltet daher keine Rechtswirkung.[732]

498

Grundsätzlich zulässig sind Klauseln im Anstellungsvertrag des Vorstandsmitglieds, wonach ein Widerruf der Bestellung zum Vorstandsmitglied gleichzeitig eine außerordentliche Kündigung des Anstellungsvertrages aus wichtigem Grund darstellt. Da auf diese Weise jedoch der zwingende Schutz vor außerordentlichen – und damit in der Regel fristlosen – Kündigungen durch die Festlegung eines absoluten Kündigungsgrundes umgangen werden könnte, tritt in dieser Konstellation nur dann die fristlose Beendigung des Anstellungsvertrages mit dem Widerruf der Bestellung ein, wenn tatsächlich ein wichtiger Grund i. S. d. § 626 Abs. 1 BGB vorliegt. Andernfalls erfolgt die Beendigung ausnahmsweise fristgemäß, das heißt unter Einhaltung der für ordentliche Kündigungen im Anstellungsverhältnis maßgeblichen Kündigungsfristen.[733] Diese Rechtsfolge setzt jedoch – zumindest in Anstellungsverträgen, die einer AGB Kontrolle unterliegen – eine ausdrückliche entsprechende Regelung voraus. Enthält ein vorformulierter Anstellungsvertrag lediglich die Klausel, dass der Widerruf der Bestellung zur außerordentlichen Kündigung des Anstellungsverhältnisses führt, so ist diese Klausel unwirksam.

499

Die nachfolgende Aufstellung enthält Pflichtverletzungen, die regelmäßig einen **wichtigen Grund für eine außerordentliche Kündigung durch den Verein darstellen können**:

500

– Nachhaltige, nicht gerechtfertigte Weigerung des Vorstandsmitglieds, Weisungen der Mitgliederversammlung zu befolgen;
– schwere Verletzung der Verschwiegenheitspflicht;
– unerlaubte Konkurrenztätigkeit;
– Straftaten gegen das Vermögen des Vereins (Diebstahl, Unterschlagung, Untreue etc.)
– schwere Tätlichkeiten gegenüber Vereinsmitgliedern, Organmitgliedern oder Dritten (im Zusammenhang mit der Tätigkeit als Vorstandsmitgliedes);

---

[731] BAG, Urt. v. 10.6. 2010 – 2 AZR 541/09, BeckRS 2010, 70178; Fleischer/*Thüsing*, § 5 Rn. 58 (für die AG); ErfK/*Müller-Glöge*, § 626 BGB Rn. 40.
[732] MünchKommBGB/*Henssler*, § 626 Rn. 53 mwN; *Hoffmann/Liebs* Rn. 2101.
[733] Fleischer/*Thüsing*, § 5 Rn. 58.

*1. Teil Rechtsfähige Vereine*

- schwerwiegende außerdienstliche Verfehlungen des Vorstandsmitgliedes, die Auswirkungen auf das Anstellungsverhältnis haben (Schädigung des Ansehens des Vereins);
- sexueller Missbrauch;
- schwerwiegende oder fortgesetzte sexuelle Belästigung von Vereinsmitgliedern oder Angestellten;
- schwerwiegendes Zerwürfnis mit einem anderen Vorstandsmitglied[734] oder anderen Organen des Vereins

**501** Als wichtige Gründe für eine außerordentliche Kündigung des Anstellungsverhältnisses durch das Vorstandsmitglied kommen insbesondere die fortgesetzte **Vorenthaltung der Vergütung** trotz Aufforderung mit Fristsetzung oder auch die fortgesetzte und **nachhaltige Weigerung des Vereins, das Vorstandsmitglied zu beschäftigen** in Betracht.

**502** Als wichtige Gründe für eine außerordentliche Kündigung kommen jedoch nicht nur Pflichtverletzungen in Betracht. Auch **Gründe, die in der Person des Vorstandsmitglieds** liegen (z.B. eigene schwere Erkrankung; schwere Erkrankung eines nahen Angehörigen, geplanter Wegzug etc.) können sowohl den Verein als auch das Vorstandsmitglied selbst zu einer außerordentlichen Kündigung berechtigen. Das gilt insbesondere dann, wenn der Anstellungsvertrag für eine bestimmte Dauer fest geschlossen wurde und keine Möglichkeit für eine ordentliche Kündigung enthält.

**503** Der Kündigende hat gemäß § 626 Abs. 2 S. 3 BGB dem Gekündigten die Kündigungsgründe auf dessen Verlangen unverzüglich schriftlich mitzuteilen. Dabei handelt es sich jedoch nicht um eine Wirksamkeitsvoraussetzung der Kündigung.[735] Unterlässt also bspw. der Verein die Mitteilung, wird die Kündigung dadurch nicht unwirksam. Kommt der Verein seiner Mitteilungspflicht nicht nach und klagt das (ehemalige) Vorstandsmitglied auf Feststellung der Unwirksamkeit der außerordentlichen Kündigung mit der Begründung, es fehle an einem wichtigen Grund, kann sich der Verein schadenersatzpflichtig machen, wenn er den wichtigen Grund erst im Prozess benennt. Der Schaden könnte bspw. in den vom gekündigten Vorstandsmitglied zu tragenden Prozesskosten liegen. Voraussetzung eines solchen Schadenersatzanspruchs ist jedoch, dass der Gekündigte bei ordnungsgemäßer Mitteilung des wichtigen Grundes nicht geklagt hätte[736], und dass er die Klage auf Feststellung der Unwirksamkeit der Kündigung unverzüglich nach Mitteilung der Kündigungsgründe zurückgenommen hat.[737]

**504** (3) **Zwei-Wochen-Kündigungserklärungsfrist.** Eine außerordentliche Kündigung kann gemäß § 626 Abs. 2 BGB nur rechtswirksam innerhalb

---

[734] Fleischer/*Thüsing*, § 5 Rn. 60.
[735] BAG, Urt. v. 17.8. 1972 – 2 AZR 415/71, NJW 1973, 533 (Ls.); SPV/*Preis*, Rn. 539; HWK/*Sandmann*, § 626 BGB Rn. 446; ErfK/*Müller-Glöge*, § 626 BGB 239.
[736] ErfK/*Müller-Glöge*, § 626 BGB Rn. 239.
[737] HWK/*Sandmann*, § 626 BGB Rn. 448; SPV/*Preis*, Rn. 540

## E. Vorstand

von zwei Wochen nach Kenntnis von dem kündigungsbegründenden Tatsachen erklärt werden. Anderenfalls kann der Kündigungsgrund so gravierend nicht sein, so dass eine außerordentliche Kündigung ausgeschlossen ist.

Das zur Kündigung berechtigte Organ – regelmäßig die Mitgliederversammlung – kann notwendige Ermittlungen einleiten, um den Sachverhalt aufzuklären. Dazu kann auch die Anhörung des betroffenen Vorstandsmitglieds gehören. Eine Pflicht zur Anhörung besteht jedoch nicht.[738] Für die Dauer der notwendigen Ermittlungsmaßnahmen wird der Ablauf der Kündigungserklärungsfrist gehemmt. Die Ermittlungen müssen jedoch so zügig wie möglich durchgeführt werden; andernfalls kann Verfristung eintreten.[739] 505

Die Zwei-Wochen-Frist beginnt zu laufen, wenn die zur kündigungsberechtigte Person Kenntnis hat, § 626 Abs. 2 S. 2 BGB. Zur Beendigung des Anstellungsverhältnisses mit einem Vorstandsmitglied ist grundsätzlich die Mitgliederversammlung zuständig. Die der beabsichtigten außerordentlichen Kündigung zu Grunde liegenden Tatsachen müssen daher den zur Mitgliederversammlung erschienenen Mitgliedern bekannt geworden sein.[740] Der Verein muss aber dafür Sorge tragen, dass die Mitgliederversammlung alsbald zusammentritt; andernfalls tritt Verfristung ein.[741] Das gilt entsprechend, wenn die Befugnis zur Kündigung per Satzung auf ein anderes, kleineres Organ übertragen worden ist. 506

Die Kündigung muss innerhalb der Zwei-Wochen-Frist zugehen; alleine das Absenden der Kündigung innerhalb dieser Frist genügt nicht. 507

**(4) Verdachtskündigung.** Die außerordentliche Kündigung des Anstellungsverhältnisses mit einem Vorstandsmitglied kann auch als sogenannte Verdachtskündigung erfolgen. Der wichtige Grund liegt bei der Verdachtskündigung darin, dass der dringende Verdacht einer strafbaren Handlung oder einer anderen schwerwiegenden Pflichtverletzung seitens des Vorstandsmitglieds besteht und dass bereits dieser Verdacht geeignet ist, das für die Fortsetzung des Anstellungsverhältnisses auch nur für die Dauer der ordentlichen Kündigungsfrist notwendige Vertrauen in die Rechtschaffenheit des Vorstandsmitglieds dauerhaft zu zerstören oder in anderer Weise eine für den Verein unzumutbare Belastung des Anstellungsverhältnisses darstellt.[742] Die für die außerordentliche Verdachtskündigung eines Arbeitnehmers entwickelten Grundsätze lassen sich auch auf das Anstellungsverhältnis mit Vorstandsmitgliedern übertragen. Es handelt sich bei der Verdachtskündigung nicht um ein Spezifikum des Arbeitsrechts, son- 508

---

[738] Zur Verdachtskündigung s. Rn. 508 ff.
[739] ErfK/*Müller-Glöge*, § 626 BGB Rn. 210.
[740] *Reichert*, Rn. 2139 mwN.
[741] *Reichert*, Rn. 2139 mwN.
[742] BAG, Urt. v. 13.3. 2008 – 2 AZR 961/06, NZA 2008, 809; Schaub/*Linck*, § 127 Rn. 136.

dern sie hat ihre Wurzeln in der für jedes Dienstverhältnis erforderlichen Vertrauensbasis.

**509** Die Verdachtskündigung greift erheblich in die Rechte des Vorstandsmitgliedes ein, da nicht eine nachgewiesene Pflichtverletzung Grundlage der Kündigung ist, sondern alleine der Verdacht. Der Verein muss daher alle zumutbaren Anstrengungen unternehmen, um den Sachverhalt aufzuklären. Dazu gehört auch, dass er das Vorstandsmitglied vor Ausspruch der Kündigung zu dem Verdacht anhört.[743] Ob allerdings an die Anhörung eines Vorstandsmitglieds die gleichen, strengen Anforderungen zu stellen sind, wie sie das BAG und die Landesarbeitsgerichte für Arbeitsverhältnisse entwickelt haben[744], darf aufgrund der geringeren Schutzbedürftigkeit und des geringeren Grades der Abhängigkeit eines Vorstandsmitgliedes bezweifelt werden. Notwendig für eine ordnungsgemäße Anhörung ist jedoch in jedem Fall, dass dem Vorstandsmitglied bereits bei Einladung zur Anhörung mitgeteilt wird, dass gegen ihn ein bestimmter Verdacht besteht. Der Sachverhalt, auf den sich der Verdacht stützt, muss zumindest kursorisch mitgeteilt werden, damit sich das Vorstandsmitglied sinnvoll verteidigen kann. Hierzu ist auch die Einräumung einer angemessenen Frist erforderlich. Nicht erforderlich ist der Hinweis des Vereins, das Vorstandsmitglied könne einen Rechtsanwalt hinzuziehen.[745] Das Vorstandsmitglied kann jedoch eine schriftliche – auch von seinem Rechtsanwalt verfasste – Stellungnahme abgeben. Aus Gründen der „Waffengleichheit" muss der Verein eine Anhörung im Beisein des Rechtsanwalts des Vorstandsmitgliedes nicht durchführen, wenn ihm dies nicht angekündigt worden ist, so dass der Verein selbst keine Möglichkeit hatte, seinerseits einen Rechtsanwalt zu beauftragen. Er muss in diesem Fall unverzüglich einen neuen Anhörungstermin anberaumen.

**510** **Formulierungsvorschlag für Anhörungsschreiben:**

*Sehr geehrter Herr ...,*

*bei Durchsicht der ... Unterlagen ist uns folgender Vorgang aufgefallen:*

*[Schilderung des Vorgangs]*

*Es besteht der Verdacht, dass Sie ... [Benennung des Vorwurfs, z.B. Bestechlichkeit, Unterschlagung etc.].*

*Wir beabsichtigen aufgrund dieses Verdachtes gegebenenfalls eine außerordentliche sowie eine hilfsweise ordentliche Kündigung auszusprechen. Wir geben Ihnen hiermit Gelegenheit, in einem persönlichen Ge-*

---

[743] Schmidt/Lutter/*Seibt*, § 84 AktG Rn. 65 mwN.
[744] Bspw. LAG Berlin-Brandenburg, Urt. v. 6.11. 2009 – 6 Sa 1121/09, BeckRS 2009, 74071.
[745] *Lange/Vogel*, DB 2010, 1066, 1069; a.A. LAG Berlin-Brandenburg, Urt. v. 6.11. 2009 – 6 Sa 1121/09, BeckRS 2009, 74071, das eine solche Hinweispflicht offenbar zumindest für Arbeitsverhältnisse für erforderlich hält.

E. Vorstand

*spräch am ..., den ... . ... . 20 ... um ... : ... Uhr in unserer Geschäftsstelle zu diesem Vorwurf Stellung zu nehmen. Sie haben auch die Möglichkeit, schriftlich bis zum ... . ... . 20 ... [ca. 1 Woche] Stellung zu nehmen. Bitte lassen Sie uns kurzfristig wissen, ob Sie von der Möglichkeit eines persönlichen Gesprächs am ... . ... . 20 ... Gebrauch machen möchten.*

**c) Zuständigkeit.** Das Organ des Vereins, das für den Abschluss eines Anstellungsvertrages mit dem Vorstandsmitglied zuständig ist, ist auch zuständig für dessen Kündigung. Sofern die Satzung nichts anderes bestimmt, ist dies die Mitgliederversammlung. Insbesondere bei großen Vereinen mit vielen Mitgliedern ist die Übertragung der Kündigungsmöglichkeit auf ein anderes, kleineres Vereinsorgan sinnvoll. Das kann bspw. ein Verwaltungsrat, Beirat oder Kuratorium sein. **511**

Im Falle der Eigenkündigung durch das Vorstandsmitglied genügt gemäß § 26 Abs. 2 S. 2 BGB die Abgabe der Kündigungserklärung gegenüber einem anderen Mitglied des Vorstands.[746] **512**

**d) Form der Kündigung. (1) Grundlagen.** Die Kündigung eines Anstellungsverhältnisses mit einem Mitglied des Vorstandes unterliegt keiner gesetzlichen Form; § 623 BGB findet nur auf Arbeitsverträge Anwendung. So kann die Kündigung auch mündlich erklärt werden. Regelmäßig wird jedoch Schriftform für die Beendigung des Vertrages im Anstellungsvertrag selbst oder in der Vereinssatzung vorgesehen sein. Die Kündigung sollte aber auch ohne ausdrückliche Vereinbarung bereits aus Gründen der Beweisbarkeit stets schriftlich erfolgen. Eine mündliche Kündigung sollte vom Kündigenden bzw. vom Kündigungsempfänger stets schriftlich bestätigt werden. **513**

**Formulierungsvorschlag einer Kündigungsbestätigung:** **514**

*Sehr geehrter Herr ...,*

*wir nehmen Bezug auf Ihren Anruf vom ... . ... . 20 ... und bestätigen Ihnen hiermit die von Ihnen in diesem Telefonat ausgesprochene Kündigung zum ... . ... . 20 .... Lediglich vorsorglich hat die Mitgliederversammlung am ... . ... . 20 ... den Beschluss gefasst, das Anstellungsverhältnis auch unsererseits zum nächstmöglichen Zeitpunkt ordentlich zu kündigen. Eine Zweitschrift dieses Beschlusses ist im Original beigefügt."*

**(2) Beschlussfassung bei Kündigung durch den Verein.** Die wirksame Kündigung des Anstellungsvertrages durch den Verein erfolgt durch Beschluss des für die Kündigung zuständigen Vereinsorgans, also regelmäßig der Mitgliederversammlung.[747] Zur Wahrung der Übersichtlichkeit wird nachfolgend von der Regelzuständigkeit der Mitgliederversammlung ausgegangen. **515**

---

[746] MünchKommBGB/*Reuter*, § 27 Rn. 34 und § 28 (a.F.) Rn. 7.
[747] Zu Beschlussmängeln und ihren Folgen s. Rn. 144 ff.; 163 ff.

**516** Bei der Beschlussfassung zur Kündigung sind zwei Varianten denkbar:
- die Mitgliederversammlung gibt selbst bereits eine Kündigungserklärung ab, die dann z.b. der Vorstandsvorsitzende dem gekündigten Vorstandsmitglied nur noch zur Kenntnis bringen muss oder
- die Mitgliederversammlung beschließt lediglich, dass das Vorstandsmitglied abberufen werden soll und bevollmächtigt z.b. den Vorstandsvorsitzenden, die Kündigung gegenüber dem Vorstandsmitglied im Namen der Mitgliederversammlung auszusprechen.

**517** In der erstgenannten Konstellation tritt der Vorstandsvorsitzende als Erklärungsbote der Mitgliederversammlung auf. In der zweiten Konstellation ist er nicht lediglich Bote, sondern gibt eine eigene Erklärung ab, wenngleich er dabei an den Beschluss der Mitgliederversammlung gebunden ist. So ist es ihm verwehrt, statt einer von der Mitgliederversammlung beschlossenen außerordentlichen fristlosen Kündigung eine ordentliche Kündigung unter Einräumung einer Kündigungsfrist zu erklären. Die Unterscheidung muss bei der Formulierung des Beschlusses der Mitgliederversammlung und bei der Kundgabe der Kündigung an das betroffene Vorstandsmitglied beachtet werden. Insbesondere aufgrund der Gefahr, dass die beauftragte Person eine andere Erklärung abgibt, als von der Mitgliederversammlung gewünscht, sollte dieser zweite Weg nicht gegangen werden.

**518** Ist für die Kündigung die Einhaltung der Schriftform nicht vorgesehen, wird die Kündigung wirksam, wenn das Vorstandsmitglied in der Sitzung des Vereinsorgans, das über die Kündigung beschließt, anwesend ist und die Abstimmung verfolgt. Notwendig ist dabei eine Beschlussfassung gemäß der ersten Konstellation, d.h. die Kündigung wird bereits durch die Mitgliederversammlung erklärt.

**519** Ist das betroffene Vorstandsmitglied nicht in der Mitgliederversammlung anwesend, in der diese die Kündigung beschließt, muss dem Vorstandsmitglied die Beschlussfassung über die Kündigung zur Kenntnis gebracht werden. In dem Beschluss über die Kündigung des Vorstandsmitglieds sollte daher ein Mitglied dieses Organs oder auch der Vorstandsvorsitzende ermächtigt und beauftragt werden, das Vorstandsmitglied unverzüglich über die Beschlussfassung in Kenntnis zu setzen (Konstellation 1).

**520** **Formulierungsvorschlag eines Beschlusses – Konstellation 1**

*Die Mitgliederversammlung des ... e.V. fasst einstimmig folgende Beschlüsse:*

*1. Das Vorstandsmitglied Herr ..., geb. am ... ... ..., wird mit sofortiger Wirkung abberufen.*[748]

*2. Der mit Herrn ... bestehende Anstellungsvertrag wird hiermit außerordentlich fristlos gekündigt.*

---

[748] S. hierzu Rn. 187 ff., 197.

*E. Vorstand*

3. *Vorsorglich wird der Anstellungsvertrag hiermit auch ordentlich fristgemäß zum nächstmöglichen Zeitpunkt gekündigt.*
4. *Herr Dr. ... wird ausdrücklich ermächtigt und beauftragt, Herrn ... die Beschlussfassungen zu oben stehenden Ziffern 1 bis 3 unverzüglich zur Kenntnis zu bringen. Herr Dr. ... wird zudem dazu ermächtigt, alle weiteren in diesem Zusammenhang erforderlichen Erklärungen der Mitgliederversammlung des ... e.V. abzugeben.*

Idealerweise legt die Mitgliederversammlung eine konkrete Person fest, die dem Vorstandsmitglied die Kündigung überbringen soll. Die beauftragte Person sollte dem Vorstandsmitglied den Beschluss in einer mit den Originalunterschriften versehenen Zweitschrift zustellen. Aus Gründen der Rechtssicherheit sollte in einem Begleitschreiben nochmals darauf hingewiesen werden, dass die Mitgliederversammlung die Kündigung des Vorstandsmitglieds beschlossen hat und das Vorstandsmitglied damit gekündigt ist. 521

**Formulierungsvorschlag Anschreiben an Vorstandsmitglied – Konstellation 1** 522

*Sehr geehrter Herr ...,*
*die Mitgliederversammlung des ... e.V. hat Sie in ihrer Sitzung vom heutigen Tag mit sofortiger Wirkung als Vorstandsmitglied abberufen, Ihr bestehendes Anstellungsverhältnis außerordentlich fristlos und vorsorglich ordentlich fristgemäß zum ........ 20... gekündigt. Dieser Beschluss ist als Zweitausfertigung im Original beigefügt.*

*Wir sind gesetzlich verpflichtet, Sie darauf aufmerksam zu machen, dass Sie sich zur Aufrechterhaltung ungekürzter Ansprüche auf Arbeitslosengeld unverzüglich nach Erhalt dieser Kündigung persönlich bei der zuständigen Agentur für Arbeit arbeitsuchend melden und aktiv nach einer anderen Beschäftigung suchen müssen.*[749]

Hat die Mitgliederversammlung lediglich beschlossen, ein Mitglied des Vorstandes solle abberufen werden, muss sie festlegen, wer die Kündigung erklären soll (Konstellation 2). Die beauftragte Person sollte dem Vorstandsmitglied die Kündigungserklärung nebst Beschluss der Mitgliederversammlung in einer mit den Originalunterschriften versehenen Zweitschrift zustellen. 523

**Formulierungsvorschlag eines Beschlusses – Konstellation 2** 524

*Die Mitgliederversammlung des ... e.V. fasst einstimmig folgende Beschlüsse:*

*1. Das Vorstandsmitglied Herr ..., geb. am ........ ..., wird mit sofortiger Wirkung abberufen.*[750]

---

[749] S. hierzu Rn. 538.
[750] S. hierzu Rn. 187 ff., 197.

*1. Teil Rechtsfähige Vereine*

2. *Der mit Herrn ... bestehende Anstellungsvertrag soll außerordentlich fristlos und ordentlich fristgemäß zum nächstmöglichen Zeitpunkt gekündigt werden.*

4. *Herr Dr. ... wird ausdrücklich ermächtigt und beauftragt, Herrn ... die Beschlussfassungen zu oben stehender Ziffer 1 unverzüglich zur Kenntnis zu bringen sowie die Kündigungserklärungen gemäß Ziffer 2 gegenüber Herrn ... unverzüglich schriftlich abzugeben. Herr Dr. ... wird zudem dazu ermächtigt, alle weiteren in diesem Zusammenhang erforderlichen Erklärungen der Mitgliederversammlung des ... e.V. abzugeben.*

**525 Formulierungsvorschlag Anschreiben an Vorstandsmitglied – Konstellation 2**

*Sehr geehrter Herr ...,*

*die Mitgliederversammlung des ... e.V. hat in ihrer Sitzung vom heutigen Tag Ihre Bestellung zum Mitglied des Vorstands mit sofortiger Wirkung widerrufen und beschlossen, das mit Ihnen bestehende Anstellungsverhältnis außerordentlich fristlos und vorsorglich ordentlich fristgemäß zu kündigen. Dieser Beschluss ist als Zweitausfertigung im Original beigefügt.*

*Hiermit kündige ich namens und in Vollmacht der Mitgliederversammlung des ... e.V. das Anstellungsverhältnis außerordentlich fristlos und vorsorglich ordentlich fristgemäß zum nächstmöglichen Zeitpunkt. Ihr Anstellungsverhältnis endet daher zum ... . ... . 20 ....*

*Hochachtungsvoll*

**526** Fügt der beauftragte Vorstandsvorsitzende seiner Erklärung nicht eine mit Originalunterschriften versehene Zweitschrift des Beschlusses der Mitgliederversammlung bei, kann das gekündigte Vorstandsmitglied die Kündigung unter Berufung auf das Fehlen einer Originalvollmacht gemäß § 174 BGB zurückweisen.[751] Das gilt nicht nur dann, wenn der Vorstandsvorsitzende die Kündigung als eigene Willenserklärung abgibt (Konstellation 2), sondern nach der wohl h.M. auch dann, wenn er lediglich Erklärungsbote ist (Konstellation 1). In diesem Fall wendet die h.M. § 174 BGB unter Berufung auf eine vergleichbare Interessenlage analog an.[752] Eine Zurückweisung gemäß § 174 BGB ist nur möglich, wenn sie unverzüglich (ca. 1 Woche) nach Zugang der Erklärung erfolgt und sich das gekündigte Vorstandsmitglied explizit auf das Fehlen einer Originalvollmacht beruft.

---

[751] Scholz/*Schneider*, § 38 GmbHG Rn 30; Münch. Hdb. GesR IV/*Wiesner*, § 21 Rn. 74.
[752] Staudinger/*Schilken*, § 174 BGB Rn. 4; MünchKommBGB/*Schramm*, § 174 Rn. 2; *Flume*, BGB AT II, § 49 Fn. 5, S. 824.

## E. Vorstand

**Formulierungsvorschlag für eine Zurückweisung nach § 174 BGB:** 527

*Sehr geehrte/r ...,*

*Ihr Schreiben vom ... .... 20 ... habe ich erhalten. Die Kündigungserklärungen weise ich gemäß § 174 BGB zurück, da eine Originalvollmacht der Mitgliederversammlung nicht beigefügt war.*

Sollte das Vorstandsmitglied einen Rechtsanwalt oder einen sonstigen 528
Dritten mit der Zurückweisung der Kündigung beauftragen wollen, muss auch dem Zurückweisungsschreiben eine Originalvollmacht des Vorstandsmitglieds an den Dritten beigefügt werden. Ansonsten kann die Zurückweisung vom Verein – diesmal mit Zweitschrift der Beschlussfassung im Original bzw. Originalvollmacht – zurückgewiesen werden.

**(3) Kündigung durch das Vorstandsmitglied.** Das Vorstandsmitglied 529
sollte darauf achten, dass es bei Eigenkündigung des Anstellungsvertrages ggf. auch die Niederlegung der Organstellung erklären sollte.

**Formulierungsvorschlag einer Kündigung durch das Vorstandsmitglied:**[753] 530

*... e. V.*
*Mitgliederversammlung*
*z. Hd. ...*
*...*

*Sehr geehrter Herr ...,*

*hiermit lege ich mein Amt als Vorstandsmitglied mit Wirkung zum ... .*
*... . 20 ... nieder. Weiterhin kündige ich hiermit den zwischen dem ... e. V.*
*und mir bestehenden Anstellungsvertrag ordentlich fristgemäß zum ... .*
*... . 20 ....*

*Bitte bestätigen Sie mir die Niederlegung und die Kündigung bis zum*
*... . .... 20 ....*

**e) Freistellung.** Nach einer Abberufung stellt sich für den Verein die 531
Frage, ob eine Weiterbeschäftigung des ehemaligen Vorstandsmitgliedes wünschenswert ist und wie mit den noch offenen Urlaubsansprüchen umgegangen wird. In der Regel wird der Verein eine Freistellung für die Restdauer des Anstellungsvertrages (Kündigungsfrist oder Befristungsende) in Betracht ziehen. Eine Freistellung nach erfolgter Abberufung ist auch ohne Freistellungsoption im Anstellungsvertrag grundsätzlich möglich. Der **gemeinnützige Verein** kann jedoch aufgrund der Verpflichtung zur **selbstlosen Mittelverwendung** nicht ohne weiteres Freistellungen unter Fortgewährung der Vergütung vornehmen.[754] Der noch nicht genommene Anspruch des Vorstandsmitgliedes auf Erholungsurlaub ist abzugelten. Eine Abgeltung von Urlaubsansprüchen will der Dienstherr regelmäßig

---

[753] Muster Kündigung durch Verein, s. Rn. 520, 522, 524 f.
[754] S. Rn. 29.

vermeiden. Der Verein ist berechtigt, den Urlaub innerhalb der Kündigungsfrist zu gewähren.

**532** Die Freistellung nebst Gestaltungsoptionen ist unter Rn. 372, 378 ff. ausführlich beschrieben, so dass auf die dortige Darstellung verwiesen wird.

**533** **f) Zugang der Kündigung.** Erklärt der Kündigende die Kündigung nicht in Anwesenheit des zu Kündigenden, muss ihm die Kündigung zugehen, § 130 Abs. 1 BGB. Ist also das Vorstandsmitglied nicht anwesend in der Sitzung, in der seine Kündigung beschlossen wird, muss das Vorstandsmitglied zur Wirksamkeit der Kündigung von dieser Kenntnis erlangen. Da – sofern in der Satzung oder im Anstellungsvertrag nichts Abweichendes geregelt ist – die Kündigung nicht der Schriftform bedarf, genügt grundsätzlich auch eine telefonische Kündigung. Freilich ist dies aus Beweisgründen nicht zu empfehlen.

**534** Es ist sicherzustellen, dass dem Vorstandsmitglied diese Schreiben zugeht. Insoweit wird auf die Ausführungen zur Zustellung des Abberufungsbeschlusses verwiesen (Rn. 198 ff.)

**535** **g) Kündigungsfristen.** Im Falle einer ordentlichen Kündigung hat der Kündigende Kündigungsfristen einzuhalten. Die jeweils einzuhaltende Kündigungsfrist ergibt sich aus § 622 Abs. 1 und 2 BGB. Zwar sind Vorstandsverträge nicht als Arbeitsverträge zu qualifizieren. Dennoch besteht aufgrund der wirtschaftlichen Abhängigkeit des Vorstandsmitgliedes ein schützenswertes Interesse des Vorstandsmitglieds an der Anwendung der Kündigungsfristen, die auch für Arbeitsverhältnisse gelten.[755] Für die Kündigung durch das Vorstandsmitglied gelten die Fristen gemäß § 622 Abs. 1 BGB.

**536** Derzeit sind in § 622 BGB folgende Mindestkündigungsfristen geregelt:

– Kündigung durch das Vorstandsmitglied, § 622 Abs. 1 BGB:
vier Wochen zum 15. oder zum Ende eines Kalendermonats
– Kündigung durch den Verein, § 622 Abs. 1, 2 BGB:
Beschäftigungszeit unter 2 Jahre:
4 Wochen zum 15. oder Ende des Kalendermonats

Nach Beschäftigungszeit
| | |
|---|---|
| von mindestens 2 Jahren | 1 Monat zum Ende des Kalendermonats |
| von mindestens 5 Jahren | 2 Monate zum Ende des Kalendermonats |
| von mindestens 8 Jahren | 3 Monate zum Ende des Kalendermonats |
| von mindestens 10 Jahren | 4 Monate zum Ende des Kalendermonats |
| von mindestens 12 Jahren | 5 Monate zum Ende des Kalendermonats |
| von mindestens 15 Jahren | 6 Monate zum Ende des Kalendermonats |
| von mindestens 20 Jahren | 7 Monate zum Ende des Kalendermonats |

---

[755] MünchKommBGB/*Hesse*, § 621 BGB Rn. 12 mwN.

## E. Vorstand

Der **Anstellungsvertrag** kann längere **Kündigungsfristen** und abweichende Kündigungstermine (z.B. Kündigung nur zum Quartal-/Halbjahres-/Jahresende) vorsehen. Dabei darf die vom Vorstandsmitglied einzuhaltende Kündigungsfrist jedoch gemäß § 622 Abs. 6 BGB nicht länger sein, als die vom Verein einzuhaltende Kündigungsfrist. Wird für das Vorstandsmitglied eine längere Kündigungsfrist vereinbart, gilt diese für beide Parteien; das Vorstandsmitglied kann sich nicht auf eine etwaig kürzere gesetzliche Kündigungsfrist berufen.[756] Das gilt entsprechend im Falle einer unterschiedlichen Anzahl von Kündigungsterminen für die Parteien. Es gilt in diesem Fall die geringere Anzahl von Kündigungsterminen für Kündigungen durch den Verein und das Vorstandsmitglied.[757]

537

**h) Hinweis auf rechtzeitige Arbeitsuchendmeldung.** Der Verein ist gemäß § 2 Abs. 2 S. 2 SGB III gesetzlich verpflichtet, dass ausscheidende Vorstandsmitglied darauf hinzuweisen, dass es sich gemäß § 38 Abs. 1 SGB III spätestens drei Monate vor Beendigung des Anstellungsverhältnisses persönlich bei der Agentur für Arbeit arbeitsuchend melden muss. Liegen zwischen der Kenntnis des Beendigungszeitpunktes und der Beendigung des Anstellungsverhältnisses weniger als drei Monate, hat die Meldung innerhalb von drei Tagen nach Kenntnis des Beendigungszeitpunktes zu erfolgen. Ferner muss der Verein das ausscheidende Vorstandsmitglied darauf hinweisen, dass es aktiv nach einer neuen Beschäftigung suchen muss. Vergisst der Verein diese Belehrung, erwachsen daraus jedoch keine Schadenersatzansprüche seitens des Vorstandsmitgliedes.[758]

538

**Klauselvorschlag:**

539

*Wir sind gesetzlich verpflichtet, Sie darauf aufmerksam zu machen, dass Sie sich zur Aufrechterhaltung ungekürzter Ansprüche auf Arbeitslosengeld unverzüglich nach Erhalt dieser Kündigung persönlich bei der zuständigen Agentur für Arbeit arbeitsuchend melden und aktiv nach einer anderen Beschäftigung suchen müssen.*

### 2. Aufhebungsvertrag

Das Anstellungsverhältnis kann auch einvernehmlich durch einen Aufhebungsvertrag beendet werden. Die Beendigung des Anstellungsverhältnisses per Aufhebungsvertrag hat den Vorteil, dass ein Rechtsstreit über die Wirksamkeit einer Kündigung – und letztlich auch ggf. der Abberufung – vermieden werden kann. Ferner können alle offenen Ansprüche ausgeglichen oder für erledigt erklärt werden. Auf diese Weise lässt sich effektiver als mit einer Kündigung Rechtsfrieden herstellen. Auch liegt die

540

---

[756] BAG, Urt. v. 2.6. 2005 – 2 AZR 296/04, NZA 2005, 1176; MünchKommBGB/*Hesse*, § 622 Rn. 107; **a.A.** OLG Hamm, Urt. v. 11.2. 2008 – 8 U 155/07, GmbHR 2008, 542.
[757] MünchKommBGB/*Hesse*, § 622 Rn. 107.
[758] BAG, Urt. v. 29.9. 2005 – 8 AZR 571/04, NZA 2005, 1406.

Wahrscheinlichkeit höher, dass die Beendigung der Zusammenarbeit weniger öffentlichkeitswirksam ist.

541 Der Abschluss eines Aufhebungsvertrages setzt zunächst die Bereitschaft hierzu von beiden Seiten voraus. Der Verein kann dem Vorstandsmitglied ebenso wenig einen Aufhebungsvertrag gegen dessen Willen aufzwingen, wie umgekehrt. Verein wie Vorstand müssen vor Abschluss ferner genau prüfen, welche Ansprüche ihnen gegen einander zustehen, um das Ziel des Rechtsfriedens tatsächlich erreichen zu können. Ferner muss das Vorstandsmitglied etwaige sozialversicherungsrechtliche Konsequenzen bedenken.[759]

542 **a) Zuständigkeit.** Für den Abschluss des Aufhebungsvertrages ist auf Seiten des Vereins grundsätzlich das Organ zuständig, das auch für eine Kündigung des Anstellungsvertrages zuständig wäre.[760] In Ermangelung einer abweichenden Regelung in der Satzung ist das die Mitgliederversammlung.

543 Große Sorgfalt ist aufzuwenden, wenn für die Bestellung bzw. Abberufung des Vorstandsmitgliedes auf der einen Seite und den Abschluss bzw. die Beendigung des Anstellungsvertrages auf der anderen Seite unterschiedliche Organe des Vereins zuständig sind. Wird der Aufhebungsvertrag nur von dem Vereinsorgan abgeschlossen, dass satzungsgemäß nur für den Abschluss bzw. die Beendigung des Anstellungsvertrages des Vorstandsmitgliedes zuständig ist, kann der Aufhebungsvertrag zwar das Anstellungsverhältnis beenden; die Organstellung bleibt davon unberührt erhalten.

544 **b) Formelle Anforderungen.** Voraussetzung für das Zustandekommen eines Aufhebungsvertrages ist zunächst ein wirksamer Beschluss des zuständigen Vereinsorgans. Hierzu kann auf die Ausführungen zur Beschlussfassung bei der Bestellung und zum Abschluss des Anstellungsvertrages verwiesen werden.[761] Ist satzungsgemäß zur Wirksamkeit des Aufhebungsvertrages – z.B. aufgrund der Gewährung einer Abfindung – die Zustimmung eines weiteren Vereinsorgans erforderlich, sollte der Zustimmungsvorbehalt zur Wirksamkeit im Aufhebungsvertrag explizit erwähnt werden.

545 **Klauselvorschlag**

*Die Wirksamkeit dieses Aufhebungsvertrages hängt von der Zustimmung des Beirates ab. Der Verein verpflichtet sich, den Beirat umgehend um dessen Zustimmung zu ersuchen. Er wird Herrn … unverzüglich von dem Ergebnis der Beschlussfassung des Beirates unterrichten.*

546 **c) Inhalt des Aufhebungsvertrages. (1) Beendigung des Anstellungsvertrages.** Der Aufhebungsvertrag soll das Anstellungsverhältnis einvernehmlich beenden. Dabei steht es Verein und Vorstandsmitglied frei, den

---

[759] S. Rn. 613 ff.
[760] BGH, Urt. v. 21.1. 1991 – II ZR 144/90, NJW 1991, 1727.
[761] S. Rn. 144 ff., 163 ff.

E. Vorstand

Beendigungszeitpunkt vertraglich festzulegen. So kann der Aufhebungsvertrag die sofortige Beendigung des Anstellungsverhältnisses vorsehen, aber auch die Beendigung zu einem späteren Zeitpunkt. Das kann – muss aber nicht[762] – die ohnehin einzuhaltende Kündigungsfrist bei einer ordentlichen Kündigung sein. Denkbar ist auch, dass sich Verein und Vorstand nach einer außerordentlichen fristlosen Kündigung in einem Aufhebungsvertrag auf deren Rücknahme und die Beendigung unter Berücksichtigung der ordentlichen Kündigungsfristen verständigen.

**Klauselvorschlag:** 547

*Das Anstellungsverhältnis zwischen dem ... e. V. und Herrn ... wird hiermit zum ... beendet.*

**(2) Vorzeitige Beendigung.** Vorstand und Verein können oftmals ein 548
Interesse daran haben, das Anstellungsverhältnis auch vor dem im Aufhebungsvertrag vorgesehenen Beendigungszeitpunkt aufzulösen. So kann das Vorstandsmitglied bspw. eine neue Anstellung in Aussicht haben. Der Verein erspart bei einem vorzeitigen Ausscheiden Vergütungszahlungen und kann die Angelegenheit abschließen. In Aufhebungsverträgen finden sich daher gelegentlich „Sprinterklauseln".[763] Den Interessen von Verein und Vorstandsmitglied kann gerecht werden, dass das Vorstandsmitglied als „Bonus" für ein noch früheres Ausscheiden einen Teil der dadurch nicht mehr zu zahlenden Vergütung als zusätzliche Abfindung gewährt wird. Da eine solche Abfindung ebenfalls Ausgleich für den Verlust des Arbeitsplatzes ist, sind auf sie keine Sozialversicherungsbeiträge zu entrichten.[764]

**Klauselvorschlag:** 549

*Herr ... ist berechtigt, jederzeit vor dem ... . ... . 20 ... und zu jedem beliebigen Zeitpunkt das Anstellungsverhältnis durch schriftliche Erklärung gegenüber dem Verein zu beenden.*

*Endet das Anstellungsverhältnis vor dem ... . ... . 20 ... so hat Herr ... Anspruch auf ... % der Bruttovergütung, die ihm im Zeitraum zwischen tatsächlicher Beendigung und dem ... . ... . 20 ... zugestanden hätte, als einmalige Abfindung, fällig zum letzten Werktag des Monats, in dem das Anstellungsverhältnis tatsächlich endet.*

**(3) Beendigung der Organstellung.** Der Aufhebungsvertrag sollte 550
nicht lediglich die Beendigung des Anstellungsverhältnisses regeln, sondern auch das **Schicksal der Organstellung** klären. Zwar wird man regelmäßig einem Aufhebungsvertrag auch die konkludente einvernehmliche Beendigung des Vorstandsamtes entnehmen können.[765] Eine rechtssichere und damit empfehlenswerte Methode ist das indessen nicht. Ist auf Seiten

---

[762] Zu den sozialversicherungsrechtlichen Folgen Rn. 613 ff., 630 ff.
[763] *Bauer*, IV. 2. Rn. 5.
[764] S. dazu Rn. 574.
[765] *Reichert*, Rn. 2152.

des Vereins das zur Bestellung und Abberufung des Vorstandsmitgliedes auch zum Abschluss bzw. Beendigung des Anstellungsvertrages berechtigt, kann der Aufhebungsvertrag die Erklärung des Vorstandsmitgliedes enthalten, seine Organstellung mit Abschluss des Aufhebungsvertrages niederzulegen. Anderenfalls sollte eine separate Niederlegungserklärung seitens des Vorstandsmitgliedes an den Vorstand gemäß § 26 Abs. 2 S. 2 BGB.[766] Diese Vorgehensweise empfiehlt sich bereits deshalb, weil ansonsten der gesamte Aufhebungsvertrag beim Amtsgericht zur Löschung der Organstellung aus dem Vereinsregister eingereicht werden müsste. **Die Wirksamkeit des Aufhebungsvertrags kann – und sollte – ausdrücklich von der wirksamen Amtsniederlegung abhängig gemacht werden.**

551 **Formulierungsvorschlag:**

*... e. V.*
*Der Vorstand*
*z. Hd. ...*
*...*

*Sehr geehrter Herr ...,*

*hiermit lege ich mein Amt als Vorstandsmitglied mit Wirkung zum ... .*
*. . . . 20 ... nieder. Bitte bestätigen Sie mir die Niederlegung bis zum . . . . . . . .*
*20 ... .*

552 **(4) Weiterbeschäftigung bis zur Beendigung des Anstellungsverhältnisses.** Der Aufhebungsvertrag sollte eine **Regelung zu Art und Umfang der Beschäftigung des Vorstandsmitgliedes bis zur Beendigung des Anstellung** treffen. So kann vereinbart werden, dass er bis zum Beendigungszeitpunkt weiterhin Dienste für den Verein erbringt, gegen Fortgewährung der Vergütung. Das kann auch dann vereinbart werden, wenn die Organstellung bereits zu einem früheren Zeitpunkt als das Anstellungsverhältnis beendet wird. Denkbar wäre der Abschluss begonnener Projekte oder die Einarbeitung eines Nachfolgers. In diesem Fall wird hierdurch regelmäßig kein Arbeitsverhältnis begründet.[767]

553 **Klauselvorschlag:**

*Herr ... wird bis zur Beendigung des Anstellungsverhältnisses das Projekt ... abschließen. Dazu gehört ... .*

554 **(5) Freistellung und Resturlaub.** Verein und Vorstandsmitglied können auch eine Freistellung des Vorstandsmitgliedes von seiner Verpflichtung zur Erbringung von Diensten für den Verein vereinbaren. Dabei sollten die Parteien Regelungen zur Urlaubsnahme oder Anrechnung der Freistellung auf Urlaubsansprüche, zur Bindung des Vorstandsmitgliedes an das Konkurrenzverbot sowie zur Anrechnung anderweitigen Erwerbs festlegen.

---

[766] S. zur Niederlegung allgemein Rn. 210.
[767] BAG, Urt. v. 26.8. 2009 – 5 AZR 522/08, NZA 2009, 1205, 1207.

E. Vorstand

Eine Möglichkeit wäre, zunächst den **Urlaub zu gewähren und für den** 555
**anschließenden Zeitraum die Freistellung zu vereinbaren.**[768]

**Klauselvorschlag:** 556

*Der Verein gewährt Herrn ... hiermit antragsgemäß den ihm noch zustehenden Erholungsurlaub beginnend ab dem ... ... . 20 .... Sollte die Gewährung von Erholungsurlaub ab dem ... ... . 20 ... nicht möglich sein, wird der Erholungsurlaub zu einem späteren Zeitpunkt vor dem ... ... . 20 ... gewährt. Im Anschluss an den gewährten Erholungsurlaub wird Herr ... unter Fortzahlung der Bezüge bis zur Beendigung des Anstellungsverhältnisses von der Verpflichtung zur Erbringung von Diensten freigestellt.*

Die Freistellung kann jedoch auch unter **Anrechnung auf etwaige Ur-** 557
**laubsansprüche** vereinbart werden. Für die verschiedenen Konstellationen wird auf die Ausführungen unter Rn. 378 ff. verweisen.

Wie bei Kündigung des Anstellungsverhältnisses, sollten sich der Ver- 558
ein – aber auch das Vorstandsmitglied – auch bei Ausgestaltung eines Aufhebungs- oder Abwicklungsvertrags Gedanken über eine **Anrechnung anderweitigen Erwerbs** und die Fortgeltung des Konkurrenzverbotes machen. Sofern der Verein bei der Freistellung nichts anderes – ggf. auch konkludent – erklärt, bleibt das Vorstandsmitglied auch **während der Freistellung an das Konkurrenzverbot gebunden.**[769]

**Klauselvorschlag mit voller Anrechnung anderweitigen Erwerbs:** 559

*Herr ... wird unter Fortzahlung der Bezüge und unter vollständiger Anrechnung auf seine Urlaubsansprüche bis zur tatsächlichen Beendigung des Anstellungsverhältnisses von der Verpflichtung zur Erbringung von Diensten freigestellt. Herr ... unterliegt auch während der Freistellung dem Konkurrenzverbot. Er muss sich jedoch den Wert desjenigen anrechnen lassen, was er infolge des Unterbleibens der Dienstleistung erspart oder durch anderweitige Verwendung seiner Dienste erwirbt oder zu erwerben böswillig unterlässt.*

**Klauselvorschlag mit hälftiger Anrechnung anderweitigen Erwerbs:** 560

*Herr ... wird unter Fortzahlung der Bezüge und unter vollständiger Anrechnung auf seine Urlaubsansprüche bis zur tatsächlichen Beendigung des Anstellungsverhältnisses von der Verpflichtung zur Erbringung von Diensten freigestellt. Herr ... ist berechtigt während der Freistellung einer anderweitigen Erwerbstätigkeit nachzugehen; er ist an das Konkurrenzverbot nicht mehr gebunden. Er muss sich die Hälfte des Wertes desjenigen anrechnen lassen, was er durch anderweitige Verwendung seiner Dienste erwirbt.*

---

[768] Zum Vorteil dieser Art der Regelung für den Verein s. Rn. 383 f.
[769] S. Rn. 387.

*1. Teil Rechtsfähige Vereine*

**561** Soll das Vorstandsmitglied nicht freigestellt werden, sollte der Aufhebungsvertrag eine Regelung über die Abgeltung von Urlaubsansprüchen enthalten.

**562 Klauselvorschlag:**

*Bis zur Beendigung des Anstellungsvertrages nicht in natura gewährter und genommener Erholungsurlaub ist analog § 7 Abs. 6 BUrlG abzugelten. Der Abgeltung ist nur die fixe Komponente der Vergütung zugrunde zu legen.*

*oder:*

*Herrn ... stehen noch ... Tage Erholungsurlaub zu. Dieser wird zusammen mit der letzten Vergütungsabrechnung analog § 7 Abs. 6 BUrlG abgegolten. Der Abgeltung ist nur die fixe Komponente der Vergütung zugrunde zu legen.*

**563 (6) Abfindung.** Endet das Anstellungsverhältnis durch den Aufhebungsvertrag vor dem ursprünglich im Anstellungsvertrag vereinbarten Zeitpunkt, wird häufig eine Abfindung als Ausgleich für den Verlust der Anstellung vereinbart. **Einen gesetzlichen Abfindungsanspruch für den Verlust der Organstellung oder der Anstellung gibt es für Vorstände von Vereinen nicht.**

**564** Ein **Abfindungsanspruch bei vorzeitiger Beendigung der Anstellung kann jedoch bereits im Anstellungsvertrag** vorgesehen werden. Es sollte allerdings gut überlegt werden, ob eine solche Regelung tatsächlich sinnvoll ist. Zunächst sollte jedenfalls ein Abfindungsanspruch für Beendigungen der Anstellung aus wichtigem Grund ausgeschlossen werden. Aber auch bei einer Beschränkung der Abfindung auf Fälle, in denen ein mit einer bestimmten Laufzeit geschlossener Anstellungsvertrag nur gegen Zahlung einer Abfindung vorzeitig ordentlich gekündigt werden darf, können sich Probleme ergeben. Der Verein müsste dann die Abfindung zahlen, selbst wenn die Beendigung der Anstellung bspw. aus wirtschaftlichen Gründen erfolgt. Ferner müsste klargestellt werden, dass der Anspruch auf die Abfindung nicht entsteht, wenn die Kündigung durch das Vorstandsmitglied erklärt wird oder aufgrund einer Pflichtverletzung des Vorstandsmitgliedes erklärt wurde. Der Vorteil einer solchen Regelung liegt lediglich darin, dass sich der Verein sicher sein kann, sich in jedem Fall – wenn auch gegen Zahlung einer Abfindung – aus dem Anstellungsverhältnis lösen zu können. Eine entsprechende Klausel im Anstellungsvertrag bietet sich daher bei solchen Vorstandsmitgliedern an, mit denen ein Anstellungsvertrag mit der Möglichkeit einer ordentlichen Kündigung nicht verhandelt werden konnte. In der Regel empfiehlt es sich aber, die Regelung einer Abfindung einem Aufhebungsvertrag vorzubehalten.

**565 Klauselvorschlag:**

*Der Anstellungsvertrag hat eine feste Laufzeit von 5 Jahren. Er kann mit einer Frist von sechs Wochen zum Quartalsende ordentlich gekündigt wer-*

## E. Vorstand

den. *Im Falle der ordentlichen Kündigung durch den Verein hat das Vorstandsmitglied Anspruch auf eine Abfindung in Höhe von 20% der fixen monatlichen Bruttovergütung gemäß Ziffer ... für jeden Monat, den das Anstellungsverhältnis vorzeitig endet, höchstens jedoch ... € brutto. Ein Anspruch auf diese Abfindung besteht nicht, wenn die Kündigung auf einer Vertragsverletzung des Vorstandsmitgliedes beruht.*

Sieht der Anstellungsvertrag keine Regelung zur Abfindung vor, müssen Verein und Vorstandsmitglied die Abfindung aushandeln. Dabei sind – wie bei der Festlegung der Vergütung – die Grenzen zur **verdeckten Gewinnausschüttung** zu beachten.[770] **Gemeinnützigen Vereinen** sind bei der Gewährung von Abfindungen besonders enge Grenzen gesetzt. Da die Zahlung einer Abfindung ohne finanziellen Gegenwert oder eine Gegenleistung für den Verein erfolgt, wird sie regelmäßig die Grenzen der selbstlosen Mittelverwendung überschreiten. Hier bliebe regelmäßig nur die Möglichkeit, offene Urlaubsansprüche oder Überstunden abzugelten. 566

Ferner sollte festgelegt werden, wann die Abfindung zur Auszahlung an das (ehemalige) Vorstandsmitglied fällig wird. Die Fälligkeit bestimmt damit den Zeitpunkt, zu dem das (ehemalige) Vorstandsmitglied vom Verein die Zahlung der Abfindung verlangen kann. Regelmäßig wird die Abfindung als einmalige Zahlung fällig, z.B. zusammen mit der Gehaltszahlung für den letzten Monat vor dem Ausscheiden des Vorstandsmitgliedes aus dem Anstellungsverhältnis. Kann der Verein die Abfindung erst zu einem späteren Zeitpunkt zahlen, muss dies im Aufhebungsvertrag geregelt werden. Anderenfalls wird die Abfindung mit dem Datum des Ausscheidens zur vollständigen Zahlung fällig. 567

**Klauselvorschlag:** 568

*Der Verein zahlt an Herrn ... als Ausgleich für den Verlust seiner Anstellung eine Abfindung in Höhe von ...,00 € brutto. Die Abfindung ist fällig zum letzten Werktag des Monats, in dem das Anstellungsverhältnis tatsächlich endet.*

Denkbar wäre auch eine Vereinbarung im Aufhebungsvertrag, die Abfindung in mehreren **Raten** fällig werden zu lassen. 569

**Klauselvorschlag:** 570

*Die Abfindung ist zahlbar in zwei monatlichen Raten zu je ... € brutto und einer Schlussrate in Höhe von ... € brutto. Die erste Rate ist am ... . ... . 20 ..., die zweite Rate am ... . ... . 20... und die Schlussrate am ... . ... . 20 ... zur Zahlung an den Kläger fällig.*

Die **Abfindung ist vererblich**, sobald der Anspruch auf die Abfindung entstanden ist[771]; die Abfindung muss allerdings noch nicht zur Auszah- 571

---

[770] S. Rn. 302 ff.
[771] BAG, Urt. v. 10.5.2007 – 2 AZR 45/06, NZA 2007, 1043.

lung fällig sein. Ob der Abfindungsanspruch bereits entstanden und damit grundsätzlich vererblich ist, muss in Ermangelung einer klarstellenden Regelung im Aufhebungsvertrag durch Auslegung des Aufhebungsvertrages ermittelt werden. In der Regel wird der Abfindungsanspruch mit Abschluss des Aufhebungsvertrages entstehen, sofern die Parteien nicht einen anderen Entstehungszeitpunkt festlegen. Zur Vermeidung von Rechtsunsicherheiten empfiehlt es sich, einen Hinweis zur Vererblichkeit des Abfindungsanspruches in den Aufhebungsvertrag aufzunehmen.

572 **Klauselvorschlag:**
*Der Anspruch auf die Abfindung ist bereits entstanden und vererblich.*

573 **Die Abfindung ist steuerpflichtig.** Das Einkommensteuergesetz (EStG) sieht für Abfindungen, die seit dem 1.1.2006 fällig geworden sind und nicht vor dem 1.1.2008 ausgezahlt wurden, keine Freibeträge mehr vor. Bei der Versteuerung der Abfindung sind die §§ 24, 34 EStG zu beachten. Abfindungen sind gemäß § 11 Abs. 1 S. 1 EStG innerhalb des Kalenderjahrs bezogen, in dem sie dem Vorstandsmitglied zugeflossen sind. Grundsätzlich zulässig sind Vereinbarungen zwischen Verein und Vorstandsmitglied, wonach die Abfindung erst zu einem späteren Zeitpunkt fällig werden soll, um die Progressionswirkung zu mildern. So können die Parteien bspw. vereinbaren, dass die Abfindung erst zum 1.1. des Folgejahres fällig wird, wenn das Vorstandsmitglied im Folgejahr voraussichtlich weniger Einnahmen als im laufenden Jahr erzielen wird.[772] Zulässig sind auch Abreden zwischen Verein und Vorstandsmitglied, den Zeitpunkt des Zuflusses einer Abfindung oder eines Teilbetrags einer solchen in der Weise steuerwirksam gestalten, dass sie deren ursprünglich vorgesehene Fälligkeit vor ihrem Eintritt auf einen späteren Zeitpunkt verschieben.[773] Ist die Fälligkeit bereits eingetreten und vereinbaren die Parteien anschließend, die Zahlung solle erst im Folgejahr erfolgen, gilt die Abfindung gleichwohl im Monat der Fälligkeit als zugeflossen.[774]

574 Auf Abfindungen, die für den Verlust des Dienstverhältnisses gezahlt werden, sind **keine Sozialversicherungsbeiträge** zu entrichten. Solche Abfindungen sind nicht Arbeitsentgelt im Sinne des § 14 Abs. 1 SGB IV.[775] Eine Anrechnung der Abfindung auf im Anschluss an die Beschäftigung bezogenes Arbeitslosengeld I erfolgt nicht. Die Zahlung einer Abfindung kann jedoch gemäß § 143a SGB III zu einem Ruhen des Anspruchs auf Arbeitslosengeld I führen.[776]

---

[772] BFH, Urt v. 24.9.1985 – IX R 2/80, BeckRS 1985, 22007386.
[773] BFH, Urt. v. 11.11.2009 – IX R 1/09, NZA-RR 2010, 150.
[774] FG Baden-Württemberg, Urt. v. 19.2.2004 – 6 K 403/99, BeckRS 2004, 26016065.
[775] BSG, Urt. v. 21.2.1990 – 12 RK 20/88, NJW 1990, 2274; Krauskopf/*Baier*, § 14 SGB IV Rn. 8.
[776] S. Rn. 630 ff.

E. Vorstand

**(7) Abrechnung und Auszahlung von Vergütung/Spesen.** Der Aufhebungsvertrag sollte Regelungen zur Abrechnung offener Vergütungsansprüche enthalten. Dabei ist zunächst die Zahlung der fixen Komponente der Vergütung regelmäßig unproblematisch. Sie wird zu den bisherigen Fälligkeitsterminen abgerechnet und ausgezahlt. Die Sozialversicherungsbeiträge werden vom Verein ordnungsgemäß abgezogen und abgeführt.

**Klauselvorschlag:**
*Das Anstellungsverhältnis wird bis zu seinem Ende ordnungsgemäß abgerechnet. Die letzte Gehaltsabrechnung erfolgt für den Monat des tatsächlichen Ausscheidens.*

Insbesondere regelungsbedürftig sind aber variable Vergütungsbestandteile. Hier sollte festgelegt werden, wie bspw. variable Vergütung auf Basis einer **Zielvereinbarung** bei unterjährigem Ausscheiden abzurechnen ist. Hier könnte auf die Teilzielerreichung abgestellt werden. Oder es wird von einer 100%igen Zielerreichung ausgegangen und der sich daraus ergebene Betrag wird pro rata temporis herunter gerechnet.

Ferner sollten Regelungen zur Erstattung noch offener **Reisekosten, Spesenabrechnungen** und dergleichen in den Aufhebungsvertrag aufgenommen werden. Hierzu bietet es sich an, einen Zeitpunkt festzulegen, zu dem das Vorstandsmitglied alle Belege etc. abgeliefert haben muss. Nach diesem Zeitpunkt geltend gemachte Ansprüche können dann als verspätet zurückgewiesen werden. Der Verein hat auf diese Weise die Sicherheit, nicht zu einem späteren Zeitpunkt mit unvorhergesehenen Ausgaben konfrontiert zu werden. Das Vorstandsmitglied kann frühzeitig Klarheit darüber erlangen, welche Erstattungsansprüche ihm noch zustehen und diese nicht erst lange nach Beendigung der Anstellung ausgeglichen bekommen.

**Klauselvorschlag:**
*Herr ... wird bis zum ... . ... . 20 ... Frau ... seine vollständigen Reisekostenabrechnungen nebst sämtlichen steuertauglichen Belegen zur Abrechnung von Spesen, Auslagen etc. übergeben. Nach diesem Datum geltend gemachte Ansprüche sind verfallen und werden nicht mehr ausgeglichen.*

*Rechtzeitig geltend gemachte Ansprüche werden bis zum Ende des Monats ... abgerechnet und zusammen mit der Vergütung für den Monat ... an Herrn ... überwiesen.*

**(8) Rückgabe oder Übernahme des Dienstwagens.** Der Aufhebungsvertrag sollte auch Regelungen zur Rückgabe bzw. Weiternutzung des Dienstwagens enthalten. Zwar besteht auch ohne ausdrückliche Regelung eine Verpflichtung des Vorstandsmitgliedes zur Rückgabe des Dienstwagens bei Beendigung des Anstellungsverhältnisses. Probleme bereitet jedoch die Nutzung des Dienstwagens zu privaten Zwecken in der **Zeit**

*1. Teil Rechtsfähige Vereine*

zwischen Abschluss eines **Aufhebungsvertrages** und der tatsächlichen Beendigung der Anstellung, insbesondere im Falle einer Freistellung des Vorstandsmitgliedes.[777]

**581** Ist dem Vorstandsmitglied die Nutzung des Dienstwagens auch zu privaten Zwecken gestattet gewesen, bleibt dieses Nutzungsrecht grundsätzlich auch während einer Freistellung unter Fortzahlung der Vergütung erhalten. Wünschen die Parteien eine andere Handhabung, müssen sie dies vereinbaren. Das kann bereits im Rahmen des Anstellungsvertrages oder einer gesonderten Vereinbarung über die Überlassung des Dienstfahrzeuges geschehen.[778] Ist bislang zur Frage der Weiternutzung des Dienstwagens im Falle einer Freistellung nichts geregelt oder will eine der Parteien von einer ursprünglichen Regelung abweichen, bedarf dies einer einvernehmlichen Regelung im Aufhebungsvertrag.

**582** Die Parteien sollten auch Konstellationen bedenken, in denen das Fahrzeug infolge eines Unfalls einen wirtschaftlichen **Totalschaden** erleidet und nicht mehr genutzt werden kann oder in denen zwischen dem Abschluss des Aufhebungsvertrages und der tatsächlichen Beendigung der Anstellung der Leasingvertrag ausläuft. Hier wäre es wirtschaftlich für den Verein sicherlich nur dann vertretbar, für diesen Zeitraum ein neues Fahrzeug zu erwerben oder zu leasen, wenn dieses anschließend – z.B. für einen Nachfolger als Vorstandsmitglied – weitergenutzt werden kann. Fehlt eine Regelung für diese Fälle und steht dem Vorstandsmitglied auch für die Zeit der Freistellung bis zur tatsächlichen Beendigung der Anstellung ein Anspruch auf Privatnutzung des Dienstwagens zu, müsste der Verein für Ersatz sorgen oder wäre zum finanziellen Ausgleich für die fehlende Nutzungsmöglichkeit verpflichtet. Ein solcher Anspruch sollte daher ausgeschlossen werden. Denkbar wäre, den Anspruch auf Gestellung eines Dienstwagens zur privaten Nutzung auf einen Anspruch auf Nutzungsentschädigung umzustellen.[779]

**583** Es sollte ferner festgelegt werden, wann und wo das Fahrzeug zurückgegeben wird. Darüber hinaus sollten etwaige Ersatzansprüche des Vereins geregelt werden, für den Fall, dass das (Leasing-)Fahrzeug beschädigt ist oder die Laufleistung des Leasingfahrzeuges überschritten wurde.

**584** Das Vorstandsmitglied ist zwar auch ohne ausdrückliche Regelung verpflichtet, das Fahrzeug in ordnungsgemäßem Zustand und mitsamt **Zubehör** (z.B. Winterreifen, Zweitschlüssel, Parkkarte, Garagentortransponder etc.) zum Ende der vereinbarten Nutzungsdauer zurückzugeben. Für den Aufhebungsvertrag empfiehlt es sich dennoch, auch hierauf ausdrücklich und konkret hinzuweisen. So bietet sich bspw. die Vereinbarung einer Reinigungspauschale für die Verletzung dieser Pflicht an.

---

[777] Zum Umfang der Nutzung des Dienstwagens s. Rn. 319 ff.
[778] S. Rn. 321.
[779] S. Rn. 326.

### E. Vorstand

Auch eine **Kauf-** bzw. **Eintrittsoption in einen Leasingvertrag** hinsichtlich des Dienstwagens ist denkbar. Hierbei sollte der Verein darauf achten, Gewährleistungsansprüche auszuschließen.[780] Ferner sollten die Parteien auch hier an einen unerwarteten Untergang des Fahrzeugs durch Diebstahl, Unfall oder dergleichen denken und ggf. eine Regelung aufnehmen. Ohne eine anderslautende Regelung würde der Verein möglicherweise von einer zugesagten Verpflichtung in einem Aufhebungsvertrag, dem ausscheidenden Vorstandsmitglied zum Ende der Anstellung das Fahrzeug zu überlassen, infolge Unmöglichkeit frei werden. Er hätte dann allenfalls dasjenige an das ausscheidende Vorstandsmitglied herauszugeben, was er infolge des Untergangs des Fahrzeugs erlangt hat (z.B. Versicherungszahlung). Dem Vorstandsmitglied dürfte es im Falle des Untergangs des Fahrzeugs schwer fallen, mit der Behauptung durchzudringen, in diesem Falle wäre eine höhere Abfindung geschuldet.

585

**Klauselvorschlag:**

586

*(1) Herr ... ist berechtigt, das ihm überlassene Dienstfahrzeug bis zur tatsächlichen Beendigung des Anstellungsverhältnisses/bis zum ........ 20 ... im bisherigen Umfang zu privaten Zwecken zu nutzen.*

*(2) Herr ... wird das Dienstfahrzeug spätestens am letzten Tag des Bestandes des Anstellungsverhältnisses/am ........ 20 ... in ordnungsgemäßem, innen und außen gereinigtem Zustand am Sitz des Vereins auf eigene Kosten zurückzugeben. Die Rückgabepflicht erstreckt sich auch auf sämtliches Fahrzeugzubehör wie bspw. Winterreifen, Zweitschlüssel, Garagentortransponder etc. Ferner hat Herr ... etwaig überlassene Park- und Tankkarten zurückzugeben. Zurückbehaltungsrechte sind ausgeschlossen.*

*(3) Das Fahrzeug hat derzeit einen Kilometerstand von ... km. Da Herr ... von der Verpflichtung zur Erbringung von Diensten für den Verein freigestellt ist, erstattet er dem Verein die Aufwendungen für eine etwaige Überschreitung der vereinbarten Fahrleistung bei dem Leasingfahrzeug. Herr ... gleicht gegenüber dem Verein ferner einen an einem ihm überlassenen Leasing-PKW eingetretenen Minderwert aus, es sei denn, das Vorstandsmitglied hat den eingetretenen Minderwert nicht zu vertreten.*

**(9) Rückgabe von sonstigen Betriebsmitteln, Schlüsseln etc.** Das Vorstandsmitglied ist bei Beendigung des Anstellungsvertrages grundsätzlich zur Herausgabe geschäftlicher Unterlagen, von Betriebsmitteln, Schlüsseln etc. verpflichtet.[781] Ferner ist der Verein verpflichtet, dem Vorstandsmitglied dessen persönliche Gegenstände herauszugeben (z.B. das Foto der Familie vom Schreibtisch) Der Aufhebungsvertrag sollte die Herausgabepflichten regeln.

587

---

[780] *Bauer*, IV. 13 Rn. 192.
[781] S. ausführlich Rn. 638 ff.

*1. Teil Rechtsfähige Vereine*

**588 Klauselvorschlag:**

*Herr … gibt sämtliche ihm vom Verein überlassenen Betriebsmittel, Schlüssel (einschließlich etwaig gefertigter Nachschlüssel), Mobiltelefone, Originale aller geschäftlichen Unterlagen sowie aller Duplikate, Abschriften oder in elektronischer Form gespeicherte Versionen etc. hiervon bis zum … . … . 20 … geordnet und persönlich auf eigene Kosten bei Frau … ab. Zurückbehaltungsrechte sind ausgeschlossen.*

*Der Verein gestattet Herrn … seine persönlichen Gegenstände (Bücher, Werkzeug, Grünpflanzen, Fotos etc.) am … . … . 20 … zu den üblichen Geschäftszeiten aus seinem Arbeitsbereich abzuholen.*

**589 (10) Nachvertragliches Wettbewerbsverbot.** Da mit Vorständen von Idealvereinen grundsätzlich keine nachvertraglichen Wettbewerbsverbote wirksam vereinbart werden können, bedarf es auch im Aufhebungsvertrag keiner entsprechenden Regelung. Sinnvoll ist aber, eine Verschwiegenheitspflicht zu vereinbaren.

**590 (11) Verschwiegenheit.** Vorstandsmitglieder dürfen während des Bestandes ihrer Organstellung und Ihres Anstellungsverhältnisses Geschäftsgeheimnisse nicht offenbaren. Diese Pflicht kann über das Ende der Organstellung/Anstellung hinaus ausgedehnt werden. In diesem Fall ist es jedoch erforderlich, die Gegenstände, auf die sich die Verschwiegenheitspflicht erstreckt, so konkret wie möglich zu bezeichnen.[782] Da dem (ehemaligen) Vorstandsmitglied die Offenbarung bestimmter Tatsachen aufgrund gesetzlicher Verpflichtungen nicht untersagt werden darf, wäre eine vom Verein – oder seines Rechtsanwalts – vorformulierte Klausel im Aufhebungsvertrag, die dies nicht ausdrücklich klarstellt, unwirksam.[783]

**591 Klauselvorschlag:**

*Herr … verpflichtet sich, auch nach der Beendigung des Anstellungsverhältnisses über alle ihm während der Tätigkeit bekannt gewordenen Geschäftsgeheimnisse, insbesondere über die Entwicklung der Mitgliederzahlen, der Zusammensetzung der Mitgliedschaft und … sowie über diesen Aufhebungsvertrag und dessen Umstände Stillschweigen zu bewahren, mit Ausnahme der erforderlichen Offenlegung gegenüber der Arbeitsagentur im unmittelbaren Zusammenhang mit der Beantragung von Arbeitslosengeld und sonstiger gesetzlicher Offenlegungspflichten.*

**592** Verletzt das ehemalige Vorstandsmitglied die Schweigepflicht, so steht dem Verein ein Unterlassungsanspruch zu. Zudem ist das ehemalige Vorstandsmitglied dem Verein gegenüber zum Schadensersatz verpflichtet. Das setzt aber voraus, dass dem Verein durch die Verletzung der Schweigepflicht ein nachweis- und bezifferbarer Schaden entstanden ist. In der

---

[782] Schaub/*Linck*, § 55 Rn. 57.
[783] S. Rn. 439.

## E. Vorstand

Praxis scheitert die Geltendmachung von Schadenersatzansprüchen daran, dass es dem Verein in vielen Fällen nicht möglich sein wird, einen konkreten und kausalen Schaden nachzuweisen. Damit die Verschwiegenheitspflicht ernstgenommen wird, kann sie durch eine Vertragsstrafe abgesichert werden. Zu den Anforderungen an eine zulässige Vertragsstrafenklausel und zur Höhe der Vertragsstrafe sei auf die Ausführungen unter Rn. 442 ff. verwiesen, die hier entsprechend gelten.

**Klauselvorschlag:** 593

*Verletzt Herr ... seine in Ziffer ... dargestellte Verpflichtung zur Verschwiegenheit einmalig oder mehrmalig, ohne dass er zur Offenbarung gesetzlich verpflichtet war, so hat er für jeden Monat, in den eine oder mehrere Zuwiderhandlungen fallen, eine Vertragsstrafe in Höhe der Bruttomonatsvergütung, welche Herr ... zuletzt beim Verein durchschnittlich bezogen hat, an den Verein zu zahlen. Eine mehrmalige Zuwiderhandlung liegt vor, wenn die Zuwiderhandlung an mehr als einem Kalendertag erfolgt oder wenn die Zuwiderhandlung über das Ende des Kalendertages, an dem sie beginnt, hinaus fortgesetzt wird. Für die Berechnung der Dauer eines Monats wird der Tag mitgerechnet, auf welchen die erste Zuwiderhandlung fällt oder beginnt. Ein Monat endet mit Ablauf desjenigen Tages des nachfolgenden Monats, welcher durch seine Benennung dem Tage vorhergeht, an welchem die erste Zuwiderhandlung erfolgte oder an dem sie begann. Fehlt in dem nachfolgenden Monat der für den Ablauf maßgebende Tag, so endigt der Monat mit dem Ablauf des letzten Tages dieses Monats.*

**(12) Zeugnis.** Auch wenn der Wert eines Zeugnisses aufgrund der Vorgabe der Rechtsprechung, es müsse wohlwollend sein, immer mehr abnimmt und letztlich kaum noch Aussagekraft hat[784], sollte das Vorstandsmitglied auf ein Zeugnis bestehen. Ihm steht gegen den Verein bei Ausscheiden ein solcher Anspruch zu. Dabei hat das Vorstandsmitglied ein **Wahlrecht zwischen einem einfachen Zeugnis und einem qualifizierten Zeugnis**. Das einfache Zeugnis enthält lediglich eine Darstellung der Aufgaben und der Vertragsdauer. In einem qualifizierten Zeugnis werden diese Angaben um eine Bewertung von Führung und Leistung des Vorstandsmitgliedes ergänzt. Um Streit über die Formulierung nach Beendigung des Anstellungsverhältnisses zu vermeiden, empfiehlt es sich, dem Aufhebungsvertrag einen abgestimmten Entwurf eines Zeugnisses beizufügen. 594

Im Falle einer längeren Kündigungsfrist sollte das Vorstandsmitglied auf die Erteilung eines **Zwischenzeugnisses** (auch vorläufiges Zeugnis genannt) drängen. Auch dieser Anspruch sollte in den Anstellungsvertrag aufgenommen werden. 595

---

[784] Vgl. auch *Bauer*, IV. 12. Rn. 174.

*1. Teil Rechtsfähige Vereine*

**596 Klauselvorschlag:**

*Herr … erhält innerhalb von drei Werktagen nach der tatsächlichen Beendigung des Anstellungsvertrages ein auf das Datum des Ausscheidens datiertes wohlwollendes, qualifiziertes Zeugnis gemäß dem als Anlage beigefügten Entwurf.*
*Der Verein wird Herrn … innerhalb einer Woche nach Wirksamwerden dieses Aufhebungsvertrages ein wohlwollendes, qualifiziertes Zwischenzeugnis auf Basis des als Anlage beigefügten Entwurfes eines Endzeugnisses erteilen.*
*Beide Zeugnisse sind ungefaltet zu übersenden*[785]

**597 (13) Betriebliche Altersversorgung.** Hat der Verein dem Vorstandsmitglied eine betriebliche Altersversorgung zugesagt, bleiben ihm die unverfallbar gewordenen Ansprüche auch ohne ausdrückliche Regelung erhalten.[786] Insbesondere umfasst eine Ausgleichsklausel solche Ansprüche grundsätzlich nicht.[787]

**598 Klauselvorschlag:**

*Die Ansprüche von Herrn … aus der Versorgungszusage vom …………*
*bleiben unberührt, sofern diese unverfallbar geworden sind.*

**599** Denkbar ist die Abfindung von Ansprüchen aus einer betrieblichen Altersversorgung. **Unverfallbare Anwartschaften** können dabei nur in den engen Grenzen des §§ 3, 17 BetrAVG abgefunden werden.[788] Eine dennoch vereinbarte Abfindung lässt den Anspruch des Vorstandsmitgliedes nicht erlöschen. Denkbar wäre jedoch eine Vereinbarung, wonach sich Verein und Vorstandsmitglied darüber einig sind, dass die Voraussetzungen für eine unverfallbare Anwartschaft noch nicht vorliegen, wenn zwischen den Parteien hierüber Streit herrscht. In diesem Fall kann zwischen den Parteien auch vereinbart werden, dass der Verein eine höhere Abfindung für den Verlust der Anstellung zusagt.[789]

**600** Zulässig ist darüber hinaus die **Abfindung unverfallbarer Bagatellanwartschaften**, § 3 Abs. 2 BetrAVG. Der Verein kann danach eine Anwartschaft ohne Zustimmung des (ehemaligen) Vorstandsmitglieds abfinden, wenn der Monatsbetrag der aus der Anwartschaft resultierenden laufenden Leistung bei Erreichen der vorgesehenen Altersgrenze 1%, bei Kapitalleistungen zwölf Zehntel der monatlichen Bezugsgröße nach § 18 SGB IV[790] nicht übersteigen würde.

---

[785] Es ist strittig, ob ein Dienstnehmer verlangen kann, dass das Zeugnis nicht gefaltet wird. Es sollte daher klargestellt werden.
[786] S. Rn. 355.
[787] *Bauer*, IV. 17 Rn. 392 mwN.
[788] Blomeyer/Rolfs/Otto/*Rolfs*, § 3 Rn. 15; *Bauer*, IV. 17 Rn. 295.
[789] BAG, Urt. v. 18.12.1984 – 3 AZR 125/84, NZA 1986, 95; *Bauer*, IV. 17 Rn. 300.
[790] Monatliche Bezugsgröße gemäß § 18 SGB IV im Jahr 2011: 2555,00 € Rechtskreis West; 2240,00 € Rechtskreis Ost.

## E. Vorstand

Die Abfindung einer noch **unverfallbaren Anwartschaft** ist dagegen unproblematisch möglich. Sie unterliegt nicht den Beschränkungen des § 3 BetrAVG. Die **Abfindung** einer noch nicht unverfallbar gewordenen Anwartschaft muss gemäß § 3 Abs. 6 BetrAVG in dem Aufhebungsvertrag jedoch **gesondert ausgewiesen** und als **Einmalzahlung** geleistet werden. Unzulässig wäre eine schlichte Hinzurechnung zur Abfindung wegen Verlusts der Anstellung.[791] Eine entgegen § 3 Abs. 6 BetrAVG in Raten abgefundene Anwartschaft lässt diese dennoch erlöschen.[792] **601**

Eine Abfindung ist ausgeschlossen, wenn das (ehemalige) Vorstandsmitglied von seinem Recht auf **Übertragung der Anwartschaft** gemäß § 4 Abs. 3 BetrAVG Gebrauch macht.[793] Ein solches Übertragungsrecht besteht nur für Zusagen, die nach dem 31.12.2004 erteilt worden sind, § 30b BetrAVG. Auch können nach § 4 Abs. 3 BetrAVG nur solche Anwartschaften auf einen neuen Dienstherrn übertragen werden, die auf einer **Altersversorgung über einen Pensionsfonds, eine Pensionskasse oder eine Direktversicherung** beruhen. Unmittelbare Versorgungszusagen und Anwartschaften über Unterstützungskassen können nicht übertragen werden.[794] **602**

**(14) Hinweis auf rechtzeitige Arbeitsuchendmeldung.** Auch bei Abschluss eines Aufhebungsvertrages treffen den Verein die Hinweispflichten gemäß § 2 Abs. 2 S. 2 SGB III.[795] Vergisst der Verein diese Belehrung, erwachsen daraus jedoch keine Schadenersatzansprüche seitens des Vorstandsmitgliedes.[796] **603**

**Klauselvorschlag:** **604**

*Herr ... wird darauf aufmerksam gemacht, dass er sich zur Aufrechterhaltung ungekürzter Ansprüche auf Arbeitslosengeld unverzüglich persönlich bei der zuständigen Agentur für Arbeit arbeitsuchend melden und aktiv nach einer anderen Beschäftigung suchen muss.*

**(15) Ausgleichsklausel.** Mit dem Aufhebungsvertrag sollten alle Ansprüche der Parteien aus dem Anstellungsverhältnis und seiner Beendigung abschließend geregelt werden. Um zu verhindern, dass eine der Parteien nach Abschluss des Aufhebungsvertrages neue Forderungen erhebt (z.B. weil das Vorstandsmitglied eine Abgeltung behaupteter Überstunden geltend macht oder der Verein vermeintliche Schadenersatzansprüche gegen das Vorstandsmitglied durchsetzen will) empfiehlt es sich, in den Aufhebungsvertrag eine Klausel aufzunehmen, wonach mit Abschluss des Aufhebungsvertrages alle Ansprüche der Parteien gegen **605**

---

[791] *Bauer*, IV. 17 Rn. 297; HWK/*Schipp*, § 3 BetrAVG Rn. 16.
[792] HWK/*Schipp*, § 3 BetrAVG Rn. 16; *Bauer*, IV. 17 Rn. 297.
[793] Blomeyer/Rolfs/Otto/*Rolfs*, § 3 Rn. 59; *Bauer*, IV. 17 Rn. 285.
[794] *Bauer*, IV. 17 Rn. 285.
[795] S. Rn. 538.
[796] BAG, Urt. v. 29.9.2005 – 8 AZR 571/04, NZA 2005, 1406.

*1. Teil Rechtsfähige Vereine*

einander ausgeglichen sind. Das setzt jedoch eine sorgfältige Prüfung sowohl durch den Verein als auch durch das Vorstandsmitglied voraus, ob wirklich alles ausgeglichen sein soll. Verein und Vorstandsmitglied müssen sich also Gedanken über ihre Ansprüche machen. Um das Risiko zu vermeiden infolge der Angleichungsklausel auf etwaige Schadensersatzansprüche gegen das Vorstandsmitglied verzichten zu müssen, sollte der Verein jedem Verdacht auf schadensverursachende Handlungen durch das Vorstandsmitglied während seiner Amtszeit vor Abschluss des Aufhebungsvertrages nachgehen.

606 Sofern die Klauseln des Aufhebungsvertrages nicht individuell ausgehandelt wurden, wird es sich aufgrund der strengen Regelung des § 310 Abs. 3 BGB regelmäßig um allgemeine Geschäftsbedingungen des Vereins handeln.[797] In diesem Fall wäre eine Klausel, die einen Ausgleich von Ansprüchen des Vorstandsmitgliedes gegenüber dem Verein aus vorsätzlicher Handlung ausschließt, unwirksam.[798] Auch ohne Klarstellung, dass vorsätzliches Handeln nicht erfasst sein soll, wird sich diese Einschränkung regelmäßig durch Auslegung ergeben.[799] Aus Gründen der Rechtssicherheit empfiehlt es sich dennoch, Ansprüche, die auf Vorsatz beruhen, ausdrücklich auszunehmen.

607 **Klauselvorschlag:**

*Mit Erfüllung dieses Abwicklungsvertrages sind sämtliche Ansprüche der Parteien aus dem Anstellungsverhältnis und der Organstellung gegen einander ausgeglichen, soweit sie nicht auf Vorsatz beruhen.*

Ansprüche aus unverfallbaren Anwartschaften auf betriebliche Altersvorsorge werden von einer Ausgleichsklausel grundsätzlich nicht umfasst.[800]

608 **(16) Gerichtsstandsvereinbarung.** Vereinbarungen zwischen Verein und Vorstandsmitglied hinsichtlich eines bestimmten Gerichtsortes sind wie in Anstellungsverträgen grundsätzlich nicht zulässig.[801] Zuständig für Streitigkeiten aus dem Aufhebungsvertrag ist vielmehr das Gericht am Wohnsitz bzw. Geschäftssitz des Schuldners. Ferner besteht ein besonderer Gerichtsstand des Erfüllungsortes, § 29 ZPO. Grundsätzlich ist der Erfüllungsort der Sitz des Vereins.[802]

609 Verein und Vorstandsmitglied können gemäß § 1030 Abs. 1 ZPO auch im Aufhebungsvertrag die Zuständigkeit eines Schiedsgerichts für Streitigkeiten aus der Abwicklung des Anstellungsvertrages vereinbaren.[803]

---

[797] S. Rn. 271 ff.
[798] S. Rn. 489.
[799] MünchKommBGB/*Müller-Glöge*, § 611 Rn. 1173.
[800] *Bauer*, IV. 17 Rn. 392 mwN.
[801] S. Rn. 486.
[802] *Bauer*, IV. 25 Rn. 424.
[803] S. Rn. 487.

*E. Vorstand*

**(17) Salvatorische Klausel.** Sollte sich eine der Klauseln des Aufhebungsvertrages im Nachhinein als unwirksam herausstellen oder infolge einer Gesetzesänderung unwirksam werden, soll dadurch regelmäßig nicht der ganze Aufhebungsvertrag unwirksam werden. Da gemäß § 139 BGB ein teilweise nichtiger Vertrag insgesamt nichtig ist, sofern nicht angenommen werden kann, dass die Parteien den Vertrag auch ohne den nichtigen Teil geschlossen hätten, empfiehlt es sich, die Fortgeltung des restlichen Aufhebungsvertrages im Falle der Teilnichtigkeit ausdrücklich zu regeln. 610

**Klauselvorschlag:** 611

*Sollten einzelne Bestimmungen dieses Vertrages ganz oder teilweise nichtig oder unwirksam sein oder werden, so wird die Gültigkeit des Vertrages im Übrigen hiervon nicht berührt. Eine ungültige Bestimmung ist in der Weise umzudeuten bzw. gilt in der Weise als ersetzt, dass der beabsichtigte wirtschaftliche Zweck bestmöglich erreicht wird. Beruht die Ungültigkeit auf einer Leistungs- oder Zeitbestimmung, so tritt an ihre Stelle das gesetzlich zulässige Maß. Zur Ausfüllung eventueller Lücken des Vertrages soll eine angemessene Regelung treten, die dem am nächsten kommt, was die Parteien nach ihrer wirtschaftlichen Zielsetzung zum Zeitpunkt des Vertragsabschlusses gewollt haben. Bei fehlender Leistungs- oder Zeitbestimmung wird die Lücke durch das gesetzlich geregelte Maß gefüllt.*

### 3. Abwicklungsvertrag

Erfolgte die Beendigung der Anstellung durch eine Kündigung seitens des Vereins oder des Vorstandsmitgliedes, sollten Verein und (ehemaliges) Vorstandsmitglied die ordnungsgemäße Abwicklung des Anstellungsvertrages regeln. Anders als beim Aufhebungsvertrag wird das Anstellungsverhältnis nicht durch den Abwicklungsvertrag beendet, sondern durch die vorausgegangene Kündigung. Darüber hinaus kann der Abwicklungsvertrag all diejenigen Regelungen enthalten, die auch Gegenstand eines Aufhebungsvertrages sein können. Es wird daher auf die obigen Ausführungen zum Inhalt von Aufhebungsverträgen Bezug genommen (Rn. 546 ff.). 612

### 4. Sozialversicherungsrechtliche Folgen bei Beendigung des Anstellungsvertrages

**a) Fortbestand des sozialversicherungsrechtlichen Beschäftigungsverhältnisses.** In der Zeit zwischen dem Abschluss des Aufhebungsbzw. Abwicklungsvertrages bleibt das sozialversicherungsrechtliche Beschäftigungsverhältnis grundsätzlich bestehen, zumindest sofern das ausscheidende Vorstandsmitglied Anspruch auf Vergütung hat. Daran ändert 613 auch die Vereinbarung einer Freistellung nichts. Das gilt auch bei ordentlichen Kündigungen nebst Freistellung. Das Bundessozialgericht hat jüngst entschieden, dass das Beschäftigungsverhältnis auch bei einer einvernehmlichen, unwiderruflichen Freistellung nicht endet.[804]

614 Der Verein ist damit auch während dieser Zeit verpflichtet, den Gesamtsozialversicherungsbeitrag abzuführen. Das Vorstandsmitglied erhält weiterhin seine Vergütung unter Abzug seines Anteils zur Sozialversicherung. Ist das Vorstandsmitglied wegen Überschreitung der Jahresarbeitsentgeltgrenze privat oder freiwillig krankenversichert, bleibt der Verein auch während der Freistellung zur Zahlung des Beitragszuschusses gemäß § 257 SGB V verpflichtet.

615 **b) Sperrzeit beim Bezug von Arbeitslosengeld. (1) Grundlagen.** Das Vorstandsmitglied hat im Falle von Arbeitslosigkeit unter den Voraussetzungen der §§ 117 ff SGB III Anspruch auf Arbeitslosengeld, sofern es zuvor mindestens zwölf Monate sozialversicherungspflichtig beschäftigt war. Hat ein Beschäftigter sein Beschäftigungsverhältnis gelöst, ohne dafür einen wichtigen Grund zu haben oder durch ein vertragswidriges Verhalten Anlass für die Lösung des Beschäftigungsverhältnisses gegeben und dadurch vorsätzlich oder grob fahrlässig seine Arbeitslosigkeit herbeigeführt tritt eine Sperrzeit ein.

616 Eine Sperrzeit tritt damit insbesondere dann ein, wenn der Verein das Anstellungsverhältnis mit dem Vorstandsmitglied aus verhaltensbedingten Gründen gekündigt hat. Dabei ist nicht entscheidend, ob die Kündigung ordentlich oder außerordentlich erfolgt.

617 Darüber hinaus wird eine Sperrzeit ausgelöst, wenn das Vorstandsmitglied aktiv an der Beendigung seines Beschäftigungsverhältnisses mitwirkt. Nimmt das Vorstandsmitglied eine Kündigung lediglich hin, wirkt es nicht aktiv an der Beendigung seiner Anstellung mit.[805] Eine Sperrzeit kann in diesem Fall aber verhängt werden, wenn die Kündigung offensichtlich rechtswidrig ist. Das kann bspw. dann der Fall sein, wenn das Vorstandsmitglied eine Kündigung ohne Einhaltung der vereinbarten oder gesetzlichen Kündigung hinnimmt.[806]

618 Die Zustimmung des Vorstandsmitgliedes zu einem Aufhebungsvertrag stellt ein Lösen vom Beschäftigungsverhältnis dar. Ebenso der Abschluss eines Abwicklungsvertrages, obwohl dieser selbst nicht die Beendigung des Beschäftigungsverhältnisses herbeiführt.[807] Eine Sperrzeit tritt nur dann nicht ein, wenn das Vorstandsmitglied einen wichtigen Grund hatte, den Aufhebungs- oder Abwicklungsvertrag zu schließen. Wichtig sind alle Gründe, die es für den Arbeitslosen unter Berücksichtigung aller Umstände des Einzelfalles und unter Abwägung seiner Interessen mit denen

---
[804] BSG, Urt. v. 24.9. 2008 – B 12 KR 22/07 R, NZA-RR 2009, 272.; s.a. Rn. 389.
[805] DA ALG der BA zu § 144 SGB III, Rn. 144.16
[806] DA ALG der BA zu § 144 SGB III, Rn. 144.17.
[807] BSG, Urt. v. 18.12. 2003 – B 11 AL 35/03 R, NZA 2004, 661.

## E. Vorstand

der Gemeinschaft der Beitragszahler unzumutbar erscheinen lassen, einen Sperrzeitsachverhalt zu vermeiden.[808]

Ein wichtiger Grund kann z. b. darin liegen, dass durch eine Verlegung **619** des Sitzes des Vereins eine doppelte Haushaltsführung erforderlich wird und daher der Unterhalt, die weitere Versorgung oder Pflege von Angehörigen des Arbeitslosen nicht gesichert ist.[809] In Betracht kommt auch eine Aufgabe der Beschäftigung zur Begründung, Aufrechterhaltung oder Wiederherstellung der ehelichen Gemeinschaft.[810] Die erstmalige Herstellung einer ernsthaften und auf Dauer angelegten Erziehungsgemeinschaft durch Zuzug mit dem minderjährigen Kind zum nichtehelichen Partner bildet unabhängig davon, ob es sich bei dem Partner um ein leibliches Elternteil handelt, einen wichtigen Grund, wenn Gründe des Kindeswohls dies erfordern.[811]

Da das Vorstandsmitglied keinen Kündigungsschutz nach dem Kündi- **620** gungsschutzgesetz hat, kann der Verein – in Ermangelung einer abweichenden Vereinbarung im Anstellungsvertrag – jederzeit unter Einhaltung der gesetzlichen oder vereinbarten Kündigungsfrist kündigen. Ist eine Kündigung jederzeit möglich und zulässig, löst der Abschluss eines Aufhebungsvertrages eine Sperrzeit nicht aus, wenn der Verein das **Anstellungsverhältnis ohnehin zum selben Zeitpunkt gekündigt** hätte.[812]

Problematischer wird die Situation, wenn das Anstellungsverhältnis mit **621** einer **festen Laufzeit** vereinbart worden ist und durch den Aufhebungsvertrag vorzeitig beendet werden soll. In diesen Fällen wird man entscheidend auf die besondere **Vertrauenssituation** abzustellen haben, die die Organstellung mit sich bringt. Eröffnet bspw. der Verein dem Vorstandsmitglied, auf seine Mitarbeit werde künftig verzichtet und ein Nachfolger sei bereits bestellt und stellt er das Vorstandsmitglied von der Verpflichtung zur Erbringung von Arbeitsleistung frei, kann dies einen wichtigen Grund für die Zustimmung zu einem Aufhebungsvertrag darstellen. Zumindest kann dies einen **besonderen Härtefall** gemäß § 144 Abs. 3 S. 2 Nr. 2 b) SGB III darstellen, der zu einer Reduzierung der Regelsperrzeit auf sechs Wochen führt.[813]

Schließen Verein und Vorstand nach erfolgter Kündigung durch den **622** Verein in einem anschließenden **gerichtlichen Verfahren** über die Wirksamkeit der Kündigung einen **Vergleich über die Beendigung der Anstellung**, kommt eine Sperrzeit regelmäßig nicht in Betracht.[814] Zwar löst das Vorstandsmitglied auch in dieser Konstellation das Beschäftigungsverhältnis. Das Vorstandsmitglied kann sich aber auf einen **wichtigen Grund** be-

---

[808] DA ALG der BA zu § 144 SGB III, Rn. 144.78.
[809] DA ALG der BA zu § 144 SGB III, Rn. 144.90.
[810] DA ALG der BA zu § 144 SGB III, Rn. 144.93.
[811] BSG, Urt. v. 17.10. 2007 – B 11a/7a AL 52/06 R, B 11a-7a AL 52/06, BeckRS 2008, 51723.
[812] Vgl. auch ErfK/*Rolfs*, § 144 SGB III Rn. 37.
[813] BSG, Urt. v. 10.8. 2000 – B 11 AL 115/99 R, BeckRS 2000, 41293.
[814] *Bauer*, VIII. Rn. 67a; vgl. auch DA ALG der BA zu § 144 SGB III, Rn. 144.19

*1. Teil Rechtsfähige Vereine*

rufen, wenn keine Gesetzesumgehung zu Lasten der Versichertengemeinschaft vorliegt.⁸¹⁵ Das gilt auch dann, wenn der gerichtliche Vergleich gemäß § 278 Abs. 6 ZPO durch Annahme eines schriftlichen Vorschlages des Gerichts zustande kommt.⁸¹⁶

**623** Die Arbeitsagentur hat zwar grundsätzlich das Vorliegen eines wichtigen Grundes von Amts wegen zu prüfen. Liegen die Gründe jedoch in der Sphäre oder im Verantwortungsbereich des ehemaligen Vorstandsmitgliedes, trifft ihn die Nachweispflicht; also insbesondere dann, wenn sich der Sachverhalt nicht mehr aufklären lässt und er die Verantwortung dafür trägt. Das kann z.B. bei einer (deutlich) verspäteten Angabe wichtiger Gründe gegenüber der Arbeitsagentur der Fall sein.⁸¹⁷

**624** **(2) Ruhen des Anspruchs auf Arbeitslosengeld.** Die Sperrzeit hat zum einen gemäß § 144 Abs. 1 S. 1, 2 Nr. 1, Abs. 3 S. 1 SGB III ein **Ruhen des Anspruchs auf Arbeitslosengeld** für zwölf Wochen zur Folge. Ruhen des Anspruchs bedeutet, dass der Anspruch zwar besteht, aber während des Ruhenszeitraums nicht geltend gemacht werden kann.⁸¹⁸ Die Zahlung von Arbeitslosengeld setzt damit erst im Anschluss an den Ruhenszeitraum ein.

**625** **(3) Reduzierung des Anspruchs auf Arbeitslosengeld.** Darüber hinaus wird der **Anspruch auf Arbeitslosengeld um die Dauer der Sperrzeit reduziert**, regelmäßig mindestens jedoch um ein Viertel der Anspruchsdauer, § 128 Abs. 1 Nr. 4 SGB III.

**626** **(4) Beginn der Sperrzeit.** Die Sperrzeit beginnt gemäß § 144 Abs. 2 S. 1 SGB III mit dem ersten Tag der Arbeitslosigkeit.⁸¹⁹

**627** **(5) Auswirkung einer Sperrzeit auf den Krankenversicherungsschutz.** Während des Bezuges von Arbeitslosengeld besteht gemäß § 5 Abs. 1 Nr. 2 Alt. 1 SGB V Versicherungsschutz in der gesetzlichen Krankenversicherung. Damit bleiben auch Familienangehörige gemäß § 10 SGB V mitversichert. Während einer Sperrzeit bezieht das ehemalige Vorstandsmitglied indessen kein Arbeitslosengeld. Gemäß § 5 Abs. 1 Nr. 2 Alt. 2 SGB V setzt die Versicherungspflicht im Falle einer Sperrzeit ab Beginn des zweiten Monats nach Beendigung des Beschäftigungsverhältnisses ein. Ab diesem Zeitpunkt ist auch eine Mitversicherung von Familienangehörigen wieder möglich. In dem ersten Monat nach Beendigung des Beschäftigungsverhältnisses bleibt aber der Leistungsanspruch aus der gesetzlichen Krankenversicherung gemäß § 19 Abs. 2 SGB V bestehen. Dies gilt auch für familienversicherte Angehörige.⁸²⁰

---

⁸¹⁵ BSG, Urt. v. 17.10. 2007 – B 11a AL 51/06 R, NZS 2008, 663.
⁸¹⁶ *Bauer*, VIII. Rn. 67b.
⁸¹⁷ DA ALG der BA zu § 144 SGB III, Rn. 144.79.
⁸¹⁸ Gagel/*Hünecke*, § 142 SGB III Rn. 16.
⁸¹⁹ *Bauer*, VIII. Rn. 91 mwN.
⁸²⁰ Krauskopf/*Baier*, § 10 SGB V Rn. 12.

### E. Vorstand

Privat krankenversicherte ehemalige Vorstandsmitglieder können sich im Falle des Bezuges von Arbeitslosengeld gemäß § 8 Abs. 1 Nr. 1a SGB V von der Versicherungspflicht in der gesetzlichen Krankenversicherung befreien lassen. Auf diese Weise bleiben sie in der privaten Krankenversicherung. In diesem Fall hat das ehemalige Vorstandsmitglied gemäß § 207a SGB III Anspruch auf Übernahme der Beiträge zur privaten Krankenversicherung durch die Arbeitsagentur. Im Falle der Verhängung einer Sperrzeit übernimmt die Arbeitsagentur die Beiträge zur privaten Krankenversicherung ab dem zweiten Monat nach der Beendigung des Beschäftigungsverhältnisses.

**(6) Auswirkung einer Sperrzeit auf die Rentenversicherungspflicht.** Während des Bezuges von Arbeitslosengeld sind Personen gemäß § 3 S. 1 Nr. 3 SGB VI gesetzlich rentenversichert, wenn sie vorher mindestens zwölf Monate versicherungspflichtig waren. Die Beiträge werden von der Arbeitsagentur getragen, § 170 Abs. 1 Nr. 2 b) SGB VI. Während einer Sperrzeit erfolgt kein Bezug von Arbeitslosengeld, so dass die Versicherungspflicht erst mit Ende der Sperrzeit eintreten kann.

**c) Ruhen des Anspruchs auf Arbeitslosengeld wegen Entlassungsentschädigung.** Neben der Sperrzeit wegen Aufgabe des Anstellungsverhältnisses kommt als weiterer Ruhenstatbestand § 143a SGB III in Betracht. Zwar bezieht sich diese Vorschrift auf Arbeitsverhältnisse und damit auf Arbeitnehmer. Obwohl Vorstände keine Arbeitnehmer sind, verwendet das BSG den Begriff des Arbeitnehmers als Synonym für den versicherungspflichtig Beschäftigten[821]; und das, obwohl das Gesetz beide Begriffe parallel verwendet, sie also vom Gesetzgeber nicht als Synonyme gemeint gewesen sein können. Die Regelungen des § 143a SGB III gelten daher auch für Vorstände von Vereinen. Dass dies im Hinblick auf die Regelung des § 31 SGB I rechtlich bedenklich ist, soll hier nicht weiter vertieft werden.

**(1) Grundlagen.** Hat das Vorstandsmitglied wegen der Beendigung des Anstellungsverhältnisses eine **Abfindung, Entschädigung oder sonstige Leistung** (Entlassungsentschädigung) erhalten oder kann es eine solche Leistung beanspruchen, so sieht § 143a SGB III das Ruhen des Anspruchs auf Arbeitslosengeld vor, wenn **das Anstellungsverhältnis ohne Einhaltung einer der bei ordentlichen Kündigungen durch den Verein geltenden Frist beendet** worden ist. Dieser Ruhenstatbestand wird also nur dann ausgelöst, wenn zum einen die Beendigung ohne Berücksichtigung der maßgeblichen Kündigungsfrist erfolgt und zum anderen eine Entlassungsentschädigung gezahlt wird. Liegen diese beiden Voraussetzungen nicht kumulativ vor, scheidet ein Ruhen nach § 143a SGB III aus. Ein Ruhen tritt damit auch dann ein, wenn das Vorstandsmitglied mit der für ihn geltenden Kündigungsfrist kündigt und diese kürzer ist, als diejenige des Ver-

---

[821] BSG, Urt. v. 4.7. 2007 – B 11a AL 5/06 R, ZIP 2007, 2185.

eins und es im Zuge eines Abwicklungsvertrages eine Abfindung erhält. Ruhen des Anspruchs bedeutet, dass der Anspruch zwar besteht, aber während des Ruhenszeitraums nicht geltend gemacht werden kann.[822]

**632** **(2) Beginn und Dauer des Ruhens.** Der Anspruch auf Arbeitslosengeld ruht im Falle des § 143a SGB III vom ersten Tag nach Beendigung des Anstellungsvertrages bis zu dem Tag, an dem das Anstellungsverhältnis bei **Einhaltung der für den Verein geltenden Kündigungsfrist** geendet hätte. Fristbeginn ist der Tag der – mit zu kurzer Kündigungsfrist erklärten – Kündigung des Vereins oder des Vorstandsmitgliedes, bzw. der Tag des Abschlusses eines Aufhebungsvertrages. Das Ruhen läuft gegebenenfalls **parallel zum Ruhen wegen einer Sperrzeit**. Eine Summierung der beiden Ruhenstatbestände erfolgt nicht.

**633** Kann das Anstellungsverhältnis aufgrund einer Abrede im Anstellungsvertrag nicht ordentlich gekündigt werden, geht das Gesetz von einer fiktiven Kündigungsfrist von 18 Monaten aus. Ist die Möglichkeit einer ordentlichen Kündigung nur temporär ausgeschlossen, gilt eine fiktive Kündigungsfrist, die ohne den temporären Ausschluss der ordentlichen Kündigungsmöglichkeit gelten würde.

**634** **Beispiel 1:**

*Der Anstellungsvertrag enthält eine Klausel, wonach das Anstellungsverhältnis nur außerordentlich, aus wichtigem Grund gekündigt werden kann. In diesem Fall wird eine fiktive Kündigungsfrist von 18 Monaten angenommen.*

**635** **Beispiel 2:**

*Das Anstellungsverhältnis ist auf fünf Jahre befristet. Es kann vor Ablauf der Befristung aufgrund anstellungsvertraglicher Regelung nur außerordentlich aus wichtigem Grund gekündigt werden. Hier gilt die gesetzliche Kündigungsfrist, die ohne Ausschluss der Kündigungsmöglichkeit gelten würde.*[823]

**636** Der **Ruhenszeitraum kann früher enden.** So endet das Ruhen spätestens zu dem Zeitpunkt, zu dem das Anstellungsverhältnis aufgrund einer **Befristung** oder einer außerordentlichen Kündigung seitens des Vereins aus wichtigem Grund ohnehin geendet hätte, § 143a Abs. 2 S. 2 Nr. 2, 3 SGB III. Der Anspruch auf Arbeitslosengeld ruht ferner nicht über den Tag hinaus, bis zu dem das ehemalige Vorstandsmitglied bei Weiterzahlung des während der letzten Beschäftigungszeit kalendertäglich verdienten Arbeitsentgelts einen Betrag in Höhe von sechzig Prozent der Entlassungsentschädigung als Arbeitsentgelt verdient hätte, § 143a Abs. 2 S. 2 Nr. 1 SGB III. Der maximale Ruhenszeitraum beträgt gemäß § 143a Abs. 2 S. 1 SGB III ein Jahr.

---

[822] Gagel/*Hünecke*, § 142 SGB III Rn. 16.
[823] Gagel/*Hünecke*, § 143a SGB III Rn. 70.

E. Vorstand

**Klauselvorschlag für den Aufhebungs-/Abwicklungsvertrag:** 637
*Herr ... wurde darüber belehrt, dass er sich über die sozialversicherungs- und steuerrechtlichen Folgen dieser Aufhebungsvereinbarung bei der Bundesagentur für Arbeit bzw. dem zuständigen Finanzamt selbst informieren muss. Herr ... wird darauf aufmerksam gemacht, dass er sich zur Aufrechterhaltung ungekürzter Ansprüche auf Arbeitslosengeld unverzüglich persönlich bei der zuständigen Agentur für Arbeit arbeitsuchend melden und aktiv nach einer anderen Beschäftigung suchen muss.*

## XIV. Herausgabepflichten

### 1. Geschäftliche Unterlagen

**a) Herausgabepflichten des Vorstandsmitgliedes nach Beendigung** 638
**seiner Amtszeit.** Das Vorstandsmitglied hat während der Dauer seiner Amtszeit in erheblichem Umfang Zugang zu geschäftlichen Unterlagen. Der Verein hat ein nachvollziehbares Interesse daran, diese Unterlagen nicht in die falschen Hände geraten zu lassen bzw. zu verhindern, dass der Vorstand diese Unterlagen in pflichtwidriger Weise verwendet. Insbesondere nach Beendigung der Organstellung oder/und des Anstellungsvertrages beziehungsweise Auftragsverhältnisses, ist das Vorstandsmitglied daher grundsätzlich zur Herausgabe sämtlicher geschäftlicher Unterlagen an den Verein verpflichtet. **Dabei ist jedoch zwischen Originalunterlagen des Vereins und Kopien bzw. sonstigen Vervielfältigungen zu differenzieren.**

Der Verein hat regelmäßig ein schützenswertes Interesse an der Her- 639
ausgabe sämtlicher geschäftlicher Originalunterlagen.[824] Eine Herausgabeverpflichtung wird aus dem Grundgedanken des § 667 BGB hergeleitet. Danach hat ein Auftragnehmer seinem Auftraggeber unter anderem diejenigen Unterlagen herauszugeben, die er zur Ausführung des Auftrags erhalten oder von Dritten erlangt hat. Diese Vorschrift wird sowohl für ehrenamtlich tätige Vorstände, mit denen kein Dienstverhältnis besteht, als auch für nicht lediglich ehrenamtlich tätige Vorstände herangezogen.[825] Die Herausgabeverpflichtung ist dabei nicht auf geheimhaltungsbedürftige Unterlagen beschränkt, sondern erstreckt sich auch auf solche Unterlagen, die aus gegebenem Anlass einzeln oder in ihrer Zusammenstellung eine im Vorhinein nicht abzuschätzende Bedeutung erlangen können.[826] Sie erstreckt sich auch auf solche Unterlagen, die das Vorstandsmitglied im Rahmen seiner Tätigkeit angefertigt

---

[824] MünchKommBGB/*Müller-Glöge*, § 611 Rn. 1218; vgl. auch MünchKommZPO/*Drescher*, § 935 Rn. 124; *Reichert*, Rn. 2630.
[825] BGH, Urt. v. 7.7. 2008 – II ZR 71/07, NZG 2008, 234 f.
[826] BGH, Urt. v. 7.7. 2008 – II ZR 71/07, NZG 2008, 234 f.; vgl. auch *Henze*, Der Aufsichtsrat 2007, 81.

oder von Dritten erhalten hat.[827] Aufgrund des Umfangs der Geschäftsunterlagen, die sich für gewöhnlich im Laufe der Organstellung ansammeln, wäre eine Separierung der Unterlagen in solche, die einer Geheimhaltungspflicht unterliegen und solche, bei denen dies nicht der Fall ist, nur mit unverhältnismäßig hohem Verwaltungs- und Arbeitsaufwand möglich.[828]

**640** Auf Kopien und sonstige Vervielfältigungsstücke geschäftlicher Unterlagen lassen sich diese Überlegungen nicht ohne weiteres übertragen. Der Herausgabeanspruch des Vereins erstreckt sich nur insoweit auch auf Kopien von geschäftlichen Unterlagen, als schützenswerte Interessen des Vereins schützenswerte Interessen des Vorstandsmitgliedes überwiegen.[829] Das Vorstandsmitglied kann ein schützenswertes Interesse daran haben, Kopien wichtiger geschäftlicher Unterlagen in seinem Besitz zu behalten. So muss ein Vorstandsmitglied immer damit rechnen, dass später Fragen über Geschäftsabläufe an ihn gerichtet werden, die er in den meisten Fällen nicht allein aus dem Gedächtnis beantworten kann. Er kann in diesen Fällen nur durch die Heranziehung von Kopien von Unterlagen Auskunft erteilen.[830] Darüber hinaus kann das Vorstandsmitglied für etwaige Fehler der Amtsführung auf Schadenersatz in Anspruch genommen werden. Zu seiner Verteidigung ist er auf die Unterlagen angewiesen. Demzufolge ist ein Vorstandsmitglied gut beraten, von besonders wichtigen Dokumenten Kopien an sich zu nehmen. Der Verein muss auch nicht die Gefährdung von Geschäftsgeheimnissen befürchten. Das ehemalige Vorstandsmitglied ist aufgrund nachwirkender Treuepflicht aus seiner früheren Anstellung zur Verschwiegenheit verpflichtet.[831]

**641** Häufig finden sich auch entsprechende Regelungen zu Herausgabepflichten in der Vereinssatzung, einer Geschäftsordnung für den Vorstand, im Anstellungsvertrag oder auch in einem Aufhebungs- oder Abwicklungsvertrag. Die entsprechenden Klauseln sind in der Praxis zum Teil sehr detailliert, zum Teil aber auch nur rudimentär ausgestaltet. Es empfiehlt sich, trotz gesetzlicher Anerkennung der Herausgabepflicht, solche Regelungen vorzusehen. Soweit sich solche Abreden auf die Herausgabepflicht von Originalunterlagen beschränken, sind sie grundsätzlich zulässig.[832] Letztlich formulieren solche Abreden lediglich einen Rechtsgedanken, der sich bereits aus den gesetzlichen Vorschriften zum Auftragsverhältnis ergibt. Dabei sollten sich die Klauseln jedoch nicht lediglich auf allgemeine Schlagworte beschränken, sondern die Rückgabe-

---

[827] Palandt/*Sprau*, § 667 BGB Rn. 3; Schulze/Dörner/Ebert/*Schulze*, § 667 BGB Rn. 2.
[828] BGH, Urt. v. 7.7. 2008 – II ZR 71/07, NZG 2008, 234 f.; *Henze*, Der Aufsichtsrat 2007, 81.
[829] **A.A.** wohl BGH, Urt. v. 7.7. 2008 – II ZR 71/07, NZG 2008, 234 f.
[830] *Henze*, Der Aufsichtsrat 2007, 81.
[831] *Henze*, Der Aufsichtsrat 2007, 81.
[832] BGH, Urt. v. 7.7. 2008 – II ZR 71/07, NZG 2008, 234 f.

*E. Vorstand*

pflicht konkretisieren im Hinblick auf Umfang, Zeitpunkt, Ort und Kosten der Rückgabe. Ferner sollten diese Klauseln Regelungen zum Umfang der Herausgabepflicht hinsichtlich Kopien und Vervielfältigungsstücke enthalten. Nicht vergessen werden dürfen elektronische Kopien (Dateien, Emails etc.).

**b) Herausgabepflichten des Vorstandsmitgliedes während seiner Amtszeit.** Das Vorstandsmitglied kann jedoch auch im laufenden Organbeziehungsweise Anstellungsverhältnis zur Herausgabe geschäftlicher Unterlagen verpflichtet sein. Der Verein kann die Herausgabe, insbesondere von Originalunterlagen, vom Vorstandsmitglied verlangen, soweit dieses die Unterlagen für die ordnungsgemäße Erledigung seiner Tätigkeit, insbesondere zur Erfüllung seiner gesetzlichen und satzungsmäßigen Pflichten nicht mehr benötigt.[833] Das kann bspw. für solche Dokumente gelten, die zu einem abgeschlossenen Projekt des Vereins gehören. Insbesondere hier ist es empfehlenswert, eine ausdrückliche Regelung im Anstellungsvertrag, der Satzung oder in der Geschäftsordnung für den Vorstand vorzusehen. Diese kann auch über den gesetzlichen Herausgabeanspruch gemäß § 667 BGB analog hinausgehen.

**642**

**c) Zurückbehaltungsrechte.** Dem Vorstandsmitglied steht hinsichtlich der Herausgabe geschäftlicher Unterlagen kein Zurückbehaltungsrecht (z. B. wegen rückständiger Vergütung) zu, soweit der Verein die Herausgabe verlangen kann.[834] Hingegen kann sich der Verein gegenüber dem Vorstandsmitglied auf ein Zurückbehaltungsrecht wegen seines Herausgabeanspruchs berufen, soweit dieser besteht.[835] So kann der Verein bspw. die Zahlung einer noch ausstehenden Vergütung oder eines Bonus verweigern, bis das Vorstandsmitglied seiner Herausgabeverpflichtung vollständig nachgekommen ist.

**643**

Das Zurückbehaltungsrecht muss durch den Verein gegenüber dem (ehemaligen) Vorstandsmitglied ausgeübt werden. Es entfaltet nicht automatisch Rechtswirkung.[836] Es genügt die konkludente Berufung auf das Zurückbehaltungsrecht.[837] Der Wille des Vereins, bspw. eine Bonuszahlung solange nicht leisten zu wollen, bis das Vorstandsmitglied sämtliche Originalunterlagen herausgegeben hat, muss für das Vorstandsmitglied deutlich werden.

**644**

---

[833] MünchKommBGB/*Seiler*, § 667 Rn. 20.
[834] *Hoffmann/Liebs*, Der GmbH-Geschäftsführer, Rn. 2112;
[835] BGH, Urt. v. 7.7. 2008 – II ZR 71/07, NZG 2008, 234 f.
[836] ErfK/*Preis*, § 615 BGB Rn. 61.
[837] MünchKommBGB/*Krüger*, § 273 Rn. 88; Palandt/*Grüneberg*, § 273 BGB Rn. 19.

## 2. Herausgabe sonstiger Betriebsmittel

**645** Das Vorstandsmitglied ist jedoch nicht nur zur Herausgabe von Geschäftsunterlagen verpflichtet, sondern hat grundsätzlich auch auf Verlangen und/oder bei Beendigung des Anstellungsverhältnisses oder seiner Organstellung alle anderen ihm überlassenen Betriebsmittel an den Verein herauszugeben. Die Ausgabepflicht erstreckt sich auch hier auf während der Tätigkeit durch den Vorstand angeschaffte Betriebsmittel. Das können bspw. Notebooks, Büromöbel, Software und Ähnliches sein. Zur Verpflichtung zur Herausgabe des Dienstwagens s. Rn. 329 f. Die Herausgabepflicht erstreckt sich auch auf etwaig gefertigte Duplikate, z.B. von Betriebsschlüsseln. Ferner gehören hierzu auch Gelder oder Zuwendungen von Dritten, sofern sie nicht ausdrücklich dem Vorstand persönlich zugewendet worden sind. Schmiergelder sind stets an den Verein herauszugeben.[838] Auch an solchen Betriebsmitteln steht dem Vorstandsmitglied kein Zurückhaltungsrecht zu. Eines vertraglichen Ausschlusses bedarf es hierfür nicht. Dennoch bietet es sich an, eine entsprechende Regelung in den Anstellungsvertrag aufzunehmen.

## F. Besonderer Vertreter („Geschäftsführer")

### I. Einführung

**646** Die Satzung kann gemäß § 30 BGB die Bestellung eines oder mehrerer besonderer Vertreter vorsehen. Ohne eine satzungsmäßige Regelung ist die Bestellung besonderer Vertreter nicht möglich. Ausreichend ist jedoch, wenn die Satzung Geschäftskreise vorsieht, für die ein besonderer Vertreter erforderlich ist.[839] Satzungsrecht kann auch das Vereinsgewohnheitsrecht sein, so dass eine lange Übung oder betriebliche Anordnung ausreichend sein kann.[840]

**647** Eine ausdrückliche Bezeichnung als besonderer Vertreter ist nicht erforderlich.[841] Häufig werden besondere Vertreter insbesondere in Satzungen von Verbänden als **Geschäftsführer, Hauptgeschäftsführer oder Generalsekretäre** bezeichnet. Ob es sich dabei um besondere Vertreter handelt hängt davon ab, ob dem Vertreter durch die allgemeine Betriebsregelung und Handhabung wesensmäßige Funktionen des Vereins zur selbständigen, eigenverantwortlichen Erfüllung zugewiesen worden sind. Entscheidend ist deshalb, ob der „Berufene" für einen Geschäftskreis bestellt ist,

---

[838] Palandt/*Sprau*, § 667 BGB Rn. 3; in: Schulze/Dörner/Ebert/*Schulze*, § 667 BGB Rn. 2.
[839] BGH, Urt. v. 12.7. 1977 – VI ZR 159/75, NJW 1977, 2259; Palandt/*Ellenberger*, § 30 BGB Rn. 4.
[840] Palandt/*Ellenberger*, § 30 BGB Rn. 4.
[841] *Reichert*, Rn. 2835.

## F. Besonderer Vertreter („Geschäftsführer")

der nach außen eine dem Vorstand ähnliche Selbständigkeit bzw. Verantwortlichkeit verlangt.[842] Eine Weisungsabhängigkeit im Innenverhältnis, i.d.R. gegenüber dem Vorstand, schließt eine Stellung als besonderer Vertreter nicht aus.[843] Soll der Geschäftsführer ganz allgemein für die Erledigung der laufenden Geschäfte zuständig sein, macht ihn das noch nicht zum besonderen Vertreter.[844] Auch Nichtmitglieder können zu besonderen Vertretern des Vereins bestellt werden, sofern die Satzung keine anderslautende Regelung enthält.[845]

### II. Aufgaben des besonderen Vertreters

**648** Besondere Vertreter sind **Organe des Vereins**.[846] Die Bestellung des besonderen Vertreters erfolgt laut § 30 S. 1 BGB „für gewisse Geschäfte". Anders als der Vorstand ist die Zuständigkeit der besonderen Vertreter also auf einen bestimmten örtlichen oder sachlichen Aufgabenkreis beschränkt.[847] Der besondere Vertreter kann einen örtlich festgelegten Aufgabenkreis haben. Das kann bspw. die Zuständigkeit für eine Außenstelle des Vereins sein. Der Aufgabenkreis kann auch sachlich bestimmt sein, z. B. die Zuständigkeit für eine Abteilung, die Kassenführung[848], die Herausgabe der Vereinszeitung, die Leitung der Pressestelle, den Bereich Jugendförderung[849], die Leitung des wirtschaftlichen Nebenbetriebs[850] etc.

**649** Innerhalb dieses Geschäftskreises ist er neben dem Vorstand **Vertreter des Vereins**; der besondere Vertreter vertritt den Verein in seinem Wirkungskreis nach außen gegenüber Dritten.[851] Die Vertretungsmacht des besonderen Vertreters kann beschränkt oder gar ausgeschlossen werden.[852] Eine reine interne Funktion, ohne die Möglichkeit der externen Repräsentation des Vereins, genügt den Anforderungen nicht; eine derart eingeschränkte Person ist nicht besonderer Vertreter, selbst wenn dies in der Satzung so vorgesehen ist.[853]

---

[842] BGH, Urt. v. 12.7. 1977 – VI ZR 159/75, NJW 1977, 2259; vgl. auch *Stöber*, Rn. 385.
[843] BGH, Urt. v. 12.7. 1977 – VI ZR 159/75, NJW 1977, 2259; Palandt/*Ellenberger*, § 30 BGB Rn. 3; Münch. Hdb. GesR V/*Waldner*, § 26 Rn. 11; **a.A.** *Reichert*, Rn. 2839.
[844] *Stöber*, Rn. 385.
[845] Soergel/*Hadding*, § 30 BGB Rn. 8; *Reichert*, Rn. 2841.
[846] *Stöber*, Rn. 383; *Reichert*, Rn. 2834 mwN.
[847] RGRK/*Steffen*, § 30 BGB Rn. 1; Palandt/*Ellenberger*, § 30 BGB Rn. 3; Münch. Hdb. GesR V/*Waldner*, § 26 Rn. 9.
[848] *Stöber*, Rn. 385.
[849] Alle drei Bsp. nach *Larenz/Wolf*, § 10 Rn. 83.
[850] Münch. Hdb. GesR V/*Waldner*, § 26 Rn. 9.
[851] *Stöber*, Rn. 384.
[852] BGH VersR 1962, 664; Palandt/*Ellenberger*, § 30 BGB Rn. 3; MünchKommBGB/*Reuter*, § 30 Rn. 4; Münch. Hdb. GesR V/*Waldner*, § 26 Rn. 11; Soergel/*Hadding*, § 30 Rn. 9.
[853] BGH, Urt. v. 12.7. 1977 – VI ZR 159/75, NJW 1977, 2259; MünchKommBGB/*Reuter*, § 30 Rn. 11; Palandt/*Ellenberger*, § 30 BGB Rn. 4; *Reichert*, Rn. 2845.

*1. Teil Rechtsfähige Vereine*

### III. Stellung des besonderen Vertreters im Zivilprozess

**650** Im Zivilprozess können die Parteien des Rechtsstreits nicht als Zeugen gehört werden. Möglich ist in engen Grenzen gemäß § 445 ff. ZPO die Parteivernehmung. Der Verein selbst ist zwar parteifähig gemäß § 50 ZPO, aber nicht prozessfähig gemäß §§ 51, 52 ZPO und muss sich daher von seinen gesetzlichen Vertretern vertreten lassen.[854] Der gesetzliche Vertreter einer juristischen Person wird dann als Partei angesehen und kann daher nicht als Zeuge vernommen werden. Zum Teil wird argumentiert, der besondere Vertreter habe nicht die Stellung eines *gesetzlichen* Vertreters des Vereins. Er sei vielmehr *satzungsmäßiger* Vertreter des Vereins.[855] Anders als der Vereinsvorstand kann nach dieser Ansicht der besondere Vertreter damit Zeuge in einem Zivilprozess sein, in dem der Verein Partei ist. Die Gegenansicht sieht auch den besonderen Vertreter als gesetzlichen Vertreter des Vereins an. Er kann danach **nicht Zeuge in einem Zivilprozess sein**, in dem der Verein Partei ist.[856]

### IV. Bestellung als Organ

**651** Die Bestellung zum besonderen Vertreter erfolgt durch Beschluss.[857] Zuständig für die Bestellung und Abberufung der besonderen Vertreter ist grundsätzlich die **Mitgliederversammlung**.[858] Die Satzung kann jedoch auch die Zuständigkeit eines anderen Vereinsorgans vorsehen, z.B. eine Zuständigkeit des Vorstands.[859] Die Satzung kann vorsehen, dass Amtsvoraussetzung die Mitgliedschaft im Verein ist.[860] Der Vorstand hat zur **Eintragung ins Vereinsregister** den Namen, Vornamen, Geburtsdatum, Wohnort des besonderen Vertreters anzumelden.[861] Ferner ist der zur Vertretung berechtigende Geschäftskreis zu umschreiben.[862] Zum Bestellungsprozedere kann auf die Ausführungen zur Bestellung des Vorstands verwiesen werden (Rn. 143 ff.)

---

[854] MünchKommZPO/*Lindacher*, § 52 Rn. 23.
[855] *Barfuß*, NJW 1977, 1273; Soergel/*Hadding*, § 30 BGB Rn. 11; Palandt/*Ellenberger*, § 30 BGB Rn. 6; Zöller/*Greger*, § 373 ZPO Rn. 6;
[856] Staudinger/*Weick*, § 30 BGB Rn. 4; *Reichert*, Rn. 2856; MünchKommBGB/*Reuter*, § 30 Rn. 15; *Stöber*, Rn. 384; Baumbach/Lauterbach/Albers/Hartmann, Übers § 373 ZPO Rn. 14; s. auch Rn. 657 zur fehlenden Geltung des KSchG, BetrVG und ArbGG; dort wird der besondere Vertreter nahezu einhellig als Organ zur gesetzlichen Vertretung des Vereins angesehen.
[857] S. zu Beschlussmängeln und deren Folgen Rn. 144 ff., 163 ff.
[858] Staudinger/*Weick*, § 30 BGB Rn. 3; Münch. Hdb. GesR V/*Waldner*, § 26 Rn. 11.
[859] BayObLG RPfleger 99, 332; Palandt/*Ellenberger*, § 30 BGB Rn. 5; *Reichert*, Rn. 2834.
[860] Soergel/*Hadding*, § 30 BGB Rn. 8; *Reichert*, Rn. 2841.
[861] BayObLG, Beschl. v. 11.3. 1981 – BReg. 2 Z 12/81, BayObLGZ 1981, 71; Staudinger/*Weick*, § 30 BGB Rn. 9; Sauter/Schweyer/Waldner/Waldner/Wörle-Himmel, Rn. 313; Münch. Hdb. GesR V/*Waldner*, § 26 Rn. 10; MünchKommBGB/*Reuter*, § 30 Rn. 14; *Reichert*, Rn. 2857; **a.A.** *Stöber*, Rn. 389; RGRK/*Steffen*, § 64 BGB Rn. 3 u. § 67 BGB Rn. 1; Soergel/*Hadding*, § 30 BGB Rn. 14.
[862] *Reichert*, Rn. 2857; Münch. Hdb. GesR V/*Waldner*, § 26 Rn. 11.

F. Besonderer Vertreter ("Geschäftsführer")

## V. Beendigung der Organstellung

Die Beendigungsmöglichkeiten der Organstellung des besonderen Vertreters sind gesetzlich nicht geregelt. Vielmehr soll die Satzung entsprechende Regelungen enthalten.[863] Ohne Reglung in der Satzung ist das Organ für den Widerruf der Bestellung der besonderen Vertreter zuständig, das nach Satzung bzw. Gesetz für deren Bestellung zuständig ist, regelmäßig also die Mitgliederversammlung.[864] Die Abberufung erfolgt wie die Abberufung eines Vorstandsmitgliedes durch Beschluss des zuständigen Organs. Die Abberufung des Vorstandes des Vereins (§ 27 Abs. 2 BGB), des Geschäftsführers der GmbH (§ 38 GmbHG) und des Vorstandes der Genossenschaft (§ 24 GenG) bedürfen keines wichtiges Grundes und sind grundsätzlich jederzeit möglich. Der Verein ist Prototyp der Körperschaft.[865] Da das Recht des Vereins grundsätzlich auf alle juristischen Personen Anwendung findet, soweit nicht Spezialgesetze Regelungen enthalten[866], spricht einiges dafür, auch auf die Abberufung des besonderen Vertreters § 27 Abs. 2 BGB (Abberufung des Vorstandes) entsprechend anzuwenden.[867] Insoweit kann auf die Ausführungen zur Abberufung von Vorstandsmitgliedern verwiesen werden. 652

Ebenso wie das Vorstandsmitglied, kann auch der besondere Vertreter seine Organstellung grundsätzlich jederzeit und fristlos niederlegen.[868] Das bedeutet aber – wie beim Vorstand – nicht zwangsläufig, dass er hierzu auch berechtigt ist.[869] Steht der besondere Vertreter in einem Dienst- oder Arbeitsverhältnis mit dem Verein, kann sich daraus die Verpflichtung ergeben, die Funktion eines besonderen Vertreters zu übernehmen. Verletzt er diese Pflicht, kann er sich schadenersatzpflichtig machen. Anders als der Vorstand wird der besondere Vertreter aber zumindest einen Teil seiner Aufgaben auch wahrnehmen können, wenn er lediglich angestellt, aber ohne Organfunktion ist. 653

## VI. Anstellungsverhältnis mit besonderen Vertretern

### 1. Arbeitnehmereigenschaft

Von der Bestellung zum besonderen Vertreter ist dessen Anstellung zu unterscheiden. Besondere Vertreter können – vergleichbar mit Vorständen – ehrenamtlich aber auch entgeltlich im Rahmen eines Dienstverhältnisses 654

---

[863] *Reichert*, Rn. 2854.
[864] S. dazu oben Rn. 192.
[865] MünchKommBGB/*Reuter*, § 22 Rn. 1.
[866] Palandt/*Ellenberger*, Einf. v. § 21 BGB Rn. 16.
[867] A.A. *Reichert*, Rn. 2854.
[868] S. Rn. 210 ff.
[869] S. zur Niederlegung zur Unzeit Rn. 213.

*1. Teil Rechtsfähige Vereine*

tätig werden. Ferner kann die Erbringung von Diensten als Mitgliedsbeitrag vereinbart werden.

**655** Sind besondere Vertreter nicht lediglich ehrenamtlich tätig, sondern gegen Entgelt, stellt sich das Anstellungsverhältnis als Dienstverhältnis dar. Ob sie Arbeitnehmer sind, also in einem Arbeitsverhältnis zum Verein stehen, beurteilt sich danach, ob sie zur Leistung weisungsgebundener, fremdbestimmter Arbeit in persönlicher Abhängigkeit verpflichtet sind.[870] Unterliegen sie in erheblichem Umfang den Weisungen des Vorstands, wird es sich regelmäßig um Arbeitnehmer handeln. Dabei kommt es nicht darauf an, dass auch weisungsabhängige besondere Vertreter aufgrund ihrer Stellung im Verein Dienste höherer Art erbringen. Dies schließt die Annahme eines Arbeitsverhältnisses nicht aus. Ferner ist auf eine Eingliederung in den Betrieb abzustellen – wozu auch die Weisungsunterworfenheit gehört. Fehlt es an einer Eingliederung, z.B. weil der besondere Vertreter von seinem privaten Arbeitszimmer aus arbeitet und im Verein keinen Arbeitsplatz hat, seine Arbeitszeit frei einteilen kann und letztlich weisungsfrei agiert, sind dies Indizien, die gegen einen Arbeitnehmerstatus sprechen.[871] Alleine die wirtschaftliche Abhängigkeit eines besonderen Vertreters vom Verein führt nicht zur Annahme eines Arbeitsverhältnisses; es wird sich dann aber um eine sogenannte arbeitnehmerähnliche Person handeln.[872]

**656** Wird ein Arbeitnehmer des Vereins zu dessen besonderem Vertreter bestellt und mit ihm ein schriftlicher Dienstvertrag geschlossen, endet das Arbeitsverhältnis und wird durch ein freies Dienstverhältnis ersetzt.[873] Das setzt natürlich voraus, dass der besondere Vertreter nicht weiterhin Arbeitnehmer ist, sondern tatsächlich Dienstnehmer wird.[874]

**657** Bereits aufgrund ihrer Organstellung und **unabhängig davon, ob sich das Anstellungsverhältnis als Arbeitsverhältnis oder als freies Dienstverhältnis** darstellt, genießen besondere Vertreter **keinen gesetzlichen Kündigungsschutz (§ 14 Abs. 1 Nr. 1 KSchG)**[875] und sind **weder wählbar noch wahlberechtigt bei Betriebsratswahlen** (§ 5 Abs. 2 Nr. 1 BetrVG)[876]. Für Streitigkeiten aus dem Anstellungsverhältnis sind gemäß § 5 Abs. 1 S. 3 ArbGG **nicht die Arbeitsgerichte**, sondern die Amts- bzw. Landgerichte zuständig.[877] **Allerdings gelten diese Ausschlusstatbestände nur, wenn die Satzung ausdrücklich die Möglichkeit einer Bestellung ei-**

---

[870] BAG, Beschl. v. 16.2. 2000 – 5 AZB 71/99, NZA 2000, 385; BAG, Urt. v. 12.12. 2001 – 5 AZR 253/00, NZA 2002, 787.
[871] Schaub/*Vogelsang*, § 8 Rn. 29, § 15 Rn. 6.
[872] Schaub/*Vogelsang*, § 10 Rn. 1.
[873] BAG, Beschl. v. 3.2. 2009 – 5 AZB 100/08, NZA 2009, 669; BAG, Urt. v. 19.7. 2007 – 6 AZR 774/06, NZA 2007, 1095.
[874] S. hierzu auch Rn. 655.
[875] APS/*Biebl*, § 14 KSchG Rn. 5.
[876] GK-BetrVG/*Raab*, § 5 Rn. 77; HWK/*Gaul*, § 5 BetrVG Rn. 41.
[877] BAG, Beschl. v. 5.5. 1997 – 5 AZB 35/96, NZA 1997, 959; MünchKommBGB/*Reuter*, § 30 Rn. 4.

*F. Besonderer Vertreter („Geschäftsführer")*

nes besonderen Vertreters vorsieht.[878] Die unter Rn. 647 dargestellte weitergehende Rechtsprechung des Bundesgerichtshofes hat das BAG nicht übernommen.

Zumindest wird es sich bei besonderen Vertretern auch ohne ausreichende satzungsmäßige Grundlage um leitende Angestellte i.S.d. § 5 Abs. 3 BetrVG handeln. Auch in diesem Fall scheidet bspw. ein aktives wie passives Wahlrecht zum Betriebsrat aus. **658**

### 2. Freies Dienstverhältnis

Unterliegen besondere Vertreter nicht den Weisungen des Vorstandes oder eines sonstigen Vereinsorgans und sind sie auch sonst nicht in die Betriebsorganisation eingegliedert, handelt es sich bei dem der Organstellung zugrundeliegenden Anstellungsverhältnis um ein Dienstverhältnis. Für solche besonderen Vertreter, die nicht Arbeitnehmer sind, gelten die arbeitsrechtlichen Gesetze nur zum Teil und auch nur dann, wenn sie wirtschaftlich vom Verein abhängig sind, sog. arbeitnehmerähnliche Personen.[879] So haben arbeitnehmerähnliche Personen Anspruch auf gesetzlichen Erholungsurlaub (§ 2 S. 2 BUrlG) oder Pflegezeit (§ 7 Abs. 1 Nr. 3 PflegeZG). Arbeitnehmerähnliche Personen sind gemäß § 6 Abs. 1 S. 1 Nr. 3 ferner Beschäftigte im Sinne des AGG und für sie gelten die Kündigungsfristen des § 622 BGB. **659**

### 3. Sozialversicherungsrechtliche Stellung von besonderen Vertretern

**a) Grundsätzliche Versicherungspflicht.** Wie der Vorstand des Vereins wird auch der besondere Vertreter in der Regel durch die Satzung oder eine Geschäftsordnung in seiner Tätigkeitsfreiheit Beschränkungen unterworfen sein. Besondere Vertreter, die nicht lediglich ehrenamtlich tätig sind, sind damit grundsätzlich **in allen Zweigen der Sozialversicherung versicherungspflichtig.** Das gilt unabhängig davon, ob sie arbeitsrechtlich als Arbeitnehmer oder als freie Dienstnehmer anzusehen sind. Es ist daher in der Regel von einer Sozialversicherungspflicht von entgeltlich tätigen besonderen Vertretern eines Vereins auszugehen. Im Übrigen kann auf die Ausführungen zur Sozialversicherungspflicht von Vorstandsmitgliedern verwiesen werden (Rn. 236 ff.). **660**

**b) Versicherungspflicht in der gesetzlichen Krankenversicherung.** Besondere Vertreter, deren regelmäßiges Jahresarbeitsentgelt die jeweils **661**

---

[878] BAG, Beschl. v. 5.5. 1997 – 5 AZB 35/96, NZA 1997, 959, explizit für die Zuständigkeit der Arbeitsgerichte; MünchKommBGB/*Hergenröder*, § 14 KSchG Rn. 5; APS/*Biebl*, § 14 KSchG Rn. 5.
[879] S.o. Rn. 655.

geltende Jahresarbeitsentgeltgrenze[880] in einem Kalenderjahr überstiegen hat **und** dies auch im darauffolgenden Jahr tun wird, sind nach der ab Januar 2011 geltenden Gesetzeslage versicherungsfrei in der gesetzlichen Krankenversicherung. Die Pflichtversicherung wird in diesem Fall gemäß § 190 Abs. 3 SGB V automatisch **als freiwillige Versicherung fortgesetzt.** Ein **Austritt aus der freiwilligen Versicherung muss innerhalb von zwei Wochen nach Hinweis der Krankenkasse über die Austrittsmöglichkeit erfolgen.** Danach ist nur noch eine fristgebundene Kündigung gemäß § 175 Abs. 4 SGB V möglich. Vgl. im Übrigen Rn. 243 ff.

662 Auch eine **Familienversicherung** ist grundsätzlich möglich. Über den in der gesetzlichen Krankenversicherung pflichtversicherten besonderen Vertreter können bei Vorliegen der sonstigen Voraussetzungen auch der Ehegatte, der Lebenspartner und die Kinder des Vorstandsmitgliedes sowie die Kinder von familienversicherten Kindern nach § 10 SGB V mitversichert werden. Das gilt grundsätzlich auch im Falle einer freiwilligen Versicherung. Diese Mitversicherung von Familienangehörigen ist gemäß § 3 S. 3 SGB V beitragsfrei. Vgl. im Übrigen Rn. 247 ff.

663 Ist der besondere Vertreter nur aufgrund des Überschreitens der Jahresarbeitsentgeltgrenze nicht pflichtversichert in der gesetzlichen Krankenversicherung und unterhält er eine private Krankenversicherung oder setzt er die Krankenversicherung als freiwillige Versicherung fort, hat er gegenüber dem Verein als sozialrechtlicher Arbeitgeber gemäß § 257 Abs. 1, 2 SGB V **Anspruch auf einen Beitragszuschuss.** Vgl. im Übrigen Rn. 253 f.

664 **c) Tragung der Beiträge zur Sozialversicherung.** Ist der besondere Vertreter gesetzlich pflichtversichert, werden die Sozialversicherungsbeiträge vom Verein als Arbeitgeber und dem besonderen Vertreter getragen. Der Verein muss den Gesamtsozialversicherungsbeitrag abführen.

### 4. Stellung des besonderen Vertreters im steuerrechtlichen Sinn

665 Besondere Vertreter sind wie Vorstände von Vereinen Arbeitnehmer i.S.d. § 1 LStDV. Sie unterliegen damit der Lohnsteuerpflicht gemäß § 19 EStG.[881]

---

[880] Die Jahresarbeitsentgeltgrenze beträgt im Jahr 2010 49 950 € p. a.
[881] *Tillmann/Mohr*, Rn. 10; *Hoffmann/Liebs*, Rn. 8033, jeweils für den GmbH-Geschäftsführer; BFH, Urt. v. 2.10.1968 – VI R 25/68, BStBl II 1969 185 für den Vorstand einer Genossenschaft; BFH, Urt. v. 11.3.1960 – VI 172/58 U, BStBl III 1960 214 für den Vorstand einer AG.

F. Besonderer Vertreter ("Geschäftsführer")

## VII. Haftung des besonderen Vertreters

### 1. Haftung des besonderen Vertreters, der nicht Arbeitnehmer ist

Der besondere Vertreter haftet grundsätzlich vergleichbar einem Vorstand des Vereins. Aufgrund des gegenüber dem Vorstand eingeschränkten Geschäftskreises, erstreckt sich die Haftung des besonderen Vertreters auf die Verletzung der ihm aufgrund Satzung obliegenden Pflichten.[882] Im Übrigen kann auf die Ausführungen zur Haftung des Vorstandes verwiesen werden (Rn. 89 ff.).

666

### 2. Haftung des besonderen Vertreters, der Arbeitnehmer ist

Hinsichtlich der Haftung kann – mit Ausnahme des Haftungsmaßstabs und der Beweislastverteilung – auch für den besonderen Vertreter, der in einem Arbeitsverhältnis mit dem Verein steht, auf die Ausführungen betreffend den Vorstand Bezug genommen werden (Rn. 89 ff.)

667

Für besondere Vertreter, die in einem **Arbeitsverhältnis** mit dem Verein stehen, also Arbeitnehmer sind, besteht hinsichtlich des Haftungsmaßstabs ein Unterschied zu Vorständen. Für besondere Vertreter, die Arbeitnehmer sind, gelten die Grundsätze der **Haftungserleichterungen für Arbeitnehmer bei betrieblich veranlassten Tätigkeiten**.[883] Das gilt auch für besondere Vertreter, die als leitende Angestellte anzusehen sind.[884] Betrieblich veranlasst sind alle Tätigkeiten, die der in einem Arbeitsverhältnis stehende besondere Vertreter für den Verein erbringt.[885] Bei dem Umfang der Haftung wird zunächst nach dem **Grad des Verschuldens hinsichtlich des Schadenseintrittes** differenziert. Bezugspunkt des Verschuldens ist dabei der Schadenseintritt und nicht die Pflichtverletzung.[886] Für **Vorsatz und grobe Fahrlässigkeit haftet ein Arbeitnehmer grundsätzlich voll**. Eine Haftungserleichterung kann bei grober Fahrlässigkeit allenfalls in Betracht kommen, wenn der Verdienst des Arbeitnehmers in einem deutlichen Missverhältnis zum verwirklichten Schadensrisiko steht. Ein solches Missverhältnis kann im Einzelfall angenommen werden, wenn der Schaden drei Bruttomonatsgehälter des Arbeitnehmers deutlich überschreitet.[887] Im Falle **mittlerer Fahrlässigkeit** hat der Arbeitnehmer den verursachten Schaden **anteilig** zu tragen. Der zu tragende Anteil am Schaden richtet sich im Rahmen einer Abwägung der Gesamtumstände, insbesondere von Schadensanlass und Schadensfolgen, nach Billigkeits- und Zumutbarkeitsgesichts-

668

---

[882] Krieger/Schneider/*Burgard*, § 6 Rn. 100, 102.
[883] Vgl. hierzu BAG GS, Beschl. v. 12.6. 1992 – GS 1/89, NZA 1993, 547.
[884] Schaub/*Linck*, § 53 Rn. 40; ErfK/*Preis*, § 619a BGB Rn. 19.
[885] BAG, Urt. v. 18.4. 2002 – 8 AZR 348/01, NZA 2003, 37.
[886] BAG, Urt. v. 18.1. 2007 – 8 AZR 250/06, NZA 2007, 1230; *Waltermann*, RdA 2005, 98, 105f.; *ders.* JuS 2009, 193, 197 jeweils mwN.
[887] BAG, Urt. v. 18.1. 2007 – 8 AZR 250/06, NZA 2007, 1230.

punkten. Primär ist auf den Grad des dem Arbeitnehmer zur Last fallenden Verschuldens, die Gefahrgeneigtheit der Arbeit, die Höhe des Schadens, die Versicherbarkeit des Risikos, die Stellung des Arbeitnehmers im Betrieb und die Höhe seines Arbeitsentgelts sowie persönliche Umstände des Arbeitnehmers, wie etwa die Dauer der Betriebszugehörigkeit, sein Lebensalter, seine Familienverhältnisse sowie das bisherige Verhalten des Arbeitnehmers abzustellen.[888] **Bei leichter (oder auch leichtester) Fahrlässigkeit haftet der Arbeitnehmer nicht.** Leichte/leichteste Fahrlässigkeit liegt vor beim „Versprechen", „Verschreiben", „Sich-Vertun" etc.[889]

669 Anders als im allgemeinen Schuldrecht (§ 280 Abs. 1 S. 2 BGB) und damit anders als bei der Haftung von Vorstandsmitgliedern, muss im Arbeitsrecht der Arbeitgeber gemäß § 619a BGB beweisen, dass der Arbeitnehmer für eine Pflichtverletzung verantwortlich ist.[890]

### 3. Haftung des Vereins für schadensstiftende Handlungen des besonderen Vertreters

670 Der Verein haftet Dritten gegenüber grundsätzlich für schadensstiftende Handlungen des besonderen Vertreters gemäß §§ 30, 31 BGB.[891] Hätte der Verein eine für ihn handelnde Person förmlich zum besonderen Vertreter bestellen müssen, weil er die Anforderungen an einen besonderen Vertreter gemäß Rn. 647 erfüllt, kommt eine Haftung des Vereins für Handlungen des Vertreters aufgrund eines Organisationsmangels in Betracht. Der Verein wird dann so behandelt, als habe er die schadensverursachende Person als besonderen Vertreter bestellt.[892]

## VIII. Abschluss und Änderung des Anstellungsvertrages

### 1. Zuständigkeit

671 Das Vereinsorgan, das für die Bestellung und Abberufung des besonderen Vertreters zuständig ist, ist regelmäßig auch zuständig für Abschluss, Änderung und Beendigung des Anstellungsvertrages. Ohne abweichende Regelung in der Vereinssatzung ist dies die **Mitgliederversammlung**.[893] Wie hinsichtlich der Bestellung und Abberufung, kann die Satzung auch die Zuständigkeit eines anderen Vereinsorgans vorsehen. Oftmals sinnvoll

---

[888] BAG, Urt. v. 18.4. 2002 – 8 AZR 348/01, NZA 2003, 37.
[889] Schaub/*Linck*, § 53 Rn. 26 mwN.
[890] ErfK/*Preis*, § 619a BGB Rn. 2.
[891] BGH, Urt. v. 12.7. 1977 – VI ZR 159/75, NJW 1977, 2259; Soergel/*Hadding*, § 31 BGB Rn. 10; *Larenz/Wolf*, § 10 Rn. 88.
[892] BGH, Urt. v. 12.7. 1977 – VI ZR 159/75, NJW 1977, 2259; Soergel/*Hadding*, § 31 BGB Rn. 15; Staudinger/*Weick*, § 31 BGB Rn. 29; Palandt/*Ellenberger*, § 31 BGB Rn. 7; *Reichert*, Rn. 2862.
[893] S.o. Rn. 651.

*F. Besonderer Vertreter („Geschäftsführer")*

ist, diese Kompetenz auf den Vorstand zu delegieren. Enthält die Satzung lediglich eine Regelung, wonach der Vorstand für die Bestellung und Abberufung der besonderen Vertreter zuständig ist, folgt daraus im Zweifel auch dessen Zuständigkeit für Belange des Anstellungsvertrags.

## 2. Wirksamkeit

**a) Wirksamkeit bei Zuständigkeit der Mitgliederversammlung.** 672
Sofern die Zuständigkeit für den Anstellungsvertrag mit besonderen Vertretern bei der Mitgliederversammlung liegt, bedarf es für die Wirksamkeit des Anstellungsvertrages und dessen Änderung (und dessen Beendigung) eines wirksamen Beschlusses der Mitgliederversammlung. Insoweit gelten die Ausführungen zur Beschlussfassung hinsichtlich des Vorstandsanstellungsvertrages entsprechend (Rn. 143 ff.; s. auch Rn. 268 zum faktischen Anstellungsverhältnis).

**b) Wirksamkeit bei Zuständigkeit des Vorstandes.** Fallen die Ver- 673
tragsangelegenheiten mit besonderen Vertretern in die Zuständigkeit des Vorstandes, bedarf es zur Wirksamkeit eines Anstellungsvertrages bzw. dessen Änderung oder Beendigung nicht immer eines wirksamen Vorstandsbeschlusses. Selbst ohne förmlichen Vorstandsbeschluss kommt ein Anstellungsvertrag mit einem besonderen Vertreter zustande, wenn der Verein durch die laut Satzung notwendige Zahl von Vorstandsmitgliedern vertreten wird. Das gilt entsprechend für Änderungen und die Beendigung des Anstellungsvertrages.

Die wirksame Vertretung des Vereins, z.B. durch den Vorstandsvor- 674
sitzenden ist nicht von einem internen Beschlusserfordernis abhängig. Dies hat der Gesetzgeber nunmehr durch eine Anpassung der Vorschriften über die Vertretung des Vereins und zur Beschlussfassung ausdrücklich klargestellt.[894] Die Vertretung des Vereins ist seit der Klarstellung durch das Gesetz zur Erleichterung elektronischer Anmeldung zum Vereinsregister und anderer vereinsrechtlicher Änderungen ausschließlich in § 26 BGB geregelt; § 28 BGB ist auf Bestimmung über die Beschlussfassung beschränkt. Daran wird deutlich, dass eine wirksame Beschlussfassung nicht Voraussetzung für eine rechtsverbindliche Vertretung des Vereins ist. Dies entsprach auch vor der Reformierung der §§ 26 und 28 BGB der herrschenden Meinung.[895]

**Beispiel:** 675
*Laut Satzung ist der Vorstandsvorsitzende zur Einzelvertretung des Vereins berechtigt. Unterzeichnet er im Namen des Vereins einen Anstellungsvertrag mit einem besonderen Vertreter, kommt dieser grundsätzlich auch ohne Vorstandsbeschluss zustande.*

---

[894] BT Drs. 16/13542, S. 14; Bamberger/Roth/*Schwarz/Schöpflin*, § 28 BGB, Rn. 6; Palandt/*Ellenberger*, § 26 BGB, Rn. 7; *Reichert*, Rn. 2694.
[895] BGH, Urteil vom 12.10. 1992 – II ZR 208/91, NJW 1993, 191 ff.

**676** In diesem Fall kann auch eine Vertragsänderung durch betriebliche Übung oder konkludenter Gewährung einer Leistung ausschließlich an den besonderen Vertreter erfolgen.

**677** **c) Formvorschriften.** Ein Arbeits- bzw. Dienstvertrag muss nicht schriftlich geschlossen werden, um wirksam zu sein. Mündlich Verträge sind grundsätzlich ebenfalls wirksam. Das gilt entsprechend auch für Änderungen des Vertrages. Die häufig in Anstellungsverträgen verwendete Klausel, wonach Änderungen der Schriftform bedürfen, hindert mündliche Vertragsänderungen nicht, da die Parteien in diesem Fall (mündlich) auch eine Änderung des Formerfordernisses vereinbaren. Auch eine sogenannte doppelte Schriftformklausel, nach der auch die Abweichung vom Schriftformerfordernis schriftlich erfolgen muss, verhindert die Wirksamkeit mündlicher Abreden regelmäßig nicht. Das hat seine Ursache darin, dass Anstellungsverträge in der Regel als allgemeine Geschäftsbedingungen betrachtet werden.[896] Danach genießen individuelle Vertragsabreden – auch mündliche – gemäß § 305b BGB Vorrang vor den Regelungen des Arbeits- oder Anstellungsvertrages.[897] Die doppelte Schriftformklausel macht aus Sicht des Vereins dennoch Sinn, da sie eine betriebliche Übung verhindern kann.[898]

**678** Sofern der besondere Vertreter Arbeitnehmer des Vereins ist, muss der Verein das Nachweisgesetz beachten. Danach hat der Arbeitnehmer Anspruch auf schriftliche Niederlegung der wesentlichen Vertragsbedingungen. Verletzt der Verein als Arbeitgeber die Vorgaben des Nachweisgesetzes, hat dies keine Auswirkungen auf die Wirksamkeit des Arbeitsvertrages. Der Arbeitgeber kommt jedoch in Beweisschwierigkeiten, wenn der Arbeitnehmer bestimmte Vertragskonditionen als vereinbart behauptet, die der Arbeitgeber bestreitet. In der Praxis empfiehlt sich ohnehin der Abschluss eines schriftlichen Vertrages, unabhängig davon, ob es sich um einen Arbeits- oder Dienstvertrag handelt.

**679** Steht der besondere Vertreter in einem Arbeitsverhältnis mit dem Verein, ist bei der **Befristung des Arbeitsvertrages** das **Schriftformerfordernis** gemäß § 14 Abs. 4 TzBfG zu beachten. Ferner bedürfen auch Änderungen und die Verlängerung befristeter Arbeitsverträge der Schriftform. Wird die Schriftform nicht gewährt, besteht das Arbeitsverhältnis unbefristet. Das tritt bspw. ein, wenn der Arbeitnehmer die Tätigkeit am Morgen des ersten Arbeitstages mit Wissen des Arbeitgebers aufnimmt, der schriftliche Arbeitsvertrag aber erst zum Feierabend geschlossen wird.

---

[896] S. Rn. 274 f.
[897] BAG, Urt v. 20.5. 2008 – 9 AZR 382/07, NZA 2008, 1233.
[898] BAG, Urt v. 20.5. 2008 – 9 AZR 382/07, NZA 2008, 1233; *Lingemann/Gotham*, NJW 2009, 268.

F. Besonderer Vertreter („Geschäftsführer")

## IX. AGB-Kontrolle

Der Inhalt von Arbeits- bzw. Dienstverträgen mit besonderen Vertretern kann im Falle einer gerichtlichen Auseinandersetzung vom Gericht in der Regel gemäß §§ 305 ff. BGB überprüft werden. Es wird sich in der Regel um allgemeine Geschäftsbedingungen handeln, da die Vertragsinhalte vom Verein und nicht vom besonderen Vertreter vorformuliert bzw. vorgegeben sind. Da besondere Vertreter – wie Vorstandsmitglieder – im Verhältnis zum Verein als Verbraucher gelten, wird vom Gesetzgeber in § 310 Abs. 3 Nr. 1 BGB gesetzlich vermutet, dass die Vertragsbedingungen stets vom Verein als Arbeit- bzw. Dienstgeber gestellt worden sind, es sei denn, dass sie durch den besonderen Vertreter vorgegeben wurden.[899] **680**

## X. Inhalt und Gestaltung des Anstellungsvertrages

### 1. Besondere Vertreter in einem Dienstverhältnis

Sofern der besondere Vertreter nicht derart weisungsunterworfen ist, dass er in einem Arbeitsverhältnis zum Verein steht, ist er freier Dienstnehmer.[900] In diesem Fall gelten die Ausführungen zu Inhalt und Gestaltung des Anstellungsvertrages die Ausführungen zum Anstellungsverhältnis entsprechend (Rn. 280 ff.). **681**

### 2. Besondere Vertreter in einem Arbeitsverhältnis

Ist der besondere Vertreter Dienstnehmer, so gelten für ihn die Regelungen zum Arbeitsrecht, wie für andere Arbeitnehmer auch. Da sich dieses Werk jedoch in erster Linie auf die im Rahmen eines Dienstverhältnisses stehenden Vereinsorgane konzentriert und eine detaillierte Darstellung des allgemeinen Arbeitsrechts den Rahmen des Buches sprengen würde, seien nachfolgend nur ein paar wichtige arbeitsrechtliche Aspekte angesprochen. **682**

a) **Befristung des Arbeitsverhältnisses.** Die Zulässigkeit der Befristung von Arbeitsverhältnissen und ihre Grenzen ergeben sich in erster Linie aus dem Teilzeit- und Befristungsgesetz (TzBfG). Zu unterscheiden ist zwischen der **Befristung bei Vorliegen eines Sachgrundes** und der **Befristung nach dem Kalender ohne Sachgrund**. **683**

Bei Vorliegen eines Sachgrundes kann ein Arbeitsverhältnis grundsätzlich ohne zeitliche Beschränkungen befristet werden. Solche Sachgründe können z.B. der Vertretungsbedarf wegen Schwangerschaft, Elternzeit[901], **684**

---
[899] S. detailliert Rn. 273.
[900] S. Rn. 659.
[901] S. hierzu auch § 21 BEEG.

Krankheit, Wehr- oder Zivildienst und dergleichen sein. Auch die Erprobung stellt einen Sachgrund dar, wobei das Erprobungsbedürfnis die Dauer von sechs Monaten nicht überschreiten wird. Weitere Sachgründe sind exemplarisch in § 14 Abs. 1 TzBfG genannt. Das befristete Arbeitsverhältnis mit Sachgrund kann entweder nach dem Kalender befristet werden (z.B. vom 1.1. bis 31.12.) oder als Zweckbefristung gestaltet werden („... für die Dauer der Elternzeit von Frau ...").

**685** Ohne Sachgrund kann ein Arbeitsverhältnis gemäß § 14 Abs. 2 TzBfG für eine Höchstdauer von zwei Jahren nach dem Kalender befristet werden. Für ältere Arbeitnehmer gibt es Sonderregelungen in § 14 Abs. 3 TzBfG. Innerhalb dieser zwei Jahre ist auch eine **dreimalige Verlängerung** zulässig; mithin kann der Zwei-Jahreszeitraum in bis zu vier Abschnitte unterteilt werden. Die einzelnen Abschnitte können unterschiedlich lang sein (z.B. 3 Monate, 6 Monate, 6 Monate, 9 Monate). Eine Verlängerung muss stets schriftlich und zwar vor Ablauf der Befristung vereinbart werden. **Mit der Verlängerung darf nur die Laufzeit des befristeten Arbeitsvertrages geändert werden, nicht jedoch andere Arbeitsbedingungen**, auch nicht zugunsten des Arbeitnehmers.[902] Eine Befristung ohne Sachgrund ist nicht möglich, wenn mit dem Arbeitnehmer bereits zu einem früheren Zeitpunkt ein befristetes oder unbefristetes Arbeitsverhältnis bestanden hat. Unschädlich ist, wenn der Arbeitnehmer zuvor beim Verein Auszubildender, MAE-Kraft („Ein-Euro-Jobber") oder Praktikant war.

**686** Das befristete Arbeitsverhältnis endet gemäß § 15 Abs. 1 TzBfG ohne Kündigung nach Ablauf der Zeit, für die es eingegangen wurde bzw. mit Erreichen des Zwecks der Befristung, z.B. Ende der Elternzeit der vertretenen Mitarbeiterin, jedoch frühestens zwei Wochen nach Zugang einer schriftlichen Unterrichtung des Arbeitnehmers durch den Arbeitgeber über die Zweckerreichung, § 15 Abs. 2 TzBfG.

**687** b) **Arbeitszeit.** Das Arbeitszeitgesetz findet gemäß § 18 Abs. 1 Nr. 1 ArbZG keine Anwendung auf leitende Angestellte i.S. des § 5 Abs. 3 BetrVG. Besondere Vertreter sind bereits aufgrund ihrer Organstellung gemäß § 5 Abs. 2 Nr. 1 BetrVG dem Anwendungsbereich des BetrVG entzogen. Wären sie es nicht, wären sie regelmäßig leitende Angestellte i.S.d. § 5 Abs. 3 BetrVG. Aber auch nach Sinn und Zweck des § 18 Abs. 1 Nr. 1 ArbZG kann das ArbZG auf besondere Vertreter keine Anwendung finden. Wenn es schon für leitende Angestellte keine Anwendung findet, dann erst recht nicht für Organe. Demzufolge findet auf sie das ArbZG keine Anwendung. Besondere Vertreter unterliegen damit nicht den strengen Vorgaben zur täglichen bzw. durchschnittlichen Höchstarbeitszeit, zu Ruhezeiten, zu Ruhepausen, zu den Einschränkungen bei Sonn- und Feiertagsbeschäftigung usw.

---

[902] BAG, Urt. v. 23.8.2006 – 7 AZR 12/06, NZA 2007, 204; BAG, Urt. v. 20.2.2008 – 7 AZR 786/06, NZA 2008, 883.

## F. Besonderer Vertreter („Geschäftsführer")

Zur Vermeidung von Streitigkeiten kann es sich empfehlen, in dem Arbeitsvertrag eine bestimmte Mindest- oder Maximalarbeitszeit zu vereinbaren. In Arbeitsverträgen mit leitenden Angestellten wird jedoch zumeist auf die Festlegung einer konkreten Arbeitszeit verzichtet. Das hängt mit ihrer herausgehobenen Stellung zusammen. **688**

**Klauselvorschlag:** **689**
*Der Arbeitnehmer wird seine ganze Arbeitskraft, Erfahrungen und Kenntnisse dem Verein zur Verfügung stellen.*

**c) Vergütung.** Hinsichtlich der Vergütung kann grundsätzlich auf die Ausführungen zur Vergütung von Vorstandsmitgliedern verwiesen werden. **690**

Mit Arbeitnehmern kann aber grundsätzlich im Anstellungsvertrag nicht die pauschale Abgeltung aller Überstunden vereinbart werden. Zwar wird von einem leitenden Angestellten erwartet werden können, auch überobligatorisch tätig zu werden. Da jedoch zumindest ab einer bestimmten Größenordnung Überstunden nur gegen Vergütung erwartet werden können, empfiehlt sich eine entsprechende Regelung im Arbeitsvertrag. **691**

**Klauselvorschlag:** **692**
*Mit dem Gehalt abgegolten sind Überstunden, Mehrarbeit, Nachtarbeit, Samstags-, Sonn- und Feiertagsarbeit (nachfolgend Überstunden genannt) soweit sie (i) im Interesse des Vereins notwendig sind und (ii) insgesamt 15% der vereinbarten wöchentlichen Arbeitszeit nicht überschreiten. Darüber hinaus werden Überstunden, soweit sie notwendig sind, durch bezahlte Freizeit abgegolten. Überstunden sollen binnen eines Zeitraums von sechs Monaten in Freizeit ausgeglichen werden. Sollte dies ausnahmsweise aus betrieblichen Gründen nicht möglich sein, wird der Ausgleich in Entgelt erfolgen.*

**d) Urlaub. (1) Erholungsurlaub.** Besondere Vertreter, die in einem Arbeitsverhältnis stehen, haben Anspruch auf den gesetzlichen Mindesturlaub. Dieser beträgt gemäß § 3 Abs. 1 BUrlG 24 Werktage (Montag bis Samstag), also vier Wochen. Der volle kalenderjährliche Urlaubsanspruch entsteht nach sechsmonatigem Bestehen des Arbeitsverhältnisses. Bis dahin kann der besondere Vertreter Urlaub nur anteilig pro rata temporis nehmen. Der jährliche Urlaubsanspruch wird gemäß § 17 Abs. 1 S. 1 BEEG um 1/12 gekürzt für jeden vollen Kalendermonat, für den der Arbeitnehmer Elternzeit in Anspruch nimmt. **693**

Die zeitliche Lage des Urlaubs wird durch den Verein als Arbeitgeber festgelegt. Eine Selbstbeurlaubung durch den Arbeitnehmer sieht das BUrlG nicht vor. Vielmehr kann die Selbstbeurlaubung einen wichtigen Grund für eine außerordentliche Kündigung darstellen. Der Verein hat bei der Festlegung des Urlaubs jedoch die Urlaubswünsche des Arbeitnehmers zu berücksichtigen. Er kann von diesem u.a. nur abweichen, wenn ihnen dringende betriebliche Belange entgegenstehen. Das kann bspw. der **694**

*1. Teil Rechtsfähige Vereine*

Fall sein, wenn der besondere Vertreter zur gleichen Zeit Urlaub nehmen will, wie die Mitglieder des Vorstandes. Kommt der Verein einem berechtigen Urlaubsbegehren nicht nach, kann der besondere Vertreter beim Arbeitsgericht eine einstweilige Verfügung auf Freistellung beantragen.[903]

**695** Urlaub ist grundsätzlich im jeweiligen Kalenderjahr zu nehmen. Konnte der besondere Vertreter den Urlaub – vollständig oder anteilig – nicht im Kalenderjahr nehmen und zwar aus dringenden betrieblichen oder in seiner Person liegenden Gründen, wird der Urlaubsanspruch gemäß § 7 Abs. 3 S. 2 BUrlG auf das nachfolgende Kalenderjahr übertragen. Er muss dann bis zum 31.3. des Folgejahres genommen werden. Ein Urlaubsantritt bis zum 31.3. reicht nicht. Hat der besondere Vertreter seinen Urlaub auch nicht bis zum 31.3. genommen, verfallen nicht in Anspruch genommene Urlaubstage. Eine Ausnahme besteht dann, wenn der Arbeitsvertrag erst in der zweiten Jahreshälfte eines Jahres geschlossen wird. In diesem Fall kann der Arbeitnehmer bis zum Ende dieses Kalenderjahres seinen vollen Urlaubsanspruch nicht erwerben.[904] § 7 Abs. 3 S. 4 BUrlG ermöglicht dem Arbeitnehmer, seinen im Eintrittsjahr anteilig erworbenen Urlaubsanspruch auf das Folgejahr zu übertragen, mit der Besonderheit, dass der Urlaub nicht bis zum 31.3. sondern bis zum 31.12. des Folgejahres genommen werden muss. Konnte der Urlaub aufgrund Krankheit des besonderen Vertreters nicht genommen werden, verfällt er nicht.[905] Der Arbeitnehmer soll sich nach langer Krankheit und Genesung erst mal erholen dürfen. Oftmals gewähren Arbeitgeber einen über das gesetzliche Minimum hinausgehenden Urlaubsanspruch. Für diesen sogenannten Mehrurlaub können Arbeitgeber und Arbeitnehmer im Arbeitsvertrag vom BUrlG und der vorgenannten Rechtsprechung abweichende Regelungen treffen. So können sie bspw. vereinbaren, dass Mehrurlaubstage auch dann zum 31.3. des Folgejahres (oder auch schon zum 31.12. eines Jahres) verfallen, wenn der Mehrurlaub infolge krankheitsbedingter Arbeitsunfähigkeit nicht genommen werden konnte. Mehrurlaub und Mindesturlaub dürfen aber nur dann unterschiedlich behandelt werden, wenn dies im Arbeitsvertrag ausdrücklich geregelt ist.[906] Anderenfalls gelten für den Mehrurlaub die gleichen Regelungen wie für den Mindesturlaub, also auch der Erhalt des Urlaubs bei Krankheit.[907]

**696** Ein einseitiger Widerruf von bereits bewilligtem Urlaub ist grundsätzlich unzulässig.[908] Das schließt Vertragsklauseln ein, die den besonderen Vertreter verpflichten, bspw. im Falle besonderer Ereignisse oder dringender betrieblicher Erfordernisse den Urlaub auf Wunsch des Vereins abzu-

---

[903] *Korinth*, I Rn. 227 mwN.
[904] S. Rn. 693.
[905] EuGH, Urt. v. 20.1. 2009 – C-350/06 und C-520/06, NZA 2009, 135; BAG, Urt. v. 24.3. 2009 – 9 AZR 983/07, NZA 2009, 538.
[906] BAG, Urt. v. 4.5. 2010 – 9 AZR 183/09, NZA 2010, 1011.
[907] S. zum Mehrurlaub auch Rn. 698.
[908] BAG, Urt. v. 9.2. 1982 – 1 AZR 567/79, NJW 1982, 2087; ErfK/*Dörner*, § 7 BUrlG Rn. 26.

F. Besonderer Vertreter ("Geschäftsführer")

brechen.[909] Eine solche Regelung wäre gemäß § 13 Abs. 1 BUrlG nichtig, da der Arbeitnehmer ständig damit rechnen müsste, abgerufen zu werden. Damit wäre das Recht des Arbeitnehmers, über die durch den Urlaub ermöglichte Freiheit selbst bestimmt zu verfügen, verletzt.[910] Einem solchen Widerruf braucht der besondere Vertreter nicht Folge zu leisten. Für den besonderen Vertreter bedeutet eine solche Situation eine erhebliche Rechtsunsicherheit, so dass er auch in dieser Konstellation beim Arbeitsgericht per einstweiliger Verfügung auf Freistellung klagen kann.[911] Zulässig sind hingegen Vereinbarungen zwischen Arbeitgeber und Arbeitnehmer, von einer ursprünglichen Urlaubsplanung einvernehmlich Abstand zu nehmen, z. B. Reduzierung des ursprünglich bewilligten Urlaubs von drei auf zwei Wochen.[912]

Kann der besondere Vertreter aufgrund der Beendigung seiner Anstellung den ihm noch zustehenden Erholungsurlaub nicht mehr in natura nehmen, kann er vom Verein die Abgeltung der verbleibenden Urlaubstage gemäß § 7 Abs. 6 BUrlG verlangen. Dem Arbeitnehmer steht ein anteiliger Jahresurlaubsanspruch zu, wenn er in der ersten Jahreshälfte ausscheidet (z. B. 5/12 des Jahresurlaubsanspruchs bei Ausscheiden zum 31.5.). Scheidet der Arbeitnehmer in der zweiten Jahreshälfte aus dem Arbeitsverhältnis aus, steht ihm der volle gesetzliche Jahresurlaubsanspruch zu (z. B. bei Beendigung des Arbeitsverhältnisses zum 31.7.). Eine Urlaubsabgeltung findet im laufenden Arbeitsverhältnis in keiner Konstellation statt. **697**

Diese gesetzlichen Vorgaben gelten nur für den gesetzlichen Mindesturlaub. Gewährt der Verein dem besonderen Vertreter einen über das gesetzliche Minimum hinausgehenden Urlaubsanspruch, können für diesen Mehrurlaub abweichende Regelungen vereinbart werden. Solche abweichenden Regelungen müssen allerdings aus dem Arbeitsvertrag deutlich werden. Enthält der Arbeitsvertrag keine Anhaltspunkte, dass die Vertragsparteien hinsichtlich des Mehrurlaubs von den gesetzlichen Regelungen zum Mindesturlaub abweichen wollen, gelten diese auch für den Mehrurlaub.[913] **698**

**Klauselvorschlag:** **699**

*Soweit dem Arbeitnehmer ein über den Mindesturlaubsanspruch hinausgehender Anspruch auf Erholungsurlaub (nachfolgend: Mehrurlaub) eingeräumt wird,*

---

[909] BAG, Urt. v. 20.6. 2000 – 9 AZR 405/99, NZA 2001, 100.
[910] HWK/*Schinz*, § 7 BUrlG Rn. 44.
[911] *Korinth*, I Rn. 228; **a.A.** *Corts*, NZA 1998, 357; *Reinhard/Kliemt*, NZA 2005, 545, 550.
[912] **A.A.** ArbG Berlin, Urt. v. 19.7. 2010 – 20 Ga 10690/10 n.v., das meint, aus der BAG-Entscheidung unter Rn. 697 ablesen zu können, dass Einigungen über eine Verkürzung des Erholungsurlaubs generell unwirksam seien. Ein solcher Rechtsgrundsatz lässt sich der zitierten BAG-Entscheidung aber nicht entnehmen.
[913] BAG, Urt. v. 4.5. 2010 – 9 AZR 183/09, NZA 2010, 1011; s. auch Rn. 695.

- *erfolgt keine Übertragung des Mehrurlaubsanspruches über das jeweilige Urlaubsjahr hinaus, auch nicht im Falle von Krankheit oder Elternzeit;*
- *entsteht der Anspruch auf Mehrurlaub in jedem Urlaubsjahr im Umfang von einem Zwölftel für jeden vollen Kalendermonat des Bestehens des Arbeitsverhältnisses während des Urlaubsjahres; im Dezember eines Jahres entsteht der anteilige Mehrurlaubsanspruch jeweils zum 1.12.;*
- *erfolgt keine Aufrundung von Bruchteilen von Urlaubstagen;*
- *hat der Arbeitnehmer im Falle seines Ausscheidens vom Arbeitgeber gewährtes Urlaubsentgelt für Mehrurlaub insoweit zurückzuzahlen, als er Mehrurlaub über den ihm im Zeitpunkt seines Ausscheidens zustehenden Anspruchsumfang hinaus erhalten hat.*

*Im Übrigen gilt das BUrlG auch für den Mehrurlaub. Bei Gewährung von Erholungsurlaub in natura wird zunächst der gesetzliche Urlaubsanspruch abgebaut.*

**700** **(2) Freistellung.** Aufgrund ihrer herausgehobenen Stellung bietet es sich an, in den Arbeitsvertrag mit einem besonderen Vertreter die Klausel aufzunehmen, dass der Arbeitgeber berechtigt ist, den Arbeitnehmer während einer Kündigungsfrist freizustellen, bzw. Urlaub anzuordnen.[914]

**701** **Klauselvorschlag:**

*Nach Kündigung des Vertrages kann der Arbeitnehmer für die Dauer der Kündigungsfrist von der Verpflichtung zur Erbringung von Diensten freigestellt werden. Eine Freistellung erfolgt unter Anrechnung auf etwaig bestehenden Resturlaub.*

*oder*

*Im Falle der Kündigung, Aufhebung oder sonstigen Beendigung des Arbeitsverhältnisses hat der Arbeitnehmer den noch verbleibenden Urlaub in der Zeit bis zur Beendigung des Arbeitsverhältnisses zu nehmen, es sei denn, dass dem berechtigte Belange des Arbeitgebers entgegenstehen und der Arbeitgeber sich hierauf beruft.*

**702** **e) Elternzeit.** Arbeitnehmer haben gemäß § 15 Abs. 1 BEEG einen gesetzlichen Anspruch auf Elternzeit, wenn sie

- mit ihrem Kind,
- oder
- mit einem Kind, für das sie die Anspruchsvoraussetzungen nach § 1 Abs. 3 oder 4 BEEG erfüllen,
- oder
- mit einem Kind, das sie in Vollzeitpflege nach § 33 SGB VIII aufgenommen haben,

---

[914] S. hierzu Rn. 372 ff. und Rn. 375 ff.

## F. Besonderer Vertreter („Geschäftsführer")

in einem Haushalt leben und dieses Kind selbst betreuen und erziehen. Der Anspruch auf Elternzeit besteht für jedes Kind bis zur Vollendung des dritten Lebensjahres des Kindes. Mit Zustimmung des Arbeitgebers kann der Arbeitnehmer bis zu zwölf Monate der Elternzeit auf die Zeit bis zur Vollendung des achten Lebensjahres des Kindes übertragen.

**Elternzeit muss mindestens sieben Wochen vor ihrem geplanten Beginn beim Arbeitgeber schriftlich verlangt werden.** Gleichzeitig muss der Arbeitnehmer mitteilen, für welche Zeiten innerhalb von zwei Jahren Elternzeit genommen werden soll. Über das dritte Jahr braucht der Arbeitnehmer noch nicht zu Beginn der Elternzeit eine Festlegung treffen. Verlangt ein Arbeitnehmer zunächst ein Jahr Elternzeit, kann er nicht ohne Zustimmung des Arbeitgebers die Elternzeit um ein weiteres Jahr verlängern. Eine Ausnahme besteht nur bei Vorliegen eines wichtigen Grundes. Der Arbeitnehmer ist jedoch berechtigt, ohne Zustimmung des Arbeitgebers eine Verlängerung einer ursprünglich für zwei Jahre beantragten Elternzeit um das dritte Jahr zu verlangen.[915] Handelt es sich nicht um eine Verlängerung, sondern um die Geltendmachung einer erneuten Elternzeit (z. B. wegen einer Unterbrechung), so ist eine Zustimmung erforderlich. 703

War der Arbeitnehmer vor der Elternzeit beim Verein in **Teilzeit mit nicht mehr als 30** Wochenstunden beschäftigt, kann er vom Verein gemäß § 15 Abs. 5 S. 4 BEEG die **Weiterbeschäftigung im bisherigen Umfang während der Elternzeit** verlangen. Ferner steht ihm gemäß § 15 Abs. 5 bis 7 BEEG ein Anspruch auf zweimalige Verringerung seiner Arbeitszeit zu, wenn: 704

– der Verein, unabhängig von der Anzahl der Personen in Berufsbildung, in der Regel mehr als 15 Arbeitnehmer und Arbeitnehmerinnen beschäftigt und
– das Arbeitsverhältnis ohne Unterbrechung länger als sechs Monate besteht und
– die vertraglich vereinbarte regelmäßige Arbeitszeit für mindestens zwei Monate auf einen Umfang zwischen 15 und 30 Wochenstunden verringert werden soll und
– dem Anspruch keine dringenden betrieblichen Gründe entgegenstehen und
– der Anspruch dem Verein sieben Wochen vor Beginn der Tätigkeit schriftlich mitgeteilt wurde.

Der **Antrag auf Verringerung der Arbeitszeit muss den Beginn und den Umfang der verringerten Arbeitszeit enthalten.** Falls der Verein die beanspruchte Verringerung der Arbeitszeit ablehnen will, muss er dies innerhalb von vier Wochen mit schriftlicher Begründung tun. Allerdings gilt 705

---

[915] LAG Hannover, Urt. v. 13.11.2006 – 5 Sa 402/06, BeckRS 2007, 41260; LAG Rheinland-Pfalz, Urt. v. 4.11.2004 – 4 Sa 606/04, BeckRS 2005, 42229; *Göhle-Sander*, jurisPR-ArbR 15/2007 Anm. 2; Küttner/*Reinecke*, Elternzeit, Rn. 11; **a.A.** HWK/*Gaul*, § 16 BEEG Rn. 4.

## 1. Teil Rechtsfähige Vereine

auch bei Fristversäumnis die Zustimmung noch nicht als erteilt. Der Arbeitgeber wäre gezwungen, Klage auf Zustimmung zu erheben.[916]

706 Der Arbeitnehmer kann vom Arbeitgeber gemäß § 15 Abs. 4 S. 3, 4 BEEG ferner die Zustimmung zu einer **Teilzeittätigkeit** bis 30 Wochenstunden **bei einem anderen Arbeitgeber** verlangen, wenn dem nicht dringende betriebliche Gründe entgegenstehen und sich der Arbeitgeber auf diese Gründe nicht innerhalb von **vier Wochen** nach Antragstellung durch den Arbeitnehmer schriftlich beruft. Die hohe Vertrauensstellung des besonderen Vertreters kann einen solchen dringenden betrieblichen Grund für eine Zustimmungsverweigerung darstellen.

707 Der jährliche Urlaubsanspruch wird gemäß § 17 Abs. 1 S. 1 BEEG um 1/12 gekürzt für jeden vollen Kalendermonat, für den der Arbeitnehmer Elternzeit in Anspruch nimmt, sofern sich der Arbeitgeber darauf beruft. **Bis zum Beginn der Elternzeit nicht genommener Urlaub bleibt dem Arbeitnehmer gemäß § 17 Abs. 2 BEEG bis nach der Elternzeit erhalten.** Der Arbeitgeber hat den Resturlaub nach der Elternzeit im laufenden oder im nächsten Urlaubsjahr zu gewähren. Eine solche Übertragung des Urlaubs kann aber für den über den gesetzlichen Mindesturlaubsanspruch hinausgehenden Mehrurlaub im Arbeitsvertrag ausgeschlossen werden.[917]

708 Der Arbeitnehmer genießt ab dem Zeitpunkt, von dem an Elternzeit verlangt worden ist, höchstens jedoch acht Wochen vor Beginn der Elternzeit, und während der Elternzeit gemäß § 18 Abs. 1 BEEG **besonderen Kündigungsschutz**. Ohne vorherige Zustimmung der für den Arbeitsschutz zuständigen obersten Landesbehörde oder einer von ihr bestimmten Stelle ist eine Kündigung unzulässig. Der Arbeitnehmer darf das Arbeitsverhältnis seinerseits zum Ende der Elternzeit nur unter Einhaltung einer Kündigungsfrist von drei Monaten kündigen, § 19 BEEG.

709 **f) Entgeltfortzahlung im Krankheitsfall und an Feiertagen.** Besondere Vertreter haben, sofern sie Arbeitnehmer sind, Anspruch auf Entgeltfortzahlung im Krankheitsfall und an gesetzlichen Feiertagen. Einer besonderen Vereinbarung bedarf es hierfür nicht, da sich der Entgeltfortzahlungsanspruch direkt aus dem Entgeltfortzahlungsgesetz (EFZG) ergibt.

710 Entgeltfortzahlung ist für die Dauer von **sechs Wochen** zu leisten. Wird der Arbeitnehmer wegen derselben Krankheit erneut arbeitsunfähig, hat er erneut Anspruch auf Entgeltfortzahlung für sechs Wochen, wenn

– er vor der erneuten Arbeitsunfähigkeit mindestens sechs Monate nicht infolge derselben Krankheit arbeitsunfähig war oder
– seit Beginn der ersten Arbeitsunfähigkeit infolge derselben Krankheit eine Frist von zwölf Monaten abgelaufen ist.

---

[916] ErfK/*Dörner*, § 15 BEEG Rn. 18.
[917] S. auch Rn. 698.

### F. Besonderer Vertreter („Geschäftsführer")

Für jede neue Erkrankung entsteht der Anspruch auf Entgeltfortzahlung **711**
für sechs Wochen von neuem. Überschneiden sich Arbeitsunfähigkeitszeiten[918] oder beginnt die neue Erkrankung unmittelbar nach Ende der vorherigen Krankheit, ohne dass der Arbeitnehmer zwischendurch wieder arbeitsfähig war (z. B. an einem arbeitsfreien Sonntag), entsteht ein erneuter Anspruch auf Entgeltfortzahlung nicht.[919] Der Anspruch endet vielmehr nach insgesamt sechs Wochen.

**g) Betriebliche Altersversorgung.** Hinsichtlich der Ansprüche des **712**
besonderen Vertreters kann auf die Ausführungen zur betrieblichen Altersversorgung für Vorstände verwiesen werden (Rn. 338 ff.).

**h) Vertragsstrafen.** Der Verein hat ein rechtlich schützenswertes Inte- **713**
resse daran, dass die angestellten besonderen Vertreter ihre arbeitsvertraglichen Pflichten erfüllen. Die Einhaltung dieser Pflichten, einschließlich des Verbots, das Arbeitsverhältnis ohne wichtigen Grund und ohne Einhaltung der vereinbarten Kündigungsfrist zu beenden, kann durch Vertragsstrafenabreden gesichert werden. Insoweit kann auf die Ausführungen zu Vertragsstrafen in Vorstandsverträgen verwiesen werden (Rn. 442 ff.).

**i) Konkurrenz- und Wettbewerbsverbote.** Für besondere Vertreter, **714**
die in einem Arbeitsverhältnis mit dem Verein stehen, ergibt sich das Konkurrenzverbot während der Anstellung aus §§ 60, 61 HGB analog.[920] Für die Geltendmachung von Ansprüchen im Falle der Verletzung des Konkurrenzverbotes durch den Arbeitnehmer muss der Verein jedoch die **dreimonatige Verjährungsfrist** gemäß § 61 Abs. 2 HGB beachten. Kann er seine Ansprüche ohne Auskunft des besonderen Vertreters zum Umfang der Konkurrenztätigkeit und der durch sie erzielten Einkünfte nicht beziffern, kann er die Frist durch Erhebung einer Stufenklage hemmen. Eine Auskunftsklage alleine genügt nicht.[921]

Ansonsten kann zum Konkurrenzverbot (Rn. 414 ff.) und des grund- **715**
sätzlichen Verbotes nachvertraglicher Wettbewerbsverbote in Idealvereinen (Rn. 421 ff.) auf die Ausführungen zu Vorständen verwiesen werden. Da es für ein nachvertragliches Wettbewerbsverbot an einem berechtigten Interesse fehlt, ist es jedoch bei besonderen Vertretern, die in einem Arbeitsverhältnis stehen, nicht nichtig, sondern unverbindlich gemäß § 74a Abs. 1 S. 1 HGB. Der besondere Vertreter kann sich also aussuchen, ob er sich an das Wettbewerbsverbot hält und die Karenzentschädigung fordert oder sich nicht daran hält – unter Verzicht auf die Karenzentschädigung.

---

[918] BAG, Urt. v. 13.7. 2005 – 5 AZR 389/04, AP EntgeltFG § 3 Nr. 25; BAG, Urt. v. 2.2. 1994 – 5 AZR 345/93, NZA 1994, 547; BAG, Urt. v. 19.6. 1991 – 5 AZR 304/90, NZA 1991, 894; BAG, Urt. v. 2.12. 1981 – 5 AZR 89/80, AP LohnFG § 1 Nr. 48.
[919] BAG, Urt. v. 2.12. 1981 – 5 AZR 89/80, AP LohnFG § 1 Nr. 48; ErfK/*Dörner*, § 3 EFZG Rn. 43; MünchKommBGB/*Müller-Glöge*, § 3 EFZG Rn. 65.
[920] BAG, Urt. v. 26.9. 2007 – 10 AZR 511/06, NJW 2008, 392.
[921] BAG, Urt. v. 26.9. 2007 – 10 AZR 511/06, NJW 2008, 392.

716  **j) Ausschlussfristen.** Auch im Arbeitsvertrag mit einem besonderen Vertreter können Ausschlussfristen zur Geltendmachung vereinbart werden. Hierbei ergeben sich zum Anstellungsvertrag mit einem Vorstandsmitglied keine Unterschiede, so dass auf die dortigen Ausführungen verwiesen werden kann.[922]

## XI. Beendigung des Anstellungsvertrages

717  Die Beendigung der Organstellung hat nicht notwendigerweise auch die Beendigung des Anstellungsverhältnisses – sei es ein Dienstverhältnis oder ein Arbeitsverhältnis – zur Folge. Das muss von den Parteien auch nicht unbedingt gewollt sein, z.b. wenn die Zusammenarbeit mit anderem Inhalt fortgesetzt werden soll.

718  Das Organ des Vereins, das für den Abschluss eines Anstellungsvertrages mit dem besonderen Vertreter zuständig ist, ist grundsätzlich auch für dessen Beendigung zuständig – also ohne anderslautende Satzungsregelung die Mitgliederversammlung. Kündigt der besondere Vertreter das Anstellungs-/Arbeitsverhältnis, genügt gemäß § 26 Abs. 2 S. 2 BGB die Abgabe der Kündigungserklärung gegenüber einem Mitglied des Vorstands.

719  Die wirksame Kündigung des Anstellungsvertrages durch die Mitgliederversammlung – sofern nicht die Zuständigkeit eines anderen Vereinsorgans in der Satzung vorgesehen ist – erfolgt durch Beschluss. Zur Wirksamkeit des Beschlusses, der Folgen von Beschlussmängeln und dem Wirksamwerden der Kündigung s. Rn. 144 ff., 163 ff.

720  Ist für die Kündigung des Anstellungsvertrages mit dem besonderen Vertreter der Vorstand zuständig, kann die Kündigung auch ohne (wirksamen) Beschluss des Vorstands nach außen wirksam sein. Erforderlich ist, dass der Verein durch die laut Satzung notwendige Zahl von Vorstandsmitgliedern vertreten wird.[923] Ein Vorstandsmitglied kann sich von den anderen Vorstandsmitgliedern zudem bevollmächtigen lassen, gegenüber dem besonderen Vertreter eine Kündigung auszusprechen, wenn er selbst nicht einzelvertretungsbefugt ist. Er sollte dann unbedingt der Kündigung eine Originalvollmacht beifügen, oder diese bei Ausspruch der Kündigung vorlegen. Anderenfalls kann der besondere Vertreter die Kündigung unter Berufung auf das Fehlen einer Originalvollmacht gemäß § 174 BGB zurückweisen.[924] Zu beachten ist dabei, dass die Zurückweisung unverzüglich (ca. 1 Woche) erfolgen muss und sich der besondere Vertreter explizit auf das Fehlen einer Originalvollmacht berufen muss.[925]

---

[922] S. Rn. 488.
[923] S. Rn. 144.
[924] Schaub/*Linck*, § 123 Rn. 24; Palandt/*Ellenberger*, § 174 BGB Rn. 4 mwN.
[925] S. dazu auch Rn. 526 ff. nebst Formulierungsvorschlag einer Zurückweisung.

## F. Besonderer Vertreter („Geschäftsführer")

### 1. Kündigung eines Dienstverhältnisses

Die Kündigung eines **Dienstverhältnisses** mit einem besonderen Vertreter, das kein Arbeitsverhältnis ist, weist gegenüber der Kündigung eines Vorstandsdienstvertrages keine wesentlichen Besonderheiten auf (siehe dazu Rn. 429 ff.). **721**

### 2. Kündigung eines Arbeitsverhältnisses

Zur Kündigung des **Arbeitsverhältnisses** gelten die Ausführungen zur Kündigung des Vorstandsanstellungsvertrages mit nachfolgenden Besonderheiten: **722**

**a) Form.** Bei der Beendigung eines **Arbeitsverhältnisses** ist das **Schriftformerfordernis** des § 623 BGB zu beachten. Danach muss sowohl der Abschluss eines Aufhebungsvertrages, als auch jede Kündigung schriftlich erfolgen. Im Falle der Kündigung gilt dies auch für die Eigenkündigung durch den besonderen Vertreter.[926] Zur Wahrung der Schriftform ist die eigenhändige Namensunterschrift des Kündigenden erforderlich. Nicht ausreichend ist die Erklärung zu Protokoll in einem Gerichtsverfahren.[927] Möglich ist aber gemäß § 127a BGB, eine Beendigung des Arbeitsverhältnisses in einem gerichtlich protokollierten Vergleich zu vereinbaren. **723**

Hat das für die Kündigung zuständige Vereinsorgan einen entsprechenden schriftlichen Kündigungsbeschluss gefasst, genügt dies dem Schriftformerfordernis. Dieser Beschluss muss dem besonderen Vertreter dann nur noch zur Kenntnis gebracht werden. **724**

Enthält der Beschluss zur Kündigung allerdings noch keine Kündigungserklärung, sondern lediglich den Entschluss, dass Arbeitsverhältnis mit einem besonderen Vertreter kündigen zu wollen, bedarf es noch der Umsetzung dieses Beschlusses; die Kündigung muss noch erklärt werden. Zuständig für die Umsetzung der Beschlüsse der Mitgliederversammlung ist der Vorstand. Der Vorstand muss eine entsprechende schriftliche Kündigung gegenüber dem besonderen Vertreter erklären.[928] Unterzeichnet ein nicht zur Einzelvertretung befugtes Vorstandsmitglied die Kündigung, muss aus der Kündigung deutlich werden, dass er als Vertreter des Vereins auftritt.[929] Ferner sollte er in diesem Fall unbedingt eine Originalvollmacht des Vorstandes beifügen, um die Zurückweisung der Kündigung gemäß § 174 BGB zu verhindern.[930] **725**

---

[926] SPV/*Preis*, Rn. 62.
[927] HWK/*Bittner*, § 623 BGB Rn. 35; SPV/*Preis*, Rn. 64.
[928] *Bednarz*, NZG 2005, 418, 419 f.
[929] SPV/*Preis*, Rn. 67 mwN.
[930] S. hierzu Rn. 526 ff.

**726**  **b) Allgemeiner Kündigungsschutz.** Auch wenn der besondere Vertreter in einem Arbeitsverhältnis mit dem Verein steht, genießt er nicht den Schutz des Kündigungsschutzgesetzes. Gemäß § 14 Abs. 1 Nr. 1 KSchG finden die Regelungen des Kündigungsschutzgesetzes zum Erfordernis einer sozialen Rechtfertigung einer Kündigung eines Arbeitsvertrages nicht für die gesetzlichen Vertreter einer juristischen Person Anwendung. Hierzu zählen auch besondere Vertreter, allerdings nur, wenn ihre Vertretungsmacht in der Satzung vorgesehen ist und auf dieser beruht.[931]

**727** Wird jedoch der in einem Arbeitsverhältnis stehende besondere Vertreter abberufen, ohne dass auch gleichzeitig sein Arbeitsvertrag gekündigt wird, gilt für ihn im Falle einer späteren Kündigung die Ausnahmeregelung des § 14 Abs. 1 Nr. 1 KSchG nicht mehr. Entscheidend ist, ob im Zeitpunkt der Kündigung die Organstellung noch besteht.[932] Erfolgt die Kündigung zu einem Zeitpunkt, zu dem die Organstellung nicht mehr vorliegt, ist das Kündigungsschutzgesetz anwendbar, wenn der (ehemalige) besondere Vertreter die Wartezeit gemäß § 1 Abs. 1 KSchG von sechs Monaten erfüllt hat und im Betrieb regelmäßig mehr als zehn Arbeitnehmer, ausschließlich der zu ihrer Berufsbildung Beschäftigten, beschäftigt werden.[933] Die Zeit als besonderer Vertreter zählt bei der Feststellung der Betriebszugehörigkeit mit, da in der hier besprochenen Konstellation die ganze Zeit hindurch ein Arbeitsverhältnis der Organstellung zugrunde lag.

**728** Ist das Kündigungsschutzgesetz anwendbar, bedarf eine ordentliche Kündigung der sozialen Rechtfertigung gemäß § 1 KSchG. Die Kündigung kann nur dann wirksam sein, wenn sie auf personen-, verhaltens- oder betriebsbedingte Gründe gestützt werden kann. Ob solche Kündigungsgründe vorliegen, hat der Verein darzulegen und zu beweisen.[934] Im Falle einer Kündigung, die auf betriebsbedingte Gründe – im Gesetz dringende betriebliche Erfordernisse genannt – gestützt wird, muss der Verein ferner eine Sozialauswahl unter allen, mit dem ehemaligen besonderen Vertreter vergleichbaren Arbeitnehmern des Betriebs durchführen. Nur wenn sich der ehemalige besondere Vertreter unter (ausschließlicher) Heranziehung der Sozialkriterien Lebensalter, Dauer der Betriebszugehörigkeit, Unterhaltspflichten und Schwerbehinderung als am wenigsten sozial schutzbedürftig erweist, kann eine betriebsbedingte Kündigung zulässig sein.

**729** **c) Besonderer Kündigungsschutz.** Der Arbeitnehmer genießt ab dem Zeitpunkt, von dem an Elternzeit verlangt worden ist, höchstens jedoch acht Wochen vor Beginn der Elternzeit, und während der Elternzeit gemäß § 18 Abs. 1 BEEG **besonderen Kündigungsschutz**. Ohne vorherige Zustimmung der für den Arbeitsschutz zuständigen obersten Landesbehörde oder einer von ihr bestimmten Stelle ist eine Kündigung unzulässig.

---

[931] S. Rn. 657.
[932] BeckOK KSchG/*Volkening*, § 14 Rn. 4.
[933] Näher zu diesen Voraussetzung z.B. bei Schaub/*Linck*, § 130 Rn. 1 ff.
[934] BAG, Urt. v. 12.8. 1976 – 2 AZR 237/75, NJW 1977, 167.

## F. Besonderer Vertreter („Geschäftsführer")

Besonderen Kündigungsschutz genießt gemäß § 85 SGB IX auch, wer **730** mit einem GdB von mindestens 50 schwerbehindert ist, oder gemäß § 68 SGB IX einem schwerbehinderten Menschen gleichgestellt ist. Der besondere Kündigungsschutz für schwerbehinderte und ihnen gleichgestellte Menschen setzt gemäß § 90 Abs. 1 Nr. 1 SGB IX erst nach sechsmonatigem Bestehen des Arbeitsverhältnisses ein.

Da besondere Vertreter regelmäßig leitende Angestellte sein werden, **731** können sie sich nicht in den Betriebsrat wählen lassen. Demzufolge können sie auch keinen besonderen Kündigungsschutz für Betriebsratsmitglieder oder Wahlbewerber genießen.

Der Vollständigkeit halber zu nennen ist noch der besondere Kündi- **732** gungsschutz des betrieblichen Beauftragten für den Datenschutz gemäß § 4f BDSG. Dieser Datenschutzbeauftragte kann nur bei Vorliegen eines wichtigen Grundes außerordentlich fristlos gekündigt werden, § 4f Abs. 3 S. 5 BDSG. Dieser Kündigungsschutz besteht auch noch innerhalb eines Jahres nach der Abberufung als Datenschutzbeauftragter.

**d) Anhörung des Betriebsrates.** Solange der besondere Vertreter Or- **733** gan des Vereins ist, muss der Verein einen etwaig vorhandenen Betriebsrat nicht vor Ausspruch einer Kündigung anhören. Ist die Organstellung z.B. durch Abberufung zum Zeitpunkt der Kündigung bereits beendet, bedarf es ebenfalls keiner Anhörung des Betriebsrates, sofern der ehemalige besondere Vertreter leitender Angestellter im Sinne des § 5 Abs. 3 BetrVG ist. Das wird aufgrund seiner herausragenden Stellung im Betrieb regelmäßig der Fall sein.

Ist der ehemalige besondere Vertreter indessen **nicht leitender Ange-** **734** **stellter** i.S.d. § 5 Abs. 3 BetrVG, muss der Verein den Betriebsrat vor Ausspruch einer Kündigung über seine Kündigungsabsicht und alle maßgeblichen Umstände unterrichten und ihn zu der beabsichtigten Kündigung anhören (§ 102 Abs. 1 BetrVG). Anderenfalls ist die Kündigung unwirksam. Da allerdings die Kriterien, ab wann ein Arbeitnehmer zum Kreis der leitenden Angestellten zu zählen ist, zum Teil sehr schwammig sind, empfiehlt sich aus Gründen der Rechtssicherheit, stets eine vorsorgliche Betriebsratsanhörung vor Ausspruch einer Kündigung durchzuführen. Zu einer ordnungsgemäßen Betriebsratsanhörung gehören insbesondere folgende Informationen:

- **Vorname, Name und Anschrift** des Arbeitnehmers
- Dauer der **Betriebszugehörigkeit**
- **ausgeübte Tätigkeit**
- Art der Kündigung (**ordentliche oder außerordentliche, Änderungskündigung oder Beendigungskündigung**)
- **Kündigungsfrist**
- **Kündigungstermin**
- **Gründe** für die Kündigung einschließlich der zugunsten des Arbeitnehmers sprechenden Umstände
- Tat- oder Verdachtskündigung

## 1. Teil Rechtsfähige Vereine

- im Falle einer **betriebsbedingten Kündigung**: Kriterien für die **soziale Auswahl** und **Kreis der vergleichbaren Arbeitnehmer**
- Informationspflicht nur bzgl. der aus **Sicht des Arbeitgebers maßgeblichen Gründe** (sog. subjektive Determination).

**735** Der Betriebsrat hat anschließend eine Woche (im Falle der außerordentlichen Kündigung drei Tage) Zeit, sich zur Kündigung zu äußern. Nimmt der Betriebsrat vor Ablauf der Fristen abschließend Stellung oder erklärt er abschließend, nicht Stellung nehmen zu wollen, kann der Verein anschließend sofort kündigen. Die Kündigung ist aber nicht von der Zustimmung des Betriebsrats abhängig.

**736** **Formulierungsvorschlag für eine ordentliche Kündigung:**

*Sehr geehrte(r) Herr/Frau ...,*

*wir sehen uns leider gezwungen, das mit Ihnen bestehende Arbeitsverhältnis hiermit ordentlich fristgemäß zum nächstmöglichen Zeitpunkt zu kündigen. Ihr Arbeitsverhältnis endet daher zum ... . ... . 20 ... .*

*Wir stellen Sie mit sofortiger Wirkung unter Anrechnung auf Ihnen gegebenenfalls noch zustehende Urlaubsansprüche und/oder Freizeitausgleichsansprüche von der Verpflichtung zur Erbringung von Arbeitsleistung frei.*

*oder*

*Ihnen gegebenenfalls noch zustehender Urlaub wird Ihnen in den letzten Tagen der Kündigungsfrist gewährt.*

*oder*

*Wir gewähren Ihnen hiermit den Ihnen bis zum ... . ... . 20 ... zustehenden Erholungsurlaub mit Wirkung ab dem ... . ... . 20 ... . Sollte die Gewährung von Erholungsurlaub ab diesem Tage nicht möglich sein, wird der Erholungsurlaub vorsorglich zu einem späteren Zeitpunkt vor dem ... . ... . 20 ... gewährt.*

*Wir sind gesetzlich verpflichtet, Sie darauf aufmerksam zu machen, dass Sie sich zur Aufrechterhaltung ungekürzter Ansprüche auf Arbeitslosengeld unverzüglich nach Erhalt dieser Kündigung persönlich bei der zuständigen Agentur für Arbeit arbeitsuchend melden und aktiv nach einer anderen Beschäftigung suchen müssen.*

*Wir bedauern die Notwendigkeit zu dieser Kündigung und wünschen Ihnen für Ihren weiteren Berufs- und Lebensweg alles Gute.*

*Hochachtungsvoll*

**737** Dieser Formulierungsvorschlag beinhaltet verschiedene Alternativen, wie mit zum Zeitpunkt der Kündigungserklärung noch offenen Urlaubsansprüchen verfahren werden soll.[935]

---

[935] S. hierzu auch Rn. 375 ff.

## F. Besonderer Vertreter („Geschäftsführer")

**Formulierungsvorschlag für eine außerordentliche und hilfsweise ordentliche Kündigung:** 738

*Sehr geehrte(r) Herr/Frau ...,*

*wir sehen uns leider gezwungen, das mit Ihnen bestehende Arbeitsverhältnis hiermit außerordentlich fristlos zu kündigen. Ihr Arbeitsverhältnis endet daher mit Zugang dieser Kündigung bei Ihnen.*

*Vorsorglich und hilfsweise erklären wir zugleich die ordentliche fristgemäße Kündigung des Arbeitsverhältnisses zum nächstmöglichen Zeitpunkt; das ist der ........ 20....*

*Wir sind gesetzlich verpflichtet, Sie darauf aufmerksam zu machen, dass Sie sich zur Aufrechterhaltung ungekürzter Ansprüche auf Arbeitslosengeld unverzüglich nach Erhalt dieser Kündigung persönlich bei der zuständigen Agentur für Arbeit arbeitsuchend melden und aktiv nach einer anderen Beschäftigung suchen müssen.*

*Hochachtungsvoll*

## XII. Rechtsweg bei Streitigkeiten

Ist der besondere Vertreter nicht Arbeitnehmer des Vereins, so sind für Streitigkeiten aus der Organstellung und der Anstellung die ordentlichen Gerichte zuständig. Auch wenn der besondere Vertreter ausnahmsweise Arbeitnehmer ist, ändert sich an der Zuständigkeit der ordentlichen Gerichte aufgrund § 5 Abs. 1 S. 3 ArbGG nichts.[936] 739

---

[936] Germelmann/*Germelmann/Müller-Glöge*, § 5 ArbGG Rn. 46 mwN.

# 2. Teil Private Stiftungen

## A. Grundlagen des Stiftungsrechts

Die private Stiftung im Rechtsinn ist eine von einem Stifter geschaffene, rechtsfähige, nicht verbandsmäßig organisierte Institution, die die Aufgabe hat, mithilfe des der Stiftung gewidmeten Vermögens einen festgelegten Stiftungszweck dauerhaft zu verfolgen.[937] Im Unterschied zum Verein ist die Stiftung nicht verbandsmäßig organisiert – **sie hat mithin keine Mitglieder**. Sie stellt eine reine Verwaltungsorganisation dar.[938] Neben der nicht verbandsmäßigen **Organisation** der Stiftung sind ein bestimmter **Stiftungszweck** und das **Stiftungsvermögen** wesentliche Elemente einer Stiftung. 740

In einem **Stiftungsgeschäft** gibt der Stifter gemäß § 81 Abs. 1 S. 2 BGB die verbindliche Erklärung ab, ein Vermögen der Erfüllung eines von ihm vorgegebenen Zweckes zu widmen. Die Anerkennung der Rechtsfähigkeit der Stiftung setzt voraus, dass die dauernde und nachhaltige Erfüllung des Stiftungszwecks gesichert erscheint. 741

**Stiftungszweck muss nicht die Förderung des Gemeinwohls sein**; ausreichend ist laut § 80 Abs. 2 BGB, dass der Stiftungszweck nicht das Gemeinwohl gefährdet.[939] Das Gemeinwohl gefährden würde bspw. ein gesetzes- oder rechtswidriger Stiftungszweck.[940] Der Stiftungsweck kann auf Dauer angelegt sein, z. B. die Förderung der Kultur, oder in der Erreichung eines bestimmten Ziels bestehen, z. B. die Errichtung eines Denkmals.[941] In diesem letzteren Fall wäre die Anerkennung der Stiftung mit Zweckerreichung zurückzunehmen. 742

Allerdings ist nicht jeder gesetzes- oder rechtskonforme Zweck für die Anerkennung geeignet. Erforderlich ist vielmehr die hauptsächliche **Fremdnützigkeit des Stiftungszwecks**; eine allein eigennützige Stiftung ist nicht anerkennungsfähig.[942] So wäre ein Satzungszweck der nur darin liegt, den Stifter selbst ohne uneigennützige Aspekte zu fördern, ausge- 743

---

[937] BayObLG, Beschl. v. 25.10.1972 – BReg. 2 Z 56/72, NJW 1973, 249; Seifart/v. Campenhausen/*v. Campenhausen*, § 1 Rn. 6; Palandt/*Ellenberger*, Vorb v § 80 BGB Rn. 5.
[938] *Nietzer/Stadie*, NJW 2000, 3457.
[939] *Burgard*, S. 117; *ders.* NZG 2002, 697, 700; Werner/Saenger/*Nissel*, Rn. 211.
[940] Seifart/v. Campenhausen/*v. Campenhausen*, § 1 Rn. 9; *Burgard*, NZG 2002, 697, 700.
[941] Seifart/v. Campenhausen/*v. Campenhausen*, § 2 Rn. 29; Werner/Saenger/*Nissel*, Rn. 223.
[942] MünchKommBGB/*Reuter*, Vorb. zu §§ 80–88 Rn. 52; Werner/Saenger/*Nissel*, Rn. 226 mwN.

schlossen.[943] Erforderlich ist also mit anderen Worten die Begünstigung eines Anderen, als den Stifter selbst.

**744** Das Erfordernis der Eigennützigkeit ist zu unterscheiden von der **Privatnützigkeit** des Stiftungszwecks. Der Stiftungszweck kann privatnütziger Natur sein.[944] Privatnützigkeit bedeutet, dass die Begünstigten – auch Destinatäre genannt – nicht zu einem grundsätzlich jedermann offenen Personenkreis gehören, sondern eine abgegrenzte Gruppe darstellen.[945] Ein Hauptfall der privatnützigen Stiftung ist die **Familienstiftung**.[946] Der Zweck einer Familienstiftung besteht in der Förderung einer oder mehrerer bestimmter Familien, z.B. durch finanzielle Unterstützung von Ausbildung und Studium. Denkbar sind auch privatnützige Stiftungen, die an eine Mitgliedschaft in einem bestimmten Verein oder Betrieb/Unternehmen anknüpfen.[947] Privatnützige Stiftungen sind auch die **unternehmensverbundenen Stiftungen**.[948] Diese Stiftungen treten als **unternehmenstragende Stiftungen** oder als **Beteiligungsträgerstiftungen** auf.[949] Die unternehmenstragende Stiftung leitet selbst ein Unternehmen. In der Rechtswirklichkeit wohl verbreiteter ist die an einem Wirtschaftsunternehmen in Form einer Personen- oder Kapitalgesellschaft beteiligte Stiftung. Mit einer solchen Beteiligungsträgerstiftung kann sich der Stifter seine Beteiligung – bzw. die seiner Nachkommen – am (wachsenden) Unternehmen sichern, bzw. kann sich oder seiner Familie den Einfluss auf die Unternehmensführung erhalten.[950] In diesem Fall handelt es sich um eine **unternehmensverbundene Familienstiftung**. In der Praxis tritt die unternehmensverbundene Familienstiftung oftmals als Komplementär einer Kommanditgesellschaft (Stiftung & Co. KG), oder als Komplementär einer Kommanditgesellschaft auf Aktien (Stiftung & Co. KGaA) auf.[951] Ein angenehmer Nebeneffekt einer solchen Struktur ist neben steuerlichen Vorteilen[952] die Vermeidung der Mitbestimmung nach dem MitbestG bzw. dem DrittelbG.[953] Solche unternehmensverbundenen Stiftungen müssen von allen Mitgliedern des Vorstandes zur Eintragung ins Handelsregister angemeldet werden.[954]

---

[943] Seifart/v. Campenhausen/*v. Campenhausen*, § 1 Rn. 9; MünchKommBGB/*Reuter*, Vorb. zu §§ 80–88 Rn. 52.

[944] MünchKommBGB/*Reuter*, Vorb. zu §§ 80–88 Rn. 52; Seifart/v. Campenhausen/*v. Campenhausen*, § 1 Rn. 9 mwN.

[945] Seifart/v. Campenhausen/*v. Campenhausen*, § 1 Rn. 10; MünchKommBGB/*Reuter*, Vorb. zu §§ 80–88 Rn. 53.

[946] Palandt/*Ellenberger*, Vorb v § 80 BGB Rn. 6; *Burgard*, NZG 2002, 697, 700.

[947] Seifart/v. Campenhausen/*v. Campenhausen*, § 2 Rn. 3.

[948] *Burgard*, S. 118; Werner/Saenger/*Nissel*, Rn. 226; Palandt/*Ellenberger*, § 80 BGB Rn. 9.

[949] *Nietzer/Stadie*, NJW 2000, 3457, 3459.

[950] *Nietzer/Stadie*, NJW 2000, 3457, 3459.

[951] Werner/Saenger/*Saenger*, Rn. 907 ff.; *Burgard*, S. 685 ff.; *ders.* NZG 2002, 697, 700; *Schleitzer*, Stiftung&Sponsoring 4/2007, 26, 27.

[952] Bspw. *Schleitzer*, Stiftung&Sponsoring 4/2007, 26, 27.

[953] UHH/*Ulmer/Habersack*, § 4 MitbestG Rn. 7; *Wisskirchen/Bissels/Dannhorn*, DB 2007, 2258, 2259.

[954] *Burgard*, S. 567 f.; Werner/Saenger/*Saenger*, Rn. 199.

## A. Grundlagen des Stiftungsrechts

Gegenstück zur privatnützigen Stiftung ist die **öffentliche Stiftung**. Anders als die privatnützige Stiftung fördert die öffentliche Stiftung die Allgemeinheit,[955] also einen nicht von vornherein abgegrenzten Personenkreis. Zwecke der öffentlichen Stiftung können bspw. die Heimatpflege, Jugendförderung, Förderung von Wissenschaft und Kultur, Wohltätigkeit etc. sein. Die öffentliche Stiftung wird damit regelmäßig gemeinnützige Zwecke verfolgen.[956] 745

Von der öffentlichen Stiftung ist wiederum die **öffentlich-rechtliche Stiftung** zu unterscheiden. Entscheidendes Unterscheidungskriterium ist nicht der Stiftungszweck, sondern die Art der Entstehung der Stiftung. Die öffentlich-rechtliche Stiftung entsteht nicht durch ein Stiftungsgeschäft des Stifters und die staatliche Anerkennung. Sie wird vielmehr durch Gesetz oder aufgrund eines Gesetzes durch Verwaltungsakt errichtet.[957] Im Folgenden wird nur die private Stiftung näher beleuchtet, sei sie nun privatnützig oder eine öffentliche Stiftung. 746

Anders als der Verein, kann die Stiftung zur Finanzierung ihrer Zwecke nicht auf beitragszahlende Mitglieder zurückgreifen. Der Stifter muss der Stiftung daher ein **ausreichendes Vermögen** widmen. Ohne ein ausreichendes Vermögen, kann die Stiftung nicht anerkannt werden. Neben dem vom Stifter zur Verfügung gestellten Vermögen kommen auch weitere – ausreichende – **Zustiftungen** bzw. Zuwendungen in Betracht.[958] Ist die Stiftung anerkannt, muss der Stifter das gewidmete Vermögen auf die mit der Anerkennung rechtsfähig gewordene Stiftung gemäß § 82 BGB übertragen. Die Stiftung hat als rechtsfähige juristische Person einen schuldrechtlichen Anspruch auf die Übereignung des gewidmeten Vermögens. Das ursprüngliche Stiftungsvermögen wird auch als Grundvermögen oder Stiftungskapital bezeichnet. Es muss erhalten werden. Fällt es nicht nur vorübergehend weg, kann die Anerkennung zurückgenommen werden.[959] Zum Stiftungsvermögen gehören ferner Rücklagen und Stiftungsmittel, wie z.B. Erträge oder das Betriebsvermögen.[960] Das Stiftungsvermögen muss – vornehmlich – i.S.d. Stiftungszwecks verwendet werden. Dabei ist es zulässig, die Erträge auch zur Erhaltung des Grundvermögens zu verwenden.[961] 747

---

[955] Seifart/v. Campenhausen/v. *Campenhausen*, § 1 Rn. 9.
[956] S. zu den gemeinnützigen Zwecken Rn. 25.
[957] MünchKommBGB/*Reuter*, Vorb. zu §§ 80–88 Rn. 54; Palandt/*Ellenberger*, Vorb v § 80 BGB Rn. 9.
[958] Seifart/v. Campenhausen/v. *Campenhausen*, § 1 Rn. 12; MünchKommBGB/*Reuter*, Vorb. zu §§ 80–88 Rn. 55.
[959] Palandt/*Ellenberger*, Vorb v § 80 BGB Rn. 7.
[960] Werner/Saenger/*Fritz*, Rn. 452.
[961] Seifart/v. Campenhausen/v. *Campenhausen*, § 1 Rn. 12.

## B. Gemeinnützige Stiftungen

**748** Ein erheblicher Teil der privaten Stiftungen sind gemeinnützig.[962] Die Gemeinnützigkeit setzt gemäß § 52 Abs. 1 S. 1 AO voraus, dass der Zweck der Stiftung darauf gerichtet ist, die Allgemeinheit auf materiellem, geistigem oder sittlichem Gebiet selbstlos zu fördern. Insoweit kann auf die Erläuterungen zum Status der Gemeinnützigkeit bei Vereinen verwiesen werden.[963]

## C. Organe von Stiftungen

**749** Bereits das Stiftungsgeschäft muss Regelungen über einen **Vorstand** für die Stiftung enthalten. Eine Bezeichnung dieses Organs als Vorstand ist – wie beim Verein – nicht vorgeschrieben. So kann der Vorstand der Stiftung bspw. auch Direktorium oder Präsidium genannt werden.[964] Auf einen Vorstand verzichten kann die Stiftungssatzung aber nicht. Weitere Stiftungsorgane sind nicht vorgeschrieben. Auf Stiftungen finden gemäß § 86 S. 1 BGB die §§ 26 und 27 Abs. 3, §§ 28 bis 31a sowie § 42 BGB entsprechende Anwendung. Der Vorstand kann ehrenamtlich tätig sein oder in einem Dienstverhältnis mit der Stiftung stehen.

**750** Eine **Mitgliederversammlung gibt es bei der Stiftung nicht**. Sie ist nicht verbandsmäßig organisiert.[965] Per Stiftungssatzung können aber weitere Organe errichtet werden. In Betracht kommt insbesondere ein neben dem – zwingend einzurichtenden – Vorstand installiertes **Kontrollgremium**, das über eine dem Stiftungszweck entsprechende Vermögensverwendung wacht.[966] Ein solches Kontrollgremium kann bspw. als Beirat oder Kuratorium bezeichnet werden. Neben der Kontrolle der Arbeit des Vorstandes kann dem Kuratorium per Satzung auch die Kompetenz für die Bestellung und Abberufung der Mitglieder des Vorstandes, sowie die Kompetenz für den Abschluss, die Änderung und die Beendigung des Anstellungsverhältnisses mit hauptamtlichen Vorstandsmitgliedern zugewiesen werden. Auf diese Weise kann die Stiftung selbst über die Besetzung der Vorstandspositionen bestimmen, ohne zum Mittel der Kooptation greifen zu müssen.[967]

---

[962] *Orth*, Stiftung&Sponsoring, 4/2010 Rote Seiten, 4.
[963] S. Rn. 29 ff.; s. auch *Berndt*, StiftungsWelt 04-2006, 8, 9 f.
[964] Münch. Hdb. GesR V/*Lüke*, § 91 Rn. 9.
[965] S. Rn. 740.
[966] Seifart/v. Campenhausen/*Hof*, § 8 Rn. 77 ff.
[967] S. dazu unten Rn. 782.

D. Stiftungsvorstand

## D. Stiftungsvorstand

### I. Grundlagen

Der Stiftungsvorstand ist das einzige zwingend vorgeschriebene Stiftungsorgan. Das organschaftliche Rechtsverhältnis wird durch **Bestellung** begründet[968] Der Vorstand vertritt die Stiftung gerichtlich und außergerichtlich. Er hat gemäß §§ 86, 26 Abs. 1 BGB die **Stellung eines gesetzlichen Vertreters**. Die einzelnen Vorstandsmitglieder sind nicht gesetzliche Vertreter der Stiftung.[969] Im Innenverhältnis obliegt dem Vorstand die **Geschäftsführung** der Stiftung.

Der Vorstand der Stiftung kann aus einer Person (eingliedriger Vorstand) oder mehreren Personen (mehrgliedriger Vorstand) bestehen. Denkbar ist auch, dass eine Behörde Vorstand einer privatrechtlichen Stiftung wird.[970] Das Gesetz enthält keine Vorgaben, wie viele Mitglieder ein Vorstand haben muss, solange ihm mindestens eine Person angehört. Bei größeren Stiftungen bietet sich jedoch die Vergrößerung des Vorstandes an, um dem höheren Verwaltungsaufwand begegnen zu können.

Bei einem mehrgliedrigen Vorstand kann die Satzung einen **Vorstandsvorsitzenden** und einen Stellvertreter vorsehen. Häufig findet sich die Regelung, dass die Mitglieder selbst aus ihrer Mitte einen Vorsitzenden und einen Stellvertreter wählen. Denkbar ist aber auch, dass die Satzung den Vorsitz einem bestimmten Familienmitglied, dessen Abkömmlingen oder sonstigen Personen zuweist. Wird der Vorstand durch ein anderes Stiftungsorgan (Kuratorium, Beirat etc.) bestellt, kann die Satzung auch dessen Zuständigkeit für die Bestimmung des Vorstandsvorsitzes und den stellvertretenden Vorsitz vorsehen.[971]

### II. Geschäftsführungsbefugnis des Vorstands

Der Vorstand ist zuständig für alle in der Stiftung anfallenden Aufgaben, soweit diese durch die Stiftungssatzung nicht anderen Stiftungsorganen zugewiesen worden sind.[972] Auf die Geschäftsführung des Vorstands finden die §§ 664 bis 670 BGB Anwendung. Ohne entsprechende Grundlage in der Stiftungssatzung kann nicht durch Regelungen im Anstellungsvertrag von den §§ 664 ff. BGB abgewichen werden, da es sich um Grundlagenänderungen handeln würde.[973] Die Mitglieder des Vorstandes sind zur persönlichen Amtsausübung verpflichtet. Das schließt aber nicht aus, dass sie Aufgaben auf Mitarbeiter der Stiftung delegieren. Das wird insbe-

---

[968] *Burgard*, S. 392.
[969] Seifart/v. Campenhausen/*Hof*, § 8 Rn. 10.
[970] S. dazu Seifart/v. Campenhausen/*Hof*, § 8 Rn. 14 ff.
[971] Werner/Saenger/*Werner*, Rn. 393.
[972] Seifart/v. Campenhausen/*Hof*, § 8 Rn. 47.
[973] *Burgard*, S. 224.

sondere in größeren Stiftungen unausweichlich sein. Der Vorstand nimmt gegenüber den Angestellten der Stiftung die **Arbeitgeberstellung** für die Stiftung wahr. Der Vorstand kann sich auch außenstehender Dritter zur Erfüllung seiner Aufgaben bedienen, z.B. Rechtsanwälten, Steuerberatern etc. Er bleibt jedoch verpflichtet, die Tätigkeit von Mitarbeitern und Dritten zumindest stichprobenartig zu kontrollieren. Die eigentliche Leitung der Stiftung darf nicht delegiert werden.[974]

755 Dem Vorstand obliegt die Durchführung und Überwachung der laufenden Geschäfte. Das betrifft insbesondere die **Vermögensverwaltung zur Sicherstellung der Zweckerfüllung der Stiftung**, die **Vermögenserhaltung** und die **satzungszweckmäßige Verwendung der Erträge**.[975] Da es in der Stiftung keine Mitgliederversammlung gibt und der Stifter mit der Anerkennung der Stiftung grundsätzlich von Einwirkungsmöglichkeiten abgeschnitten ist, steht dem Vorstand ein großer Handlungsspielraum zu.[976] **Er unterliegt nicht den Weisungen des Stifters**. Überwacht wird die Tätigkeit des Vorstandes von der **Stiftungsaufsicht**, die sich aber auf eine Rechtsaufsicht beschränkt. Die Stiftungsaufsicht kann daher eingreifen, wenn Recht und Gesetz verletzt wird, nicht hingegen, wenn sie Entscheidungen des Vorstandes für unzweckmäßig hält.[977] Der Vorstand und seine Mitglieder sind daher auch gegenüber der Stiftungsaufsicht nicht weisungsunterworfen.[978]

756 Dem Vorstand obliegt insbesondere

– die Aufstellung eines Haushaltsplans für die Stiftung, sofern die Satzung einen Haushaltsplan vorsieht;[979]
– die Erstellung der Jahresrechnung;[980] die Satzung kann eine Feststellung der Jahresrechnung durch einen vereidigten Buch- oder Wirtschaftsprüfer vorsehen. Auch kann in der Satzung die Verpflichtung des Vorstandes enthalten sein, Vergaberichtlinien zu erstellen;[981]
– Offenlegung des Jahresabschlusses bei einer unternehmensverbundenen Stiftung;
– die Einstellung und Kündigung von Personal;[982]
– die Festlegung der vertraglichen Konditionen mit dem Personal;[983]
– die zumindest stichprobenartige Überwachung des Personals;
– die sorgfältige An- und Abmeldung der Arbeitnehmer zur Sozialversicherung und die ordnungsgemäße Abführung des Gesamtsozialversicherungsbeitrages;

---

[974] *Burgard*, S. 225 mwN.
[975] Werner/Saenger/*Werner*, Rn. 391; Staudinger/*Rawert*, § 86 BGB Rn. 12; Krieger/Schneider/*Burgard*, § 6 Rn. 157.
[976] *Burgard*, S. 227; Seifart/v. Campenhausen/*Hof*, § 8 Rn. 48.
[977] Seifart/v. Campenhausen/*Hof*, § 8 Rn. 48.
[978] *Burgard*, S. 227; MünchKommBGB/*Reuter*, § 86 Rn. 14.
[979] Werner/Saenger/*Werner*, Rn. 396.
[980] Werner/Saenger/*Werner*, Rn. 397.
[981] Werner/Saenger/*Werner*, Rn. 398.
[982] Seifart/v. Campenhausen/*Hof*, § 8 Rn. 60.
[983] Seifart/v. Campenhausen/*Hof*, § 8 Rn. 61.

## D. Stiftungsvorstand

– die ordnungsgemäße Abführung der Lohnsteuer für die beschäftigten Arbeitnehmer;
– der Abschluss und die Kündigung von Verträgen;
– die Darstellung der Stiftung nach außen;
– Durchsetzung der Rechte der Stiftung;
– Anmeldung einer unternehmensverbunden Stiftung zur Eintragung ins Handelsregister
etc.

Jedes Vorstandsmitglied hat bei seiner Geschäftsführung die Sorgfalt eines ordentlichen Kaufmanns zu beachten. Es muss auf eine ordnungsgemäße und sparsame Verwendung des Vereinsvermögens und der sonstigen Stiftungsmittel achten. Der Stiftungszweck darf durch den Vorstand nicht verletzt werden. Sofern in der Stiftung weitere Organe bestehen, ist es Aufgabe des Vorstandes, deren Beschlüsse umzusetzen.[984] Der Vorstand kann sich eine Geschäftsordnung geben, sofern die Satzung diese Kompetenz nicht einem anderen, fakultativen Stiftungsorgan übertragen hat.[985] **757**

### III. Vertretungsbefugnis des Vorstands

#### 1. Grundsatz

Im Falle des eingliedrigen Vorstands vertritt das einzige Vorstandsmitglied die Stiftung allein. Ebenso wenig wie der Allein-Vorstand des Vereins kann sich der Allein-Vorstand der Stiftung selbst und die Stiftung in Streitigkeiten zwischen ihm und der Stiftung vertreten.[986] Die Vorstandsmitglieder können aber vom Verbot des Insichgeschäfts gemäß § 181 BGB befreit werden.[987] Verfügt der Verein über mehrere Mitglieder, gilt der Grundsatz der Vertretung nach dem Mehrheitsprinzip, § 86 i.V.m. § 26 Abs. 2 S. 1 BGB.[988] **758**

Durch die Satzung der Stiftung kann für alle oder einzelne Vorstandsmitglieder eines mehrgliedrigen Vorstands Einzelvertretungsbefugnis vorgesehen werden.[989] Auch hierzu kann auf die Ausführungen zur Ausgestaltung der Einzelvertretungsbefugnis beim Vereinsvorstand verwiesen werden.[990] Sofern Gesamtvertretung oder Vertretung durch mindestens zwei Vorstandsmitglieder vorgesehen ist, können einzelne Vorstandsmit- **759**

---

[984] Werner/Saenger/*Werner*, Rn. 395.
[985] Münch. Hdb. GesR V/*Lüke*, § 91 Rn. 5.
[986] S. hierzu Rn. 42.
[987] *Burgard*, S. 258.
[988] S. hierzu die Ausführungen zum Vereinsvorstand in Rn. 43, die aufgrund der Verweisung auf die vereinsrechtliche Vorschrift des § 26 Abs. 2 BGB entsprechend für den Stiftungsvorstand gelten.
[989] Staudinger/*Rawert*, § 86 BGB Rn. 11.
[990] S. hierzu Rn. 44.

glieder – wie beim Verein – zur Vornahme bestimmter Geschäfte durch entsprechende Satzungsregelung, durch eine Regelung in der Geschäftsordnung für den Vorstand oder auch durch entsprechenden Beschluss des Vorstandes, ermächtigt werden.[991]

760 Beim mehrgliedrigen Vorstand genügt zur wirksamen Abgabe einer Willenserklärung durch Dritte gegenüber dem Verein gemäß § 86 i.V.m. § 26 Abs. 2 S. 2 BGB die Abgabe der Willenserklärung gegenüber einem Mitglied des Vorstands, auch ohne erteilte Einzelvertretungsbefugnis.

761 Die Vertretungsmacht des Vorstandes für die Stiftung erstreckt sich auf alle gerichtlichen Verfahren und auch auf **Zwangsvollstreckungsverfahren**. Außergerichtlich erstreckt sich die Vertretungsmacht des Vorstands auf alle mit Dritten abzuschließenden Rechtsgeschäfte.

### 2. Beschränkung der Vertretungsmacht

762 Die Vertretungsbefugnis des Vorstands kann durch die Stiftungssatzung mit Wirkung gegen Dritte oder auch nur im Innenverhältnis gemäß § 86 BGB i.V.m. § 26 Abs. 1 BGB eingeschränkt werden. Dabei kann sich die Einschränkung der Vertretungsbefugnis sachlich auf bestimmte Geschäfte oder bestimmte Arten von Geschäften beziehen, z.B. dass der Vorstand nicht berechtigt ist, Grundstücke zu kaufen, zu verkaufen oder zu belasten.[992] Zulässig ist auch, in der Satzung die Vertretungsbefugnis für Geschäfte ab einem bestimmten Wert einzuschränken, z.B. für den Abschluss von Verträgen, die die Stiftung finanziell im Umfang von 50.000 € pro Jahr oder mehr belasten.[993] So kann für solche Fälle ein Zustimmungserfordernis – z.B. durch den Stifter bzw. seine Erben – in der Satzung vorgesehen werden.[994] Zulässig ist ferner, nicht alle Vorstandsmitglieder mit gleichen Rechten und Pflichten auszustatten.[995] Auf diese Weise können Stifter ihren Einfluss auf die Stiftung wahren.

763 Eine Beschränkung der Vertretungsmacht und deren Umfang muss allerdings **eindeutig in der Stiftungssatzung geregelt** sein.[996] Das gebietet der Schutz von potentiellen Vertragspartnern der Stiftung. Da das Gesetz den Vorstand als einziges Vertretungsorgan zwingend vorschreibt, darf die Satzung die Vertretungsbefugnis des Vorstandes nicht derart beschränken, dass der Vorstand an einer dauernden und nachhaltigen Erfüllung des Stiftungszwecks gehindert wird oder der Vorstand letztlich handlungsunfähig wird.[997]

---

[991] Seifart/v. Campenhausen/*Hof,* § 8 Rn. 33; Staudinger/*Rawert,* § 86 BGB Rn. 11; s. hierzu Rn. 44.
[992] *Burgard*, S. 246.
[993] *Burgard*, S. 246.
[994] *Burgard*, S. 246.
[995] Richter/Wachter/*Richter,* S. 778 Rn. 46.
[996] Staudinger/*Rawert,* § 86 BGB Rn. 8; *Burgard*, S. 247.
[997] *Burgard*, S. 248.

## D. Stiftungsvorstand

Eine Beschränkung der Vertretungsmacht kommt grundsätzlich auch in **764** unternehmensverbundenen Stiftungen in Betracht.[998] Die Problematik besteht hier darin, dass der für Handelsgesellschaften gesetzlich vorgesehene Grundsatz, wonach Beschränkungen der Vertretungsbefugnis Dritten gegenüber keine rechtliche Wirkung haben (vgl. bspw. § 37 Abs. 2 GmbHG; § 82 Abs. 2 AktG; § 126 Abs. 2 HGB; § 27 Abs. 2 GenG), für die Stiftung gemäß §§ 86; 26 Abs. 1 S. 2 BGB nicht gilt. Hinzu kommt, dass es anders als für Handelsgesellschaften bzw. den Verein kein öffentliches Register gibt.[999] Da die unternehmensverbundene Stiftung indessen im Handelsregister einzutragen ist, kann eine ausreichende Publizität der Beschränkung der Vertretungsbefugnis sichergestellt werden.[1000]

### IV. Haftung des Stiftungsvorstands – Compliance

#### 1. Einleitung

Die Haftung des Stiftungsvorstandes ist trotz der zum Teil unterschiedlichen Stiftungsorganisation weitgehend identisch.[1001] Auch in der Stiftung **765** bieten sich zur Verdeutlichung der gesetzlichen und satzungsmäßigen Pflichten des Vorstands sogenannte Complianceregelungen an.[1002]

#### 2. Haftung des Stiftungsvorstands

Im Rahmen seiner Geschäftsführung hat das Vorstandsmitglied die **766** **Sorgfalt eines ordentlichen Sachwalters** zu beachten. Wie beim Verein haften Vorstandsmitglieder der Stiftung für Schäden, die durch eine **vorsätzliche oder fahrlässige Verletzung** ihrer gesetzlichen oder satzungsmäßigen Pflichten entstehen. Eine Haftungserleichterung nach arbeitsrechtlichen Grundsätzen kommt für Mitglieder des Stiftungsvorstands genauso wenig in Betracht, wie für Mitglieder des Vereinsvorstandes.[1003] Allerdings profitieren **ehrenamtliche Vorstandsmitglieder** von der **Haftungserleichterung gemäß § 31a BGB.**

Die besonderen Pflichten des Stiftungsvorstandes sind die **Vermögens-** **767** **verwaltung zur Sicherstellung der Zweckerfüllung** der Stiftung, die **Vermögenserhaltung** und die **satzungszweckmäßige Verwendung der Er-**

---

[998] Soergel/*Neuhoff*, § 86 BGB Rn. 7; *Burgard*, S. 248.
[999] Vgl. dazu Staudinger/*Rawert*, § 86 BGB Rn. 8 sowie Vorbem 38 zu §§ 80 ff. BGB; *Burgard*, S. 248; Soergel/*Neuhoff*, § 86 BGB Rn. 7.
[1000] Soergel/*Neuhoff*, § 86 BGB Rn. 7.
[1001] Krieger/Schneider/*Burgard*, § 6 Rn. 152.
[1002] S. Rn. 56 ff.
[1003] Seifart/v. Campenhausen/*Hof*, § 8 Rn. 289; Werner/Saenger/*U. Kilian*, Rn. 613; *Schulz/Werz*, Stiftung&Sponsoring 5/2007, 30, 31.

träge.[1004] Das Stiftungskapital ist vom Vorstand in seinem Bestand nahezu ungeschmälert zu erhalten.[1005] Dazu gehört auch, den Wertverlust des Stiftungsvermögens durch die stetige Inflation zu berücksichtigen und Maßnahmen zum **Ausgleich des Wertverlustes** zu ergreifen.[1006] Das **Stiftungskapital darf vom Vorstand nicht angegriffen oder gar aufgezehrt** werden.[1007] Es muss sicher verwaltet werden.[1008] Eine kurzfristige Unterbilanzierung ist unschädlich.[1009] Zulässig ist auch eine Veränderung der Zusammensetzung des Stiftungskapitals[1010], z.B. durch Auffüllen des Stiftungskapitals durch Erträge der Stiftung.[1011] Der Vorstand hat also in besonderer Weise die **Gebote der Wirtschaftlichkeit, Sparsamkeit und sorgfältigen Haushalts- und Finanzplanung zu beachten**.[1012] Dazu gehört auch die Bildung ausreichender Rücklagen und Rückstellungen.[1013] Dem Vorstand obliegt es, mit einem so geringen finanziellen Aufwand wie möglich, den größten Nutzen für die Erfüllung des Stiftungszwecks zu erreichen.[1014] Nicht pflichtgemäß handelt der Stiftungsvorstand, der mit dem Kapital der Stiftung Spekulationsgeschäfte betreibt.[1015] Ob der Vorstand berechtigt ist, Teile des Stiftungsvermögens zu veräußern, ist umstritten. Die wohl h.M. lehnt eine solche Befugnis ab.[1016] Ferner kommt eine Haftung des Stiftungsvorstandes in Betracht, wenn er seine Pflichten zur ordnungsgemäßen Verwendung der Erträge der Stiftung verletzt.[1017]

**768** Dem Vorstand steht bei Wahrnehmung seiner Geschäftsführung ein Ermessensspielraum zu.[1018] Der Stiftungsvorstand muss dabei seine Entscheidungen anhand von Prognose- und Entscheidungsspielräumen treffen. Das gilt für Stiftungen, die einen wirtschaftlichen Geschäftsbetrieb oder als gemeinnützige Stiftung einen Zweckbetrieb unterhalten als auch für Stiftungen, die sich ausschließlich ideellen Zwecken widmen, gleichermaßen.[1019] Der Vorstand handelt ordnungsgemäß, wenn er bei seinen Entscheidungen im Rahmen seiner Aufgaben vernünftigerweise annehmen durfte, auf der Grundlage der ihm vorliegenden, angemessenen Informationen zum

---

[1004] Werner/Saenger/*Werner*, Rn. 391; Staudinger/*Rawert*, § 86 BGB Rn. 12; Krieger/Schneider/*Burgard*, § 6 Rn. 169.
[1005] Werner/Saenger/*Fritz*, Rn. 467 ff.; Krieger/Schneider/*Burgard*, § 6 Rn. 158; *Burgard*, S. 479 jew. mit Nachweisen aus den einzelnen Landesstiftungsgesetzen.
[1006] Krieger/Schneider/*Burgard*, § 6 Rn. 160 mwN.
[1007] Krieger/Schneider/*Burgard*, § 6 Rn. 159; *Burgard*, S. 479 mwN.
[1008] Werner/Saenger/*Fritz*, Rn. 471.
[1009] Krieger/Schneider/*Burgard*, § 6 Rn. 159; *Burgard*, S. 480 mwN.
[1010] Krieger/Schneider/*Burgard*, § 6 Rn. 159; *Burgard*, S. 480 mwN.
[1011] Seifart/v. Campenhausen/v. *Campenhausen*, § 1 Rn. 12.
[1012] Werner/Saenger/*Fritz*, Rn. 477; *Burgard*, S. 480 mwN.
[1013] Krieger/Schneider/*Burgard*, § 6 Rn. 162; *Burgard*, S. 480.
[1014] Werner/Saenger/*Fritz*, Rn. 470 mwN.
[1015] hierzu ausführlich: Werner/Saenger/*Fritz*, Rn. 472 ff.; Seifart/v. Campenhausen/*Hof*, § 10 Rn. 39.
[1016] Seifart/v. Campenhausen/*Hof*, § 10 Rn. 34 mwN; **a.A.** *Burgard*, S. 480.
[1017] S. Rn. 755.
[1018] Werner/Saenger/*Fritz*, Rn. 470.
[1019] *Schulz/Werz*, Stiftung&Sponsoring 5/2007, 30.

## D. Stiftungsvorstand

Wohle der Stiftung, ihres Zweckes und ihres Vermögens zu handeln. Dieser Grundsatz wird im Gesellschaftsrecht als **Business Judgment Rule** bezeichnet[1020] und ist auch für das Handeln des Stiftungsvorstands heranzuziehen.[1021] Den Vorstand trifft damit zumindest die Verpflichtung, eine auf die individuellen Bedürfnisse der Stiftung ausgerichtete Kapitalerhaltungsplanung nachzuweisen.[1022] Der Vorstand kann aber nur dann pflichtgemäß handeln, wenn er über die **erforderlichen Kenntnisse und Fertigkeiten** verfügt, um die Vorstandsaufgaben wahrnehmen zu können.[1023]

Wie der Vorstand des Vereins, ist der Stiftungsvorstand zuständig für die ordnungsgemäße Abführung der Sozialversicherungsbeiträge und Lohnsteuer für Angestellte der Stiftung sowie für sonstige steuerrechtliche Verpflichtungen der Stiftung. Der Vorstand haftet – vergleichbar dem Vereinsvorstand – im Falle der Verletzung dieser Pflichten. Entsprechendes gilt im Falle der Verletzung der Vorstandspflichten im Insolvenzfall. Auch insoweit wird auf die Ausführungen zum Vereinsvorstand verwiesen.[1024]

### 3. Haftungsprivilegierung für ehrenamtlich tätige Vorstandsmitglieder

Der zum 3.10.2009 neu geschaffene § 31a BGB sieht Haftungserleichterungen für ehrenamtlich tätige Vorstände vor. Aufgrund der Verweisung in § 86 BGB findet diese Vorschrift auch auf Stiftungsvorstände Anwendung. Als ehrenamtlich tätig gelten auch solche Mitglieder des Stiftungsvorstands, die für ihre Tätigkeit eine Vergütung von nicht mehr als 500,00 € erhalten. Diese Vorschrift schützt das ehrenamtliche Vorstandsmitglied im Falle von Schäden, die auf einer leicht fahrlässigen Pflichtverletzung des Vorstandmitgliedes beruhen. Damit ist allerdings nur der Schutz des ehrenamtlichen Vorstandsmitgliedes selbst bezweckt. Die Stiftung bleibt Dritten gegenüber für Schäden haftbar, die der Vorstand oder eines seiner Mitglieder pflichtwidrig verursacht haben. Das gilt auch dann, wenn sich das schadensverursachende ehrenamtliche Vorstandsmitglied auf die Haftungsprivilegierung des § 31a BGB berufen kann. Im Übrigen wird auf die Ausführungen zur Haftungsprivilegierung von Vereinsvorständen verwiesen.[1025]

Daneben enthalten einige **Stiftungsgesetze der Länder** Regelungen zu einer Einschränkung des Verschuldensmaßstabs, wonach **ehrenamtliche Stiftungsvorstände nur für Vorsatz oder grobe Fahrlässigkeit** haften.[1026]

---

[1020] S. hierzu Rn. 90.
[1021] So auch ausdrücklich Seifart/v. Campenhausen/*Hof*, § 10 Rn. 290; *Schulz/Werz*, Stiftung&Sponsoring 5/2007, 30, 31.
[1022] Krieger/Schneider/*Burgard*, § 6 Rn. 163.
[1023] S. Rn. 93.
[1024] S. Rn. 108.
[1025] S. Rn. 128 ff.
[1026] Vgl. bspw. § 12 Abs. 2 SAStiftG.

## 2. Teil Private Stiftungen

Aufgrund der nunmehr erfolgten bundesgesetzlichen Regelung besteht zwischen den Regelungen keine Konkurrenz mehr; sie haben insoweit den gleichen Inhalt. Anders verhält es sich mit landesgesetzlichen Regelungen, die eine Beschränkung der Haftung der Vorstandsmitglieder auch dann auf **Vorsatz und grobe Fahrlässigkeit beschränken, wenn die Vorstandsmitglieder nicht lediglich ehrenamtlich tätig sind.**[1027] In diesem Fall ist strittig, ob diese vereinzelten Haftungsprivilegierungen in Landesstiftungsgesetzen den allgemeinen bundesrechtlichen Regelungen als speziellere Regelungen vorgehen[1028] oder mangels Gesetzgebungskompetenz der Bundesländer nicht zu berücksichtigen seien.[1029] Unbedenklich sind indessen Regelungen in den Landesstiftungsgesetzen, wonach die Haftung per Satzung auf Vorsatz und grobe Fahrlässigkeit beschränkt werden kann.[1030] Insoweit ergibt sich aus § 86 i.V.m. § 27 Abs. 3 BGB nichts Abweichendes, so dass keine Konkurrenzsituation vorliegt.[1031] Nach § 27 Abs. 3 BGB kann nämlich wie beim Vereinsvorstand **in der Stiftungssatzung eine Haftungsbeschränkung auf Vorsatz und grobe Fahrlässigkeit vorgesehen** werden.[1032] Regelungen zu Haftungserleichterungen, die alleine im Anstellungsvertrag vorgesehen sind, scheiden aus.

### 4. Verzicht

772    Haben Mitglieder des Vorstandes einen Schaden verursacht, kann die Stiftung grundsätzlich auf die Geltendmachung von Schadensersatzansprüchen verzichten. Das setzt voraus, dass das **volle Ausmaß der Ansprüche bekannt** ist.[1033] Das schließt einen Verzicht im Voraus grundsätzlich aus. Da der Stiftung eine Mitgliederversammlung fremd ist, kann über den Verzicht nur der Vorstand als gesetzliches Organ der Stiftung oder ein anders satzungsmäßiges Organ entscheiden. Ist der Vorstand das einzige Stiftungsorgan, kann er selbst über einen Verzicht gegenüber einzelnen Vorstandsmitgliedern entscheiden.[1034] Das vom Verzicht unmittelbar betroffene Mitglied ist gemäß § 86 i.V.m. § 28 Abs. 1, 34 BGB nicht stimmberechtigt. Besteht der Stiftungsvorstand nur aus einer Person, setzt ein Verzicht eine Befreiung von § 181 BGB voraus. Zu beachten sind ferner Mitwirkungserfordernisse der jeweiligen Stiftungsaufsicht in den Bundesländern.[1035]

---

[1027] Vgl. bspw. Art. 14 S. 2 BayStiftG, § 8 S. 2 HeStiftG.
[1028] *Burgard*, S. 595 ff.; Krieger/Schneider/*Burgard*, 1. Aufl. § 6 Rn. 174.
[1029] Staudinger/*Rawert*, § 86 BGB Rn. 13; MünchKommBGB/*Säcker/Rixecker*, § 86 Rn. 20.
[1030] Staudinger/*Rawert*, § 86 BGB Rn. 13; Seifart/v. Campenhausen/*Hof*, § 10 Rn. 292.
[1031] Seifart/v. Campenhausen/*Hof*, § 10 Rn. 290.
[1032] Krieger/Schneider/*Burgard*, § 6 Rn. 172; Staudinger/*Rawert*, § 86 BGB Rn. 13; Seifart/v. Campenhausen/*Hof*, § 10 Rn. 292; Werner/Saenger/*U. Kilian*, Rn. 613 a.E.
[1033] Krieger/Schneider/*Burgard*, § 6 Rn. 176.
[1034] Krieger/Schneider/*Burgard*, § 6 Rn. 175.
[1035] § 13 Abs. 1 Nr. 4 BWStiftG; Art. 27 Abs. 2 S. 1 Nr. 3 BayStiftG.

## D. Stiftungsvorstand

Ein Verzicht kann jedoch ebenfalls eine Pflichtverletzung darstellen, wenn er den Erfordernissen der Business Judgment Rule widerspricht, insbesondere, wenn er dem Grundsatz der Vermögenserhaltung widerspricht.[1036] Ein Verzicht kann aber bspw. dann gerechtfertigt sein, wenn eine Durchsetzung des Anspruchs mit unverhältnismäßigen Kosten verbunden wäre oder die Forderung aufgrund Vermögenslosigkeit des Schuldners letztlich uneinbringlich wäre. Ein wirksamer Verzicht der Stiftung auf ihre Ansprüche gegen den Vorstand hat auch Wirkung gegenüber Dritten.[1037]

773

### 5. Entlastung

Die Stiftung kann dem Stiftungsvorstand grundsätzlich Entlastung erteilen. Eine Selbstentlastung durch den Vorstand ist nicht zulässig, so dass eine Entlastung ausscheidet, wenn neben dem Vorstand kein weiteres Organ errichtet worden ist. Die Entlastung kann nur von einem weiteren Stiftungsorgan, z.b. einem Kontrollgremium erteilt werden.[1038] Einer ausdrücklichen Regelung der Entlastung in der Stiftungssatzung bedarf es nicht.[1039] Die jeweilige Stiftungsaufsicht der Länder kann dem Vorstand nicht Entlastung erteilen.[1040] Die Entlastung kann sich – wie der wirksame Verzicht – nur auf solche Umstände erstrecken, die dem für die Entlastung zuständigen Organ bekannt bzw. erkennbar waren. Das schließt eine Entlastung – wie den Verzicht – im Voraus grundsätzlich aus.

774

Beruht die Entlastung auf falschen oder unvollständigen Informationen entfaltet sie keine Rechtswirkung.[1041] Eine durch das Kontrollorgan fahrlässig pflichtwidrige Entlastung ist gegenüber dem entlasteten Vorstandsmitglied wirksam. Eine vorsätzlich pflichtwidrig erfolgte Entlastung ist unwirksam.[1042]

775

Wie beim Verein kann der Stiftungsvorstand das für die Entlastung zuständige Kontrollgremium der Stiftung im Voraus um Zustimmung zu einem bestimmten Geschäft ersuchen, wenn eine Unsicherheit besteht, ob dieses Geschäft die Grenzen einer ordnungsgemäßen Vermögensverwaltung überschreiten könnte. Erteilt das Kontrollorgan die Zustimmung, ist der Stiftung die anschließende Inanspruchnahme des Vorstands auf Schadenersatz verwehrt. Nicht ausgeschlossen ist die Inanspruchnahme der

776

---

[1036] Krieger/Schneider/*Burgard*, § 6 Rn. 175.
[1037] S. Rn. 103.
[1038] Seifart/v. Campenhausen/*Hof*, § 8 Rn. 297; Krieger/Schneider/*Burgard*, § 6 Rn. 177.
[1039] Krieger/Schneider/*Burgard*, § 6 Rn. 177.
[1040] Seifart/v. Campenhausen/*Hof*, § 8 Rn. 297; Krieger/Schneider/*Burgard*, § 6 Rn. 178.
[1041] S. Rn. 99.
[1042] Krieger/Schneider/*Burgard*, § 6 Rn. 177.

Mitglieder des Kontrollorgans in den Fällen, in denen es die Zustimmung zum beabsichtigten Geschäft pflichtwidrig oder aufgrund unrichtiger Angaben des Vorstands erteilt hat.

## 6. Verjährung

777  Hinsichtlich der Verjährung ergeben sich gegenüber dem Verein keine Besonderheiten, so dass auf die dortigen Ausführungen verwiesen wird.[1043]

## 7. D&O Versicherung

778  Zur Absicherung von durch Mitglieder des Stiftungsvorstands verursachte Schäden kann die Stiftung eine Directors & Officers-Liability Versicherung abschließen.[1044] Diese Versicherung dient dazu, im Falle einer Pflichtverletzung des Vorstands, einen Schadensausgleich vorzunehmen. Anders als im Verein bedarf es hierfür einer satzungsmäßigen Grundlage. Alleine eine Regelung im Anstellungsvertrag genügt nicht. Unter Umständen kann auch eine entsprechende Satzungsänderung herbeigeführt werden, sofern die Satzung eine Regelung zur Versicherung für Schäden nicht vorsieht. In der Praxis wird von der Möglichkeit, eine D&O Versicherung zugunsten des Stiftungsvorstands abzuschließen, selten Gebrauch gemacht.[1045] Im Übrigen wird – auch hinsichtlich der Besonderheiten in gemeinnützigen Stiftungen – auf die entsprechend geltenden Ausführungen zum Verein verwiesen.[1046]

## V. Haftung des Vereins für schadensstiftende Handlungen des Vorstands

779  Verursacht ein Mitglied eines Stiftungsorgans einem Dritten einen Schaden, haftet die Stiftung gegenüber dem Dritten gemäß § 31 BGB. Auch insoweit bestehen aufgrund derselben Norm, die für die Haftung gilt, gegenüber dem Verein keine Besonderheiten.[1047]

## VI. Bestellung als Organ

780  Die Bestellung der Mitglieder des Vorstands erfolgt **durch den Stifter** oder durch die **in der Stiftungssatzung dazu benannten Personen, Organe**

---

[1043] S. Rn. 104.
[1044] Seifart/v. Campenhausen/*Hof*, § 8 Rn. 293; Krieger/Schneider/*Burgard*, § 6 Rn. 173.
[1045] *Schulz/Werz*, Stiftung&Sponsoring 5/2007, 30, 31.
[1046] S. Rn. 118 ff., 126 f.
[1047] S. Rn. 133 ff.

## D. Stiftungsvorstand

**oder Institutionen.**[1048] Der Stifter kann bei Errichtung der Stiftung festlegen, wie er sich die Besetzung des Vorstandes vorstellt. Zur Wahrung seines Einflusses auf die Stiftung zu seinen Lebzeiten, kann sich der Stifter bspw. selbst zum (ersten) Vorstand (ggf. auf Lebenszeit) machen.[1049] Er kann aber auch einen Familienangehörigen oder einen sonstigen Vertrauten als Vorstand installieren – natürlich nur, wenn diese Personen die Bestellung annehmen. Denkbar ist, die Vorstandsmitglieder auf Lebenszeit zu bestellen.[1050] Der Vorteil einer Festlegung des ersten Vorstandes der Stiftung liegt darin, dass sich die Aufnahme der Geschäftstätigkeit beschleunigen lässt und dass der Stifter selbst Einfluss auf die Führung „seiner" Stiftung nehmen kann.[1051]

Der Stifter kann über die Stiftungssatzung auch festlegen, wie die Vorstandsämter, abgesehen von der Erstbesetzung, z.b. nach dem Ableben des Stifters, zu besetzen sind. So liegt es bei **Familienstiftungen** nahe, dass auch zukünftig Familienmitglieder im Stiftungsvorstand vertreten sein sollen. Hier empfiehlt es sich, genaue **Festlegungen zu treffen um Streitigkeiten unter den Familienmitgliedern zu vermeiden.** Der Stifter sollte auch bedenken, dass die von ihm auserkorenen Familienmitglieder (z.B. der erstgeborene Enkel, Urenkel usw.) unter Umständen die Übernahme der Vorstandsfunktion ablehnen oder in gerader Linie Nachkommen ausbleiben.[1052] Ferner ist festzulegen, wie die Bestellung erfolgen soll. Das kann bspw. in der Weise geschehen, dass **einem (fakultativen) Stiftungsorgan die Bestellungszuständigkeit übertragen** wird.[1053] Der Stifter kann festlegen, dass sich das für die Bestellung zuständige Stiftungsorgan an Vorgaben des Stifters – auch über dessen Tod hinaus – halten muss, soweit diese nicht dem Stiftungszweck zuwider laufen.[1054]

Grundsätzlich zulässig sind auch Satzungsregelungen, die eine **Selbstergänzung des Vorstands** ermöglichen (sog. **Kooptation**).[1055] Der Vorstand entscheidet dann selbst über die Besetzung vakanter Vorstandsposten. Eine Kooptation bietet sich insbesondere an, wenn die Stiftung neben dem Vorstand nicht über weitere Organe verfügt.[1056] Die Gefahr der Kooptation besteht darin, dass die Auswahl von Kandidaten unter Umständen von persönlichen Interessen der anderen Vorstandsmitglieder geleitet wird und

781

782

---

[1048] Seifart/v. Campenhausen/*Hof*, § 8 Rn. 120; Staudinger/*Rawert*, § 86 BGB Rn. 4; *Burgard*, S. 393.
[1049] Staudinger/*Rawert*, § 86 BGB Rn. 5; *Burgard*, S. 393; Münch. Hdb. GesR V/*Lüke*, § 92 Rn. 4.
[1050] Seifart/v. Campenhausen/*Hof*, § 8 Rn. 122.
[1051] Seifart/v. Campenhausen/*Hof*, § 8 Rn. 121.
[1052] Münch.Hdb. GesR V/*Lüke*, § 92 Rn. 7; Seifart/v. Campenhausen/*Hof*, § 8 Rn. 125.
[1053] *Burgard*, S. 396; Richter/Wachter/*Richter*, S. 779 Rn. 51.
[1054] *Burgard*, S. 395.
[1055] Seifart/v. Campenhausen/*Hof*, § 8 Rn. 131; Werner/Saenger/*Werner*, Rn. 404; *Burgard*, S. 397.
[1056] Werner/Saenger/*Werner*, Rn. 404.

nicht von Überlegungen zum Wohle der Stiftung.[1057] Ferner besteht die Gefahr, dass die Kontrolle und die Sanktionierung von Pflichtverletzungen durch Vorstandsmitglieder nicht so erfolgen, wie dies wünschenswert oder notwendig wäre.[1058] Auch kann nicht ausgeschlossen werden, dass Entscheidungen über die eigene Vergütung eher am eigenen Interesse als am Wohl der Stiftung ausgerichtet werden.[1059] Das kann sodann sogar einen etwaigen Status einer Gemeinnützigkeit gefährden.[1060]

783 Häufig sieht die Satzung eine Begrenzung der Amtsdauer der Vorstandsmitglieder vor. Diese Begrenzung kann sich auf das gesamte Organ beziehen (z.B.: Vorstand wird insgesamt für fünf Jahre bestellt) oder für jedes einzelne Vorstandsmitglied gelten.[1061] Die Stiftungssatzung sollte im Falle einer Amtszeitbegrenzung auch Regelungen zur Möglichkeit der Wiederbestellung enthalten. Hinsichtlich der Festlegung von Mindest- oder Höchstaltersgrenzen siehe Rn. 140 ff.

784 Enthält die Stiftungssatzung keine Regelungen zur Bestellung der Mitglieder des Vorstandes sind die jeweiligen Stiftungsgesetze der Bundesländer heranzuziehen oder der Vorstand ist gemäß § 86 BGB i.V.m. § 29 BGB durch das zuständige Amtsgericht zu bestellen.[1062] Ist der Vorstand das einzige Stiftungsorgan und enthält die Stiftungssatzung keine Regelungen über die künftige Besetzung freier Vorstandspositionen (z.B. weil der Stifter nur die Erstbestellung geregelt hat) gilt der Grundsatz der Kooptation.[1063]

785 Erfolgt nicht die Bestellung bereits durch die Satzung, bedarf es für die Begründung der Organstellung einer Bestellungserklärung gegenüber dem zu bestellenden Vorstandsmitglied.[1064]

## VII. Beendigung der Organstellung

### 1. Ablauf der Bestellungsdauer, Tod des Organmitgliedes

786 Die Organstellung kann aus verschiedenen Gründen enden. Eine zeitlich befristete Organstellung endet mit **Ablauf der Bestellungsdauer**. Die Organstellung endet auch mit dem **Tod des Organmitgliedes** – oder, wenn eine Körperschaft Organ ist, mit deren Auflösung.[1065]

---

[1057] Werner/Saenger/*Werner*, Rn. 404.
[1058] *Burgard*, S. 397.
[1059] *Schauhoff*, § 3 Rn. 93.
[1060] S. hierzu Rn. 306 f.
[1061] Richter/Wachtner/*Richter*, S. 779 Rn. 52.
[1062] Soergel/*Neuhoff*, § 86 BGB Rn. 3.
[1063] *Burgard*, S. 397.
[1064] *Burgard*, S. 393, s. auch Rn. 143 ff.
[1065] *Burgard*, S. 400.

D. *Stiftungsvorstand*

## 2. Niederlegung der Organstellung

Die Organstellung endet ferner durch zulässige **Amtsniederlegung** durch das Organmitglied.[1066] Die Amtsniederlegung ist grundsätzlich auch ohne Vorliegen eines wichtigen Grundes und ohne ausdrückliche Erlaubnis in der Stiftungssatzung möglich.[1067] Allerdings kann sie dennoch pflichtwidrig sein und Schadenersatzansprüche auslösen. Das wird bspw. immer dann der Fall sein, wenn mit dem Vorstandsmitglied ein Anstellungsverhältnis besteht. Das Vorstandsmitglied ist dann aufgrund des Anstellungsvertrages zur Amtsausübung verpflichtet. Eine Niederlegung zur Unzeit ist nicht zulässig.[1068] Die Niederlegung ist gemäß § 26 Abs. 2 S. 2 BGB gegenüber dem (verbleibenden) Vorstand zu erklären.[1069] Ist der Vorstand das einzige Organ der Stiftung und als solches auch nur eingliedrig organisiert, kann er eine Niederlegung niemandem gegenüber erklären. Die Stiftungsaufsicht ist nicht zuständig. So bleibt dem Vorstand nur die Möglichkeit, einen Antrag auf Bestellung eines Notvorstandes zu stellen.[1070]

787

## 3. Abberufung des Vorstandsmitgliedes

Das Vorstandsamt endet ferner im Falle eines zulässigen **Widerrufs der Bestellung**, auch Abberufung genannt. Das BGB sieht keine Regelungen zur Abberufung eines Vorstandsmitgliedes vor. Das bedeutet aber nicht, dass eine Abberufung ausgeschlossen ist. Die Satzung kann Regelungen zur Abberufung enthalten. So ist es zulässig, die Abberufung vom Vorliegen eines wichtigen Grundes (z.B. einer schwerwiegenden Pflichtverletzung durch das Vorstandsmitglied) abhängig zu machen. Die Abberufung aus wichtigem Grund kann durch die Satzung nicht wirksam ausgeschlossen werden.[1071] Auch ohne eine ausdrückliche Satzungsregelung wird die Abberufung im Falle eines Vorzugsrechts (z.B. bei einer Vorgabe des Stifters, wer Vorstand sein soll), einer zeitlich konkret festgelegten Amtszeit oder beim Auseinanderfallen von Bestellungs- und Abberufungskompetenz[1072] bei Vorliegen eines wichtigen Grundes zulässig sein.

788

Ist die Abberufung nicht lediglich bei Vorliegen eines wichtigen Grundes zulässig, liegt sie aufgrund der Fremdnützigkeit der Stiftung im **pflichtgemäßen Ermessen** des für die Abberufung zuständigen Organs[1073],

789

---

[1066] Seifart/v. Campenhausen/*Hof*, § 8 Rn. 168; Werner/Saenger/*Werner*, Rn. 437 f.; *Burgard*, S. 406.
[1067] *Burgard*, S. 406; **a.A.** Werner/Saenger/*Werner*, Rn. 437.
[1068] *Burgard*, S. 406; s. im Übrigen auch Rn. 213.
[1069] Seifart/v. Campenhausen/*Hof*, § 8 Rn. 168.
[1070] Münch. Hdb. GesR V/*Lüke*, § 92 Rn. 35.
[1071] *Burgard*, S. 401 f.; Seifart/v. Campenhausen/*Hof*, § 8 Rn. 171.
[1072] *Burgard*, S. 402.
[1073] Seifart/v. Campenhausen/*Hof*, § 8 Rn. 170; *Burgard*, S. 403 f.

z.B. bei grundlegender Störung des Vertrauensverhältnisses (z.B. der Organe untereinander, der Mitglieder des Vorstands untereinander oder zwischen der Stiftungsaufsicht und dem Vorstandsmitglied).[1074] Einer Abmahnung bedarf es im Falle der Abberufung durch die Stiftung grundsätzlich nicht. Allerdings ist dem abzuberufenden Vorstandsmitglied Gelegenheit zur Stellungnahme vor der Abberufung zu geben. Ob das Vorstandsmitglied von diesem Recht Gebrauch macht, ist für die Frage der Zulässigkeit einer Abberufung ohne Belang.[1075]

790 Ferner sehen die Stiftungsgesetze der einzelnen Bundesländer die Möglichkeit der **Abberufung eines Vorstandsmitgliedes aus wichtigem Grund durch die Stiftungsaufsicht** vor.[1076] Dabei hat die Aufsichtsbehörde jedoch zunächst der Stiftung selbst Gelegenheit zu geben, das betreffende Vorstandsmitglied abzuberufen oder eine andere Lösung zu finden.[1077] Die Aufsichtsbehörde entscheidet durch Verwaltungsakt. Dieser Verwaltungsakt kann sowohl von der Stiftung als auch vom betroffenen Vorstandsmitglied angefochten werden.[1078] Dabei haben Widerspruch und Anfechtungsklage aufschiebende Wirkung.[1079] Im Falle eines erfolglosen Widerspruchsverfahrens sind für die Anfechtungsklage die Gerichte der Verwaltungsgerichtsbarkeit am Sitz der Stiftung zuständig.

791 Ist in der Satzung einem (fakultativen) Organ die Kompetenz zur Bestellung eines Vorstandsmitgliedes eingeräumt, ist dieses Organ ohne anderslautende Satzungsregelung auch für die Abberufung eines Vorstandsmitgliedes zuständig.[1080]

792 Die Abberufung kann, muss aber nicht zugleich auch eine Kündigung des Anstellungsvertrages beinhalten.[1081] Aus Gründen der Rechtssicherheit sollte daher unbedingt auch das Anstellungsverhältnis ausdrücklich gekündigt werden. Zur Wirkung der Abberufung bzw. der Folgen im Falle ihrer Unwirksamkeit kann auf die Ausführungen zur Abberufung eines Vorstandsmitgliedes verwiesen werden.[1082]

---

[1074] *Burgard*, S. 403.
[1075] Werner/Saenger/*Werner*, Rn. 439 mwN.
[1076] bspw. § 9 Abs. 5 BlnStiftG; § 9 Abs. 1 BbgStiftG; Art. 21 Abs. 2 BayStiftG; § 15 Abs. 1 HeStiftG; vgl. hierzu Seifart/v. Campenhausen/*Hof*, § 8 Rn. 177; *Burgard*, S. 405.
[1077] Seifart/v. Campenhausen/*Hof*, § 8 Rn. 177; *Burgard*, S. 405; Münch. Hdb. GesR V/*Lüke*, § 92 Rn. 31.
[1078] *Burgard*, S. 405; Seifart/v. Campenhausen/*Hof*, § 8 Rn. 181.
[1079] Münch. Hdb. GesR V/*Lüke*, § 92 Rn. 33; Seifart/v. Campenhausen/*Hof*, § 8 Rn. 180.
[1080] Seifart/v. Campenhausen/*Hof*, § 8 Rn. 170; *Burgard*, S. 396; Richter/Wachtner/*Richter*, S. 780 Rn. 53.
[1081] *Burgard*, S. 405.
[1082] S. Rn. 187 ff.; s. auch Werner/Saenger/*Werner*, Rn. 440; Seifart/v. Campenhausen/*Hof*, § 8 Rn. 175; *Burgard*, S. 404.

D. *Stiftungsvorstand*

## VIII. Anstellungsverhältnis des Vorstands

### 1. Grundlagen

Von der Organstellung als Mitglied des Vorstandes der Stiftung ist das schuldrechtliche Vertragsverhältnis zu unterscheiden. Übt das Vorstandsmitglied sein Amt ehrenamtlich aus, liegt ein Auftragsverhältnis vor. Die Stiftungssatzung kann jedoch auch die Zahlung einer Vergütung für die Mitglieder des Vorstandes vorsehen. In diesem Fall handelt es sich bei dem der Organstellung zugrundeliegenden Rechtsverhältnis um ein Dienstverhältnis.[1083]

793

### 2. Arbeitsrechtliche Einordnung

Mitglieder des Stiftungsvorstands sind nicht Arbeitnehmer im Sinne des Arbeitsrechts.[1084] Sie sind nicht weisungsgebunden und unterliegen lediglich den Vorgaben der Stiftungssatzung und Recht und Gesetz. Sie sind gesetzliche Vertreter der Stiftung gemäß § 5 Abs. 2 Nr. 1 BetrVG.[1085] Sie sind daher weder wahlberechtigt noch wählbar bei Betriebsratswahlen.

794

Auch sind Vorstandsmitglieder nicht arbeitnehmerähnliche Personen.[1086] Dennoch sind sie in bestimmten Bereichen vergleichbar einem Arbeitnehmer schutzbedürftig. So haben auch Vorstandsmitglieder in Stiftungen Anspruch auf Erholungsurlaub und für sie gelten die Kündigungsfristen des § 622 Abs. 1, 2 BGB. Insofern kann auf die obigen Ausführungen zu Mitgliedern des Vereinsvorstands verwiesen werden.[1087]

795

### 3. Sozialversicherungsrechtliche Einordnung

Obwohl Mitglieder des Stiftungsvorstands nicht Arbeitnehmer im arbeitsrechtlichen Verständnis sind, unterliegen sie unter Heranziehung der sozialrechtlichen Rechtsprechung als Beschäftigte grundsätzlich der Versicherungspflicht in allen Zweigen der Sozialversicherung.[1088] Demzufolge können sie auch unter den in den einzelnen Sozialgesetzbüchern geregelten Voraussetzungen Anspruch auf Sozialleistungen haben (z.B. Arbeitslosengeld I, Altersrente etc.).

796

---

[1083] Seifart/v. Campenhausen/*Hof*, § 8 Rn. 154; Werner/Saenger/*U. Kilian*, Rn. 607; insofern bestehen keine Unterschiede zum Vereinsvorstand, s. ausführlich Rn. 221 ff.
[1084] Werner/Saenger/*U. Kilian*, Rn. 608; Münch. Hdb. GesR V/*Lüke*, § 92 Rn. 44.
[1085] HWK/*Gaul*, § 5 BetrVG Rn. 41
[1086] Werner/Saenger/*U. Kilian*, Rn. 608.
[1087] S. Rn. 363 ff., 535.
[1088] S. hierzu ausführlich Rn. 236 ff.

## 4. Zuständigkeit für Abschluss, Änderung und Beendigung eines Anstellungsvertrages

797 Sofern die Stiftungssatzung keine anderslautende Regelung enthält, ist für den Abschluss, die Änderung und die Beendigung des Anstellungsverhältnisses das Organ oder die Institution zuständig, die auch für die Bestellung und Abberufung des Vorstandsmitgliedes zuständig ist.[1089] Verfügt die Stiftung über ein (fakultatives) Aufsichts- oder Kontrollorgan, das die Mitglieder des Vorstandes bestellt und abberuft, so ist dieses auch ohne ausdrückliche Kompetenzzuweisung in der Stiftungssatzung auf Seiten der Stiftung für das Anstellungsverhältnis mit den Vorstandsmitgliedern zuständig. Im Fall der Kooptation ist es der Vorstand selbst. Das betroffene Vorstandsmitglied ist von der Beschlussfassung des Vorstandes über Abschluss, Ausgestaltung etc. des Anstellungsvertrages ausgeschlossen.

## 5. Inhalt des Anstellungsvertrages

798 **a) Grundlagen.** Bei der Ausgestaltung des Inhalts des Anstellungsvertrages ist die Stiftung weitgehend frei, solange der Vertragsinhalt nicht dem Stiftungszweck und sonstigem geltenden Recht und Gesetz zuwiderläuft. Soweit der Vertragsinhalt von der Stiftung vorformuliert ist und für das Vorstandsmitglied darauf keine wirkliche Einflussmöglichkeit besteht, unterliegt der Anstellungsvertrag als allgemeine Geschäftsbedingung der gerichtlichen Inhaltskontrolle. Das Vorstandsmitglied ist dabei unter Zugrundelegung der Rechtsprechung und wohl herrschenden Meinung Verbraucher im Sinne des § 13 BGB; siehe hierzu Rn. 273.

799 Um Wiederholungen zu vermeiden, wird im Folgenden nur auf Besonderheiten bei der Festlegung der Vergütung und auf das nachvertragliche Wettbewerbsverbot eingegangen, da im Übrigen auch die obigen Ausführungen zum Inhalt des Anstellungsvertrages mit Mitgliedern des Vorstands des Vereins verwiesen werden kann.[1090]

800 **b) Vergütung.** Das Stiftungsrecht geht – wie das Vereinsrecht – von einer ehrenamtlichen Tätigkeit der Vorstandsmitglieder aus.[1091] Das wird bspw. in § 27 Abs. 3 BGB deutlich, in dem auf Vorschriften des Auftragsrechts verwiesen wird. Die Erfüllung eines Auftrages erfolgt nach gesetzlicher Regelung unentgeltlich. Auf Mitglieder des Vorstands der Stiftung findet § 27 Abs. 3 BGB über § 86 BGB entsprechende Anwendung. Dementsprechend sind nur gut 10% der Vorstandsmitglieder hauptamtlich tä-

---

[1089] BGH, Urt. v. 21.1. 1991 – II ZR 144/90, NJW 1991, 1727 für den Verein; Münch. Hdb. GesR V/*Lüke*, § 92 Rn. 42.

[1090] S. ab Rn. 280.

[1091] BFH, Beschl. v. 8.8. 2001 – I B 40/01, DStRE 2001, 1301; *Schauhoff*, § 3 Rn. 103; Seifart/v. Campenhausen/*Hof*, § 8 Rn. 154; anders bei der österreichischen Privatstiftung, vgl. Doralt/Nowotny/Kalss/*E. Micheler*, § 19 PSG Rn. 1.

## D. Stiftungsvorstand

tig.[1092] Das schließt eine entgeltliche Tätigkeit im Rahmen eines Dienstverhältnisses indessen nicht aus.[1093] Das für die Ausgestaltung des Anstellungsvertrages zuständige Organ muss bei der Festlegung der Vergütung jedoch die Grundsätze des Stiftungsrechts beachten, insbesondere den **Stiftungszweck** und das **Gebot der Erhaltung des Stiftungsvermögens**. Ein Stifter kann „seine" Stiftung nicht dazu verwenden, sich über ein hohes Gehalt zu bereichern; dies würde den Grundsatz der Fremdnützigkeit der Stiftung verletzen.

Anders als das BGB sieht § 19 des österreichischen Privatstiftungsgesetzes (PSG) eine – wenn auch knappe – Regelung zur Vergütung des Stiftungsvorstands vor. In § 19 Abs. 1 PSG heißt es: „*Soweit in der Stiftungserklärung nichts anderes vorgesehen ist, ist den Mitgliedern des Stiftungsvorstands für ihre Tätigkeit eine mit ihren Aufgaben und mit der Lage der Privatstiftung im Einklang stehende Vergütung zu gewähren.*" Dieser Rechtsgedanke kann auch auf das deutsche Stiftungsrecht übertragen werden, um festzustellen, ob eine **Vergütung angemessen** ist. Die Vergütung für den Stiftungsvorstand darf **nicht in einem auffälligen Missverhältnis zwischen dem zu erwartenden Ertrag des Stiftungsvermögens und dem Wert der Dienstleistungen** durch den Vorstand stehen.[1094] Die Vergütung soll zumindest gewährleisten, dass sich das Vorstandsmitglied gegen das Schadensrisiko aus leichter Fahrlässigkeit versichern kann.[1095] Kriterien für die Ermittlung der angemessenen Vergütung sind die vom Vorstandsmitglied **geforderten Leistungen, Ausbildung, Berufserfahrung und seine Verantwortung**.[1096] Je größer und bedeutender eine Stiftung ist, umso umfangreicher werden regelmäßig auch die Aufgaben des Vorstands sein, und auch seine Verantwortung wächst. So beschäftigen große Stiftungen regelmäßig Mitarbeiter, für deren Auswahl und ordnungsgemäße Beschäftigung der Vorstand die Verantwortung trägt. Hauptamtlich tätige Vorstandsmitglieder von Stiftungen verdienen nach einer Studie der Fachhochschule für Technik und Wirtschaft (FHTW) Berlin aus dem Jahr 2008 durchschnittlich 81 000,00 € brutto pro Jahr.[1097] Dabei wurde jedoch eine ganz erhebliche Streuung festgestellt.[1098] Ferner kann auf die obigen Ausführungen zur verdeckten Gewinnausschüttung und die darin liegenden Grundgedanken zur Angemessenheit der Vergütung des Vereinsvorstands Bezug genommen werden.[1099]

801

---

[1092] *Sandberg/Mecking*, Stiftung&Sponsoring 1/2008, 40.
[1093] S. Rn. 222 ff.
[1094] Seifart/v. Campenhausen/*Hof*, § 8 Rn. 155; Werner/Saenger/*Werner*, Rn. 442; Doralt/Nowotny/Kalss/*E. Micheler*, § 19 PSG Rn. 1.
[1095] *Strickroth*, S. 98; Seifart/v. Campenhausen/*Hof*, § 8 Rn. 155; Doralt/Nowotny/Kalss/*E. Micheler*, § 19 PSG Rn. 1.
[1096] Seifart/v. Campenhausen/*Hof*, § 8 Rn. 155; *Sandberg/Mecking*, Stiftung&Sponsoring 1/2008, 40, 41.
[1097] *Sandberg/Mecking*, Stiftung&Sponsoring 1/2008, 40.
[1098] *Sandberg/Mecking*, Stiftung&Sponsoring 1/2008, 40, 41 (Abb. 1).
[1099] S. Rn. 302 ff.

802 Die **gemeinnützige Stiftung** hat ferner die **Grundsätze der selbstlosen Mittelverwendung** zu beachten. Die gemeinnützige Stiftung darf keine Person durch unverhältnismäßig hohe Vergütungen begünstigen, § 55 Abs. 1 Nr. 3 AO.[1100] Die vorrangige Verwendung der Stiftungserträge für die gemeinnützigen Zwecke muss gewährleistet sein. Ist in der Satzung die Zahlung einer Vergütung nicht ausdrücklich vorgesehen und gewährt die Stiftung einem Vorstandsmitglied dennoch eine Vergütung, die über eine Aufwandsentschädigung hinausgeht, so gefährdet sie ihren Status der Gemeinnützigkeit.[1101] Ferner kann darin eine verdeckte Gewinnausschüttung liegen.[1102] Im Übrigen bestehen hierbei zum gemeinnützigen Verein keine wesentlichen Unterschiede, so dass auf die dortigen Ausführungen Bezug genommen wird.[1103]

803 **c) Nachvertragliche Wettbewerbsverbote. (1) Grundsätzliche Zulässigkeit nachvertraglicher Wettbewerbsverbote.** Anders als der Idealverein[1104] ist es der Stiftung nicht verwehrt, sich wirtschaftlich zu betätigen. Besonders deutlich wird dies bei der unternehmensverbundenen Stiftung. Während es beim Idealverein regelmäßig an einem schützenswerten Interesse des Vereins an einem nachvertraglichen Wettbewerbsverbot für ausgeschiedene Vorstandsmitglieder fehlt, kann die Stiftung sehr wohl ein rechtlich anerkennenswertes Interesse daran haben, sich vor Konkurrenz aus den (ehemals) eigenen Reihen zu schützen. In solchen Fällen bietet sich die Vereinbarung eines nachvertraglichen Wettbewerbsverbotes an.

804 Ein berechtigtes Interesse der Stiftung kann in dem Schutz von Betriebs- und Geschäftsgeheimnissen – insb. technischem Know-How – oder im Schutz der Kundenbeziehungen liegen. Nachvertragliche Wettbewerbsverbote können als reine Kundenschutz-, Geheimhaltungsklauseln oder vollständige Tätigkeitsverbote ausgestaltet sein. Reicht bspw. eine Kundenschutzklausel aus, um die berechtigten Interessen eines Unternehmens in ausreichendem Maße zu schützen, ist für ein (an sich rechtlich zulässiges) vollständiges Tätigkeitsverbot kein Raum. Alleine die Ausschaltung von Konkurrenz ist kein legitimes Interesse. Ferner kann ein nachvertragliches Wettbewerbsverbot nur dann zulässig sein, wenn das betroffene Vorstandsmitglied überhaupt mit wettbewerbsrelevanten Belangen betraut ist. Eine Stiftung, die keine wirtschaftliche Zielsetzung hat – insbesondere die gemeinnützige Stiftung – wird regelmäßig kein schützenswertes Interesse an der Vereinbarung eines nachvertraglichen Wettbewerbsverbots mit ihren Vorstandsmitgliedern haben.[1105]

---

[1100] Vgl. auch *Orth*, Stiftung&Sponsoring 4/2010 Rote Seiten 8.
[1101] BFH, Beschl. v. 8.8. 2001 – I B 40/01, DStRE 2001, 1301; *Schauhoff*, § 3 Rn. 103; Seifart/v. Campenhausen/*Hof*, § 8 Rn. 154.
[1102] BFH, Beschl. v. 8.8. 2001 – I B 40/01, DStRE 2001, 1301.
[1103] S. Rn. 29, 306 ff.
[1104] S. Rn. 427 ff.
[1105] Insoweit kann auf die Ausführungen zur grundsätzlichen Unzulässigkeit nachvertraglicher Wettbewerbsverbote mit Vorstandsmitgliedern des Vereins verwiesen werden, Rn. 427 ff.

## D. Stiftungsvorstand

Die Stiftung selbst wird allerdings regelmäßig nicht selbst am Markt tätig, sondern ist unternehmensverbundene Einheit.[1106] Das zu schützende Know-How, die Kundendaten, die Geschäftsgeheimnisse etc. liegen daher in der Regel in Unternehmen außerhalb der Stiftung. Bei der Formulierung eines nachvertraglichen Wettbewerbsverbotes sollte auf diesen Umstand geachtet werden. Beschränkt sich das nachvertragliche Wettbewerbsverbot nur auf ein Verbot der Konkurrenztätigkeit gegenüber der Stiftung, kann dieses nicht ohne weiteres auch auf die mit der Stiftung verbundenen Unternehmen erstreckt werden.[1107] In der Konstellation der Stiftung & Co. KG, in der die Stiftung quasi als Holding agiert, wird man indessen eine Vereinbarung zu einem nachvertraglichen Wettbewerbsverbot mit einem Mitglied des Stiftungsvorstandes so auslegen müssen, dass auch eine Erstreckung auf die KG gewollt ist.[1108] Eine solche (ausdrückliche oder konkludente) Erstreckung des nachvertraglichen Wettbewerbsverbotes auf die KG ist grundsätzlich rechtlich zulässig.[1109]

805

**(2) Rechtliche Grundlagen.** Durch Vereinbarung zwischen Stiftung und Vorstandsmitglied kann die berufliche Tätigkeit des Vorstandsmitglieds für die Zeit nach Beendigung der Anstellung bei der Stiftung beschränkt werden. Da Mitglieder des Stiftungsvorstands nicht Arbeitnehmer, sondern Organmitglieder sind[1110], gelten für sie die Regelungen zu nachvertraglichen Wettbewerbsverboten in §§ 74 ff HGB nicht entsprechend.[1111] Die rechtliche Zulässigkeit nachvertraglicher Wettbewerbsverbote mit Organmitgliedern wird an § 138 BGB gemessen. Ein nachvertragliches Wettbewerbsverbot bedarf daher einer ausdrücklichen und detaillierten Vereinbarung. Sämtliche gewünschte Konditionen müssen mangels gesetzlicher Vorschriften geregelt werden. Eine Ausdehnung des Anwendungsbereichs der §§ 74 ff HGB auf vertretungsberechtigte Organe juristischer Personen kann aber durch vertragliche Inbezugnahme erfolgen.

806

**(3) Reichweite des nachvertraglichen Wettbewerbsverbots.** Ein nachvertragliches Wettbewerbsverbot darf nur soweit reichen, wie es den berechtigten Interessen der Stiftung – oder eines verbundenen Unternehmens[1112] – dient. Zunächst ist zu ermitteln, ob eine Kundenschutzklausel ausreichenden Schutz für die Interessen der Stiftung ermöglicht.[1113] Ist dies nicht der Fall kann auch ein vollständiges Tätigkeitsverbot in Betracht

807

---

[1106] S. Rn. 744.
[1107] BAG, Urt. v. 24.6. 1966 – 3 AZR 501/65, AP HGB § 74a Nr. 2.
[1108] für LAG Berlin, Urt. v. 17.4. 1998 – 6 Sa 4/98, BeckRS 1998 30455141; *Bauer/Diller*, Rn. 132.
[1109] *Bauer/Diller*, Rn. 205.
[1110] S. Rn. 794.
[1111] Bspw. BGH, Hinweisbeschl. v. 7.7. 2008 – II ZR 81/07, NZG 2008, 753 für Geschäftsführer der GmbH; *Menke*, NJW 2009, 639.
[1112] S. Rn. 744, 805.
[1113] S. zur Ausgestaltung und Reichweite von Kundenschutzklauseln Rn. 431 ff.

kommen. Auch wenn es um den Schutz von Betriebs- und Geschäftsgeheimnissen, insbesondere technischem Know-How geht, reichen Kundenschutzklauseln nicht aus, so dass ein vollständiges Tätigkeitsverbot in Betracht kommt.[1114] Ferner ist der sachliche Geltungsbereich auf tatsächliche Konkurrenzsituationen beschränkt. Auf Geschäftsfelder, in denen die Stiftung und die mit ihr verbundenen Unternehmen nicht tätig sind, kann sich ein nachvertragliches Wettbewerbsverbot nicht rechtswirksam erstrecken.

808 Der **örtliche Geltungsbereich** eines nachvertraglichen Wettbewerbsverbots darf sich nur auf die Gebiete erstrecken, in denen die Stiftung und die vom Wettbewerbsverbot erfassten Unternehmen wirtschaftlich am Markt auftreten (bestimmte Stadt, Region, Bundesland, deutschlandweit etc.). Oftmals wird bei Vereinbarung des nachvertraglichen Wettbewerbsverbotes nicht absehbar sein, in welchen Märkten die Stiftung und die verbundenen Unternehmen geschäftlich tätig sein werden, wenn das Vorstandsmitglied ausscheidet und das nachvertragliche Wettbewerbsverbot relevant wird. Zulässig und empfehlenswert sind daher Klauseln zur räumlichen Reichweite des Verbots, die den Geltungsbereich danach bestimmen, in welchen Regionen die Stiftung und die verbundenen Unternehmen bei Ausscheiden des Vorstandsmitgliedes tätig sind.

809 Ein berechtigtes Interesse, ein ehemaliges Vorstandsmitglied für mehr als zwei Jahre einem nachvertraglichen Wettbewerbsverbot zu unterwerfen, wird regelmäßig nicht begründbar sein. Maßstab ist dabei die **zweijährige Maximaldauer nachvertraglicher Wettbewerbsverbote** mit Arbeitnehmern.[1115]

810 **(4) Gewährung einer Karenzentschädigung.** Anders als bei Arbeitnehmern, ist die Zulässigkeit bzw. Verbindlichkeit eines nachvertraglichen Wettbewerbsverbotes mit einem Organmitglied einer juristischen Person nicht stets von der Zusage einer Karenzentschädigung für die Dauer des Verbotes abhängig. Die Wirksamkeit eines nachvertraglichen Wettbewerbsverbots mit einem Stiftungsvorstandsmitglied hängt indessen von der Zusage einer **Karenzentschädigung** ab, wenn es sich um ein vollständiges nachvertragliches Wettbewerbsverbot handelt.[1116] Beschränkt sich das nachvertragliche Wettbewerbsverbot auf Regelungen, die der Wahrung von Betriebs- und Geschäftsgeheimnissen sowie dem Kundenschutz dienen, ist eine Karenzentschädigung nicht erforderlich.[1117] Die Höhe der Karenzentschädigung sollte sich aus Gründen der Rechtssicherheit an § 74 Abs. 2 HGB orientieren. Sie sollte also die Hälfte der vom Stiftungsvorstand zuletzt bezogenen Vergütung betragen; ein Dogma ist dies aber nicht, so dass im Einzelfall auch eine geringere Karenzentschädigung zulässig sein kann.

---

[1114] S. Rn. 804.
[1115] BGH, Urt. v. 16.10.1989 – II ZR 2/89, NJW-RR 1990, 226.
[1116] *Bauer/Diller* Rn. 738 mwN.
[1117] BGH, Urt. v. 28.4. 2008 – II ZR 11/07, NZG 2008, 664; BGH, Hinweisbeschl. v. 7.7. 2008 – II ZR 81/07, NZG 2008, 753.

## D. Stiftungsvorstand

Haben die Stiftung und das Vorstandsmitglied eine Regelung zur Gewährung einer Karenzentschädigung für die Zeit des nachvertraglichen Wettbewerbsverbotes nicht getroffen, steht dem Vorstandsmitglied im Falle seines Ausscheidens eine Karenzentschädigung nicht zu.[1118] Allerdings kann das vereinbarte nachvertragliche Wettbewerbsverbot ohne Karenzentschädigung unwirksam sein. Eine geltungserhaltende Reduktion scheidet selbst bei Vereinbarung einer salvatorischen Klausel aus.[1119]

811

Das an ein vertraglich vereinbartes nachvertragliches Wettbewerbsverbot gebundene, ehemalige Vorstandsmitglied muss sich **Einkünfte, die es während der Dauer des nachvertraglichen Wettbewerbsverbots erzielt, nur dann auf die Karenzentschädigung anrechnen lassen, wenn dies vertraglich vereinbart worden ist.** Eine analoge Anwendung des § 74c HGB, der die Anrechnung anderweitigen Erwerbs für nachvertragliche Wettbewerbsverbote mit Arbeitnehmern regelt, lehnt die Rechtsprechung ab.[1120]

812

**(5) Verzicht auf das nachvertragliche Wettbewerbsverbot.** Die Stiftung kann auch ohne entsprechende Inbezugnahme analog § 75a HGB auf das vereinbarte nachvertragliche Wettbewerbsverbot verzichten, wenn das Anstellungsverhältnis noch nicht beendet ist.[1121] Der Verzicht muss schriftlich erklärt werden. Er bewirkt, dass der Dienstherr **mit Ablauf eines Jahres seit der Erklärung** von der Verpflichtung zur Zahlung einer Karenzentschädigung frei wird.

813

Umstritten und von der höchstrichterlichen Rechtsprechung noch nicht entschieden ist die Frage, ob vertraglich von der Regelung des § 75a HGB abgewichen werden darf.[1122] Zumindest wird man zum Schutz des ausgeschiedenen Vorstandsmitgliedes eine angemessene Frist einzuhalten haben (z.B. drei bis sechs Monate). Das gilt insbesondere, wenn der Anstellungsvertrag der AGB-Kontrolle unterliegt.

814

**Klauselvorschlag:**
**§ XX – Nachvertragliches Wettbewerbsverbot**

815

*XX.1 Das Vorstandsmitglied verpflichtet sich, für die Dauer von zwei Jahren nach Beendigung seines Anstellungsverhältnisses weder mittelbar noch unmittelbar für ein Unternehmen, eine Person oder Personengesamtheit tätig zu werden, das bzw. die mit der Stiftung bzw. der ... KG im Wettbewerb stehen. Es wird insbesondere kein Unternehmen gründen, noch erwerben, noch sich an einem solchen beteiligen oder in ein Arbeits-, Dienst- oder Beraterverhältnis zu einem Unter-*

---

[1118] BGH, Urt. v. 28.4. 2008 – II ZR 11/07, NZG 2008, 664.
[1119] *Bauer/Diller*, Rn. 750.
[1120] BGH, Urt. v. 28.4. 2008 – II ZR 11/07, NZG 2008, 664.
[1121] BGH, Urt. v. 17.2. 1992 – II ZR 140/91, NJW 1992, 1892; *Menke*, NJW 2009, 636, 637; *Bauer/Diller*, Rn. 754 ff.; **a.A.** BGH, Urt. v. 4.3. 2002 – II ZR 77/00, NJW 2002, 1875.
[1122] zum Meinungsstand: *Menke*, NJW 2009, 636, 637 f.

## 2. Teil  Private Stiftungen

nehmen oder einer Person/Personengesamtheit treten, das bzw. die in mittelbarem oder unmittelbarem Wettbewerb zur Stiftung bzw. der ... KG stehen.

Weiterhin verpflichtet sich das Vorstandsmitglied, eine Verwertung aller Kontakte, Informationen, Geschäftsverbindungen usw., die es während der Laufzeit des Anstellungsvertrages gewonnen hat, zu unterlassen.

Das Vorstandsmitglied verpflichtet sich insbesondere, für die Dauer von zwei Jahren nach Beendigung dieses Vertrages weder mittelbar noch unmittelbar für solche Auftraggeber tätig zu werden, die in den letzten drei Jahren vor Beendigung des Vertrages Kunden der Stiftung bzw. der ... KG waren oder mit denen diese nachweislich in Verhandlung zur Anbahnung von Geschäftsbeziehungen standen, die zum Zeitpunkt des Ausscheidens des Vorstandsmitglied nicht endgültig beendet waren.

XX.2 Das nachvertragliche Wettbewerbsverbot erstreckt sich räumlich auf das Gebiet ...

oder

Das nachvertragliche Wettbewerbsverbot erstreckt sich räumlich auf die Gebiete, in denen die Stiftung bzw. die ... KG im Zeitpunkt des Ausscheidens des Vorstandsmitgliedes unternehmerisch tätig sind.

Das nachvertragliche Wettbewerbsverbot erstreckt sich sachlich auf ... und ... sowie alle damit im Zusammenhang stehenden Geschäfte.

XX.3 Das nachvertragliche Wettbewerbsverbot tritt nur dann in Kraft, wenn das Anstellungsverhältnis bei Ausscheiden des Vorstandsmitgliedes mindestens ... Monate bestanden hat.

XX.4 Die Stiftung verpflichtet sich, dem Vorstandsmitglied für die Dauer des nachvertraglichen Wettbewerbsverbotes eine Entschädigung zu zahlen, die für jedes Jahr des Verbotes die Hälfte der von dem Vorstandsmitglied zuletzt bei der Stiftung bezogenen vertragsmäßigen Leistungen erreicht. Diese Karenzentschädigung wird am Schluss eines jeden **Monats/Quartals** fällig. Sie berechnet sich nach § 74b Abs. 2 und 3 HGB. Die Anrechnung anderweitigen Erwerbs erfolgt nach §§ 74c HGB.

Das Vorstandsmitglied verpflichtet sich, während der Dauer des nachvertraglichen Wettbewerbsverbotes auf Verlangen jederzeit Auskunft über die Höhe seiner Bezüge zu geben und Nachweise darüber vorzulegen sowie die Anschrift seines jeweiligen Dienstgebers mitzuteilen.

Das Vorstandsmitglied verpflichtet sich darüber hinaus, bis spätestens 31.3. nach Ablauf eines jeden auch nur teilweise in den Zeitraum des nachvertraglichen Wettbewerbsverbotes fallenden Kalenderjahres seine vollständige Einkommensteuererklärung unaufgefordert dem **Stiftungsvorstand/Kuratorium** vorzulegen.

## D. Stiftungsvorstand

*XX.5 Der einseitige Verzicht des Arbeitgebers auf die Einhaltung des nachvertraglichen Wettbewerbsverbots gemäß § 75a HGB bleibt vorbehalten.*

*XX.6 Im Falle des Eintritts in den Ruhestand erlischt das nachvertragliche Wettbewerbsverbot und zugleich der Anspruch auf Karenzentschädigung/wird die Altersversorgung um die zu zahlende Karenzentschädigung gekürzt.*

**(6) Rechtsfolgen einer unwirksamen Vereinbarung.** Kann sich die Stiftung nicht wirksam auf ein schützenswertes Interesse an einem vereinbarten nachvertraglichen Wettbewerbsverbot berufen bzw. fehlt die Zusage einer Karenzentschädigung in den Fällen, in denen eine solche erforderlich ist[1123], ist das nachvertragliche Wettbewerbsverbot nichtig.[1124] Das Vorstandsmitglied ist nicht daran gebunden. Eine Unverbindlichkeit, wie in § 74 Abs. 2 HGB vorgesehen kann nur dann eintreten, wenn dies – bspw. durch eine Inbezugnahme der HGB-Vorschriften – vereinbart worden ist.[1125] Es ist daher anzuraten, eine Klausel zur geltungserhaltenden Reduktion in die Vereinbarung aufzunehmen. Diese kann mit einer (allgemeinen) salvatorischen Klausel kombiniert werden. Dabei muss die Stiftung allerdings beachten, dass sie dann die versprochene Karenzentschädigung schuldet, wenn sich das ausgeschiedene Vorstandsmitglied an das nachvertragliche Wettbewerbsverbot hält.

**Klauselvorschlag:**

*Sollten einzelne Bestimmungen dieses Vertrages ganz oder teilweise nichtig oder unwirksam sein oder werden, so wird die Gültigkeit des Vertrages im Übrigen hiervon nicht berührt. Eine ungültige Bestimmung ist in der Weise umzudeuten, geltungserhaltend zu reduzieren bzw. gilt in der Weise als ersetzt, dass der beabsichtigte wirtschaftliche Zweck bestmöglich erreicht wird. Beruht die Ungültigkeit auf einer Leistungs- oder Zeitbestimmung, so tritt an ihre Stelle das gesetzlich zulässige Maß. Zur Ausfüllung eventueller Lücken des Vertrages soll eine angemessene Regelung treten, die dem am nächsten kommt, was die Parteien nach ihrer wirtschaftlichen Zielsetzung zum Zeitpunkt des Vertragsabschlusses gewollt haben. Bei fehlender Leistungs- oder Zeitbestimmung wird die Lücke durch das gesetzlich geregelte Maß gefüllt. Die vorgenannten Regelungen gelten insbesondere für die Vereinbarungen zum nachvertraglichen Wettbewerbsverbot.*

816

817

---

[1123] S. Rn. 810.
[1124] *Bauer/Diller*, Rn. 731.
[1125] Die Möglichkeit, über eine allgemeine Klausel zur geltungserhaltenden Reduktion jede Unwirksamkeit heilen zu können, wird z.T. mit dem Hinweis abgelehnt, dass der Dienstherr das Risiko der Unwirksamkeit nicht einseitig zulasten des Vertragspartners verschieben können soll, vgl. *Gehle*, DB 2010, 1981, 1982.

**818** **(7) Wettbewerbsvereinbarungen mit Vorstandsmitgliedern gemeinnütziger Vereine.** Wie der gemeinnützige Verein kann auch die gemeinnützige Stiftung einen wirtschaftlichen Geschäftsbetrieb (z.B. Krankenhaus[1126], Pflegeheim) unterhalten, ohne ihren steuerprivilegierten Status zu verlieren. Die geschäftliche Tätigkeit der Stiftung muss dazu als Zweckbetrieb zu qualifizieren sein. Zwar mag auch hier ein schützenswertes Interesse der Stiftung daran bestehen, dass ausgeschiedene Vorstandsmitglieder nicht in Konkurrenz zur Stiftung treten. Stellt ein vereinbartes, nachvertragliches Wettbewerbsverbot jedoch ein vollständiges Tätigkeitsverbot dar, mit der Folge, dass zu dessen Wirksamkeit eine Karenzentschädigung versprochen werden muss, handelt es sich nicht mehr um eine selbstlose Mittelverwendung durch die gemeinnützige Stiftung. Die Zahlung dient nicht der Erfüllung selbstloser Zwecke, sondern der Unterbindung von Wettbewerb.[1127] Zulässig sind damit nur nachvertragliche Wettbewerbsverbote, die sich auf den Kundenschutz und den Schutz von Betriebsgeheimnissen beschränken. Diese sind auch ohne Zusage einer Karenzentschädigung rechtlich zulässig.[1128]

### 6. Beendigung des Anstellungsvertrages

**819** **(1) Kündigung.** Das Anstellungsverhältnis mit einem Mitglied des Stiftungsvorstands kann grundsätzlich ordentlich gekündigt werden. Die Satzung, aber auch der Anstellungsvertrag selbst, kann aber die ordentliche Kündigung als Beendigungstatbestand ausdrücklich oder auch konkludent ausschließen. Hier ist – analog zu den Fällen, in denen eine Abberufung ohne wichtigen Grund – an die Fälle zu denken, dass ein Vorstandsvertrag befristet abgeschlossen worden ist und eine vorzeitige Kündigungsmöglichkeit vertraglich nicht vorgesehen ist oder wenn das Vorstandsmitglied ein Vorzugsrecht genießt.[1129] Das Recht zur außerordentlichen Kündigung kann nicht im Voraus ausgeschlossen werden.[1130]
**820** Liegt ein wichtiger Grund gemäß § 626 BGB vor, kann das Anstellungsverhältnis außerordentlich fristlos gekündigt werden. Das für die Kündigung zuständige Stiftungsorgan prüft nach pflichtgemäßem Ermessen, ob es das Anstellungsverhältnis außerordentlich kündigt, wenn das Vorstandsmitglied einen wichtigen Kündigungsgrund gesetzt hat. Einer Abmahnung vor Ausspruch einer Kündigung bedarf es nicht.[1131] Die (au-

---
[1126] S. hierzu ausführlich: *Ritter/Kurz*, Stiftung&Sponsoring, 5/2008 Rote Seiten 1 ff.
[1127] S. hierzu Rn. 440.
[1128] S. Rn. 810; *Bauer/Diller*, Rn. 750.
[1129] S. Rn. 788.
[1130] MünchKommBGB/*Hensler*, § 626 Rn. 48 mwN.
[1131] BGH, Urt. v. 2.7. 2007 – II ZR 71/06, NJW-RR 2007, 1520 für den Geschäftsführer der GmbH; a.A. Seifart/v. Campenhausen/*Hof*, § 8 Rn. 170 sowie *v. Hase*, NJW 2002, 2278, 2281; *Schlachter*, NZA 2005, 433, 437; SPV/*Preis*, Rn. 1201, die in § 314 Abs. 2 BGB einen allg. Rechtsgedanken sehen, der auch auf § 626 BGB zu übertragen sei.

ßerordentliche) Kündigung des Anstellungsvertrages kann konkludent auch eine Abberufung aus der Organstellung beinhalten.[1132] Zwingend ist dies aber nicht. Es empfiehlt sich, dies in der Kündigung – bzw. umgekehrt im Rahmen des Abberufungsbeschlusses – klarzustellen.

Im Übrigen wird auf die ausführlichen Ausführungen zur außerordentlichen und ordentlichen Kündigung des Vereinsvorstandes verwiesen.[1133]   821

(2) **Aufhebungsvertrag.** Das Anstellungsverhältnis kann auch einvernehmlich beendet werden. Zum möglichen Inhalt eines solchen Aufhebungsvertrages und zum Abschluss eines Abwicklungsvertrages wird auf die entsprechenden vereinsrechtlichen Ausführungen verwiesen.[1134]   822

(3) **Zuständigkeit.** Das Stiftungsorgan, das für den Abschluss eines Anstellungsvertrages mit dem Vorstandsmitglied zuständig ist, ist auf Seiten der Stiftung auch zuständig für dessen Beendigung. Kündigt das Vorstandsmitglied das Anstellungsverhältnis, genügt gemäß § 86 BGB i. V. m. § 26 Abs. 2 S. 2 BGB die Abgabe der Kündigungserklärung gegenüber einem anderen Mitglied des Vorstands.[1135] Ist der Vorstand das einzige Organ der Stiftung und dieser auch nur eingliedrig organisiert, kann das Vorstandsmitglied seine Kündigung niemandem gegenüber erklären. Die Stiftungsaufsicht ist nicht zuständig. So bleibt dem Vorstand nur die Möglichkeit einen Antrag auf Bestellung eines Notvorstandes zu stellen.[1136]   823

Im Falle der **Kooptation** ist der Vorstand zuständig für die Beendigung des Anstellungsverhältnisses mit einem Vorstandsmitglied. Zur Vermeidung von Missbrauch (z. B. Unterlassen einer Kündigung trotz Vorliegens einer schweren Pflichtverletzung) bietet sich die Einrichtung eines weiteren Stiftungsorgans an, das für Fragen der Anstellung der Vorstandsmitglieder zuständig ist.   824

# E. Besonderer Vertreter

Zur Entlastung der Arbeit des Vorstandes kann die Stiftungssatzung die Bestellung von besonderen Vertretern gemäß § 86 BGB i. V. m. § 30 BGB vorsehen. Besondere Vertreter – oftmals als Geschäftsführer bezeichnet – sind in der Regel nicht ehrenamtlich, sondern hauptamtlich für die Stiftung tätig.[1137] Auch hier bestehen gegenüber den besonderen Vertretern des Vereins keine Besonderheiten, so dass zur Vermeidung von Wiederholungen auf die vereinsrechtlichen Ausführungen verwiesen wird.[1138]   825

---

[1132] *Burgard*, S. 405; Werner/Saenger/*U. Kilian*, Rn. 607.
[1133] S. Rn. 492 ff.
[1134] S. Rn. 540 ff.
[1135] MünchKommBGB/*Reuter*, § 27 Rn. 34 und § 28 (a. F.) Rn. 7.
[1136] Münch. Hdb. GesR V/*Lüke*, § 92 Rn. 35.
[1137] *Sandberg/Mecking*, Stiftung&Sponsoring 1/2008, 40.
[1138] S. Rn. 646 ff.; vgl. auch *Burgard*, S. 261 ff.

# 3. Teil Muster

## Muster 1

Zwischen

dem **XYZ e. V.**,
vertreten durch die *Mitgliederversammlung/ Beirat/Kuratorium*,
geschäftsansässig …,

— nachfolgend „Verein" genannt —

und

**Herrn …**,
…,
…,

wird nachstehender

**Anstellungsvertrag**

geschlossen:

**§ 1 Bestellung zum Mitglied des Vorstandes**

1.1 Der Verein beabsichtigt, Herrn … mit Wirkung ab dem …… 20… zum Mitglied des Vorstands zu bestellen. Der vorliegende Vertrag tritt mit dem Zeitpunkt der Bestellung zum Vorstandsmitglied in Kraft.

*oder*

Die Mitgliederversammlung hat Herrn … am …… 20… mit sofortiger Wirkung zum Mitglied des Vorstands bestellt. Der vorliegende Vertrag gilt rückwirkend ab dem Zeitpunkt der Bestellung zum Vorstandsmitglied.

*gegebenenfalls:*

1.2 Die Wirksamkeit dieses Anstellungsvertrages ist von der Zustimmung des Kuratoriums abhängig. Der Beirat/der Vorstand wird Herrn … unverzüglich über die Entscheidung des Kuratoriums informieren.

**§ 2 Geschäftsbereich und Aufgaben**

2.1 Herr … führt die Geschäfte des Vereins nach Maßgabe der Gesetze, der Vereinssatzung, der Geschäftsordnung für den Vorstand und dieses Anstellungsvertrages.

## 3. Teil Muster

2.2 Herr ... vertritt den Verein gerichtlich und außergerichtlich im Außenverhältnis allein/gemeinsam mit einem weiteren Vorstandsmitglied/gemeinsam mit dem Vorstandsvorsitzenden. Im Verhältnis zum Verein können die Satzung und/oder die Geschäftsordnung für den Vorstand Beschränkungen enthalten, die für Herrn ... verbindlich sind.

2.3 Herr ... wird seine ganze Arbeitskraft, Erfahrungen und Kenntnisse dem Verein zur Verfügung stellen. An eine bestimmte Arbeitszeit ist er nicht gebunden. Er ist gehalten, jederzeit, wenn und soweit das Wohl des Vereins es erfordert, zur Dienstleistung zur Verfügung zu stehen.

2.4 Die Übernahme jeglicher Nebentätigkeit durch Herrn ... bedarf der vorherigen schriftlichen Zustimmung des/der ... Die Zustimmung wird nur erteilt, soweit nicht maßgebliche Interessen des Vereins entgegenstehen.

2.5 Der Verein ist berechtigt, Herrn ... im Falle des Widerrufs der Bestellung zum Mitglied des Vorstandes bis zur Beendigung dieses Anstellungsvertrages andere Tätigkeiten unterhalb der Organebene zuzuweisen, soweit sie der beruflichen Ausbildung und Erfahrung des Herrn ... angemessen und ihm zumutbar sind.

### § 3 Bezüge und Nebenleistungen

3.1 Herr ... erhält für seine Tätigkeit eine Brutto-Jahresvergütung in Höhe von ... €. Die Vergütung wird in zwölf gleichen Monatsraten nachträglich zum Monatsende gezahlt.

3.2 Die Mitgliederversammlung kann Herrn ... eine jährliche Sonderzuwendung gewähren. Sofern eine solche Zuwendung erfolgt, handelt es sich um eine freiwillige Leistung des Vereins, auch wenn sie wiederholt und ohne ausdrücklichen Hinweis auf die Freiwilligkeit erfolgt und begründet keinen rechtlichen Anspruch für die Zukunft.

3.3 Der Verein stellt Herrn ... ein Mobiltelefon mit Flatrate zur Verfügung, dass auch für private Gespräche genutzt werden kann.

*oder*

Der Verein ersetzt Herrn ... 80% seiner sämtlichen Kommunikationskosten, also insbesondere für Mobiltelefon und Festnetz sowie E-Mail und Internetnutzung, höchstens jedoch ... € zzgl. USt. pro Monat.

3.4 Herr ... hat gegen Vorlage von zur Einreichung beim Finanzamt tauglichen Nachweisen Anspruch auf Erstattung angemessener Reisekosten (Flugkosten Economy/Business-Class, Bahnfahrten 1./2. Klasse) und sonstiger im Interesse des Vereins erforderlicher Aufwendungen im Umfang der steuerlich anerkannten Höchstsätze.

*Anstellungsvertrag*

3.5 Der Verein wird zugunsten des Herrn ... eine D&O-Versicherung (Directors & Officers Liability Insurance) abschließen und unterhalten. Herr ... wird dadurch im Rahmen der Versicherungsbedingungen gegen die Haftung für solche Schäden versichert, die Vorstandsmitglieder in dieser Eigenschaft dem Verein oder den Mitgliedern zufügen. Sie deckt auch die Inanspruchnahme von Herrn ... durch Dritte ab. Schäden, die auf Vorsatz beruhen, sind nicht umfasst. Die Directors & Officers-Versicherung soll auch eine Kostendeckung für die Kosten eines Strafverfahrens gegen Herrn ... enthalten. Die Prämien trägt der Verein. Herr ... trägt eine Selbstbeteiligung in Höhe von ... €, mindestens aber entsprechend den jeweils geltenden gesetzlichen Vorschriften. Auf die Prämie entfallende Einkommensteuern werden von dem Verein nicht getragen.

*oder*

Sofern der Verein eine Directors & Officers-Versicherung abschließt bzw. unterhält, wird Herr ... in diese Directors & Officers-Versicherung für deren Laufzeit aufgenommen und dadurch gegen die Haftung für solche Schäden versichert, die Vorstandsmitglieder in dieser Eigenschaft dem Verein oder den Mitgliedern zufügen. ...
*(Rest wie oben)*

### § 4 Dienstwagen

4.1 Die Parteien vereinbaren, dass Herrn ... ein Fahrzeug der unteren Mittelklasse (Golf-Klasse) von dem Verein zur Verfügung gestellt wird. Herr ... darf das Fahrzeug dienstlich und privat nutzen. Er ist nicht berechtigt, das Fahrzeug für Fahrten außerhalb der EU/des EWR zu nutzen. Eine Verletzung der Nutzungsbeschränkung gemäß Ziffer Satz 3 berechtigen den Verein zum Widerruf der Überlassung eines Fahrzeuges.

4.2 Der Verein trägt die laufenden Unterhaltungskosten, insbesondere Versicherungs-, Wartungs-, Treibstoffkosten und – sofern es sich um ein Leasingfahrzeug handelt – die Leasingkosten. Herr ... hat Reparaturkosten selbst zu tragen, es sei denn, er hat den Schaden am Fahrzeug nicht verschuldet. Soweit eine Vollkaskoversicherung besteht und eintrittspflichtig ist, haftet Herr ... in Höhe der Selbstbeteiligung und trägt den Verlust von Schadensfreiheitsrabatten und einen etwaigen Wertverlust eines Leasingfahrzeugs. Die steuerlichen Lasten durch die private Nutzung des Fahrzeuges trägt Herr ...

4.3 Herr ... ist zum jeweiligen Ende der Leasinglaufzeit verpflichtet, das jeweilige Dienstfahrzeug in ordnungsgemäßem, innen und außen gereinigtem Zustand am Sitz des Vereins auf eigene Kosten zurückzugeben. Die Rückgabepflicht erstreckt sich auch auf sämtliches Fahrzeugzubehör wie bspw. Winterreifen und Zweitschlüssel. Zurückbehaltungsrechte sind ausgeschlossen.

*3. Teil Muster*

4.4 Herr ... erstattet dem Verein die Aufwendungen für eine etwaige Überschreitung der vereinbarten Fahrleistung bei einem Leasingfahrzeug, sofern Herr ... nicht nachweist, dass die Überschreitung aufgrund dienstlicher Nutzung erfolgt ist. Herr ... gleicht gegenüber dem Verein ferner einen an einem ihm überlassenen Leasingfahrzeug eingetretenen Minderwert aus, es sei denn, Herr ... hat den eingetretenen Minderwert nicht zu vertreten.

4.5 Herr ... hat das Fahrzeug ohne Anspruch auf Nutzungsausfallentschädigung zurückzugeben
 – im Falle eines Widerrufs gemäß Ziffer 4.1 Satz 4;
 – bei Beendigung des Anstellungsverhältnisses aufgrund Kündigung, Anfechtung oder sonstiger Gründe;
 – bei Freistellung während der Kündigungsfrist oder nach Abberufung bis zur Beendigung des Anstellungsvertrages;
 – bei sonstiger Freistellung mit oder ohne Anspruch auf Vergütung von mehr als zwei Wochen Dauer (ausgenommen Erholungsurlaub);
 – bei ununterbrochener Dienstunfähigkeit über sechs Wochen hinaus.

Die Rückgabepflicht erstreckt sich auch auf sämtliches Fahrzeugzubehör wie bspw. Winterreifen, Zweitschlüssel, Garagentor-/Tiefgaragentransponder etc. Ferner hat Herr ... etwaig überlassene Park- und Tankkarten zurückzugeben. Das Fahrzeug ist in ordnungsgemäßem, innen und außen gereinigtem Zustand am Sitz des Vereins auf eigene Kosten des Herrn ... zurückzugeben. Zurückbehaltungsrechte sind ausgeschlossen.

**§ 5 Dienstort**

Dienstort ist ... und der jeweilige Sitz des Vereins sowie seiner Niederlassungen.

**§ 6 Erholungs- und Sonderurlaub/Freistellung**

6.1 Herr ... hat in jedem Kalenderjahr Anspruch auf angemessenen Erholungsurlaub im Umfang von bis zu 30 Arbeitstagen. Herr ... hat während dieses Erholungsurlaubs Anspruch auf Urlaubsentgelt in Höhe seiner Vergütung gemäß Ziffer 3.1 dieses Vertrages.

6.2 Eine Übertragung des Erholungsurlaubsanspruches über das jeweilige Kalenderjahr hinaus erfolgt – auch im Falle von Krankheit – nicht.

*oder*

Soweit Herr ... den ihm zustehenden Erholungsurlaub aufgrund dringender betrieblicher Erfordernisse oder aus persönlichen Gründen (z.B. längere Krankheit über mehr als sechs Wochen) nicht bis zum Ablauf eines Kalenderjahrs nehmen konnte, wird der Erholungsurlaubsanspruch auf das folgende Kalenderjahr übertragen.

*Anstellungsvertrag*

Der Erholungsurlaub ist in diesem Fall bis zum 31.3./30.6. des folgenden Kalenderjahres zu nehmen.

6.3 Herr ... hat den Erholungsurlaub mit den anderen Mitgliedern des Vorstandes mit ausreichendem zeitlichem Vorlauf abzustimmen. Herr ... ist verpflichtet, bei der Inanspruchnahme von Erholungsurlaub das Wohl des Vereins und die Erfordernisse der geschäftlichen Abläufe zu berücksichtigen.

6.4 Kann der Erholungsurlaub wegen Beendigung des Anstellungsverhältnisses ganz oder teilweise nicht mehr gewährt werden, so ist er abzugelten. Dabei wird ein Erholungsurlaubsanspruch von einem Zwölftel für jeden vollen Kalendermonat des Bestehens des Anstellungssverhältnisses während des Kalenderjahres zugrunde gelegt. Hat Herr ... im Falle seines Ausscheidens bereits mehr Erholungsurlaub in Anspruch genommen, als ihm unter Zugrundelegung von Satz 2 zusteht, so hat er für diesen Teil des Erholungsurlaubs gewährtes Urlaubsentgelt an den Verein zurückzuzahlen.

6.5 Eine Abgeltung nicht genommener Erholungsurlaubstage im laufenden Anstellungsverhältnis ist ausgeschlossen.

*oder*

Soweit Herr ... den ihm zustehenden Erholungsurlaub auch bis zum 31.3./30.6. des Folgejahres aufgrund dringender betrieblicher Erfordernisse oder aus persönlichen Gründen nicht nehmen konnte, ist er abzugelten. Dabei ist die Abgeltung jedoch auf höchstens 10 Werktage begrenzt.

6.6 Unbezahlter Sonderurlaub wird für längstens drei Monate innerhalb eines Zeitraumes von vier Jahren gewährt. Über die Gewährung entscheidet die Mitgliederversammlung/der Beirat/der Vorstand.

6.7 Nach Kündigung des Anstellungsvertrages bzw. im Falle des Widerrufs der Bestellung zum Mitglied des Vorstandes bis zur Beendigung dieses Anstellungsvertrages kann Herr ... für die Dauer der Kündigungsfrist von der Verpflichtung zur Erbringung von Diensten freigestellt werden. Eine Freistellung erfolgt unter Anrechnung auf etwaig bestehenden Resterholungsurlaub. Herr ... unterliegt auch während der Freistellung dem Konkurrenzverbot. Er muss sich den Wert desjenigen anrechnen lassen, was er infolge des Unterbleibens der Dienstleistung erspart oder durch anderweitige Verwendung seiner Dienste erwirbt oder zu erwerben böswillig unterlässt.

## § 7 Konkurrenzverbot

7.1 Herr ... verpflichtet sich, während des laufenden Anstellungsverhältnisses weder für eigene noch für fremde Rechnung für einen anderen Verein oder sonstige Institution tätig zu werden, noch un-

*3. Teil Muster*

mittelbar oder mittelbar an der Gründung oder dem Betrieb einer solchen Unternehmung beteiligt zu sein.

7.2 Herr ... ist es untersagt, während oder nach seinem Ausscheiden Mitglieder des Vereins auf unlautere Art und Weise für einen anderen Verein abzuwerben oder dies zu versuchen. Unlauter ist dabei insbesondere:
- jede Irreführung, Überrumplung oder ein sonstiges unangemessen oder unsachliches Verhalten und
- die Verwendung der Adressdatenbanken des Vereins.

7.3 Im Falle der Zuwiderhandlung behält sich der Verein die Kündigung des Anstellungsvertrages, sowie die Geltendmachung von Schadensersatzansprüchen vor.

7.4 Im Falle des Ausscheidens geben der Verein und das Vorstandsmitglied eine gemeinsame Verabschiedungsmitteilung für die Mitglieder heraus. Das Vorstandsmitglied ist ohne die vorherige Zustimmung des/der ... nicht berechtigt, ein eigenes Verabschiedungsschreiben oder eine eigene Verabschiedungsmitteilung herauszugeben.

7.5 Verletzt Herr ... einmalig oder mehrmalig die Regelungen in Ziffern 7.1, 7.2 bzw. 7.4, so hat er für jeden Monat, in den eine oder mehrere der Zuwiderhandlungen fallen, eine Vertragsstrafe in Höhe von ... € an den Verein zu zahlen. Eine mehrmalige Zuwiderhandlung liegt vor, wenn die Zuwiderhandlung an mehr als einem Kalendertag erfolgt oder wenn die Zuwiderhandlung über das Ende des Kalendertages, an dem sie beginnt, hinaus fortgesetzt wird. Für die Berechnung der Dauer eines Monats wird der Tag mitgerechnet, auf welchen die erste Zuwiderhandlung fällt oder beginnt. Ein Monat endet mit Ablauf desjenigen Tages des nachfolgenden Monats, welcher durch seine Benennung dem Tage vorhergeht, an welchem die erste Zuwiderhandlung erfolgte oder an dem sie begann. Fehlt in dem nachfolgenden Monat der für den Ablauf maßgebende Tag, so endigt der Monat mit dem Ablauf des letzten Tages dieses Monats. Für den Fall, dass Herr ... durch sein Verhalten die Vertragsstrafe nach Satz 1 mehrmals innerhalb eines Monats verwirkt, fällt die Vertragsstrafe nur einmal an.

## § 8 Geheimhaltungspflichten

8.1 Über alle nicht allgemein bekannten betrieblichen und geschäftlichen Angelegenheiten des Vereins und seiner Mitglieder ist gegenüber vereinsfremden Personen und unbeteiligten Mitarbeitern strengste Verschwiegenheit zu wahren. Dies gilt insbesondere für die Entwicklung der Mitgliederzahlen, der Zusammensetzung der Mitgliederschaft und ... Sie dürfen ohne Erlaubnis des Vereins dritten Personen nicht gezeigt, ausgehändigt noch anderweitig benutzt werden. Auch darf Herr ... solche Kenntnisse persönlich nicht auf unlautere Art verwerten.

*Anstellungsvertrag*

8.2 Vertraulich und geheim zu haltende Schriftstücke, Entwürfe usw. sind unter Verschluss zu halten.

8.3 Herr ... verpflichtet sich, auch nach der Beendigung des Anstellungsverhältnisses über alle ihm während der Tätigkeit bekannt gewordenen Geschäftsgeheimnisse, insbesondere über die Entwicklung der Mitgliederzahlen, der Zusammensetzung der Mitgliederschaft und ... Stillschweigen zu bewahren. Ausgenommen sind erforderliche Offenlegungen gegenüber der Arbeitsagentur im unmittelbaren Zusammenhang mit der Beantragung von Arbeitslosengeld und sonstige gesetzliche Offenlegungspflichten.

8.4 Verletzt Herr ... seine in Ziffern 8.1 bzw. 8.3 dargestellte Verpflichtung zur Verschwiegenheit einmalig oder mehrmalig, ohne dass er zur Offenbarung gesetzlich verpflichtet war, so hat er für jeden Monat, in den eine oder mehrere der vorgenannten Zuwiderhandlungen fallen, eine Vertragsstrafe in Höhe einer Bruttomonatsvergütung, welches er zuletzt beim Verein durchschnittlich bezogen hat, an den Verein zu zahlen. Eine mehrmalige Zuwiderhandlung liegt vor, wenn die Zuwiderhandlung an mehr als einem Kalendertag erfolgt oder wenn die Zuwiderhandlung über das Ende des Kalendertages, an dem sie beginnt, hinaus fortgesetzt wird. Für die Berechnung der Dauer eines Monats wird der Tag mitgerechnet, auf welchen die erste Zuwiderhandlung fällt oder beginnt. Ein Monat endet mit Ablauf desjenigen Tages des nachfolgenden Monats, welcher durch seine Benennung dem Tage vorhergeht, an welchem die erste Zuwiderhandlung erfolgte oder an dem sie begann. Fehlt in dem nachfolgenden Monat der für den Ablauf maßgebende Tag, so endigt der Monat mit dem Ablauf des letzten Tages dieses Monats.

**§ 9 Bezüge bei Dienstunfähigkeit**

9.1 Während einer Dienstunfähigkeit infolge Krankheit erhält Herr ... seine vollen Bezüge für maximal 42 Tage pro Jahr.

9.2 Herr ... tritt hiermit etwaige Schadensersatzansprüche gegen Dritte wegen Herbeiführung der Arbeitsunfähigkeit bis zur Höhe der Leistungen nach Ziffer 9.1 an den dies annehmenden Verein ab. Herr ... ist verpflichtet, alle zur Geltendmachung dieser abgetretenen Ansprüche notwendigen Handlungen zu unternehmen und den Verein bei der Geltendmachung der Ansprüche zu unterstützen.

**§ 10 Geltungsdauer**

10.1 Dieser Anstellungsvertrag wird für die Dauer von ... Jahren geschlossen.

10.2 Im Falle der Abberufung oder sonstigen vorzeitigen Beendigung der Bestellung zum Vorstandsmitglied des Vereins endet dieser Anstellungsvertrag unter Einhaltung der Kündigungsfristen des § 622

BGB. Erfolgt die Abberufung oder sonstige Beendigung der Bestellung zum Vorstandsmitglied des Vereins aus wichtigem Grund, endet dieser Anstellungsvertrag außerordentlich und fristlos.

## § 11 Vertragsstrafe wegen Nichtleistung

11.1 Legt Herr ... sein Amt als Vorstand nieder, ohne die in Ziffer ... der Satzung vorgesehene Frist von ... einzuhalten, ohne dass ein wichtiger Grund vorliegt, so hat er eine Vertragsstrafe in Höhe einer Bruttomonatsvergütung gemäß Ziffer 3.1 an den Verein zu zahlen.

11.2 Hat Herr ... das Anstellungsverhältnis ohne Einhaltung der maßgeblichen Kündigungsfrist beendet, ohne dass ein wichtiger Grund vorliegt, so hat er eine Vertragsstrafe in Höhe einer Bruttomonatsvergütung gemäß Ziffer 3.1 an den Verein zu zahlen.

11.3 Veranlasst Herr ... durch ein vertragswidriges Verhalten die außerordentliche fristlose Kündigung dieses Dienstvertrages durch den Verein, so hat er eine Vertragsstrafe in Höhe des Betrages an den Verein zu zahlen, den er innerhalb der von ihm im Falle einer ordentlichen fristgemäßen Eigenkündigung einzuhaltenden Kündigungsfrist bei dem Verein gemäß Ziffer 3.1 verdient hätte; höchstens jedoch ... €.

11.4 Für den Fall, dass Herr ... durch sein Verhalten mehrfach eine der vorgenannten Vertragsstrafen zahlen müsste, fällt nur die jeweils höchste Vertragsstrafe an.

## § 12 Höchstbetrag Vertragsstrafen

Liegen mehrere Vertragsverletzungen des Vorstandsmitglieds innerhalb eines Monats vor, die eine Verpflichtung zur Zahlung einer Vertragsstrafe gemäß den obigen Paragraphen auslösen, so ist für jeden Monat höchstens eine Gesamtvertragsstrafe in Höhe von zwei Bruttomonatsvergütungen, die das Vorstandsmitglied zuletzt durchschnittlich beim Verein bezogen hat, an den Verein zu zahlen. Für die Berechnung der Dauer eines Monats wird der Tag mitgerechnet, auf welchen die erste Zuwiderhandlung fällt oder beginnt. Ein Monat endet mit Ablauf desjenigen Tages des nachfolgenden Monats, welcher durch seine Benennung dem Tage vorhergeht, an welchem die erste Zuwiderhandlung erfolgte oder an dem sie begann. Fehlt in dem nachfolgenden Monat der für den Ablauf maßgebende Tag, so endigt der Monat mit dem Ablauf des letzten Tages dieses Monats.

## § 13 Entlastung

Herr ... hat Anspruch darauf, dass die Mitgliederversammlung innerhalb von ... Monaten nach Ablauf eines Geschäftsjahres nach pflichtgemäßem Ermessen über seine Entlastung für das abgelaufene Geschäftsjahr beschließt. Die Entlastung setzt voraus, dass sich Herr ... als Vorstandsmitglied im abgelaufenen Geschäftsjahr

*Anstellungsvertrag*

an die Gesetze und die Satzung des Vereins gehalten hat und seinen sonstigen Pflichten, insbesondere seinen Rechenschafts- und Auskunftspflichten, vollständig nachgekommen ist.

§ 14 **Verfallklausel**

Alle Ansprüche, die sich aus dem Anstellungsverhältnis ergeben oder mit diesem im Zusammenhang stehen und nicht auf Vorsatz beruhen, verfallen, wenn sie nicht binnen einer Frist von drei Monaten ab Fälligkeit, bei Schadensersatzansprüchen ab Kenntnis von dem Schaden und dessen Verursacher, geltend gemacht werden. Erfüllt die Gegenpartei den Anspruch nicht, so verfällt der Anspruch, wenn er nicht innerhalb von weiteren drei Monaten nach dem Fristablauf nach Satz 1 gerichtlich geltend gemacht wird. Ausgenommen von dieser Regelung sind unverfallbare Ansprüche. Sämtliche Erklärungen sollen schriftlich erfolgen.

§ 15 **Schriftform, Salvatorische Klausel**

15.1 Änderungen, Ergänzungen oder die Beendigung dieses Vertrages sollen schriftlich erfolgen.

15.2 Sollten einzelne Bestimmungen dieses Vertrages ganz oder teilweise nichtig oder unwirksam sein oder werden, so wird die Gültigkeit des Vertrages im Übrigen hiervon nicht berührt. Eine ungültige Bestimmung ist in der Weise umzudeuten bzw. gilt in der Weise als ersetzt, dass der beabsichtigte wirtschaftliche Zweck bestmöglich erreicht wird. Beruht die Ungültigkeit auf einer Leistungs- oder Zeitbestimmung, so tritt an ihre Stelle das gesetzlich zulässige Maß. Zur Ausfüllung eventueller Lücken des Vertrages soll eine angemessene Regelung treten, die dem am nächsten kommt, was die Parteien nach ihrer wirtschaftlichen Zielsetzung zum Zeitpunkt des Vertragsabschlusses gewollt haben. Bei fehlender Leistungs- oder Zeitbestimmung wird die Lücke durch das gesetzlich geregelte Maß gefüllt.

…, … … 20… …, … … 20…

…  …
*<Unterschrift Vertreter Verein>*  *<Unterschrift Vorstandsmitglied>*

*gegebenenfalls:*

…, … … 20…

…
*<Unterschrift Vertreter Kuratorium/Beirat etc.>*

3. Teil Muster

## Muster 2

Zwischen

dem ... e.V.,
vertreten durch die *Mitgliederversammlung/ Beirat/Kuratorium*,
geschäftsansässig ...,

– nachfolgend „**Verein**" genannt –

und

**Herrn ...,**
...,
...,

wird nachstehender

## Aufhebungsvertrag

geschlossen.

**Präambel**

Herr ... ist seit dem ......... Mitglied des Vorstandes des ... e.V. Mit dieser Vereinbarung soll die Organstellung und das Anstellungsverhältnis beendet werden.

1. Herr ... legt hiermit sein Amt als Mitglied des Vorstands des Vereins zum ...... 20... nieder. Der Verein nimmt die Niederlegung an.
2. Das Anstellungsverhältnis zwischen den Parteien wird hiermit zum ...... 20... beendet.
3. Das Anstellungsverhältnis wird bis zu seinem Ende ordnungsgemäß abgerechnet. Die letzte Gehaltsabrechnung erfolgt für den Monat des tatsächlichen Ausscheidens.

   Herr ... wird bis zum ...... 20... Frau ... seine vollständigen Reisekostenabrechnungen nebst sämtlichen steuertauglichen Belegen zur Abrechnung von Spesen, Auslagen etc. übergeben. Nach diesem Datum geltend gemachte Ansprüche sind verfallen und werden nicht mehr ausgeglichen.

   Rechtzeitig geltend gemachte Ansprüche werden bis zum Ende des Monats ... abgerechnet und zusammen mit der Vergütung für den Monat ... an Herrn ... überwiesen.
4. Der Verein gewährt Herrn ... hiermit antragsgemäß den ihm noch zustehenden Erholungsurlaub (... Arbeitstage) beginnend ab dem ...... 20... Sollte die Gewährung von Erholungsurlaub ab dem ... ... 20... nicht möglich sein, wird der Erholungsurlaub zu einem

## Aufhebungsvertrag

späteren Zeitpunkt vor dem … … 20… gewährt. Im Anschluss an den gewährten Erholungsurlaub wird Herr … unter Fortzahlung der Bezüge bis zur Beendigung des Anstellungsverhältnisses von der Verpflichtung zur Erbringung von Diensten freigestellt.

Herr … unterliegt auch während der Freistellung dem Konkurrenzverbot gemäß Ziffer … des Anstellungsvertrages. Er muss sich jedoch den Wert desjenigen anrechnen lassen, was er infolge des Unterbleibens der Dienstleistung erspart oder durch anderweitige Verwendung seiner Dienste erwirbt oder zu erwerben böswillig unterlässt.

5. Der Verein zahlt Herrn … als Ausgleich für den Verlust seiner Anstellung eine Abfindung in Höhe von …,00 € brutto. Die Abfindung ist fällig zum letzten Werktag des Monats, in dem das Arbeitsverhältnis tatsächlich endet. Der Anspruch auf die Abfindung ist bereits entstanden und vererblich.

6. Herr … ist berechtigt, jederzeit vor dem … … 20… und zu jedem beliebigen Zeitpunkt das Anstellungsverhältnis durch schriftliche Erklärung gegenüber dem Verein zu beenden.

   Endet das Anstellungsverhältnis vor dem … … 20… so hat Herr … Anspruch auf …% der Bruttovergütung, die ihm im Zeitraum zwischen tatsächlicher Beendigung und dem … … 20… zugestanden hätte, als einmalige Abfindung, fällig zum letzten Werktag des Monats, in dem das Anstellungsverhältnis tatsächlich endet.

7. Herr … ist berechtigt, das ihm überlassene Dienstfahrzeug bis zur tatsächlichen Beendigung des Anstellungsverhältnisses, längstens bis zum … … 20… im bisherigen Umfang zu privaten Zwecken zu nutzen.

   Herr … wird das Dienstfahrzeug spätestens am letzten Tag des Bestandes des Anstellungsverhältnisses in ordnungsgemäßem, innen und außen gereinigtem Zustand am Sitz des Vereins auf eigene Kosten zurückzugeben. Die Rückgabepflicht erstreckt sich auch auf sämtliches Fahrzeugzubehör wie bspw. Winterreifen, Zweitschlüssel, Garagentortransponder etc. Ferner hat das Vorstandsmitglied etwaig überlassene Park- und Tankkarten zurückzugeben. Zurückbehaltungsrechte sind ausgeschlossen.

8. Herr … gibt alle sonstigen, ihm vom Verein überlassenen Betriebsmittel, Schlüssel (einschließlich etwaig gefertigter Nachschlüssel), Mobiltelefone, Originale aller geschäftlichen Unterlagen sowie aller Duplikate, Abschriften oder in elektronischer Form gespeicherte Versionen etc. hiervon bis zum … … 20… geordnet und persönlich auf eigene Kosten bei Frau … ab. Zurückbehaltungsrechte sind ausgeschlossen.

9. Herr … ist berechtigt, zum Zeitpunkt seines Ausscheidens in den Mobilfunkvertrag mit dem Anbieter … mit schuldbefreiender Wir-

kung zugunsten des Vereins einzutreten, sofern der Anbieter zustimmt.

10. Der Verein gestattet Herrn ... jederzeit seine persönlichen Gegenstände (Bücher, Werkzeug, Grünpflanzen, Fotos etc.) aus seinem Arbeitsbereich abzuholen.

11. Herr ... erhält unverzüglich ein wohlwollend formuliertes und am beruflichen Fortkommen orientiertes Zwischenzeugnis mit der Note „sehr gut" gemäß Anlage 1 und zur Beendigung des Anstellungsverhältnisses ein gleichlautendes, auf den Beendigungstag datiertes Endzeugnis mit Dankes- und Grußformel gemäß Anlage 2. Beide Zeugnisse sind ungefaltet zu übersenden.

12. Herr ... verpflichtet sich, auch nach der Beendigung des Anstellungsverhältnisses über alle ihm während der Tätigkeit bekannt gewordenen Geschäftsgeheimnisse, insbesondere über die Entwicklung der Mitgliederzahlen, der Zusammensetzung der Mitgliederschaft und ... sowie über diesen Aufhebungsvertrag und dessen Umstände Stillschweigen zu bewahren, mit Ausnahme der erforderlichen Offenlegung gegenüber der Arbeitsagentur im unmittelbaren Zusammenhang mit der Beantragung von Arbeitslosengeld und sonstiger gesetzlicher Offenlegungspflichten.

Verletzt Herr ... seine in Absatz 1 dargestellte Verpflichtung zur Verschwiegenheit einmalig oder mehrmalig, ohne dass er zur Offenbarung gesetzlich verpflichtet war, so hat er für jeden Monat, in den eine oder mehrere Zuwiderhandlungen fallen, eine Vertragsstrafe in Höhe einer Bruttomonatsvergütung, welche Herr ... zuletzt beim Verein durchschnittlich bezogen hat, an den Verein zu zahlen. Eine mehrmalige Zuwiderhandlung liegt vor, wenn die Zuwiderhandlung an mehr als einem Kalendertag erfolgt oder wenn die Zuwiderhandlung über das Ende des Kalendertages, an dem sie beginnt, hinaus fortgesetzt wird. Für die Berechnung der Dauer eines Monats wird der Tag mitgerechnet, auf welchen die erste Zuwiderhandlung fällt oder beginnt. Ein Monat endet mit Ablauf desjenigen Tages des nachfolgenden Monats, welcher durch seine Benennung dem Tage vorhergeht, an welchem die erste Zuwiderhandlung erfolgte oder an dem sie began. Fehlt in dem nachfolgenden Monat der für den Ablauf maßgebende Tag, so endigt der Monat mit dem Ablauf des letzten Tages dieses Monats.

13. Herr ... wurde darüber belehrt, dass er sich über die sozialversicherungs- und steuerrechtlichen Folgen dieser Aufhebungsvereinbarung bei der Bundesagentur für Arbeit bzw. dem zuständigen Finanzamt selbst informieren muss.

Herr ... wird darauf aufmerksam gemacht, dass er sich zur Aufrechterhaltung ungekürzter Ansprüche auf Arbeitslosengeld unverzüglich persönlich bei der zuständigen Agentur für Arbeit arbeitsu-

*Aufhebungsvertrag*

chend melden und aktiv nach einer anderen Beschäftigung suchen muss.

14. Mit Erfüllung der oben stehenden Verpflichtungen sind sämtliche Ansprüche der Parteien gegen einander aus dem Anstellungsverhältnis und dessen Beendigung, mit Ausnahme etwaiger, sich aus der Weiternutzung des Dienstwagens ergebender Ansprüche, ausgeglichen, soweit sie nicht auf Vorsatz beruhen.

    Die Ansprüche von Herrn ... aus der Versorgungszusage vom ... ... ... bleiben unberührt, sofern diese unverfallbar geworden sind.

15. Sollten einzelne Bestimmungen dieses Vertrages ganz oder teilweise nichtig oder unwirksam sein oder werden, so wird die Gültigkeit des Vertrages im Übrigen hiervon nicht berührt. Eine ungültige Bestimmung ist in der Weise umzudeuten bzw. gilt in der Weise als ersetzt, dass der beabsichtigte wirtschaftliche Zweck bestmöglich erreicht wird. Beruht die Ungültigkeit auf einer Leistungs- oder Zeitbestimmung, so tritt an ihre Stelle das gesetzlich zulässige Maß. Zur Ausfüllung eventueller Lücken des Vertrages soll eine angemessene Regelung treten, die dem am nächsten kommt, was die Parteien nach ihrer wirtschaftlichen Zielsetzung zum Zeitpunkt des Vertragsabschlusses gewollt haben. Bei fehlender Leistungs- oder Zeitbestimmung wird die Lücke durch das gesetzlich geregelte Maß gefüllt.

..., ... ... 20...                    ..., ... ... 20...

...                                    ...
<Unterschrift Vertreter Verein>        <Unterschrift Vorstandsmitglied>

*gegebenenfalls:*
..., ... ... 20...

...
<Unterschrift Vertreter Kuratorium/Beirat etc.>

# Sachverzeichnis

Die Zahlen verweisen auf die Randnummern.

**Abberufung**
- s. Widerruf der Bestellung

**Abwicklungsvertrag** 612

**AGB-Kontrolle von Anstellungsverträgen** 271 ff.
- Allgemeine Anforderungen 276 ff.
- Bereichsausnahme 279, 447
- Bestimmtheit 276 ff.
- Individuelles Aushandeln 274 f.
- Kopplungsklauseln 475
- Transparenzgebot 276 ff., 443
- Unangemessene Benachteiligung 276 ff., 443, 475
- Verbrauchereigenschaft 273, 680, 798
- Vertragsstrafenklauseln 443 ff., 447 ff.

**Arbeitslosengeld**
- Abfindung, Anrechnung 547
- Hinweis auf rechtzeitige Arbeitsuchendmeldung 538, 603, 637
- Ruhen des Anspruchs auf Arbeitslosengeld 624, 630 ff.
- Sperrzeit s. dort

**Arbeitsverhältnis**
- Allgemeiner Kündigungsschutz (besonderer Vertreter) 726 ff.
- Anhörung des Betriebsrates vor Kündigung (besonderer Vertreter) 733 ff.
- Arbeitgeberstellung 229
- Arbeitszeit (besonderer Vertreter) 687 ff.
- Ausschlussfristen (besonderer Vertreter) 716
- Befristung 679, 683 ff.
- Besondere Vertreter 654 ff.
- Besonderer Kündigungsschutz (besonderer Vertreter) 729 ff.
- Betriebliche Altersversorgung (besonderer Vertreter) 712
- Elternzeit (besonderer Vertreter) 702 ff.
- Ende der Organstellung 231
- Entgeltfortzahlung (besonderer Vertreter) 709 ff.
- Faktisches Anstellungsverhältnis 268, 672
- Formvorschriften 677 ff.
- Freistellung (besonderer Vertreter) 700 f.
- Gestaltung Arbeitsvertrag (besonderer Vertreter) 681 ff.
- Konkurrenz- und Wettbewerbsverbote (besonderer Vertreter) 714 f.
- Kündigung (besonderer Vertreter) 722 ff.
- Rechtsweg bei Streitigkeiten (besonderer Vertreter) 739
- Ruhen eines Arbeitsverhältnisses 231, 481
- Umwandlung in Dienstverhältnis 231, 481
- Urlaub (besonderer Vertreter) 693 ff.
- Vergütung (besonderer Vertreter) 691 ff.
- Vertragsstrafen (besonderer Vertreter) 713
- Vorstand der Stiftung 794 f.
- Vorstand des Vereins 227 ff.
- Weisungsunterworfenheit 228
- Wirksamer Abschluss 673 ff.

**Arbeitnehmerähnlichkeit**
- Vorstand 232
- Besonderer Vertreter 655, 659

**Aufhebungsvertrag** 186, 540 ff., 822
- Abfindung 563 ff.
- Ausgleichsklausel 605 ff.
- Beendigung der Organstellung 550 f.
- Betriebliche Altersversorgung 597 ff.
- Dienstwagen 580 ff.
- Formelle Anforderungen 544 f., 723
- Freistellung 554 ff.
- Gerichtsstandsvereinbarung 608 f.
- Hinweis auf rechtzeitige Arbeitsuchendmeldung 637
- Inhalt des Aufhebungsvertrages 546 ff.
- Nachvertragliches Wettbewerbsverbot 589
- Resturlaub 561 f.
- Rückgabe von Betriebsmitteln 587 f.
- Salvatorische Klausel 610 f.
- Sozialversicherungsrechtliche Folgen 613 ff.
- Spesen 575 ff.

253

## Sachverzeichnis

- Variable Vergütung 577
- Vergütung 575 ff.
- Verschwiegenheit 590 ff.
- Weiterbeschäftigung 552 f.
- Zeugnis 594 ff.
- Zuständigkeit für Abschluss 542 f.
- Zwischenzeugnis 595

**Ausschlussfristen** 488 ff., 716

**Beirat** 34, 50, 259, 281 ff., 511, 544 f., 750, 753

**Beschlussfassung der Mitgliederversammlung**
- Beschlussmängel 144 ff., 162 ff.
- Fehlerhafte Beschlüsse 172 ff.
- Folgen von Beschlussmängeln 162 ff.
- Schriftliches Verfahren 150, 165
- *s. auch Bestellung zum Vorstand eines Vereins*

**Besonderer Vertreter** 646 ff., 825
- AGB-Kontrolle 680
- Anstellungsvertrag, Abschluss und Änderung 671 ff.
- Anstellungsvertrag, Beendigung 717 ff.
- Anstellungsvertrag, Kündigung 721
- Arbeitnehmereigenschaft 654 ff.
- Arbeitsverhältnis, allgemeiner Kündigungsschutz 726 ff.
- Arbeitsverhältnis, Anhörung des Betriebsrates vor Kündigung 733 ff.
- Arbeitsverhältnis, Arbeitszeit 687 ff.
- Arbeitsverhältnis, Ausschlussfristen 716
- Arbeitsverhältnis, Befristung 683 ff.
- Arbeitsverhältnis, besonderer Kündigungsschutz 729 ff.
- Arbeitsverhältnis, betriebliche Altersversorgung 712
- Arbeitsverhältnis, Elternzeit 702 ff.
- Arbeitsverhältnis, Entgeltfortzahlung 709 ff.
- Arbeitsverhältnis, Konkurrenz- und Wettbewerbsverbote 714 f.
- Arbeitsverhältnis, Kündigung 722 ff.
- Arbeitsverhältnis, Urlaub 693 ff.
- Arbeitsverhältnis, Vergütung 690 ff.
- Arbeitsverhältnis, Vertragsstrafen 713
- Aufgaben des besonderen Vertreters 648 f.
- Beendigung der Organstellung 652 f.
- Bestellung als Organ 651
- Dienstvertrag 659
- Einführung 646 f.
- Formulierungsvorschlag Kündigung 736
- Haftung 666 ff.
- Inhalt Anstellungsvertrag 681 ff.
- Gestaltung Anstellungsvertrag 681 ff.
- Rechtsweg bei Streitigkeiten 739
- Sozialversicherungsrechtliche Stellung 660 ff.
- Stellung des besonderen Vertreters im Zivilprozess 650
- Stellung im steuerrechtlichen Sinn 665
- Stiftung 825
- Verein 646 ff.

**Bestellung zum Vorstand eines Vereins**
- Altersgrenzen 140 ff.
- Annahme der Wahl 182
- Beschlussfassung im schriftlichen Verfahren 150
- Beschlussmängel 144 ff., 162 ff.
- Blockwahl 157
- D'Hondtsches System 158 ff.
- Dauer der Organstellung 181
- Eintragung ins Vereinsregister 183
- Einzelwahl 156
- Fehlerhafte Beschlüsse 172 ff.
- Folgen von Beschlussmängeln 162 ff.
- Gesamtwahl 156
- Gesetzliche Vorgaben 151 ff.
- Gleichbehandlung aller Mitglieder 166
- Mehrheitslisten 158
- Nichtigkeit einer Wahl 163 ff.
- Ordnungsgemäße Bestellung 143 ff.
- Satzungsmäßige Vorgaben 154 ff.
- Schriftliches Verfahren 150, 165
- Verhältniswahl 158

**Bestellung zum Vorstand einer Stiftung** 780 ff.
- *s. auch Bestellung zum Vorstand eines Vereins*

**Bestellung zum besonderen Vertreter** 651
- *s. auch Bestellung zum Vorstand eines Vereins*

**Betriebliche Altersversorgung** 338 ff.
- Anpassung der Leistungen 357
- Anspruch 339
- Aufhebungsvertrag 597 ff.
- Direktzusage 352
- Durchführungswege 352
- Entgeltumwandlung 354

## Sachverzeichnis

- Hinterbliebenenversorgung 350
- Insolvenzsicherung 359 ff.
- Invaliditätsversorgung 349
- Lebensversicherung 352 f.
- Pensionssicherungsverein 359 ff.
- Ruhegeld 343 ff.
- Unverfallbarkeit 355
- Waisenrente 351
- Wartezeit 356
- Witwen-/Witwerrente 350

**Business Judgment Rule**
- *s. Compliance*

**Compliance** 56 ff., 765 ff.
- AGG 71, 140 f.
- Business Judgment Rule 90 ff., 768
- Datenschutz *s. dort*
- Geschäftsführung, Inhalt 59 ff.
- Haftung besonderer Vertreter *s. Besonderer Vertreter*
- Haftung Stiftungsvorstand *s. dort*
- Haftung Vereinsvorstand *s. dort*
- Informationspflichten 65
- Insolvenz 108 ff.
- Korruption 56
- Lohnsteuer 60, 112
- Ordnungsgemäße Geschäftsführung 56 ff., 89, 187, 751
- Persönliche Amtsführung 63
- Rechtsverstöße, Verhinderung 72
- Ressortaufteilung 96 ff., 106, 108, 114, 116
- Sozialversicherung 60, 115 f.
- Steuerrechtliche Pflichten 111 ff.
- Stiftung *s. Haftung Stiftungsvorstand*
- Straftaten, Aufdeckung 73
- Straftaten, Verhinderung 72
- Überwachung 63
- Vereinsregister, Anmeldungen 61
- Verkehrssicherungspflichten 106, 134
- Weisungen 64

**D & O Versicherung**
- *s. Directors and Officers Liability Versicherung*

**Datenschutz** 66 ff.
- AGG 71
- Arbeitnehmerdatenschutz 70 ff.
- Bewerberdaten 71 ff.
- Datengeheimnis 68
- Datenschutzbeauftragter, betrieblicher 68
- Emailverkehr, Überwachung 75 f.
- Fragerechte 71
- Privatdetektive 82
- Rechtsverstöße, Verhinderung 72
- Straftaten, Aufdeckung 73
- Straftaten, Verhinderung 72
- Telefonate, Überwachung 78
- Videoüberwachung 79 ff.
- Verletzung 117

**Dienstwagen** 319 ff.
- 1%-Regelung 324 f.
- Aufhebungsvertrag 580 ff.
- Geldwerter Vorteil, Versteuerung 324 f.
- Klauselvorschlag 331, 586
- Nutzungsausfallentschädigung 326 ff.
- Private Nutzung 319, 324 f.
- Rückgabe 321 ff., 329 ff., 580 ff.
- Zubehör 329, 331
- Zurückbehaltungsrecht 330 f., 586

**Directors and Officers Liability Versicherung** 118 ff., 778
- Gemeinnütziger Verein 126 f.

**Ehrenamtliche Organmitglieder**
- Arbeitsrechtlicher Status 217 ff.
- Aufwandsentschädigung 128
- Ehrenamtlicher Vereinsvorstand 140
- Haftungsprivilegierung *s. Haftung Vereinsvorstand*; *s. Haftung Stiftungsvorstand*
- Niederlegung Organstellung *s. dort*

**Elterngeld**
- *s. Elternzeit*

**Elternzeit** 370, 390 ff.
- Beschäftigungsverhältnis, sozialversicherungsrechtliches 397 ff.
- Elterngeld 395 f., 399
- Gemeinnützigkeit 391

**Entgeltfortzahlung im Krankheitsfall**
- Besondere Vertreter (Arbeitnehmer) 709 ff.
- Vereinsvorstände 402 ff.

**Erholungsurlaub** 363 ff.
- Abgeltung von Urlaubstagen 367
- Anspruch 363
- Anwendbarkeit BUrlG 363
- Arbeitsunfähigkeit während des Urlaubs 376
- Arbeitsverhältnis *s. dort*
- Beschäftigungsverhältnis, sozialversicherungsrechtliches 389
- Erkrankung während des Urlaubs 376

255

## Sachverzeichnis

- Gewährung nach Abberufung 375 ff.
- Klauselvorschlag 369
- Urlaubsnahme 366
- Vereinbarung 364, 368
- Verfall 365

**Erweiterter Vorstand** 36, 139, 219, 226, 232, 234 f., 242, 263, 482

**Freistellung** 372 ff.
- Anrechnung von anderweitigem Erwerb 385 ff.
- Anrechnung von Urlaub 378 ff.
- Erkrankung während der Freistellung 383 f.
- Gemeinnützigkeit 374
- Konkurrenzverbot 387 f., 419
- Nach Widerruf der Bestellung 372 ff.
- Unwiderrufliche Freistellung 379 ff.
- Widerrufliche Freistellung 379 ff.

**Gemeinnützigkeit** 29 ff.
- Ausschließlichkeit und Unmittelbarkeit 29
- Betriebliche Altersversorgung 355
- Directors & Officers Liability Versicherung 126 f.
- Elternzeit 391
- Freistellungen 374, 531
- Mildtätige Zwecke 28
- Nachvertragliche Wettbewerbsverbote 440 f.
- Private Unfallversicherung 408
- Selbstlose Mittelverwendung 29
- Vergütung 306 ff.

**Geschäftsführung**
- s. Compliance

**Haftung besonderer Vertreter**
- s. Besonderer Vertreter

**Haftung Vereinsvorstand** 89 ff.
- Compliance 56 ff., 66, 98, 280
- Datenschutz, Verletzung 117
- Directors and Officers Liability Versicherung s. dort
- Ehrenamtlicher Vorstand 128 ff.
- Entlastung 99 ff.
- Pflichten 56 ff., 106 ff.
- Ressortaufteilung 96 ff., 106, 108, 114, 116
- Verjährung 104
- Verkehrssicherungspflichten 106, 134
- Verschulden 94 f.
- Verzicht 103

**Haftung Stiftungsvorstand** 765 ff.
- s. auch Haftung Vereinsvorstand
- Compliance 765 ff.
- Directors and Officers Liability Versicherung s. dort
- Ehrenamtlicher Vorstand 770
- Entlastung 774 ff.
- Pflichten 766 ff.
- Ressortaufteilung s. Haftung Vereinsvorstand
- Verjährung 777
- Verzicht 773

**Haftung für schadensstiftende Handlungen der Organe**
- Besondere Vertreter 670
- Stiftungsvorstand 779
- Vereinsvorstand 133 ff.

**Herausgabepflichten** 638 ff.
- Betriebsmittel 645
- Dienstwagen, s. dort
- Im laufenden Anstellungsverhältnis 642
- Unterlagen, Kopien 640
- Unterlagen, Originale 639
- Zurückbehaltungsrecht 643 f.

**Inhaltskontrolle von Anstellungsverträgen**
- s. AGB-Kontrolle

**Konkurrenzverbot** 414 ff.
- Dauer 419
- Freistellung 387 f., 419
- Klauselvorschlag 420
- Treuepflicht 415 ff.
- Verjährungsfrist 714
- Vertragsstrafe 458
- Wirtschaftlicher Geschäftsbetrieb, ausgelagert 417

**Kopplungsklausel** 474

**Krankenversicherungspflicht**
- s. Sozialversicherungspflicht

**Kuratorium** 34, 50, 64, 138, 164, 283 f., 511, 750, 753

**Kündigung des Anstellungsvertrages** 492 ff., 719, 721 ff., 819 f.
- Anhörung 505, 509 f.
- Außerordentliche Kündigung 494 ff.
- Außerordentliche Kündigung, Anhörung 509 f.
- Außerordentliche Kündigung, Verdachtskündigung 508 ff.

## Sachverzeichnis

- Außerordentliche Kündigung, wichtiger Grund 495 ff.
- Außerordentliche Kündigung, zwei-Wochen-Kündigungserklärungsfrist 504 ff.
- Beschlussfassung bei Kündigung 515 ff.
- Besondere Vertreter 721 ff.
- Eigenkündigung des Vorstandsmitgliedes 529 f.
- Form der Kündigung 513 ff., 723 ff.
- Freistellung *s. dort*
- Hinweis auf rechtzeitige Arbeitsuchendmeldung 522, 538, 603 f., 637
- Kündigung Arbeitsverhältnis *s. Arbeitsverhältnis*
- Kündigung durch das Vorstandsmitglied 529 f.
- Kündigungsfrist 535 f.
- Ordentliche Kündigung 493
- Stiftungsvorstand 819 f.
- Zugang der Kündigung 533 f.
- Zurückweisung 526 ff., 720
- Zuständigkeit 511 f., 819 ff.

**Mitgliederversammlung**
- Einberufung 144, 170
- Einladung 144 ff.
- Einladungsfrist 147
- Form der Einladung 145
- Nicht öffentliche Mitgliederversammlung 149
- Tagesordnung 148
- Versammlungsort 146

**Mobiltelefon** 332 ff.

**Nachvertragliches Wettbewerbsverbot**
- *s. Wettbewerbsverbot, nachvertraglich*

**Niederlegung Organstellung** 210 ff., 280, 442, 451 ff., 529, 550, 653, 787
- Ehrenamtliche Vorstandsmitglieder 210
- Erklärungsempfänger 214
- Formulierungsvorschlag 216
- Unzeit 213

**Notebook** 335

**Pensionszusage**
- *s. betriebliche Altersversorgung*

**Pflichten der Organmitglieder**
- *s. Compliance*

**Private Krankenversicherung** 243 ff., 246, 252, 663

**Ressortaufteilung**
- *s. Compliance*
- *s. Haftung Vereinsvorstand*

**Salvatorische Klausel** 610, 811, 816
**Selbstkontrahierungsverbot** 42, 758
**Sozialversicherungspflicht**
- Besondere Vertreter 660 ff.
- Elternzeit 398
- Familienversicherung 247 ff., 662
- Freiwillige Versicherung 245
- Krankenversicherungspflicht 243 ff., 398, 661 ff.
- Private Krankenversicherung, Zuschuss 252, 663
- Rentenversicherungspflicht bei selbständiger Tätigkeit 255
- Vorstand Stiftung 796
- Vorstand Verein 236 ff.

**Sperrzeit** 615 ff.
- Aufhebungsvertrag 618 ff.
- Auswirkung auf den Krankenversicherungsschutz 627
- Auswirkung auf die Rentenversicherungspflicht 628
- Beginn der Sperrzeit 626
- Besonderer Härtefall 621
- Doppelte Haushaltsführung 619
- Eheliche Gemeinschaft 619
- Gerichtlicher Vergleich 622
- Hinnahme einer Kündigung 617
- Nichteinhaltung Kündigungsfrist 617, 621
- Reduzierung des Anspruchs auf ALG 625
- Ruhen des ALG Anspruchs 624, 630
- Verhaltensbedingte Beendigung des Anstellungsvertrages 616
- Wichtiger Grund 618 f., 622
- Zerrüttung 621

**Statuarischer Vorstand**
- *s. erweiterter Vorstand*

**Stiftung**
- Besonderer Vertreter 825
- Compliance 765 ff.
- Familienstiftung 744
- Fremdnützigkeit 743 ff.
- Gemeinnützige Stiftungen 748
- Grundlagen des Stiftungsrechts 740 ff.
- Organe von Stiftungen 749 ff.
- Stiftungsgeschäft 741

257

## Sachverzeichnis

- Stiftungskapital, Erhaltungspflicht 767
- Stiftungszweck 742 ff., 757, 763, 767, 800
- Unternehmensverbundene Stiftung 744, 756, 764, 803 ff.
- Vorstand (s. auch Stiftungsvorstand) 751 ff.
- Wirtschaftlichkeitsgebot 767
**Stiftungsvorstand** 751 ff.
- Abberufung des Vorstandsmitgliedes 788 ff.
- Anstellungsverhältnis des Vorstands 793 ff.
- Anstellungsvertrag, Beendigung 819 ff.
- Anstellungsvertrag, Inhalt 798 ff.
- Anstellungsvertrag, Kündigung 819 ff.
- Anstellungsvertrag, Vergütung 800 ff.
- Anstellungsvertrag, Zuständigkeit 797
- Aufhebungsvertrag s. dort
- Beendigung Vorstandsposition 786 ff.
- Bestellung Vorstand 780 ff
- Bestellungsdauer 786
- Geschäftsführungsbefugnis des Vorstands 754 ff.
- Haftung des Stiftungsvorstands s. dort
- Haftungsprivilegierung 770 f.
- Kooptation 782
- Nachvertragliches Wettbewerbsverbot s. Wettbewerbsverbot, nachvertraglich
- Niederlegung der Organstellung 787
- Sozialversicherungspflicht 796
- Tod des Vorstandsmitgliedes 786
- Vertretungsbefugnis des Vorstands 758 ff.

**Unfallversicherung** 407 ff.
- Gemeinnützigkeit 408
- Gesetzliche Unfallversicherung 236 ff.
- Beitragspflicht, gesetzliche Unfallversicherung 115

**Urlaub**
- Sonderurlaub 370 f.
- Erholungsurlaub s. dort
- Freistellung s. dort

**Verein**
- Begriff 1 ff.
- Berufs-/Fachverbände 16

- Gemeinnütziger Verein 25 ff., 126 f., 306 ff.
- Holdingverein 22
- Idealverein 7 ff.
- Nebenzweckprivileg 17 ff.
- Nicht rechtsfähiger Verein 3
- Rechtsfähiger Verein 2 ff.
- Unternehmerische Tätigkeit, äußerer Markt 9
- Unternehmerische Tätigkeit, innerer Markt 10
- Genossenschaftliche Kooperation 11 ff.
- Verband 6
- VereinsG 1
- Vereinsvorstand s. dort
- Wirtschaftliche Aktivitäten, ausgegliedert 12
- Wirtschaftlicher Geschäftsbetrieb 17 ff.
- Wirtschaftlicher Geschäftsbetrieb, ausgegliederter 19 ff.
- Wirtschaftlicher Verein 7 ff.
- Wirtschaftsverband 14 f.
- Zweckbetrieb 31 f.

**Vereinsvorstand** 35 ff.
- Abberufung s. Widerruf der Bestellung
- Abweichender Gerichtsstand 486
- Abwicklungsvertrag s. dort
- Anstellungsvertrag, AGB-Kontrolle s. AGB-Kontrolle von Anstellungsverträgen
- Anstellungsvertrag, Ansprüche bei Unfällen s. Unfallversicherung
- Anstellungsvertrag, Arbeitszeit 287 ff.
- Anstellungsvertrag, Ausschlussfristen 488 ff.
- Anstellungsvertrag, Befristung 465 ff.
- Anstellungsvertrag, betriebliche Altersversorgung s. dort
- Anstellungsvertrag, betriebliche Übung 269
- Anstellungsvertrag, Dienstwagen s. Dienstwagen
- Anstellungsvertrag, Elternzeit und Elterngeld s. Elternzeit
- Anstellungsvertrag, Entgeltfortzahlung im Krankheitsfall s. dort
- Anstellungsvertrag, Erholungsurlaub s. dort

258

## Sachverzeichnis

- Anstellungsvertrag, erweiterter Vorstand 263
- Anstellungsvertrag, faktischer 268
- Anstellungsvertrag, fehlerhafter 268
- Anstellungsvertrag, Freistellung s. dort
- Anstellungsvertrag, Gemeinnützigkeit s. dort
- Anstellungsvertrag, Gerichtsstandsvereinbarungen 479 ff.
- Anstellungsvertrag, Inhalt und Gestaltung 280 ff.
- Anstellungsvertrag, Jahressonderzahlungen 314 ff.
- Anstellungsvertrag, Konkurrenzverbot s. dort
- Anstellungsvertrag, Kopplungsklauseln 474 ff.
- Anstellungsvertrag, Mobiltelefon 332 ff.
- Anstellungsvertrag, Nebentätigkeiten 410 ff.
- Anstellungsvertrag, ordnungsgemäße Beschlussfassung 265 ff.
- Anstellungsvertrag, pauschale Abgeltung von Überstunden 293 ff.
- Anstellungsvertrag, Pensionsansprüche s. betriebliche Altersversorgung
- Anstellungsvertrag, Tantieme 310
- Anstellungsvertrag, Tätigkeit 280
- Anstellungsvertrag, unbezahlter Sonderurlaub 370 f.
- Anstellungsvertrag, verdeckte Gewinnausschüttung 302 ff.
- Anstellungsvertrag, Vergütung (s. auch dort) 296 ff.
- Anstellungsvertrag, vermögenswirksame Leistungen 337
- Anstellungsvertrag, Vertragsänderungen 269 f.
- Anstellungsvertrag, Vertragsbeginn 281 ff.
- Anstellungsvertrag, Vertragsstrafen s. dort
- Anstellungsvertrag, Weihnachtsgeld 314 ff.
- Anstellungsvertrag, Zielvereinbarung 311 ff.
- Anstellungsvertrag, Zustandekommen 264 ff.
- Anstellungsvertrag, Zuständigkeit 257 ff.
- Arbeitsrechtlicher Status des Vorstandes 217 ff.
- Arbeitsvertrag 227 ff.
- Aufhebungsvertrag s. dort
- Beendigung der Organstellung 184 ff.
- Bestellung s. Bestellung zum Vorstand eines Vereins
- Betriebs- und Geschäftsgeheimnisse s. Wettbewerbsverbot, nachvertraglich
- Betriebsverfassungsrecht 233 f.
- Compliance 56 ff.
- D&O Versicherung s. Directors and Officers Liability Versicherung
- Datenschutz 66 ff.
- Dienstverhältnis 221 ff.
- Ehrenamtliche Vorstandsmitglieder s. ehrenamtliche Organmitglieder
- Erweiterter Vorstand s. dort
- Fremdorganschaftlicher Vorstand 35
- Gesamtvertretung 47
- Geschäftsführung 56 ff.
- Haftung s. Haftung Vereinsvorstand
- Herausgabepflichten s. dort
- Informationspflichten 65
- Kündigung s. dort
- Kunden-/Mitgliederschutzklauseln s. Wettbewerbsverbot, nachvertraglich
- Mehrgliedriger Vorstand 43 ff.
- Nachvertragliches Wettbewerbsverbot s. Wettbewerbsverbot, nachvertraglich
- Niederlegung s. Niederlegung der Organstellung
- Ressortaufteilung s. Haftung Vereinsvorstand
- Selbstorganschaftlicher Vorstand 35
- Schiedsgerichte 487
- Sozialversicherungsrechtlicher Status s. Sozialversicherungspflicht
- Statuarischer Vorstand s. erweiterter Vorstand
- Steuerrechtlicher Status 235
- Vertretungsbefugnis 41 ff.
- Vorstandstätigkeit als Vereinsbeitrag 220
- Weisungsrecht der Mitgliederversammlung 64
- Zuständigkeit der Gerichte für Arbeitssachen 479 ff.
- Zuständigkeit der ordentlichen Gerichte für Zivilsachen 483 ff.

259

## Sachverzeichnis

**Verfallklauseln**
– s. Ausschlussfristen
**Vergütung**
– Betriebliche Altersversorgung, s. dort
– Dienstwagen, s. dort
– Gemeinnützigkeit 306 ff., 782
– Jahressonderzahlungen 314 ff.
– Mobiltelefon 332 ff.
– Pensionsansprüche s. betriebliche Altersversorgung
– Tantieme 310
– Verdeckte Gewinnausschüttung 302 ff.
– Vermögenswirksame Leistungen 337
– Weihnachtsgeld 314 ff.
– Wirtschaftlicher Geschäftsbetrieb, ausgelagerter 362
– Zielvereinbarung 311 ff.
**Vermögenswirksame Leistungen** 337
**Vertragsstrafen** 442 ff.
– AGB Kontrolle 443 ff.
– Besondere Vertreter 655, 659
– Grundlagen 442 ff.
– Höhe der Vertragsstrafe 453 ff., 458, 460, 463 f.
– Stiftungsvorstand s. Vertragsstrafen Vereinsvorstand
– Überraschende Klausel 445
– Vereinbarung mehrerer Vertragsstrafen 463 f.
– Vereinsvorstand 442 ff.
– Vertragsstrafe bei außerordentlicher Kündigung 456 f.
– Vertragsstrafe bei Beendigung Anstellungsvertrag 446 ff.
– Vertragsstrafe bei Nichtleistung 446 ff.
– Vertragsstrafe bei Niederlegung der Organstellung 451 f.
– Vertragsstrafe bei Verletzung Konkurrenzverbot 442, 458 f.
– Vertragsstrafe bei Verletzung Verschwiegenheitspflichten 460 f.
– Vertragsstrafe bei Verletzung Vertragspflichten 462

**Wahl zum Vorstand**
– s. Bestellung
**Weiterbeschäftigung nach Abberufung** 191, 286, 372 ff., 531, 552
**Wettbewerbsverbot, nachvertraglich** 421 ff., 715, 803 ff.
– Besondere Vertreter 715
– Betriebs- und Geschäftsgeheimnisse 438 ff.
– Gemeinnützigkeit 440 f., 818
– Karenzentschädigung 810 ff.
– Klauselvorschlag 815
– Kunden-/Mitgliederschutzklauseln 431 ff.
– Rechtsfolgen einer unwirksamen Vereinbarung 816 f.
– Reichweite 807 ff.
– Salvatorische Klausel 816 f.
– Stiftungsvorstand 803 ff.
– Vereinsvorstand 421 ff.
– Verzicht auf das nachvertragliche Wettbewerbsverbot 813 f.
**Widerruf der Bestellung** 187 ff., 790 ff.
– Anhörung 196
– Form 193 ff.
– Frist 193 ff.
– Rechtsschutzmöglichkeiten des Vorstandsmitgliedes 206 ff.
– Unfähigkeit 187
– Weiterbeschäftigung nach Abberufung 191, 286, 372 ff.
– Zugang der Abberufungserklärung 198 ff.
– Zurückweisung Abberufung 200
– Zuständigkeit besondere Vertreter 718
– Zuständigkeit Stiftung 823 f.
– Zuständigkeit Verein 192